Zur Diskussion

ZUR DISKUSSION

A Modern Approach to German Conversation

Third Edition

Dieter Sevin
Vanderbilt University
Ingrid Sevin

1817

HARPER & ROW, PUBLISHERS, New York Cambridge Philadelphia
San Francisco Washington London Mexico City São Paulo Singapore Sydney

Sponsoring Editor: Robert Miller/Leslie Berriman
Project Editor: Brigitte Pelner
Text Design: Caliber Design Planning, Inc.
Cover Design: Robert Bull/Design
Photo Research: Mira Schachne
Production Manager: Jeanie Berke
Production Assistant: Brenda DeMartini
Compositor: Ruttle, Shaw & Wetherill, Inc.
Printer and Binder: The Murray Printing Company
Cover Printer: New England Book Components

Zur Diskussion: A Modern Approach to German Conversation, Third Edition

Library of Congress Cataloging in Publication Data

Sevin, Dieter.
Zur Diskussion.

1. German language—Readers. 2. German language—Conversation and phrase books—English. I. Sevin, Ingrid. II. Title.
PF3117.S493 1987 438.6'421 86–25611
ISBN 0–06–045924–7

87 88 89 90 9 8 7 6 5 4 3 2 1

Für Sonja und Karen

Inhaltsangabe

Preface to the Third Edition

This intermediate conversation text has found friends all across the United States and Canada, and it is indeed gratifying to be able to dedicate this Third Edition to these colleagues. We hope that they might continue to find *Zur Diskussion* exciting and enjoyable.

This new edition has been updated with a wide variety of new selections. For instance, of the 26 chapters, 19 include totally new selections and 7 contain texts that have been rewritten. In all, there are 32 new selections and 10 that have undergone extensive changes. In addition, all selections remaining from the previous edition have been carefully reedited and simplified. Some articles have been shortened in order to make the book more flexible, manageable and accessible to a student body with diverse backgrounds. The *Fragen* following the readings have been reduced to content questions, leaving the more thought-provoking questions for the discussions. All of the active vocabulary in *Das sollten Sie wissen* has been reevaluated according to usefulness and importance. In some chapters, *Passives Vokabular* was added to accommodate particular situations.

Totally new is the section *Wortschatzübung,* which is intended as an in-class oral exercise to facilitate the learning of new vocabulary and provide ample room for contextualized communication. As part of this section, Chapters 2–7 and 11–13 introduce some common interactive phrases by means of short dialogues and follow-up practice. This should prove especially helpful in the ensuing discussions. The dialogues and debates no longer entail two separate sections but are now combined into one: *Gespräche und Diskussionen.* It is hoped that the many new illustrations will be stimulating to students, enticing them to comment and contribute to a lively classroom discussion. Last but not least, the *Wörterverzeichnis* has had a complete overhaul in order to match the new content of the book. As a whole, the book has become more versatile within each chapter, lending itself more easily to various degrees of proficiency at the intermediate level.

All of the reading selections as well as the first part of the *Wortschatzübung* („Lesen Sie laut!“) have been recorded on tape for the first time with this new edition in order to allow listening to different native speakers and help in the preparation of the assignment.

Purpose and Approach

For the new and old friends of *Zur Diskussion,* we would like to state again our ideas concerning its purpose: *Zur Diskussion* is specifically designed for the contemporary student, relating to daily concerns and interests through a cultural frame of comparison. It is intended for intermediate conversation or conversation/composition courses at the college level, and also lends itself for use in conjunction with other readers or grammar reviews in a second-year course if the active use of the language is one of the objectives of the course. The book comprises 26 chapters and is intended for an entire year's work (two semesters or three quarters) for conversation classes meeting two or three times a week. However, *Zur Diskussion* may also be used for one or two quarters or for one semester. In such cases, instructors may want to select only those chapters best suited to their own interest and the background of their class. Such a selection is possible since each chapter is a complete unit in itself, which may be covered either in its totality or in part, depending on the situation and needs of a class.

In the selection of topics, we were guided by three main objectives: first, to expose the student to the most important vocabulary needed if he or she were to go to a German-speaking country; second, to present this vocabulary in a modern thematic context that lends itself well to conversation and composition; and third, to introduce the student to the culture and concerns of modern Germany, Austria, and Switzerland. It is hoped that the selections will strike a resonant chord with students, stimulate their imaginations, entice them to express their own opinions, and help them overcome their initial hesitation in expressing themselves in a foreign language.

To achieve the dynamics necessary for such continuous stimulation, the book contains a wide variety of brief passages (dialogues, essays, letters, poems . . .) taken from German newspapers and magazines (Westermanns Monatshefte, Scala, Die Zeit, Der Spiegel, etc. . . .), as well as some written by the authors themselves. Several selections by famous authors are included, such as Erich Kästner, Ernst Heimeran, Gotthold Ephraim Lessing, Thomas Mann, Bertolt Brecht, Kurt Tucholsky, Bettina Wegener, Christian Morgenstern, Gebrüder Grimm, Carl Zuckmayer, Arthur Schnitzler, Stefan Heym, Irmtraud Morgner, Johann Wolfgang v. Goethe and Hermann Hesse.

In order to attain a text graded by difficulty, the beginning of the book is devoted to "matter of fact" topics, using vocabulary which students can be expected to have encountered, at least in part, in their previous German studies. Discussions founded on this kind of material can be carried on at a basic level and are designed to encourage the student by using material with which he or she can easily cope. The topics become gradually more difficult, both in content and vocabulary, presenting a continuous challenge to the advancing student. There is a corresponding progression from "matter of fact" material to more complex "ideas and concepts." The reading selections are not primarily informative or literary in content—the former type usually does not lend itself well to conversation and the latter is usually too difficult and subtle for effective discussion at the intermediate level. Instead they provide a sampling of interesting and engaging themes about the various German-speaking countries and their attitudes. They are relevant, thought-provoking and at times controversial, presenting ready-made points of departure for more lively discussions including the whole class. Everyone will have to express opinions; none can hide behind "I don't know" statements. All of it lends itself well to classrooms conducted entirely in German.

Chapter Organization

The readings are designed to provide the student with interesting ideas as well as to introduce some of the basic German vocabulary useful in everyday life. We lay no claim to any kind of comprehensive introduction to German culture and civilization, even though most readings appear in such a context. The selection of texts, however, was determined by their general appeal and are not limited exclusively to German concerns. We are convinced that the best way to entice a student to speak up is to allow him or her to relate personally to a given subject matter. The texts in a conversation course have to be engaging.

Since most of the selections are original contributions, many by major authors, we provide English equivalents of the more difficult words in the margins in order to facilitate comprehension. Any word for which no translation is provided can be looked up in the comprehensive German-English *Wörterverzeichnis* at the end of the book.

Fragen, an exercise following each reading passage, consists of a short set of basic content questions and can be used to test comprehension. These questions could easily be assigned as written homework.

Das sollten Sie wissen represents a set of topical vocabulary that is not limited to words found in the selections. This section will provide the student with essential vocabulary (grouped for easier learning), a large percentage of which he or she will have encountered in previous German studies or in the reading selections. (The student should be made aware of this, so that the assignment of this vocabulary does not appear too overwhelming! In the first chapter, an introduction to this section is provided for the student.) The obvious advantage of this *"Wortschatz"* is that it provides a common set of active vocabulary for all the students in the class and allows for systematic review and progress.

The *Wortschatzübung* is meant as oral practice with the new active vocabulary. Starting with the simple pronunciation of new compound words and some basic quick drills (giving articles, plurals, adjective or verb forms, etc.), the exercises increase in difficulty (naming opposites or synonyms, rephrasing parts of a sentence) to the challenge of actually defining words in German or explaining differences in meaning between similar words. The section usually concludes with a variety of different kinds of exercises, such as little interviews, checking reactions to given statements, games, cultural quizzes, recipes, tongue twisters, and interactional phrases (the latter are optional, but should be helpful in the conversations that follow). Again, depending on time allotment and the interest of a particular group of students, this section can be done in its entirety or in part. With some preparation at home, these oral exercises can remain quite spontaneous and be done fairly quickly. They will add not only valuable drill but a lot of fun! For those who like to sing, the appendix contains a collection of some of the most popular German folksongs, complete with harmonies and piano accompaniment.

The *Gespräche und Diskussionen* section is, as the title suggests, twofold in character. Starting with suggestions for simple scenes and dialogues, which can also be acted out, this section extends to various discussions on the subject matter introduced in the readings. Here the student is confronted with related ideas and choices that require taking a stand and defending opinions, all in German. In the first half of the book, the problems raised are primarily factual. As the book progresses, they become gradually more complex, both in respect to the issues raised as well as to the language skills required. *Gespräche und Diskussionen* is intended to serve as stimulator and point of departure for conversations and discussions. A significant portion of class time should be devoted to this section of the chapter. There is ample material for the instructor to make choices among a wide variety of options, allowing him or her to tailor class time to his or her interests and inclinations and those of the students, which should contribute to a truly valuable language experience.

The *Aufsätze* are meant as a follow-up to the readings and discussions. By keeping the title very brief and without additional guidelines, we do not try to lead the students along a certain path of response. Rather, we want them to express themselves freely and without restrictions, which should provide great variety in expression and make the writing of compositions interesting for instructor and class alike. A number of proverbs allow room for imagination and the expression of personal experiences.

A Possible Teaching Approach

A decisive factor in determining how to use the text in the most profitable manner is of course the number of class hours per week allotted for the course. The minimal time necessary to finish the book in its entirety during a full academic year, i.e., to cover all of the reading selections (roughly one chapter per week), would be two one-hour sessions per week. In such a course, which is common although not necessarily ideal for conversation classes, the instructor would assign the reading selection(s) of *Kapitel 1* („Deutschland im Überblick") during the first introductory class meeting. We would like to emphasize here that it is not always necessary to read everything in each chapter and that the amount of reading assigned should be geared to the background of the students.

During the second class meeting (the first active one), the work with *Kapitel 1* would commence. It should be made clear at the very beginning that no English is to be spoken during class. To make this possible, it is essential that the instructor not regress into English, as he or she might be tempted to do at times. Before the instructor checks reading comprehension by going systematically through the questions, he or she might ask the class whether there were any problems with the reading. Students can easily refer to any part of the text by giving the line number. After problems have been clarified, the questions can be answered. These might generate other questions by the students or a more general discussion, so that the major portion of the hour, if not all of it, will be used up. If any time remains, the instructor might want to start with *Gespräche und Diskussionen;* otherwise he or she would begin with this section during the next class. The assignment for the next meeting should be the reading of and thinking about *Gespräche und Diskussionen.* The instructor might want to assign specific roles for the situations in *Gespräche,* distribute roles and/or select teams to defend certain positions in *Diskussionen.* If the instructor feels that all of the *Gespräche und Diskussionen* is more than the class can handle, perhaps only certain ones could be assigned. As an additional assignment, *Das sollten Sie wissen* should be learned as active vocabulary to provide a common vocabulary base for the whole class to be used in the following discussion. Part of the *Wortschatzübung* should be prepared orally.

The next class period will be spent with the *Wortschatzübung* as well as select situations and isses from *Gespräche und Diskussionen.* The instructor should pursue only those which go over well with the students. *Gespräche und Diskussionen* is a very important section for which the students were prepared through the readings and *Das sollten Sie wissen.* The student should now have enough active vocabulary and ideas on the general topic of the chapter to be able to participate actively in the ensuing conversations and discussions, which evolve into the most important part of the conversation course. If time allows, and if the instructor and students are interested in some of the German folksongs in the appendix of the book, they might do some singing in class. Also, asking students to describe pictures is a proven teaching device and an excellent way to liven up a classroom situation when students tend to slow down.

If more than two hours per week are allotted for the class, additional time might be spent on any of the sections. If the course is designated as a conversation/composition course, part of the third hour per week might be devoted to the discussion of compositions. In a two-hour per week situation, it is probably advisable merely to assign the composition and limit their class discussion to some general remarks.

The assignment for the new lesson may be given to the class during the last class meeting in any week. If, for instance, the first selection "Deutschland im Überblick" has been finished during the first week, the instructor will assign the reading selection(s) of *Kapitel 2* (or any other chapter) for the first meeting of the following week. The new chapter may be approached in a similar manner to the first, and so on throughout the book. However, it is not essential to cover one chapter per week; the pace should be adjusted to the class. If a particular chapter leads into an especially interesting discussion, more time might be spent on it. Conversely, if a chapter does not appeal to a particular class, less time might be spent on it.

The preceding remarks are intended as a guide to the understanding of the purpose and structure of the book as well as an aid in its use. However, it should be emphasized here that the authors are convinced that innovation and variety are essential to good teaching and that there is ample room within the general framework of *Zur Diskussion* for the ideas of an imaginative teacher. *Zur Diskussion* was written to encourage new dynamics in the teaching of conversational German, and it is hoped that it will meet the needs and expectations of both students and instructor.

We wish to thank the following reviewers: Professor Dieter Jedan, Murray State University; Professor David Dollenmayer, Massachusetts Institute of Technology; Professor Clifford A. Barraclough, University of California-Santa Barbara; Professor Jutta Van Selm, Southern Methodist University. Furthermore, special credit goes to Joe Rea Phillips of the Blair School of Music at Vanderbilt University who provided the classical guitar interludes for the accompanying tape set, to Heike von Emden and Martin Hofmann for reading the German texts on tape, and to Vic Gabany, Beth Blaunt and David Parrish for their technical expertise in the recording process.

Dieter Sevin
Ingrid Sevin

Zur Diskussion

KAPITEL 1

Landschaft und Wetter

Deutschland im Überblick

„Wie regiert° man ein Land, daß mehr als 300 Käsesorten° produziert?" klagte° Präsident De Gaulle einst°. Zur selben Zeit produzieren die Westdeutschen mehr als 1500 Wurstsorten. Vielfalt° ist ein Schlüsselwort° für die Deutschen und ihr Landschaftsbild: ein Land der Kontraste, das man schwer unter einen 5 Hut bringen° kann. Allgemein° aber kann man drei große Landschaftsbilder unterscheiden°: das MEER und die TIEFEBENE; die MITTELGEBIRGE; das ALPENVORLAND und HOCHGEBIRGE.

govern / kinds of cheeses / complained / once
variety / key word
combine / in general
distinguish

Am Meer und in der Tiefebene

Die Nordsee hat starke° Ebbe und Flut°. Hohe Deiche° schützen gegen Überschwemmungen°. Auf dem dahinter liegenden Flachland, zwischen 10 kleinen Kanälen, grasen die Schafe°. Bei Ebbe kann man kilometerweit durchs Wattenmeer° wandern und manche Insel zu Fuß oder mit der Kutsche° erreichen°. Das Leben auf den Inseln ist bei gutem Wetter wunderschön: so weit das Auge sieht, nichts wie Weiden°, Kühe°, Wasser und hier und da ein Leuchtturm°. Die strohbedeckten° Häuser liegen weit voneinander ab. Bei 15 Sturm aber heult° der Wind und toben° die Wellen. Wegen ihrer Dünen°, Sandstrände und hohen Wellen fahren viele gern an die Nordsee. Andere baden° lieber in der ruhigeren Ostsee. Egal wo°, im Sommer sind die Strände voll mit Badegästen. Fischerdörfer, Bauernhöfe, Seen und Wälder charakterisieren die Landschaft der Ostsee. Dort liegen auch größere alte Städte 20 wie Lübeck und Kiel, die durch den Nord-Ostsee-Kanal mit den Hafenstädten Hamburg und Bremerhaven verbunden° sind.

strong / low and high tides / dikes / flooding
sheep
shallows / carriage
reach
pastures / cows
lighthouse / thatched roof
howls / roar / dunes
go swimming / no matter where
connected

Südlich, um Lüneburg, liegt die Heide° mit ihrem Heidekraut°, ihren Schafherden und Mooren°. Die Heide ist ein Paradies für Wanderer, Radfahrer°

heath / heather
peat-bogs / cyclists

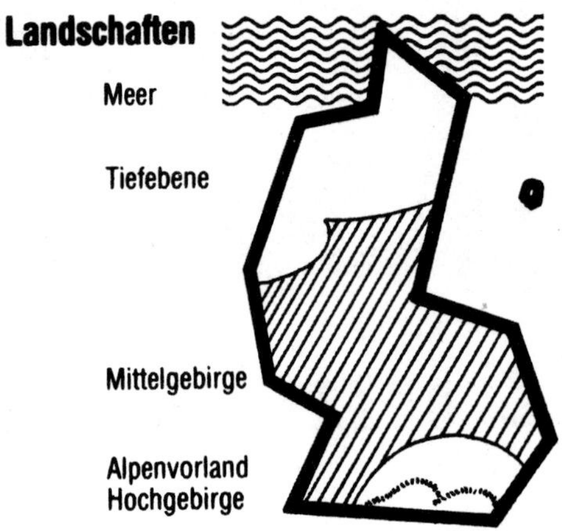

Das Wattenmeer

Hamburg

(Oben) Autobahntunnel unter dem Nord-Ostsee-Kanal

(Links) Am Nordseestrand

Lübeck

Lüneburger Heide

Berlin

und Paddler°. Erst am Südrand° gibt es größere Städte, wie zum Beispiel Celle
25 mit seinen Fachwerkhäusern°. Den südlichen Teil der Tiefebene durchquert°
der Mittelland-Kanal, der das industriereiche Rhein-Ruhr-Gebiet mit Berlin und
der Oder im Osten verbindet. Wer das Land auf diese Weise° per Schiff
kennenlernt, sieht nicht nur romantische Dörfer, sondern fühlt auch den Puls
der Industrielandschaft mit ihren Fabriken°, Hochhäusern und ihrer Hektik.

canoers / . . . edge
half-timbered . . . / crosses

this way

factories

Im Mittelgebirge

30 Zwischen einem Netz° von Flüssen liegt die Region der Mittelgebirge. Abseits°
der Autobahn° führt der Weg auf schlängeligen° Straßen durch landwirt-
schaftliches° Hügelland° mit Wäldern und Feldern, Obstgärten° und
Weinbergen. Überall ist man umgeben von Tradition und Geschichte°. Immer
wieder gibt es etwas, was an die Vergangenheit° erinnert°: eine Burg, ein
35 Schloß, alte Kirchen, Häuser, Mauern° und Türme. Zu dieser Landschaft
gehören° unter vielen anderen auch Römerstädte° wie Trier und Koblenz;
Domstädte° wie Köln, Worms und Freiburg; und mittelalterliche° Städte wie
Heidelberg, Rothenburg und Nürnberg.

net / away from
freeway / winding
agricultural / rolling hills /
orchards / history
past / reminds of
walls
belong / Roman . . .
cathedral . . . / medieval

Am Rhein

Hügelland der Mittelgebirge

Heidelberg

Im Schwarzwald

Nürnberg

Pfahlbauten bei Unteruhldingen

Zur gleichen Zeit ist man umgeben von modernem Leben. Das Rhein-Main-
40 Gebiet ist heute zu einem der städte- und industriereichsten Gebiete Deutschlands geworden. Um Frankfurt laufen Verkehrswege° aus allen Richtungen° Deutschlands zusammen. Der Rhein-Main Flughafen verbindet Deutschland mit dem Rest Europas und aller Welt°.

crossroads
directions
world

Im Alpenvorland und Hochgebirge

Der größte Teil des Alpenvorlandes hat rauhes° Klima. Im Winter ist es im
45 Süden Deutschlands oft kälter als im Norden. Nur das Gebiet um den Bodensee ist eine Ausnahme°: auf der Insel Mainau wachsen Orangen, Zitronen°, Feigenbäume° und Zypressen°. Besonders interessant sind die Pfahlbauten° bei Unteruhldingen (2200 v. Chr.). Großen Charme hat auch das Gebiet entlang der Donau. Da gibt es Höhenwege° zum Wandern, Felsen° zum
50 Klettern° und Flüsse für Wildwasserabfahrten°.

rough
exception
lemons / figtrees / cypress trees / lake-dwellings
ridgetop trails / cliffs
climbing / white water canoeing

Die meisten Touristen aber besuchen den mittleren Teil des Alpenvorlandes: München und Umgebung°. Fast alles ist in der Nähe°: schöne Wälder, Felder und Seen, Burgen, Schlösser und Barockkirchen. Zur gleichen Zeit ist München eine interessante Großstadt. Bei klarem Wetter sieht man im Hintergrund° das
55 Panorama der schneebedeckten° Bergwelt. Die Alpen, mit der Zugspitze (2963m°, Deutschlands höchster Berg), bilden die deutsche Grenze im Süden. In einer Bergwelt reich an Seen lebt der Alpbauer°. Seine Häuser und Kirchen sind meist bunt° bemalt° und bieten° dem Besucher ein romantisches Bild. In der Majestät und Stille° der Berge findet mancher Städter wieder Ruhe. Auf
60 dieser Rundreise° vom Norden zum Süden haben wir nicht auf alle Sehenswürdigkeiten°, Städte und Landschaften hinweisen° können, vor allem nicht auf die, die heute in der DDR° liegen. Aber wenigstens° haben Sie einen kleinen Überblick° bekommen, von dem, was Sie bei Ihrer Reise durch Deutschland erwartet.

surroundings / vicinity
background
. . . covered
9721 ft.
mountain farmer
colorful / painted / offer
peace and quiet
roundtrip
attractions / point to
E. Germany / at least
survey

München

Bauernhaus im Alpenland

*Gebirge: 1. der Harz, 2. der Thüringer Wald, 3. das Erzgebirge, 4. der Bayrische Wald, 5. die Alpen, 6. die Schwäbische Alb, 7. der Schwarzwald

Inhaltsfragen

Der Lesetext—meistens sind es verschiedene Texte—soll als Einführung gelten und Ihnen Ideen und Vokabular zum Thema geben. Die folgenden Fragen beziehen sich hauptsächlich auf den Inhalt und wollen sicherstellen, daß Sie den Text verstanden haben. Alle Lesetexte sind auf Tonband gesprochen!

1. Welche vier Landschaftsbilder kann man in Deutschland unterscheiden?
2. Wo gibt es höhere Wellen, an der Ostsee oder an der Nordsee?
3. Was schützt das flache Küstenland vor der Nordsee?
4. Wann kann man kilometerweit im Wattenmeer wandern?
5. Was ist typisch für das Land zwischen der Nordsee und Ostsee?
6. Welche größeren Städte liegen an der Ostsee? An der Nordsee?
7. Was gibt es in der Heide?

Berchtesgaden

8. Für wen ist die Heide ein Paradies?
9. Warum ist der Mittelland-Kanal wichtig?
10. Wie heißt das große Industriegebiet im Westen?
11. Was ist typisch für das Rhein-Ruhr-Gebiet?
12. Was charakterisiert die Mittelgebirgslandschaft?
13. Woran denken Sie bei Trier und Koblenz? Köln und Worms? Heidelberg, Rothenburg und Nürnberg?
14. Warum ist der Rhein-Main-Flughafen wichtig?
15. Wo wachsen in Deutschland Zitronen und Orangen?
16. Wohin fahren besonders viele Touristen?
17. Was sieht man in München bei klarem Wetter?
18. Wie heißt der höchste Berg Deutschlands? Wie hoch ist er?
19. Was ist typisch für die Häuser der Alpbauern?
20. Was suchen viele Städter im Hochgebirge?

Blick auf die Landkarte

1. Nennen Sie fünf deutsche Flüsse! 2. Welche Stadt liegt an welchem Fluß? (fünf Beispiele, bitte!) 3. Nennen Sie vier deutsche Mittelgebirge! 4. Welches Gebirge trennt Westdeutschland von Ostdeutschland? Ostdeutschland von der Tschechoslowakei? 5. Wo liegt die Nordsee? die Ostsee? der Bodensee? 6. Wie heißt die Hauptstadt von Westdeutschland? Ostdeutschland? 7. Wie heißen Deutschlands Nachbarn? 8. Was sind die Hauptstädte dieser Nachbarn?

Das sollten Sie wissen

Dieser Teil gibt Ihnen ein Grundvokabular für das zur Diskussion stehende Thema eines jeden Kapitels. Viele der Wörter kennen Sie schon, oder Sie können sie erraten; andere finden Sie in den Lesetexten. Wenn sie Ihnen neu sind, hilft Ihnen das Deutsch-Englische Wörterverzeichnis am Ende des Buches. Die Vokabeln sind thematisch aber auch nach Artikeln und alphabetisch geordnet. Hinzu erscheinen die folgenden Symbole: = gleich; ≠ nicht gleich; — das Gegenteil.

die Landschaft, -en

der Bauernhof, ⸚e
  Baum, ⸚e ≠ Busch, ⸚e
  Berg, -e ≠ das Gebirge, -
  Fluß, ⸚sse ≠ Kanal, ⸚e
  Hafen, ⸚ ≠ Flughafen, ⸚
  Norden (Süden, Osten, Westen); im . . .
  Ozean, -e = das Meer, -e = die See
  Sand
  See, -n ≠ die See
  Strand, ⸚e ≠ das Ufer, - ≠ die Küste, -n
  Turm, ⸚e
  Wald, ⸚er
  Weinberg, -e

das Dorf, ⸚er
  Feld, -er
  Gebiet, -e
  Land, ⸚er
  Tal, ⸚er ≠ die Ebene, -n

die Burg, -en ≠ das Schloß, ⸚sser
  Grenze, -n
  Insel, -n
  Stadt, ⸚e ≠ Hauptstadt, ⸚e
  Welle, -n

leben
liegen
schützen
(sich) unterscheiden
wachsen

flach — hügelig
tief — hoch (hoh-)
weit — nah
bei = in der Nähe (von)
entlang
nördlich (südlich, östlich, westlich) von
überall
umgeben von

das Wetter
das Klima

der Blitz, -e ≠ Donner ≠ das Gewitter, -
Himmel ≠ die Wolke, -n
Mond, -e ≠ Stern, -e
Nebel
Regen ≠ Hagel
Schnee
Wind, -e ≠ Sturm, ⸚e

das Eis
Erdbeben, -

die Wärme ≠ Hitze
Kälte ≠ der Frost
Luft
Sonne, -n

blitzen ≠ donnern
regnen ≠ hageln
schneien
stürmen
überschwemmen

heiß — kalt
klar—neblig
kühl — warm
sonnig ≠ regnerisch
schön = herrlich = wunderbar
trocken — feucht
vereist ≠ glatt
verschneit
windig ≠ stürmisch

Wortschatzübung

Mit Hilfe der Wortschatzübung sprechen Sie jedes Wort im Wortschatz wenigstens einmal aus. Das soll Ihnen helfen, die Vokabeln zu lernen und Ihre Zunge für die Gespräche und Diskussionen zu lösen.

1. Wie heißen die . . .?

a. Artikel

z.B. Bergland **das Bergland**

Dorfgrenze, Eisberg, Flußufer, Gewitterwolke, Küstenland, Mondlandschaft, Sandinsel, Schneesturm, Gebirgssee, Stadtnorden, Sternenhimmel, Waldgebiet, Wasserburg

b. Adjektive

Whenever there is a list of nouns, like the one below, it is sequenced according to masculine, feminine, and neuter nouns. Each group is separated by a colon, and the gender is given only once.

z.B. der Nebel **neblig**

der Regen, Sturm, Wind; das Eis; die Höhe, Kühle, Nähe, Sonne, Tiefe

c. Adjektivformen

z.B. klar **klarer, am klarsten**

flach, feucht, heiß, hoch, kalt, nah, stürmisch, trocken, warm, weit

d. Verben

z.B. der Blitz **blitzen**

der Donner, Hagel, Regen, Schnee, Sturm, Unterschied; die Lage, Überschwemmung

e. Plurale

z.B. der Baum **die Bäume**

der Berg, Busch, Fluß, Hafen, See, Stern, Wald; das Gebirge, Meer, Schloß, Ufer; die Wolke

2. Was ist das Gegenteil?

z.B. der Berg **das Tal**

der Norden, Westen; die Großstadt; flach, klar, kühl, sonnig, trocken, weit

3. Erklären Sie den Unterschied!

> Zeigen Sie, daß Sie diese zwei Wörter verstehen! Dazu können Sie entweder Sätze bilden oder durch Gegenteile oder Synonyme den Unterschied klarstellen.

z.B. der Berg ≠ das Gebirge
Ein Berg ist nur ein Berg, aber ein Gebirge hat viele Berge.

der Fluß ≠ der Kanal
der See ≠ die See
das Tal ≠ die Ebene
die Stadt ≠ das Dorf
der Donner ≠ das Gewitter
der Himmel ≠ die Wolke
der Regen ≠ der Hagel
der Turm ≠ der Sturm
die Wärme ≠ die Hitze

4. Was kommt Ihnen dabei in den Sinn?

z.B. der Bauernhof **der Bauer, Kühe, stinken . . .**

der Strand, Wald, Weinberg; das Klima, Schloß; die Luft, Welle; wachsen, herrlich

5. Wie geht's weiter? Vervollständigen Sie die Sätze!

Am Ozean gibt es . . .
Das Leben auf einer Insel kann . . . sein.
Wenn der Wind heult, . . .
Wenn die Sonne scheint, . . .
Heute ist das Wetter . . .
. . . schützen gegen . . .
Das Gebiet entlang . . . ist . . .
. . . ist umgeben von . . .
Bei . . . gibt es hohe Wellen.
Wie schön, daß . . .!

6. Stellen Sie sich gegenseitig kurze Fragen über die Geographie Deutschlands, Österreichs, der Schweiz und den Rest Europas! Einer beginnt; wer antwortet stellt auch die nächste Frage.

   Wo liegt . . .?
   An welchem Fluß liegt . . .?
   Wie heißt die Hauptstadt von . . .?
   Nenne ein Gebirge (einen See, einen Fluß) in . . .!
   Was gibt es an . . . (am . . . , in . . . ,)?

7. Spiel: Stadt, Land, Fluß
   Für dieses Spiel brauchen Sie Papier und Bleistift. Jeder Spieler schreibt sich dieses Schema darauf:

Stadt	**Land**	**Fluß/See**	**Hauptwort**	**Verb**	**Adjektiv**	**Punkte**
Berlin	Belgien	Bodensee	Baum	blitzen	bunt	
Santiago	Schweiz	Seine	Strand	schneien	schön	

   Dann buchstabiert ein Spieler still das Alphabet: ein anderer ruft nach einer Weile „Halt!" Der Buchstabe, den der erste Spieler sich in diesem Moment gedacht hat, ist nun der Anfangsbuchstabe für die zu suchenden Wörter, die jeder Mitspieler auf sein Stück Papier aufschreibt. Wer als erster für jedes ein Wort gefunden hat, ruft „Stop!" Niemand darf weiterschreiben. Jetzt wird verglichen. Alle Wörter, die von mehreren Spielern gefunden worden sind, werden gestrichen. Alle restlichen gelten 10 Punkte. Man kann dieses Spiel lange spielen, oder es auf ein paar Runden begrenzen.

8. Sprechen wir über die Bilder dieses Kapitels!

9. Zungenbrecher zum Vergnügen. Lesen Sie sie laut und so schnell wie möglich!
   - Über Lübecks Backsteintürme toben trübe Stürme.
   - Sandstrand neben Sandstrand und Strandkorb neben Strandkorb.

Gespräche und Diskussionen

> Dieser Teil versetzt Sie entweder in eine bestimmte Situation mit Vorschlägen zum Gespräch, oder er fragt nach Ihrer Meinung. Es spielt keine Rolle, ob Sie für *(pro)* oder wider *(contra)* etwas sind, wichtig ist, daß Sie erklären, warum Sie dieser Meinung sind.

1. Waren Sie schon einmal in Europa? Wo, wann und wie lange? Wohin würden Sie gern (wieder) reisen? Warum?
2. Interview mit ein paar Kommilitonen aus (a) Australien, (b) der Sowjetunion, (c) Brasilien, (d) Japan, (e) . . . Sie (die Klasse) stellen ihnen Fragen, worauf jene antworten. (Woher kommst du . . .? Wo liegt das? Wie sieht es . . . aus? Was gibt es . . . Besonderes? Habt ihr auch . . .? Was sollte man sich als Tourist bei euch ansehen? Wie ist das Klima? Wann ist es dort am schönsten? Warum?)
3. Sie haben Familie Derung aus der Schweiz zu Besuch. Es ist ihr erster Besuch in Amerika (Kanada), und sie wollen vieles über die Geographie und die Sehenswürdigkeiten Ihres Landes wissen. Antworten Sie auf deren Fragen!
4. Sie sind am Telefon und sprechen mit Ihrem Onkel (Ihrer Tante) über das Wetter. Fragen Sie, wie das Wetter dort ist, und sagen Sie, wie es hier ist! Wie war es gestern? Wie finden Sie das?
5. Worin liegen einige Unterschiede zwischen Europa und Amerika (Größe, Bevölkerung, Sprachen, Geschichte, Klima)? Welche Vor- und Nachteile hat das?
6. Wie stellen Sie sich die ideale Landschaft vor? Was gibt es dort (nicht)? Wo würden Sie gern leben?

7. Wie ist das Wetter bei Ihnen im Frühling, im Sommer, im Herbst, im Winter? Welche Jahreszeit finden Sie am schönsten? Warum? Was haben Sie nicht gern? Warum nicht?
8. Was für Unwetter und Katastrophen gibt es? Wo gibt es besonders viele Naturkatastrophen? Was für welche? Können Sie Beispiele aus der jüngeren Vergangenheit geben? Was ist passiert? Würde Sie das hindern, in so einem Land leben zu wollen? Warum (nicht)?
9. Für oder wider das Leben in a) Hawaii, b) Alaska, c) . . .
10. Was bedeuten diese Sprichwörter? (Zur Übersetzung dieser Sprichwörter und Redensarten, siehe *Anhang!*)

- Ein kleines Wölkchen verbirgt oft die strahlendste Sonne.
- Stille Wasser sind tief.

Aufsätze

Hier dürfen Sie sich schriftlich ausdrücken. Dabei kommt es nicht auf die Quantität, sondern auf die Qualität Ihres Aufsatzes an. Eine Seite genügt gewöhnlich.

1. Das Land, in dem ich lebe.
2. Das Land, in dem ich leben möchte.
3. Die beste (schlimmste) Jahreszeit.
4. Wetterbericht dieser Woche.
5. Benutzen Sie eins der oben genannten Sprichwörter als Titel!

KAPITEL 2

Stadt und Verkehr

Straßenbahnlinie 177

Emil rannte auf die Straße und erreichte° den Anhängewagen° gerade, als die Bahn abfuhr°. . .. So ein Krach! Von allen Seiten Straßenbahnen . . . Autobusse . . . Schaufenster° . . . und hohe Häuser. Das war also Berlin.

reached / second car
started
display windows

Emil hätte sich gern alles in Ruhe betrachtet°. Aber er hatte keine Zeit dazu. Im vorderen° Wagen saß ein Mann, der hatte Emils Geld, konnte jeden Moment aussteigen und verschwinden°. . ..

looked at
front
disappear

Emil stellte sich° in eine Ecke, wurde gedrückt° und auf die Füße getreten° und dachte erschrocken°: Ich habe ja kein Geld! Wenn nun der Schaffner° kommt, muß ich einen Fahrschein lösen°. Und wenn ich es nicht kann, schmeißt er mich 'raus°.

stood / squeezed / stepped on / shocked / conductor / buy a ticket
kicks out

Er sah sich die Leute an, die neben ihm standen. Konnte er einem von ihnen sagen: Borgen° Sie mir doch bitte das Fahrgeld? Ach, die Menschen hatten so ernste° Gesichter! Der eine las Zeitung. Zwei andere unterhielten sich über° einen großen Bankeinbruch°. . ..

lend
serious / talked about
. . . robbery

Der Schaffner kam der Tür immer näher. Jetzt . . . fragte er laut: „Wer hat noch keinen Fahrschein?" . . .

„Na°, und du?" fragte er den Jungen.

well

„Ich habe mein Geld verloren° . . .," antwortete Emil. Denn den Diebstahl° hätte ihm keiner geglaubt.

lost / theft

„Geld verloren? Das kenne ich. Und wo willst du hin?"

„Das . . . weiß ich noch nicht," stotterte° Emil.

stuttered

„So. Na, da steige mal an der nächsten Haltestelle wieder aus, und überlege dir° erst, wo du hin willst."

think about

„Nein, das geht nicht. Ich muß hier bleiben . . ."

„Wenn ich dir sage, du sollst aussteigen, steigst du aus. Verstanden?"

„Geben Sie dem Jungen einen Fahrschein!" sagte da der Herr, der Zeitung gelesen hatte. Er gab dem Schaffner Geld . . ..

„Haben Sie vielen vielen Dank, mein Herr!" sagte Emil.

„Bitte schön, nichts zu danken," erwiderte° der Herr und sah wieder in seine Zeitung . . .. Und die Straßenbahn fuhr. Und sie hielt an. Und sie fuhr weiter . . .. Die Stadt war so groß. Und Emil so klein. Und kein Mensch wollte wissen, warum er kein Geld hatte, und warum er nicht wußte, wo er aussteigen sollte. Niemand will von den Sorgen° des anderen etwas wissen. Und wenn man sagt:

replied
problems

Das tut mir aber leid, so meint man meistens nichts weiter als: Mensch, laß
35 mich in Ruhe!

ERICH KÄSTNER, aus *Emil und die Detektive*

Inhaltsfragen

1. Wo befindet sich Emil, und warum?
2. Glauben Sie, daß Emil aus Berlin ist?
3. Worüber sprechen die Leute in der Straßenbahn?
4. Warum ist Emil so nervös?
5. Was für ein Mensch ist der Schaffner?
6. Wie kommt es, daß Emil trotzdem nicht aussteigen muß?
7. Wie findet Emil die Menschen in der Großstadt?

O diese Autos!

Familie Seidl war in Amerika zu Besuch. Jetzt unterhalten sie sich mit Jane, ihrer amerikanischen Gaststudentin, darüber.

HERR SEIDL: Was habt Ihr für große Autos! Und oft sitzt nur einer° drin°. Diese Straßenkreuzer° schlucken° doch enorm viel Benzin!
5 JANE: Ja, aber dafür sind sie sicherer. Mein Vater möchte sich aus diesem Grund° von seinem alten Schlitten° nicht trennen°. Ich fahre nur einen kleinen Toyota, der ist besser im Verbrauch°. Sie haben wenigstens gute öffentliche Verkehrsmittel!
HERR SEIDL: Gott sei Dank! Wir brauchen kein Auto, und wir wollen auch
10 keins. Da sind ja nicht nur die Benzinkosten°, sondern auch die Versicherung° und Reparaturen°. In einer Welt mit immer knapper° werdender Energie sollte man sparen, wo man nur kann!
JANE: Das ist leicht gesagt. Ohne Auto geht's bei uns einfach nicht.
HERR SEIDL: Nun°, ihr könnt's euch leisten. Ihr habt viel Platz, und eure brei-
15 ten Straßen sind für große Autos gebaut. Bei unsren engen, verstopften° Straßen verzichte° ich gern freiwillig° aufs Auto.
JANE: Sicherlich° keine schlechte Idee, denn die° fahren ja hier wie die Verrückten°. Beim Überholen wird's einem schlecht°. Die verlassen sich alle aufs° Bremsen und Hupen. Kein Wunder°, daß es so viele Unfälle gibt!
20 FRAU SEIDL: Nun, die Amerikaner sind auch nicht die besten Autofahrer. In Nashville ist mir doch ein alter Opa° ohne Zeichen zu geben direkt vor die Nase gefahren! Wir hätten beinah° einen Unfall gebaut°! Andere Amerikaner sind furchtbar lahm° beim Anfahren oder beim Parken.
HERR SEIDL: Tja°, da muß man eben aufpassen. Im allgemeinen aber fahren
25 die meisten Amerikaner sehr vernünftig°.
JANE: Das ist wegen der Geschwindigkeitsbegrenzung°.
FRAU SEIDL: Ich finde, in Amerika bekommt man seinen Führerschein viel zu früh. Hier kann man ihn erst ab° achtzehn machen.
PETER: Wir brauchen ihn einfach früher. Ich glaube, meine Mutter wäre ver-
30 rückt geworden, wenn sie mich noch länger hätte herumchauffieren° müssen.
FRAU SEIDL: Da kann ich direkt mitfühlen°!

one person / inside
"flagships" / guzzle
for that reason / old jalopy / separate
fuel consumption
gas expenses
insurance / repairs / scarcer
well
clogged up
give up / voluntarily
probably / they
crazy / get sick
depend on / no wonder
an old dodo
almost / had
slow
well
sensible
speed limit
starting at
chauffeur around
sympathize

Inhaltsfragen

1. Was hat Herr Seidl gegen die amerikanischen Straßenkreuzer?
2. Warum will sich Janes Vater nicht von seinem großen Auto trennen?

Kennen Sie diese Straßenschilder?

3. Was für einen Wagen fährt Jane? Warum?
4. Warum kann Familie Seidl leichter ohne Auto auskommen?
5. Warum haben die Deutschen so viele Unfälle?
6. Wie findet Frau Seidl die amerikanischen Autofahrer?
7. Was ist Herr Seidls Kommentar dazu?
8. Ab wann kann man in Deutschland einen Führerschein machen?

Das sollten Sie wissen

das Zentrum, Zentren

der Bürgersteig, -e
  Park, -s
  Platz, ¨e
  Vorteil, -e — Nachteil, -e

das Geschäft, -e = der Laden, ¨
  Kaufhaus, ¨er
  Kino, -s ≠ Theater, -
  Leben

die Bank, -en
  Bibliothek, -en

die Diskothek, -en (Disko, -s)
  Kirche, -n
  Post
  Schulen, -n
  Universität, -en

laufen ≠ bummeln
sparen — Geld ausgeben
spazieren.gehen ≠ zu Fuß gehen

billig — teuer

BRAUERE
ZUM
SCHLUSSEL
SCHLÖSSER
ALT

der Verkehr

der Bus, -se
  Fußgänger, - — Fahrer, -
  Führerschein, -e
  Krach — die Ruhe
  Schaden, ¨
  Strafzettel, -
  Unfall, ¨e

das Auto, -s = der Wagen, -
  Benzin
  Fahrrad, ¨er ≠ Motorrad, ¨er
  Geld
  Krankenhaus, ¨er
  Schild, -er
  (Verkehrs)mittel, -

die Ambulanz, -en
  Ampel, -n
  Bahn, -en
    Straßenbahn
    U-Bahn
  Haltestelle, -n
  Kreuzung, -en
  Polizei
  Straße, -n ≠ der Weg, -e

ab·biegen ≠ wenden
an·fahren = starten
an·halten = stoppen
aus·steigen ≠ ein·steigen ≠ um·steigen
bluten
brauchen ≠ gebrauchen ≠ verbrauchen
bremsen
fahren: mit der Bahn (dem Bus . . .)
hupen
(k)ein Zeichen geben
parken
überfahren
(über)kreuzen ≠ überqueren ≠ überholen
die Vorfahrt beachten
zusammen·stoßen

alt — neu ≠ gebraucht
eng — breit
hektisch — ruhig
öffentlich — privat
plötzlich = auf einmal
schnell — langsam
tot
(un)gefährlich
(un)sicher
(un)verletzt

Wortschatzübung

1. Lesen Sie laut!

Die folgenden Wortzusammensetzungen sollen zur Aussprache der neuen Vokabeln helfen. Falls Sie diese Wörter nicht verstehen, finden Sie sie im deutsch-englischen Endvokabular.

der Ambulanzwagen, Autounfall, Fußgängerüberweg, Gebrauchtwagen, Geldschaden, Parkplatz, Radfahrer; das Stadtzentrum; die Bushaltestelle, Vorfahrtsstraße

2. Wie heißen die . . .?

a. Verben

z.B. der Bummel **bummeln**

der Fußgänger, Spaziergang, Verbrauch, Zusammenstoß; das Blut; die Anfahrt, Bremse, Haltestelle

b. Verbformen

> Bitte geben Sie in diesem Teil immer die unregelmäßigen Formen des Verbs!

z.B. anhalten **hielt an, angehalten**
laufen **lief, ist gelaufen**

abbiegen, ausgeben, einsteigen, fahren, spazierengehen, zusammenstoßen

c. Adjektive

z.B. der Tod **tot**

die Gefahr, Hektik, Ruhe, Sicherheit, Verletzung

3. Was ist das Gegenteil?

z.B. neu **alt**

der Krach, Nachteil; anhalten, aussteigen, Geld ausgeben, breit, billig, gefährlich, schnell, privat

4. Was kommt Ihnen dabei in den Sinn?

z.B. überqueren **die Straße, die Kreuzung . . .**

das Verkehrsmittel; die Bahn, Disko, Kirche, Kreuzung, Polizei, Post, Schule, Universität; bummeln

5. Erklären Sie den Unterschied!

> Zeigen Sie, daß Sie diese zwei Wörter verstehen! Dazu können Sie entweder Sätze bilden oder durch Gegenteile oder Synonyme den Unterschied klarstellen.

z.B. brauchen ≠ gebrauchen
„Brauchen" bedeutet, daß man etwas haben muß. „Gebrauchen" bedeutet, daß man etwas, was man hat, auch benutzt.

das Geschäft ≠ das Kaufhaus
das Kino ≠ das Theater
das Fahrrad ≠ das Motorrad
die Straßenbahn ≠ die U-Bahn
abbiegen ≠ wenden
überholen ≠ überfahren
ein Zeichen geben ≠ hupen

6. Wie definieren Sie das?

z.B. der Verkehr
Verkehr ist, wenn viele Autos auf der Straße sind.

der Bürgersteig, Führerschein, Strafzettel, Unfall; das Krankenhaus; die Ampel, Bank, Bibliothek; bremsen, spazierengehen, die Vorfahrt beachten

7. Wie geht's weiter? Ergänzen Sie die Sätze!

Das Leben in dieser Stadt ist . . .
Sie hat einen Strafzettel bekommen, weil . . .
Wenn ich keine Lust habe zu laufen, . . .
Wenn ich Geld brauche, . . .
Wenn die Straßen im Winter glatt sind, . . .
Als der Fußgänger mir plötzlich vors Auto lief, . . .
Ich bin (k)ein . . . Fahrer.
. . . ist gefährlich.

8. Sprechen wir über die Bilder dieses Kapitels!

9. Zungenbrecher zum Vergnügen. Lesen Sie laut und so schnell wie möglich!

- Der Potsdamer Postkutscher putzt seinen Potsdamer Postkutschkasten.
- In Ulm und um Ulm und um Ulm herum wachsen viele Ulmen.

10. Nützliche Redewendungen *(useful interactional phrases)*

> This section exposes you to phrases that interweave the response of one speaker with that of another. Read the first passage aloud, and then choose appropriate responses for the statements or questions below. Mastering these interactional phrases should make the following *Gespräche und Diskussionen* more authentic and enjoyable.

a. Lesen Sie bitte!

EMIL: Weißt du, was mir in Berlin passiert ist?
FREUND: Nein, was denn?
EMIL: Da hat mir einer mein Geld gestohlen.
FREUND: Das gibt's doch nicht!° — You don't say!
EMIL: Doch!° Ich bin ihm hinterhergerannt, aber plötzlich verschwand° er in einer Straßenbahn. — Oh yes! / disappeared
FREUND: O je!° Und dann? — Oh no!
EMIL: Nichts. Da stand ich nun wie ein begossener Pudel°. Ach, die Menschen in der Großstadt sind so unpersönlich. — wet poodle, i.e. aghast
FREUND: Da hast du recht. Und was ist mit° deinem Geld? — And what about . . .
EMIL: Keine Ahnung°! Futsch ist futsch!° — I've no idea / gone is gone
FREUND: Unverschämt!° — disgusting

?! Was denn? / Das gibt's doch nicht! / Doch! / O je! / Da hast du recht. / Und was ist mit . . .? / Keine Ahnung! / Unverschämt!

b. Was ist Ihre Antwort? *(What's your response? Choose from the interactional phrases above, or add any other logical response.)*

z.B. Mit 18 brauchst du noch keinen Führerschein, oder? **Doch!**

Weißt du, was ich gestern gekauft habe? . . .
Einen alten Cadillac. . . .
Diese Schlitten verbrauchen enorm viel Benzin. . . .
Weißt du, was ich dafür bezahlt habe? . . .

Hast du DAS gesehen? . . .
Beinah hätten wir einen Unfall gebaut. . . .
Das Motorrad ist mir direkt vor die Nase gefahren. . . .
Die fahren alle wie die Verrückten! . . .

Gespräche und Diskussionen

1. Sie sind Zeugen eines Autounfalls zwischen einem Mercedes und einem Volkswagen. Berichten Sie, was passiert ist. Einer fängt an; der nächste fügt weiteres hinzu.
2. Sie gehen auf Autosuche zu einem Gebrauchtwagenhändler. Was für ein Auto hätten Sie gern und warum? Denken Sie dabei an den Preis, die Größe und Form, die Farbe, die verschiedenen Extras, den Benzinverbrauch . . .! Woher bekommen Sie das Geld dafür?
3. In welchen anderen Städten haben Sie vorher gewohnt? Vergleichen Sie eine dieser Städte mit der, wo Sie jetzt wohnen? Wo gefällt es Ihnen besser? Warum? Was fehlt Ihnen hier? Was könnte man verbessern?
4. Das Auto, brauchen wir es wirklich? Wie oft gebrauchen Sie es? Welche anderen Alternativen bietet Ihre Stadt? Was würden Sie tun, wenn es plötzlich kein Benzin mehr gäbe? Wie würde sich unser Leben ändern?
5. O diese Autofahrer! Was nervt Sie besonders beim Autofahren? Haben Sie schon einmal einen Strafzettel bekommen? Warum? Wieviel mußten Sie dafür bezahlen?
6. Für und wider die Geschwindigkeitsbegrenzung.
7. Die Polizei, unser Freund und Helfer?
8. Das Leben in der Stadt ist einsam. Alle Städter sind Egoisten, denn niemand will von den Sorgen des anderen etwas wissen.
9. Was bedeuten diese Sprichwörter?
   - Ein Unglück kommt selten allein.
   - Reden ist Silber, Schweigen ist Gold.

Aufsätze

1. Meine Stadt.
2. Nachts auf den Straßen von . . .
3. So eine Hektik! Nehmen Sie Kästners Geschichte als Muster für einen Vergleich zwischen einer Großstadt und einer Kleinstadt.
4. Benutzen Sie eins der oben genannten Sprichwörter als Titel!

KAPITEL 3

Wohnen

Die Freuden des Landlebens

Nachdem wir jetzt auf dem Lande wohnen, werde ich oft gefragt, worin die berühmten Freuden° des Landlebens bestehen° . . . Mein Landleben unterscheidet sich von meinem Stadtleben dadurch, daß ich jeden Morgen eine halbe Stunde zu Fuß gehe und dann noch eine halbe Stunde mit der Bahn und 5 der Straßenbahn fahre, um zu meiner Arbeit zu kommen; ich muß früher aufstehen und früher schlafen gehen . . . In der Stadt war ich viel zu schnell daheim; ich hatte keine Zeit . . ., die Berufsgedanken° abzuschütteln°. Jetzt gewinne . . . ich Zeit zum Nachdenken° . . .

joys / consist of
thoughts / shake off
thinking

Zweitens: die Ruhe! Ich möchte nicht behaupten°, daß es auf dem Land keine 10 Geräusche° gäbe . . . Aber es sind natürlichere Geräusche . . . sie stören° nicht.

claim
noises / bother

Und dann der Blick . . . In der Stadt sehe ich immer etwas, was meine Aufmerksankeit in Anspruch nimmt°. Auf dem Lande nicht. Ich habe mich so daran gewöhnt, daß da unten der See liegt und drüben° das Gebirge, daß ich in aller Ruhe meinen Beschäftigungen° nachgehen kann, ohne daß ich 15 fürchten° muß, etwas zu versäumen° . . .

demands my attention
over there
pursuits
fear / miss

Aber wird es einem denn nicht auf die Dauer° langweilig°? Natürlich, es gibt schon Augenblicke°, in denen man zu faul ist, etwas zu tun, genau wie in der Stadt. In der Stadt geht man dann aus, und dasselbe° tut man auf dem Lande. Nur ist das nicht ein Film oder sonst eine Unterhaltung° gegen Eintritt°, 20 sondern man geht kostenlos in den Wald.

in the long run / boring
moments
the same
entertainment / a fee

ERNST HEIMERAN, in *Es hat alles sein Gutes*

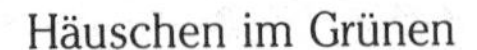

Häuschen im Grünen

Inhaltsfragen

1. Welche Unbequemlichkeit hat das Landleben, wenn man in der Stadt arbeitet?
2. Welchen Vorteil hat diese längere Anfahrt?
3. Wie unterscheiden sich die Geräusche auf dem Lande von denen in der Stadt?
4. Warum kann Heimeran auf dem Land ruhiger seinen Beschäftigungen nachgehen?
5. Wohin geht er, wenn er nichts zu tun hat?

Gebunden durch Haus und Garten

Soll man immer nur arbeiten und fürs Haus sparen? Immer nur gebunden° sein durch Haus und Garten? Was soll der Quatsch°?

Unsre Freunde haben es getan. Sie haben sich ein Häuschen auf dem Land gekauft, direkt am Waldrand°: ein Haus mit zwei Schlafzimmern, zwei Bädern, 5 moderner Küche, elegantem Eßzimmer und einem gemütlichen Wohnzimmer mit Schiebetür° zur Terrasse. Unten haben sie noch einen Keller mit Waschküche und Hobbyraum°. Wunderschön! Aber für was für einen Preis! Jetzt geht alles nur noch ins Haus, jedes bißchen° Geld und jede Minute Freizeit. Schön dumm! Das tun wir nicht!

10 Rudi und ich suchen uns eine nette° Wohnung mit Balkon—vielleicht oben im ersten oder zweiten Stock—irgendwo mitten im° Zentrum. Sie muß zentral gelegen sein, mit allem in der Nähe: Geschäfte und Kaufhäuser, Restaurants und Cafés, Kinos, Museen, eine Bibliothek und vor allem eine Bushaltestelle oder die U-Bahn. Wir haben keine Lust°, viel Geld für Benzin auszugeben. Das 15 Auto wird vor der Tür geparkt und nur zum Großeinkauf°, für Ausflüge° und während der Ferien gebraucht. Ich gehe lieber zu Fuß oder fahre mit dem Bus oder der U-Bahn zur Arbeit. Das finde ich sehr bequem, und so bleibt man vogelfrei°. Man kann doch nicht immer nur sparen, immer nur hetzen°. Man muß doch auch etwas vom Leben haben!

gebunden: tied down
Quatsch: nonsense
Waldrand: edge of the . . .
Schiebetür: sliding . . .
Hobbyraum: . . . room
bißchen: little bit
nette: nice
irgendwo mitten im: somewhere in the middle of
keine Lust: don't feel like
Großeinkauf / Ausflüge: . . . shopping / excursions
vogelfrei / hetzen: free as a bird / rush

Inhaltsfragen

1. Wo haben die Freunde ein Haus gekauft?
2. Wie groß ist das Haus?
3. Wie findet das die Autorin? Warum?
4. Sehen Sie auf den Hausplan! Was gibt es in den verschiedenen Zimmern?
5. Wo wohnen Rudi und seine Frau lieber?
6. Warum ist das bequemer?
7. Wie kommen sie zur Arbeit?
8. Wann gebrauchen sie das Auto nur?

Im Wohnzimmer

Das sollten Sie wissen

das Haus und die Wohnung

der Balkon, -s (-e) ≠ die Terrasse, -n
  Blick (auf)
  Flur ≠ Boden
  Garten, ¨
  Kamin, -e
  Keller, -
  Pool, -s
  Stock, -werke: im ersten Stock

das Fenster, -
  Parterre = das Erdgeschoß
  Studentenheim, -e
  Zimmer, -
    Badezimmer = Bad, ¨er
    Eßzimmer
    Schlafzimmer
    Wohnzimmer

die Garage, -n
  Heizung—Klimaanlage

die Küche, -n ≠ Waschküche, -n
  Treppe, -n
  Tür, -en
  Wand, ¨e

bleiben
ein·ziehen — aus·ziehen ≠ um·ziehen
gefallen: es gefällt mir
sich gewöhnen an
mieten — vermieten
wohnen ≠ leben

elegant — einfach
modern — altmodisch
oben — unten
(un)bequem
(un)gemütlich
(un)möbliert
zu Hause = daheim

die Möbel (pl.)

der Fernseher, -
  Herd, -e ≠ Ofen, ¨
  Kassettenspieler, -
  Plattenspieler, -
  Schrank, ¨e ≠ Kühlschrank, ¨e
  Spiegel, -
  Stuhl, ¨e ≠ Sessel, -
  Teppich, -e
  Tisch, -e ≠ Schreibtisch, -e
  Trockner, -
  Vorhang, ¨e

das Bett, -en
  Bild, -er
  Radio, -s
  Regal, -e
  Sofa, -s

die Badewanne, -n ≠ Dusche, -n
  Lampe, -n
  Spülmaschine, -n ≠
    Waschmaschine, -n
  Uhr, -en

in der Stadt und auf dem Land

die Anfahrt
  Arbeit
  Ruhe

arbeiten
auf·stehen — schlafen gehen
ein·kaufen

früh — spät
laut — ruhig

Wortschatzübung

1. Lesen Sie laut!

der Arbeitstisch, Duschvorhang, Spiegelschrank, Teppichboden, Wohnzimmersessel; das Badezimmerfenster, Kaminzimmer, Wandregal; die Bettruhe, Flurtür, Kellergarage, Mietwohnung, Uhrzeit

2. Wie heißen die . . .?

a. Hauptwörter

z.B. anfahren **die Anfahrt**

arbeiten, baden, duschen, fernsehen, trocknen, wohnen

b. Verbformen

z.B. arbeiten **arbeitete, gearbeitet**
bleiben **blieb, ist geblieben**

arbeiten, aufstehen, gefallen, schlafen gehen, vermieten

c. Plurale

z.B. der Garten **die Gärten**

der Garten, Ofen, Plattenspieler, Schrank, Spiegel, Stuhl, Teppich, Vorhang; das Bett, Bild, Fenster, Sofa, Stockwerk, Zimmer; die Lampe, Uhr, Wand

3. Was ist das Gegenteil?

z.B. der Krach **die Ruhe**

einziehen, schlafen gehen, bequem, einfach, modern, oben, spät

4. Was ist der Unterschied?

z.B. der Keller ≠ das Erdgeschoß
„Der Keller" ist ganz unten im Haus, gewöhnlich unter der Erde. „Das Erdgeschoß" liegt über dem Keller; es wird auch „Parterre" genannt.

der Balkon ≠ die Terrasse
der Flur ≠ der Boden
die Heizung ≠ die Klimaanlage
die Küche ≠ die Waschküche
der Plattenspieler ≠ der Kassettenspieler
der Schrank ≠ der Kühlschrank
der Sessel ≠ der Stuhl
die Uhr ≠ die Stunde
umziehen ≠ umsteigen

5. Sagen Sie es anders! Ersetzen Sie die Wörter in Kursivschrift (*italics*) mit neuen Vokabeln aus *Das sollten Sie wissen!* Bilden Sie ganze Sätze!

z.B. Ich bin *aus meiner alten Wohnung in eine neue gezogen.*
Ich bin umgezogen.

Jetzt wohne ich *in einem Haus mit vielen Studenten.*
Es liegt *im Zentrum.*
Mein Zimmer ist *im Erdgeschoß.*
Helga wohnt *einen Stock über dem Erdgeschoß.*
Das Zimmer *hat Möbel.*
Aber die Möbel sind *primitiv* und *nicht gerade modern.*
Die Betten sind *furchtbar hart.*

Im Bad ist eine Dusche, aber *nichts zum Baden.*
Der Trockner ist unten *in dem Raum, wo die Waschmaschine steht.*
Zu Hause ist alles bequemer.
Und doch *finde ich es hier prima.*

6. Wie definieren Sie das?

z.B. der Stuhl
Auf einem „Stuhl" sitzt man gewöhnlich. Um einen Tisch stehen oft mehrere „Stühle".

der Stock; das Bild, Sofa; die Lampe, Treppe; bleiben

7. Stellen Sie sich gegenseitig Fragen mit den folgenden Wörtern!

z.B. der Blick **Was für einen Blick hast du aus deinem Fenster?**
Ich sehe auf einen Parkplatz.

der Garten; das Bild, Zimmer; die Möbel; arbeiten, aufstehen, bleiben, gefallen, sich gewöhnen an, wohnen

8. Spiel: „Mein Teekessel"

Hierzu teilen wir die Klasse in zwei Gruppen. Ein Spieler einer Gruppe denkt an ein besonderes Wort (z.B. Teppich) und beginnt mit einem kleinen Tip, z.B. Mein Teekessel ist bunt. Die andere Gruppe beginnt, durch Fragen herauszufinden, woran jene(r) denkt. Der/die Befragte darf nur mit „ja" oder „nein" antworten. Bei jedem „ja" darf in der Gruppe weitergefragt werden; bei jedem „nein" wechselt das Fragen zur anderen Gruppe. Sobald der/die Befragte 10 mal „nein" gesagt hat, ohne daß das richtige Wort gefunden wurde, bekommt die Gruppe des Spielers einen Punkt. Findet eine Gruppe die Antwort vorher heraus, bekommt sie den Punkt. Am Anfang des Spiels wird eine Zeitbegrenzung ausgemacht. Die Gruppe mit den meisten Punkten hat gewonnen.

9. Zungenbrecher zum Vergnügen. Lesen Sie sie laut und so schnell wie möglich!

- Er stolperte mit stocksteifen Stiefelspitzen über spitze Steine.
- Kirchenküchen kochen keinen guten Kaffee.

10. Nützliche Redewendungen

a. Lesen Sie bitte!

UTA: Wo ist es besser, in der Stadt oder auf dem Land? Was meint ihr?° — What do you think?
ERNST: Auf dem Land ist es viel ruhiger.
RUDI: Stimmt°! Einerseits° ist das schön, aber andererseits° auch sehr unbequem. — True! / on the one hand / on the other hand
UTA: Wieso? Wie meinst du das?° — What do you mean?
RUDI: Alles ist zu weit weg.
UTA: Ja, das finde ich auch°. — I think so, too.
ERNST: Quatsch!° Wie oft geht man schon ins Kino? — Nonsense!
RUDI: Darum geht's nicht°. — That's not the issue.
ERNST: Sondern?
RUDI: Daß man's hat, wenn man's möchte.
UTA: Findest du nicht, daß die Anfahrt zu lang ist?
ERNST: Im Gegenteil. Jetzt habe ich wenigstens° Zeit zum Nachdenken. — at least
UTA: Ach so°! — Oh, I see!

? ! Was meint ihr? / (Das) stimmt! / einerseits . . . andererseits . . . / Wieso? / Wie meinst du das? / Das finde ich auch. / Quatsch! / Darum geht's nicht. / Sondern? / Findest du nicht, daß . . .? / im Gegenteil / wenigstens / Ach so.

b. Was meinst du? *(Read the different roles by completing the sentences with some of the interactional phrases above or other logical responses.)*

WERNER: Ein großes Haus ist etwas Schönes!
INGE: Ja, aber . . .
WERNER: Andererseits . . .
HELGA: Ach, du willst ja nur ein großes Haus aus Prestigegründen.
WERNER: . . .
HELGA: Ein großes Haus macht auch nicht unbedingt glücklich.
WERNER: . . . Aber du, Inge, wohnst auch in keiner kleinen Wohnung.
INGE: Darum geht's nicht.
WERNER: . . .

Gespräche und Diskussionen

1. Ihre Freunde (Mann, Frau, Sohn und Tochter . . .) haben sich ein großes Haus gekauft und schwärmen *(rave)* davon. Sie *(they)* können nicht verstehen, warum Sie in Ihrer kleinen Mietwohnung mitten in der Stadt bleiben.
2. Wo und wie wohnen Sie jetzt? Beschreiben Sie sich gegenseitig Ihr Zimmer! Wo liegt es? Wie sieht es aus? Was für Möbel sind darin? Stellen Sie dabei auch spezifische Fragen über Möbel, Teppiche, Bilder, usw! Sagen Sie, was Ihnen besonders (oder weniger) gefällt!
3. Was für einen Blick haben Sie von (a) Ihrem Zimmer daheim, (b) diesem Zimmer hier? Worauf sehen Sie? Haben Sie Bilder oder Poster an der Wand? Beschreiben Sie sie!
4. Wie stellen Sie sich ein gemütliches Zuhause vor? Wo ist es gelegen? Wie viele Zimmer brauchen Sie? Wie sieht es innen und außen aus?
5. Für und wider das Landleben. Was sind die Vor- und Nachteile? Stellen Sie gemeinsam eine Liste auf! Wo wohnen Sie lieber?
6. Wann sind Sie das letzte Mal umgezogen? Von wo nach wohin? Ziehen Sie gern um? Warum (nicht)? Sind die Amerikaner zu umzugslustig? Woher kommt diese Mobilität? Wie wirkt sich das auf (a) die Familie, (b) die Gesellschaft aus?
7. Was bedeuten diese Sprichwörter?
   - Jeder kehre vor seiner Tür.
   - Wie man sich bettet, so liegt man.

Aufsätze

1. Meine Wohnung.
2. Mein Traumhaus.
3. In der Stadt (auf dem Land) lebt sich's besser.
4. Benutzen Sie eins der oben genannten Sprichwörter als Titel!

KAPITEL 4

Essen und Einkaufen

Morgens zum Frühstück

Das Frühstück ist in Deutschland eine wichtige Mahlzeit°. Man muß etwas essen, um in Gang zu kommen°. Aber was ißt man? Was gehört° zum normalen deutschen Frühstück? Fragen wir doch ein paar Leute!

meal
get going / belongs

Frau Schmidt, 55, Hausfrau: Bei uns gibt's morgens immer zwei frische
5 Brötchen mit Butter, Marmelade oder Honig°, manchmal ein Ei, und gewöhnlich Tee.

honey

Herr Jahn, 62 Jahre alt, Busfahrer: Ich brauche morgens zwei Stück Brot mit Wurst oder Käse. Dazu am liebsten ein Glas Milch, ab und zu auch Buttermilch.

10 Wolfgang, 24, Student: Ich esse morgens Müsli°—Haferflocken° mit Rosinen°, Nüssen°, Früchten° und Milch. Das schmeckt gut und geht schnell. Dazu eine Tasse Kaffee, um aufzuwachen°.

cereal / oatmeal / raisins
nuts / fruit
wake up

Ursula, 22, Studentin: Ich esse morgens gar nichts°. Ich bin nämlich zur Zeit auf Diät. Und wenn ich frühstücke, dann esse ich einen Apfel, Joghurt oder
15 Hüttenkäse°.

nothing at all
cottage cheese

Inhaltsfragen

1. Warum ist das Frühstück wichtig?
2. Was trinkt man zum Frühstück?
3. Was tut Frau Schmidt auf ihr Brötchen und Herr Jahn auf sein Brot?
4. Woraus besteht Wolfgangs Müsli?
5. Warum trinkt er Kaffee?
6. Warum ißt Ursula nichts?
7. Was ißt sie ab und zu?

Wo werden wir einkaufen?

Zwischen vier unf fünf am Nachmittag pflegt° die ältere Dame von nebenan° das Haus zu verlassen°. Frau Beier kauft heute wie früher nach dem Mittagsschläfchen° und einer Tasse Kaffee in den Läden der nächsten Umgebung ein . . ..

is used to / next door
leave
nap

5 Ich gehe ungefähr alle drei Tage zum Einkaufen und habe dann das ruhige Gefühl: Kühlschrank und Brotfach° sind gefüllt° . . .. Frischhaltebeutel° und Kühlschrank, Dosen° und Fertiggerichte° ermöglichen heute einen vielseitigeren Vorrat° als unsere Großmütter ihn in ihren Speisekammern° hatten. —An den

. . . box / filled / plastic bags
cans / TV-dinners
reserves / pantries

Im Supermarkt

Morgen langer Samstag
von 8.30 bis 17.00 Uhr geöffnet.

Kaufmann meiner Großmutter erinnere ich mich° sehr gut. Er hatte seinen
10 Laden° an der Ecke und wußte sicherlich jeden Tag, was in den Küchen seiner Stammkunden° zu Mittag gekocht wurde. Während er und seine Frau Lebensmittel in Tüten° füllten, fand sich viel Gelegenheit° über Schicksale° und Rezepte° zu plaudern°. Abends schloß sich die Ladentür nur zögernd°, und der verspätete Käufer bekam den vergessenen° Pfeffer immer noch.

remember
store
good customers
bags / opportunity / fates
recipes / chat / hesitantly
forgotten

15 Wir wirtschaften° heute anders, wir kaufen anders ein als früher. Die Selbstbedienung° ist zu einer Fertigkeit° des Konsumenten° geworden. Die Spekulation auf diese Käufer hat die Idee der Einkaufszentren angeregt°, die nicht im Zentrum liegen, sondern am Stadtrand. Hier sind, umgeben von großen Parkplätzen, die Läden aller Branchen beisammen° . . .. Aber diese
20 Einkaufszentren sind bei uns noch nicht recht zum Zuge gekommen°. Man fährt im Sommer auch am Samstag oft lieber ins Grüne° als zum Einkaufen . . .. Erst wenn die Familie an ein oder zwei Tagen in der Woche bis 21 oder 22 Uhr dort einkaufen kann, wird die große Stunde für die Einkaufszentren schlagen°.

manage
self-service / skill / consumer
stimulated
together
haven't had a chance
into the country or a park
will they be successful

INGRID HOFER, in *Westermanns Monatshefte*

Inhaltsfragen

1. Wie oft, wann und wo geht Frau Beier einkaufen?
2. Warum brauchen wir heute nicht so oft einkaufen gehen?
3. Was war typisch für Großmutters Laden an der Ecke?
4. Was ist typisch für die modernen Einkaufszentren?
5. Warum sind sie noch nicht ganz so populär?
6. Wann würde sich das ändern?

Im Apostelkeller

Michael und Sabine lesen die Speisekarte.

MICHAEL: Also, Sabine, was essen wir? . . . Wie wär's mit einem Gulasch?
SABINE: Nein danke, das ist mir zu scharf°. — spicy
MICHAEL: Schweinebraten?
SABINE: Kannst du dir gern bestellen. Mir ist das zu fett°. Ich glaube ich — fatty
5 nehme Wiener Schnitzel.
OBER: Grüß Gott°! Haben Sie schon gewählt°? — Hello / selected
SABINE: Ja, ich möchte ein Wiener Schnitzel mit Erbsen, Möhren und Pommes frites°, Gurkensalat und zum Nachtisch Erdbeeren mit Schlagsahne°. — French fries / whipped cream
OBER: Jawohl°. Und Sie? — very well
10 MICHAEL: Eine Ochsenschwanzsuppe°, Rippchen° mit Sauerkraut und zum Nachtisch Eis. — oxtail . . . / pork chops
OBER: Und was möchten Sie dazu trinken?
SABINE: Ein Glas Apfelsaft, bitte.
MICHAEL: Und für mich ein kleines Helles°. — light beer

15 Der Ober verschwindet° und kommt bald mit den Getränken°. — disappears / beverages

MICHAEL: Prost, Sabine!
SABINE: Prost! . . . Du, da kommt ja schon unser Essen. Flotte° Bedienung°! — fast / service
OBER: Einmal Schnitzel und einmal Rippchen. Guten Appetit!
MICHAEL: Danke. Also, Sabine, guten Appetit!
20 SABINE: Danke gleichfalls! Hhm, das schmeckt aber ausgezeichnet.
MICHAEL: Meins auch.
SABINE: Aber was für eine Riesenportion° Pommes frites! — huge portion
MICHAEL: Ach, du brauchst ja nicht alles essen. Denke an den Nachtisch!
SABINE: Ach du liebes bißchen°! Ich bin satt. — My goodness!

25 Der Ober kommt mit dem Nachtisch.

MICHAEL: Herr Ober, bitte bringen Sie uns auch zwei Tassen Kaffee!
SABINE: Ich kann nicht mehr! Was zuviel ist, ist zuviel. Aber es hat gut geschmeckt. Gehen wir!
MICHAEL: Herr Ober, bitte zahlen!
30 OBER: Einen Moment bitte! . . .. Zusammen oder getrennt°? — separate
SABINE: Getrennt.
OBER: Einmal Wiener Schnitzel, Gurkensalat, Erdbeeren mit Schlagsahne, Apfelsaft und Kaffee, macht zusammen 23,40 DM. Einmal Ochsenschwanzsuppe, Rippchen, Eis, Bier und Kaffee, macht zusammen 23,05 DM.
35 Besten Dank! Auf Wiedersehen!

Inhaltsfragen

1. Wo sind Sabine und Michael?
2. Was bestellen die beiden zum Essen? zum Nachtisch?
3. Was wünscht man dem andern, ehe man anfängt zu essen? Wie antwortet der andere?
4. Was sagt man, wenn man ein Glas Bier (oder Wein) zum Trinken anhebt?
5. Was sagt man, wenn man genug gegessen hat?
6. Was bringt der Ober zuletzt?

SPEISEKARTE

Tagesmenü: Tagessuppe, Schweinebraten mit Rotkraut, Kartoffeln und Kompott	12,50
Suppen: Gemüsesuppe, Tomatensuppe, Ochsenschwanzsuppe, Hühnerbrühe mit Ei	je 2,50
Hauptgerichte:	
Omelett mit Schinken	9,30
Spiegeleier, Bratkartoffeln und Spinat	9,30
Bratwurst und Kartoffelsalat	9,50
Fischfilet, Kartoffelsalat und Remouladensauce	10,80
Ungarisches Gulasch mit Nudeln	11,50
Schweinerippchen mit Sauerkraut und Brot	11,80
Saure Leber auf Reis	11,80
Sauerbraten, Kartoffelklöße und Blumenkohl	12,50
Wiener Schnitzel, Erbsen und Möhren mit Pommes frites	12,55
Rindsrouladen, Spargel und Kartoffelbrei	14,25
Rumpsteak auf Toast mit Zwiebeln und gemischtem Salat	16,—
Wildschweinrücken, Rotkraut, Kartoffelklöße und Preiselbeeren	18,—
Hirschkalbskeule in Sahne mit glasierten Birnenhälften, Preiselbeeren und Kartoffelkroketten	19,75
Salate: gemischter Salat, grüner Salat, Gurkensalat, Tomatensalat, Selleriesalat	je 2,50

Nachtisch:	Kompott	2,20	Apfelkuchen	3,20
	Schokoladenpudding	2,50	Erdbeeren mit Schlagsahne	3,60
	Zitronencreme	2,50		
	Eis	3,—		
Getränke:	Apfelsaft	2,00	Kaffee	2,75
	Traubensaft	2,30	Bier (0,2 l)	3,00
	Limonade oder Cola	2,50	Wein (0,2 l)	3,00

Das sollten Sie wissen

im Lebensmittelgeschäft

der Apfel, ¨
- Fisch
- Kaffee
- Kakao
- Käse
- Kuchen, - ≠ die Torte, -n
- Mais
- Pfeffer
- Pudding, -s
- Reis
- Saft, ¨e
- Salat, -e
- Tee
- Wein, -e
- Zucker

das Bier, -e
- Brot, -e ≠ Brötchen, -
- Ei, -er
- Eis
- Fleisch ≠ der Braten
- Gemüse
- Obst
- Plätzchen, -
- Salz

das Sauerkraut
- Schnitzel, -

die Ananas
- Banane, -n
- Birne, -n
- Bohne, -n
- Butter
- Erbse, -n
- Erdbeere, -n
- Grapefruit, -s
- Gurke, -n
- Kartoffel, -n
- Kirsche, -n
- Limonade
- Marmelade, -n
- Melone, -n
- Milch
- Möhre, -n
- Nudel, -n
- Orange, -n = Apfelsine, -n
- Tomate, -n
- (Wein)traube, -n
- Wurst, ¨e
- Zitrone, -n

im Restaurant

der Ober, -
  Löffel, -
  Nachtisch
  Teller, -: ein Teller Suppe

das Fräulein, -
  Frühstück ≠ Mittagessen ≠
    Abendessen
  Glas, ¨er: ein Glas Milch
  Messer, -

die Gabel, -n
  Flasche, -n: eine Flasche Wein
  Rechnung, -en
  Serviette, -n
  Speisekarte, -n
  Tasse, -n: eine Tasse Kaffee

backen ≠ braten ≠ grillen ≠ kochen
bestellen
(be)zahlen
empfehlen
essen ≠ trinken
  Ich esse / trinke (nicht) gern . . .
Hunger / Durst haben (auf)
schmecken

frisch
hungrig / durstig
sauer — süß
Guten Appetit! / Danke gleichfalls!
Prost!

Passives Vokabular, falls Sie es brauchen oder sich dafür interessieren:

der Aufschnitt *(cold cuts),* Blumenkohl *(cauliflower),* Honig *(honey),* Kartoffelbrei *(mashed potatoes),* Kloß, ⸚e = Knödel, - *(dumpling),* Pfirsich, -e *(peach),* Spargel *(asparagus),* Spinat *(spinach),* Truthahn, ⸚e *(turkey);* das Getränk, -e *(beverage),* Gewürz, -e *(spice),* Hackfleisch *(ground meat), Hähnchen, - (chicken),* Rotkraut *(red cabbage);* die Brezel, -n, Erdnuß, ⸚sse *(peanut),* Gans, ⸚e *(goose),* Pflaume, -n *(plum),* Pommes frites *(pl.)(French fries),* Soße, -n *(gravy, sauce)*

Wortschatzübung

1. Lesen Sie laut!

der Bratensaft, Kartoffelsalat, Suppenteller, Teelöffel, Traubenzucker, Zitronenpudding; das Erdbeereis, Fischbrötchen, Schokoladenplätzchen, Weinglas, Wurstbrot; die Ananastorte, Erdnußbutter, Kaffeetasse, Wassermelone

2. Wie heißen die . . .?

a. Hauptwörter

braten, essen, frühstücken, pfeffern, rechnen, salzen, trinken, zuckern

b. Verbformen

backen, braten, haben, empfehlen, essen, trinken

c. Plurale

der Apfel, Kuchen, Löffel, Pudding, Teller; das Brot, Glas, Ei, Plätzchen; die Birne, Bohne, Erbse, Gurke, Möhre, Rechnung, Orange, Serviette, Weintrauben, Wurst

3. Welche Lebensmittel mit . . . kommen Ihnen in den Sinn?

z.B. A **Ananas, Apfel, Apfelsine**

B, F, H, K, M, P, S, Z

4. Was ist . . . oder kann . . . sein? Bilden Sie ganze Sätze!

z.B. süß **Zucker ist süß.**
Orangen können süß sein.

braun, gelb, grün, orange, rot, sauer, weiß

5. Erklären Sie den Unterschied!

das Brot ≠ das Brötchen
der Kuchen ≠ die Torte
die Kirsche ≠ die Kirche
der Apfel ≠ die Apfelsine
verkaufen ≠ einkaufen
das Mittagessen ≠ das Abendessen
Hunger haben ≠ Durst haben
backen ≠ kochen
bestellen ≠ bezahlen

6. Wie geht's weiter?

a. eine Flasche . . .
ein Glas . . .
ein Stück . . .
eine Tasse . . .
ein Teller . . .

b. Man ißt gewöhnlich mit . . . und trinkt aus . . .
Man bestellt von . . .
Eier müssen . . . sein.
Fleisch sollte . . . sein.
Bier muß . . . sein.
Wenn der/die andere „Guten Appetit" sagt, sage ich . . .
Wenn wir Wein trinken, heben wir das Glas und sagen . . .
Wenn mir das Essen nicht schmeckt, . . .
Wenn ich satt bin, . . .
Wenn die Rechnung nicht stimmt, . . .

7. Besprechen Sie dieses Rezept, und versuchen Sie es zu Hause! Sagen Sie das nächste Mal, wie's geschmeckt hat!

Kartoffelpuffer

400g° Kartoffeln
1/8 1° Milch
2 Löffel Mehl°
2 Eier
Bratfett° oder Öl° zum Backen
Salz, Pfeffer

13 oz.
½ cup
flour
frying fat / oil

Kartoffeln schälen° und fein reiben°. Sofort° mit Eiern und Mehl verrühren°. Mit Salz und Pfeffer würzen. Der Teig° soll vom Löffel tropfen°; wenn nicht, noch etwas Milch dazu geben.

peel / grate / right away / stir together / dough
drop

Reichlich° Fett in einer flachen Pfanne° erhitzen und sehr heiß werden lassen. Pro Puffer° etwa 2 Eßlöffel Masse in die Pfanne geben, flachdrücken° und auf beiden Seiten goldbraun braten.

plenty of / frying pan
per fritter
press flat

Nebeneinander° auf eine heiße Platte° legen. (Das restliche Fett auf Küchenkrepp° abtropfen lassen.) Kartoffelpuffer schmecken gut mit Apfelmus° oder Preiselbeeren°! Guten Appetit!

next to each other / platter
paper towel
applesauce / cranberries

8. Zungenbrecher

- Rotkraut bleibt Rotkraut, und Brautkleid bleibt Brautkleid.
- Fischers Fritze fischte frische Fische. Frische Fische fischte Fischers Fritze.

9. Nützliche Redewendungen

a. Lesen Sie bitte!

FRAU BEIER: Haben Sie gehört, daß der kleine Laden an der Ecke zumacht?
FRAU MÜLLER: Nein, wirklich? Wann denn?
FRAU BEIER: Keine Ahnung! Aber ich nehme an° bald. — I suppose
FRAU SCHMIDT: Kein Wunder, bei den Preisen! Von mir aus° kann er gern zumachen. Ich gehe sowieso° lieber zum Supermarkt. — as far as I'm concerned / anyway
FRAU SCHÄFER: Genau! Ich auch.
FRAU BEIER: Also°, ich fand ihn eigentlich° immer gut. — well / actually
FRAU SCHÄFER: Na ja°, für Kleinigkeiten. — well
FRAU SCHMIDT: Aber ansonsten° viel zu teuer! — otherwise
FRAU SCHÄFER: Ich bin ziemlich sicher°, daß auch der Bäcker bald zumacht. — I'm pretty sure
FRAU BEIER: Das wäre aber schade!
FRAU SCHÄFER: Nun, so geht's°. — Well, that's the way it goes

Wirklich? / Ich nehme an . . . / Kein Wunder! / Von mir aus . . . / sowieso / Genau! / Ich auch. / Also . . . / eigentlich / Na ja! / ansonsten / Ich bin ziemlich sicher, daß . . . / Schade! / nun / So geht's.

b. Im Restaurant. Was sagen Sie?

WIRT: Haben Sie eine Reservierung?
MICHAEL: . . .
WIRT: Es tut mir leid, aber wir haben momentan keinen Platz.
SABINE: . . ., heute ist ja Muttertag!
MICHAEL: . . .!
WIRT: Von mir aus können Sie gern eine Stunde warten.
SABINE: Nun, . . .?
MICHAEL: Nein, das ist zu lange.
SABINE: . . .
MICHAEL: Ich bin ziemlich sicher, daß es bei . . . nicht so voll ist. Ansonsten können wir . . .
SABINE: Eigentlich will ich sowieso nur etwas Leichtes.
MICHAEL: . . .

Gespräche und Diskussionen

1. Stellen Sie sich vor, Sie gehen wie Frau Beier einkaufen (zur Bäckerei, zur Fleischerei, zum Markt, zur Drogerie, usw.)! Jeder kennt Sie. Machen Sie die verschiedenen Szenen so echt wie möglich!
2. Gehen Sie wie Michael und Sabine auch in ein Restaurant! Was bestellen Sie (siehe Speisekarte)? Lassen Sie sich vom Ober verschiedenes empfehlen! Fragen Sie vielleicht auch nach Sachen, die nicht auf der Speisekarte stehen! Vielleicht haben Sie Beschwerden (langsame Bedienung, Haare in der Suppe, falsches Menü, kalter Kaffee, die Rechnung stimmt nicht, schlechte Luft, usw.)? Machen Sie das Gespräch so echt wie möglich!
3. Was essen und trinken Sie gern zum (a) Frühstück, (b) Mittagessen, (c) Abendessen? Was mögen Sie nicht? Wo essen Sie meistens? Wohin gehen Sie gern, wenn Sie ausgehen? Warum dahin?
4. Sie kommen mit ein paar hungrigen Freunden nach Hause und öffnen den Kühlschrank. Worauf haben Sie Appetit? Was gibt es in Ihrem Kühlschrank?
5. Sollten Geschäfte mittags, abends und sonntags zu haben? Warum (nicht)? Wie ist das in Ihrer Stadt? in Deutschland?
6. Für und wider die Diät. Wie versuchen verschiedene Leute abzunehmen? Vergessen Sie nicht zu beschreiben, was man dabei (nicht) essen darf!

7. Sollte es eine Altersgrenze beim Kauf von Alkohol geben? Wenn ja, welches Alter? Was spricht dafür, was dagegen?
8. Was halten Sie von Reformhäusern *(healthfood stores)?* Gehen Sie dort einkaufen? Ist der Verkauf von „natürlichen Lebensmitteln" nur Geldmacherei, oder sind die Warnungen gegen Konservierungsmittel und Farbstoffe ernst zu nehmen? Lesen Sie immer, was in einem Produkt ist? Was ist Ihnen wichtiger, Preis oder Inhalt? Kann das Essen des modernen Menschen etwas mit Krankheiten wie Krebs *(cancer)* zu tun haben?
9. Was bedeuten diese Sprichwörter?

   - Hunger ist der beste Koch.
   - Liebe geht durch den Magen.
   - Im Wein ist Wahrheit.

Aufsätze

1. Beim Einkaufen.
2. Im Restaurant.
3. Man ist, was man ißt.
4. Benutzen Sie eins der oben genannten Sprichwörter als Titel!

KAPITEL 5

Feste

Alle Jahre wieder

Alle Jahre wieder ist es vielen zu viel. Sie jammern über° Hektik auf Straßen und in Geschäften, über die teuren Weihnachtsgeschenke und am Ende über Bauchschmerzen°. Und manche schwören°, das nächste Mal zu fliehen°, zum Beispiel in die Berge. Aber dann sind die meisten doch wieder dabei°,
5 fasziniert von Weihnachtsliedern und Geschenken, vom Weihnachtsbaum, und anderen Bräuchen. Mit den 16 Millionen Weihnachtsbäumen, die jedes Jahr in der Bundesrepublik verkauft werden, könnte man die etwa 800 Kilometer lange Autobahn von Hamburg nach Basel leicht in eine vierreihige° Tannenallee° verwandeln°.

complain about
stomachaches / swear / escape / with it
4-lane / firtree-boulevard
change

10 Nicht immer war der Weihnachtsbaum so populär. Im 17. Jahrhundert° verbot° ihn die Kirche als zu weltlich°, weil er auf die heidnischen° Germanen zurückging. Diese schmückten zur Mittwinterzeit ihre Häuser und Ställe° mit Tannenzweigen°, um den Winter zu verbannen° und den Frühling heraufzubeschwören°. Trotzdem blieb der Tannenbaum. Schon um 1500 wurde er in
15 Wittenberg° mit Kerzen geschmückt, und heute wird er mit dem Weihnachtslied O Tannenbaum, fast angebetet°.

century / forbid
profane / pagan
stables
fir branches / banish
conjure up
Luther's hometown
adored

Wie schwer es ist, alte Bräuche zu ändern°, sieht man am Beispiel des St. Nikolaus, der jedes Jahr am 6. Dezember die Kinder besucht. Nach dem Lexikon° soll er auf den griechischen° Bischof° von Myros zurückgehen, die
20 Germanen aber machten aus ihm einen Nachfolger° des grimmigen° Wotan°. Und so grimmig wie Wotan kommt er dann auch zu den Kindern. Die bösen bestraft° er, und die guten belohnt° er. Martin Luther wollte den „Kinderschreck°" verbannen und ihn durch das Christkind ersetzen°. Heute wissen die Kleinen oft nicht, wer die Geschenke bringt: der Nikolaus, der Weih-
25 nachtsmann oder das Christkind?

change
encyclopaedia / Greek / bishop
follower / grim / Germanic god
punishes / rewards
. . . scare / replace

Eine zum Teil jahrhundertealte Tradition haben auch die Christkindlmärkte—wie zum Beispiel in München, Nürnberg oder Augsburg—mit dem Duft° von gebrannten Mandeln° und Glühwein°, Lebkuchen° und Weihnachtsdekorationen, Nußknackern° und Räuchermännchen°, Engeln und Krippen°. Für
30 viele wird die Adventszeit zum vierwöchigen Streß, der erst am 24. Dezember, dem Heiligen Abend, endet.

smell
burnt almonds / mulled wine / gingerbread
nutcrackers / smoking men
mangers

Inhaltsfragen

1. Worüber jammern viele während der Weihnachtszeit?
2. Was würden sie viel lieber tun? Warum tun sie es nicht?
3. Wann begann man, den Tannenbaum mit Kerzen zu schmücken?
4. Warum verbot ihn die Kirche im 17. Jahrhundert?

St. Nikolaus

5. Wann und warum kommt der Nikolaus?
6. Womit und warum wollte Luther ihn ersetzen?
7. Was gibt es auf dem Christkindlmarkt?
8. Wie lange dauert die Adventszeit? Wann endet sie?

Feste im Kalenderjahr

An 31.12. ist Silvester. Die Zeit vor Mitternacht wird mit Spielen, Tanzen und Bleigießen° verbracht°. Um Mitternacht stößt man mit Sekt und „Prosit Neujahr!" an° und wünscht einander° ein glückliches Neues Jahr. Dann folgt ein Feuerwerk mit Krachern° und Raketen°.

lead-pouring / spent
toasts / each other
firecrackers / rockets

5 Im Februar feiert man vor allem am Rhein den Karneval und im Süden den Fasching. Es ist eine ausgelassene° Zeit mit Maskenbällen, Umzügen und Kostümen. Auf den Straßen sieht man Indianer, Cowboys, Clowns und Märchenfiguren°. Mit dem Rosenmontagszug° hat diese ausgelassene Zeit mit ihren Prinzen und Prinzessinnen ihr Ende.

crazy
fairytale . . . / special parade on Monday before Lent

10 Anfang April folgt Ostern mit seinem Osterhasen und dem Ostereiersuchen der Kinder. Am zweiten Maisonntag ist Muttertag.

Am 21. Juni, dem längsten Tag des Jahres, feiert man seit germanischer° Zeit das Fest der Sonnenwende°. Von den Höhen der Berge im Salzburger Land leuchten° Sonnenwendfeuer°. Jeder, der mit dem Feuer in Berührung° kommt 15 (manche springen° darüber), soll rein° und frei von Krankheit° werden.

Germanic
solstice
burn / summer equinox fires / contact
jump / pure / sickness

Nürnberger Christkindlmarkt

Allgäuer Schuhplattler

Schwarzwälder Trachten

Im Oktoberfestzelt

Winzerkönigin vom Winzerfest

Im September feiern die Bauern das Erntedankfest° und die Winzer° an der Mosel und am Rhein ihr Winzerfest°. Die Erntewagen werden mit Blumen und einer Erntekrone° geschmückt. Über das Winzerfest, das mit Tanz und Wein gefeiert wird, regiert° jedes Jahr eine neue Weinkönigin°.

harvest . . . / vine-growers
vintage . . .
harvest crown
rules / . . .queen

Das Oktoberfest findet meistens im September statt, weil der bayrische° Oktober schon recht kalt sein kann. Im Glanz° der Bierrösser° und blumenbeschmückten Wagen mit stämmigen° Kellnerinnen° zieht der Oktoberfestzug um 12 Uhr mittag unter dem Jubel° der Münchner und aller Besucher auf die Theresienwiese°. Der Oberbürgermeister° sticht traditionellerweise° das erste Faß° Bier an°, und es wird sogar ein ganzer Ochse° am Spieß° gebraten. In den Bierzelten dröhnt° Blasmusik°.

Bavarian
splendor / . . .horses
hefty / waitresses
cheers
. . .meadow / mayor
traditionally / barrel / taps
ox / spit / blasts / brass music

Der Oktober ist die Zeit der Schützenfeste und Kirchweih°, für die es viele Namen gibt. Bei allen gibt es Umzüge, Zelte mit Brezeln, Bier, Musik und Tanz, Buden, Karussels und viel Rummel°. Vor allem auf dem Lande ist es eine willkommene Gelegenheit° zum Feiern mit Freunden und Verwandten°. In den Alpen findet in diesem Monat der Almabtrieb° statt. Alles ist auf den Beinen°, wenn die mit Blumen und Glocken beschmückten Kühe und Ochsen von den Almen° ins Dorf° zurückkommen.

fairs
hullabaloo
opportunity / relatives
cattle return / on the go
mountain pastures / village

Einen Grund° zum Feiern findet man immer. Er verschönert das Leben und unterbricht° die Routine. Ob mit Trachten oder Kostümen, Blumen oder Tanz, der ernste Alltag braucht hier und da etwas Besonderes, etwas Lebensfreude, und das Gefühl des Verankertseins mit° der Tradition.

reason
interrupts
being anchored in

Inhaltsfragen

1. Wann ist Silvester? Was ist Bleigießen? Was passiert um Mitternacht?
2. Wann und was ist der Fasching oder Karneval?
3. Was suchen die Kinder zu Ostern? Wer bringt sie?
4. Wann brennen im Salzburger Land die Sonnenwendfeuer? Warum an diesem Tag? Warum springen manche darüber?
5. Was feiern die Bauern und Winzer im September? Wer oder was wird mit einer Krone geschmückt?

6. Wo und wie feiert man das Oktoberfest? Warum nicht im Oktober?
7. Was gibt es zum Schützenfest oder zur Kirchweih?
8. Wo und wie feiert man den Almabtrieb?
9. Was tragen viele zu traditionellen Festen?
10. Warum feiern die Menschen gern?

Das sollten Sie wissen

Feste und Feiertage

(zum) Karneval = Fasching
der Ball, ⸚e
  Umzug, ⸚e
das Kostüm, -e ≠ die Tracht, -en
die Maske, -en

(zu) Ostern: Frohe Ostern!
der Osterhase, -n
das Osterei, -er

(zu) Weihnachten
  Fröhliche Weihnachten!
  Schöne Feiertage!
der Brauch, ⸚e = die Tradition, -en
  Christkindlmarkt, ⸚e
  Engel, -
  Heiligabend
  Weihnachtsbaum, ⸚e =
   Tannenbaum, ⸚e
  Weihnachtsmann ≠ Nikolaus
die Freude, -n
  Glocke, -n ≠ Kugel, -n
  Kerze, -n ≠ das Licht, -er
das Gefühl, -e ≠ die Stimmung
  Geschenk, -e
  Lied, -er

(zu) Silvester
  Prosit Neujahr!
  Alles Gute zum neuen Jahr!
  Ein glückliches neues Jahr!
  um Mitternacht
der Sekt
das Feuerwerk, -e

der Alltag — Feiertag, -e
  Geburtstag, -e
   Alles Gute zum Geburtstag!
   Herzlichen Glückwunsch!
  Muttertag
das Fest, -e
  Zelt, -e
die Bude, -n
  Feier, -n ≠ Party, -s
  Kapelle, -n
  Lederhose, -n ≠ das Dirndl, -

ab·schaffen
beginnen — enden
bekommen — schenken
dekorieren = schmücken
dauern
ein·laden

erlauben — verbieten
feiern
finden — suchen
sich freuen auf ≠ sich freuen über
gratulieren
passieren = geschehen
singen
spielen ≠ musizieren

statt·finden
tanzen
tragen
sich wünschen

ernst — lustig
froh — traurig
(un)glücklich

Wortschatzübung

1. Lesen Sie laut!

der Heiligabend, Maskenball, Silvesterbrauch, Trachtenumzug; das Faschingskostüm, Festzelt, Kerzenlicht, Muttertagsgeschenk, Sektglas, Weihnachtslied; die Christkindlmarktbude, Geburtstagsfeier, Osterglocke, Partystimmung, Tannenbaumkugel

2. Wie heißen die . . .?

a. Verben

der Schmuck, Tanz, Wunsch; das Geschenk, Verbot; die Dauer, Dekoration, Einladung, Freude, Musik

b. Verbformen

abschaffen, beginnen, enden, bekommen, einladen, finden, geschehen, singen, tragen, verbieten

c. Plurale

der Ball, Brauch, Engel, Feiertag, Tannenbaum, Umzug; das Fest, Geschenk, Licht, Lied, Osterei, Zelt; die Glocke, Kerze, Lederhose, Maske, Party, Tracht

3. Geben Sie das Gegenteil!

der Alltag; enden, finden, schenken, verbieten, ernst, froh, glücklich

4. Geben Sie das Synonym!

der Karneval, Weihnachtsbaum; Tradition; dekorieren, geschehen, verrückt

5. Erklären Sie den Unterschied!

das Kostüm ≠ die Tracht
das Osterei ≠ der Osterhase
die Kerze ≠ das Licht
die Glocke ≠ die Kugel
die Lederhose ≠ das Dirndl
sich freuen auf ≠ sich freuen über
spielen ≠ musizieren

6. Was kommt Ihnen dabei in den Sinn?

der Geburtstag, Karneval, Muttertag; das Erntedankfest, Oktoberfest, Ostern, Silvester, Weihnachten, Winzerfest; die Party

7. Wie geht's weiter?

Ich würde . . . abschaffen, weil . . .
Um Mitternacht . . .
Ich habe gemischte Gefühle, wenn . . .

Wenn wir nicht so lange gefeiert hätten, . . .
Der Umzug soll . . . stattfinden.
Ich . . . gern, aber lieber . . .
Ich wünsche . . .
Zum Geburtstag sagt man . . .
Zu Silvester sagt man . . .
Ich freue mich auf . . .
Ich bin froh, wenn . . .
Wenn die Party zu lange dauert, . . .
Wie schade, daß . . .

8. Sprechen wir über die Bilder dieses Kapitels!

9. Wenn Sie Lust haben, versuchen Sie diese Rezepte zu Hause, und bringen Sie das nächste Mal ein paar Plätzchen mit!

Zimtsterne

4 Eiweiß
250g° Puderzucker°
325g° gemahlene° Haselnüsse° oder Mandeln°
2 schwach gehäufte° Teelöffel Zimt°

8 oz. / powder sugar
10 oz. / ground / hazelnuts / almonds
level / cinnamon

Geschlagenes° Eiweiß mit Puderzucker gut mischen°. 4 Eßlöffel° davon beiseite stellen°. Backbrett° mit normalen Zucker bestreuen°, darauf Teig° 1 cm° dick ausrollen. Sterne ausstechen°, auf leicht gefettetem° Blech° 1–2 Stunden trocknen° lassen. Mit Eischnee° bestreichen°, bei Mittelhitze° im vorgeheizten° Backofen 25 Minuten backen.

beaten / mix / tablespoons
put aside / board / sprinkle
dough / ½ inch / cut out / greased / baking sheet
dry / stiff eggwhite / brush / moderate heat
preheated

Vanillekipfel

300g° Butter oder Margarine
100g° Zucker
3 Päckchen Vanillinzucker°
abgeriebene Schale° 1/2 Zitrone
1 Ei
150g° gemahlene Haselnüsse°
400g° Mehl
etwas Puderzucker

10 oz.
3 oz.
OK to use liquid vanilla
grated peel
5 oz. / hazelnuts
13 oz.

Fett mit Zucker, Vanillinzucker, Zitronenschale und Ei schaumig° rühren°. Nüsse und Mehl unterkneten°, Teig 1–2 Stunden kalt stellen, zu einer Rolle formen, walnußgroße Stücke abschneiden°, zu Kipferln° rollen. Auf gefettetes Backblech setzen und im auf Mittelhitze vorgeheizten Backofen ungefähr 15 Minuten backen. Guten Appetit!

frothy / mix
knead
cut off / crescent-shaped cookies

10. Nützliche Redewendungen

a. Lesen Sie bitte!

SUSAN: Weißt du, was ein Räuchermännchen ist?
CLAIRE: Keine Ahnung! Da bin ich überfragt°. Weißt du's, Jim?
JIM: Ich glaube schon°. Das ist eine Art° Holzfigur, die raucht°.
SUSAN: Was meinst du damit°? Kannst du das näher erklären°?
JIM: Ja, wie soll ich sagen°: das Räuchermännchen kann man in der Mitte auseinandernehmen°.
KATJA: Richtig! Zuerst° nimmt man das Räuchermännchen auseinander. Dann stellt man eine kleine Räucherkerze hinein, zündet sie

I'm afraid I don't know
I think so. / some kind of / smokes
What do you mean? / explain
How shall I say?
take apart
first

an° und setzt das Männchen wieder zusammen. Danach° kommt Rauch aus seinem Mund, mit andern Worten°, es raucht. Verstehst du das? — lights it / then; in other words

SUSAN: Ich bin mir nicht sicher°. Das sind keine Weihnachtsfiguren, oder? — I'm not sure.

KATJA: An und für sich° nicht, aber man sieht sie viel zu Weihnachten. — not really

SUSAN: O ja!

Da bin ich überfragt! / Ich glaube schon. / Was meinst du damit? / Kannst du das näher erklären? / Ja, wie soll ich sagen . . . / zuerst . . . dann . . . danach / mit andern Worten / Ich bin mir nicht sicher. / An und für sich . . .

b. Weißt du, was das ist? Erklären Sie es bitte den anderen! *(If possible, make use of the interactional phrases above. You might also want to get your teacher involved in explaining.)*

Weißt du, was ein Nußknacker ist? was Bleigießen ist? was ein Feuerwerk ist?

Gespräche und Diskussionen

1. Wann haben Sie Geburtstag? Was wünschen Sie sich? Was sind gute Geschenke für (a) Jungen, (b) Mädchen, (c) einen Freund, (d) eine Freundin, (e) den Vater, (f) die Mutter, (g) den Großvater, (h) die Großmutter? (Nennen Sie je 3!) Sind Geschenke wichtig? Hätten Sie lieber Geld?
2. Bei vielen Deutschen gibt es zu Weihnachten Gänsebraten, Rotkraut, Kartoffelklöße und Rotwein und zu Silvester Karpfen oder Heringsalat oder heiße Würstchen mit Kartoffelsalat und dazu Bowle. Was ißt und trinkt man bei Ihnen zu Weihnachten (oder Hanukkah) und Silvester? Wie verbringen Sie die beiden Feste?
3. Welche anderen Feste gibt es im Jahr? Wie feiern Sie sie?
4. Für und wider den Weihnachtsmann, den Osterhasen und die Zahnfee° *(tooth fairy)*. Sollte man kleinen Kindern solche Märchen erzählen? Sind das nicht Lügen? Ist es nicht zu einer Geldmacherei der Geschäfte geworden? Sollte man es darum abschaffen?
5. „Feste wie Fasching und das Oktoberfest, wie Halloween und Mardi Gras sollten abgeschafft werden, denn sie sind gefährlich." Stimmen Sie damit überein?
6. „Amerikanische Partys sind langweilig. Man steht herum, redet oberflächlich, trinkt etwas Saft oder Cola, ißt Kartoffelchips oder Nüsse und geht nach ein paar Stunden pünktlich wieder nach Hause. Keine Stimmung, kein Tanz, keine Witze, nichts!" Finden Sie das auch? Wie stellen Sie sich eine gute Party vor? Wo wird gefeiert? Wer ist eingeladen? Was gibt's zu essen und zu trinken? Was tut man?
7. Sind Feste und Traditionen wichtig? Warum (nicht)?
8. „Eingeladen werden ist schön, aber Einladen ist zu viel Arbeit!" Wie kann die Arbeit dafür geteilt werden? Wie ist oder war das bei Ihnen zu Hause?
9. Was bedeuten diese Sprichwörter?
   - Man ist, was man ißt.
   - Viele Köche verderben den Brei.
   - Einem geschenkten Gaul schaut man nicht ins Maul.

Aufsätze

1. Mein Lieblingsfest.
2. Eine schöne Party.
3. Alle Jahre wieder.
4. Benutzen Sie eins der oben genannten Sprichwörter als Titel!

KAPITEL 6

Freizeit

Beim Autorennen

LAUTSPRECHER: Nur noch drei Minuten bis zum Start! Bitte den Startplatz räumen°! — clear

SEPP: Ist das nicht spannend? Am liebsten säße ich auch in so einem Wagen.
AXEL: Du spinnst°! — You're crazy.
5 SEPP: Pst, Ruhe! Gleich geht's los°. — starts

LAUTSPRECHER: Noch zwei Minuten! —Ein strahlender° Maimorgen liegt über der Rennbahn. — glorious

NINA: Guck° mal, die Dicke da mit dem Hut und dem Fähnchen°! Zum Kaputtlachen°! — look / banner; I'll crack up.
10 SEPP: Pst, Ruhe! Gleich geht's los.
AXEL: Mensch, was bist du für ein Fanatiker!

LAUTSPRECHER: Noch eine Minute! —Fasziniert starrt die Menschenmenge auf die Männer in Sturzhelmen° und die in der Sonne glitzernden° Rennwagen. —Noch eine halbe Minute! —Totenstille°. —Langsam senkt sich° die
15 Flagge. —Wild heulen die Motoren auf —und los geht's. — crash helmets / glittering; dead silence / is lowered
SEPP: Habt Ihr das gesehen? Klasse°! Ich wette°, der rote Ferrari gewinnt. — super / bet
AXEL: Lieber nicht wetten. Zwischen Start und Ziel° kann vieles passieren. Mit dem Geld könntest du . . . — finish line
SEPP: Ach, du Materialist! Du kannst dich für nichts begeistern.
20 AXEL: Quatsch! Für Leichtathletik° kann ich mich sehr begeistern. Da kann man wenigstens von einer Harmonie zwischen Geist° und Körper sprechen. — athletics; soul

Ein unheimliches° Gedröhn° —Rings um° die Rennbahn reißt° die atemberaubende° Verfolgungsjagd° die Zuschauer° von den Sitzen. Plötzlich ein
25 Quietschen° und Geschrei°. Ein roter Ferrari rast fast in die Menge, dreht sich° und setzt zum Erstaunen° aller die wilde Fahrt fort°. — awful / roar / all around / pulls; breathtaking / chase / spectators; screech / screaming / spins around; amazement / continues

SEPP: Gib Gas°! Nicht aufgeben, roter Ferrari! Ein toller Fahrer! — Step on it!
AXEL: Ich verstehe dich nicht. Mir wird ganz schlecht° bei diesem Spiel mit dem Tod. Das ist doch Massenhysterie; genauso barbarisch wie beim
30 Boxkampf° oder bei den Gladiatorenkämpfen° zu Neros Zeiten. — sick; . . . match / . . . fights
SEPP: Wieso? Das ist doch spannend. Das kitzelt° die Nerven. Deine lahme Leichtathletik ist doch nichts dagegen°. — tickles; in comparison
NINA: Und was hältst du von° Tennis oder Golf? Aber vielleicht sollte ich gar nicht erst fragen. — think of
35 SEPP: Tennis ist doch ein Snobsport. Ohne Klub und elegante, weiße Kleidung geht's nicht. Golf ist mehr für reiche ältere Leute, die ihren Bauch in der Sonne spazierentragen.

Auf dem Tennisplatz

NINA: So ein Unsinn°! Ach, mit dir kann man ja nicht reden.
AXEL: Ja, du kannst schön schreien, aber einen richtigen guten Muskelkater°
40 hast du noch nie gehabt. Und was deinen Bauch anbetrifft°, so trägst du ihn nicht einmal° in der Sonne spazieren. Du sitzt immer nur herum. Na ja, wollen wir uns nicht streiten°. Da kommen sie schon wieder.

nonsense
sore muscles
concerns
even
quarrel

Inhaltsfragen

1. Wo sind Sepp, Axel und Nina?
2. Wie ist das Wetter?
3. Was für eine Atmosphäre herrscht unter den Zuschauern?
4. Was tragen die Rennfahrer auf dem Kopf?
5. Womit vergleicht Axel diese Massenhysterie? Was hat er lieber, und warum?
6. Worüber amüsiert sich Nina? Welchen Sport mag sie lieber?
7. Wie gefällt Sepp das Autorennen?
8. Was hält er von Leichtathletik? Tennis und Golf?

Vergnügen und Zeitvertreib

Der Deutsche ist für seinen Fleiß° berühmt°; manche sagen sogar: „Die Deutschen leben, um zu arbeiten." In Wirklichkeit aber arbeiten sie weniger als man denkt. Sie genießen° mehr Feiertage und längere Ferien als der Durchschnittsamerikaner°. Lebensqualität und Freizeitgestaltung° sind eng
5 miteinander verbunden. In ihrer Freizeit warten sie stundenlang als Angler am Ufer, verbringen sie als Amateurfunker° schlaflose Nächte, oder sie sammeln Briefmarken und kostbare° Münzen, züchten Kaninchen° und Hunde, oder treiben Sport, wie zum Beispiel Fußball, Segeln, Skifahren, Tennis und Reiten.

hard work / famous
enjoy
average . . . / leisure time activities
ham operators
precious / rabbits

Psychologen und Soziologen raten zu° aktiver Freizeit. Aktiv ist schon, wer
10 Schach spielt. Aktiv ist auch, wer einen Kleingarten hat. Am aktivsten aber sind die „do-it-yourself"-Bastler°. Ob Sammeln oder Lesen, Sport treiben oder Musizieren, Psychologen sind davon überzeugt°, daß die Nutzung° der Freizeit für das Wohlergehen° eines jeden entscheidend° ist. Immer weniger findet man am Arbeitsplatz innere Befriedigung°, immer besser eignet sich° dazu die Freizeit, die aber sinnvoll° genutzt werden muß.

advise
do-it-yourselfers
convinced / use
well-being / decisive
satisfaction / is suitable
meaningful

Inhaltsfragen

1. Warum hat der Deutsche mehr Zeit zum Zeitvertreib als der Durchschnittsamerikaner?
2. Was tun die Deutschen während ihrer Freizeit?
3. Wer ist am aktivsten?
4. Warum ist Freizeit wichtig?
5. Wo wird es immer schwerer, Befriedigung zu finden?

Beim Windsurfen

Beim Fußballspielen

Bei der Gartenarbeit

Beim Skilaufen

Beim Basteln

Gute Freunde

Beim Klavierspielen

Beim Schachspielen

Das sollten Sie wissen

Das Hobby, -s

der Ball, ⸚e
Klub, -s = Verein, -e
Preis, -e ≠ die Medaille, -n
Schläger, - ≠ der Stock, ⸚e
Ski, -er
(Sport)platz, ⸚e
(Sport)schuh, -e
Wettkampf, ⸚e

das Orchester, -
Schwimmbad, ⸚er

die Gruppe, -n ≠ Mannschaft, -en
Masse, -n = Menge, -n
(Renn)bahn, -en
Turnhalle, -n

sich amüsieren (über)
sich an·hören
sich an·sehen
sich begeistern für
sich interessieren für
sich unterhalten

basteln
boxen ≠ ringen
faulenzen
fern·sehen
fotographieren

fit — lahm
fleißig — faul
langweilig — spannend
(un)interessant

kochen
lachen—weinen
lesen
malen
musizieren
schwimmen
rennen ≠ joggen
singen
Spaß machen
spazieren·gehen = laufen
nähen ≠ stricken
surfen ≠ tauchen
tanzen
telefonieren
turnen
wandern
Zeit verbringen

gehen: angeln, fliegen, jagen, kegeln, reiten, Rollschuh·laufen, Schlittschuh·laufen, segeln, Ski·laufen
sammeln: der Bierdeckel, -; die Briefmarke, -n, Münze, -n
spielen: Golf, Federball, Fußball, Korbball, Tennis ≠ Tischtennis; Gitarre, Flöte, Klavier, Klarinette, Trompete; Karten, Schach
treiben: Gymnastik, Sport
züchten: der Hund, -e; das Pferd, -e

Passives Vokabular, falls Sie es brauchen oder sich dafür interessieren:

der Krimi, -s *(detective story),* Roman, -e *(novel),* Schiedsrichter, - *(umpire);* das Drama, Dramen *(play),* Gedicht, -e, Heft, - *(booklet),* Loch, ⸚er *(hole),* Skigelände *(ski slope),* Stadion *(stadium),* Tor, -e *(goal);* die Geschichte, -n *(story),* Kegelbahn *(bowling alley),* Rollschuhbahn *(skating rink),* Zeitschrift, -en *(magazine),* Zeitung, -en *(newspaper);* sticken *(to embroider)*

Wortschatzübung

1. Lesen Sie laut!

der Fußballplatz, Tanzverein, Tennisschläger, Skistock, Wasserskifahrer; das Flötenorchester, Klavierbuch, Schachspiel; die Goldmedaille, Pferderennbahn

2. Wie heißen die . . .?

a. Verben

der Faulenzer, Jäger, Läufer, Musiker, Sammler, Sänger, Spaziergänger, Tänzer, Wanderer, Züchter; das Interesse; die Begeisterung, Beschäftigung, Köchin, Langeweile, Unterhaltung

b. Verbformen

sich ansehen, fahren, gehen, laufen, lesen, rennen, ringen, schwimmen, singen, treiben, sich unterhalten, züchten

c. Plurale

der Ball, Preis, Sportplatz, Stock, Tennisschuh, Wettkampf; das Hobby, Loch, Schwimmbad; die Gruppe, Medaille, Turnhalle

3. Was ist das Gegenteil?

sich ansehen, lachen, sich langweilen, fleißig, lahm, spanned

4. Erklären Sie den Unterschied!

Preis ≠ Medaille
Schlittschuh ≠ Rollschuh
Gruppe ≠ Mannschaft
boxen ≠ ringen
surfen ≠ tauchen
segeln ≠ segelfliegen

5. Was paßt zusammen zwischen Gruppe A und B?

z.B. angeln **angeln gehen**

A		B
angeln	Klarinette	gehen
Briefmarken	Münzen	lesen
Federball	Pferde	sammeln
Ferien	Romane	schreiben
Geschichten	reiten	spielen
Gitarre	Schach	treiben
Gymnastik	Skilaufen	verbringen
Hunde	Sport	züchten
kegeln	Tischtennis	
Kaninchen	Trompete	
	Zeit	
	Zeitschriften	

6. Was kann man damit oder dort tun?

z.B. auf dem Fußballplatz **Man kann Fußball spielen. Man kann zuschauen. Man kann mitschreien. Man kann Popcorn essen . . .**

vorm Fernseher, in der Küche, im Verein, im Wald

7. Wo kann man das tun?

z.B. angeln **am See, am Fluß . . .**

basteln, faulenzen, Federball spielen, jagen, joggen, kegeln, kochen, malen, musizieren, reiten, segeln, Schlittschuhlaufen, schwimmen, singen, skilaufen, spazierengehen, surfen, tanzen, tauchen

8. Sprechen wir über die Bilder dieses Kapitels!

9. Nützliche Redewendungen

a. Lesen Sie bitte!

TOM: Die Deutschen leben nur, um zu arbeiten.
MARY: Wie kannst du das behaupten?° Das stimmt gar nicht.°
TOM: Doch, das stimmt.

How can you say that? / That's not true.

MARY: Nein, da irrst du dich.° Ich bin sicher°, daß die Deutschen weniger arbeiten als wir. — There you're wrong. / sure
TOM: Wie kommst du darauf?° — How do you get that idea?
MARY: Meiner Meinung nach° haben sie viel mehr Ferien als wir. — in my opinion
TOM: Das mag sein. Und trotzdem° arbeiten sie mehr. — nevertheless
MARY: Vielleicht arbeiten sie gern!
TOM: Ja, aber ab und zu° muß man auch mal nichts tun können. — once in a while
MARY: Da bin ich ganz deiner Meinung!° — There I agree.

Wie kannst du das behaupten? / Das stimmt gar nicht. / Da irrst du dich. / Ich bin sicher, daß . . . / Wie kommst du darauf? / Meiner Meinung nach . . . / Das mag sein. / trotzdem / Da bin ich ganz deiner Meinung!

b. Was sagen Sie?

STEPHEN: Mensch, bist du langweilig! Du kannst dich für nichts begeistern!
AXEL: . . .
STEPHEN: Du magst weder Fußball noch Tennis.
AXEL: . . .
STEPHEN: Und Autorennen magst du auch nicht.
AXEL: Richtig! Meiner Meinung nach ist das . . .
STEPHEN: . . .
AXEL: Man kann doch nicht immer nur lesen.
STEPHEN: . . .
AXEL: Man muß auch ab und zu mal . . .
STEPHEN: Da bin ich ganz deiner Meinung!

Gespräche und Diskussionen

1. Sie möchten Rennfahrer (oder . . .) werden. Versuchen Sie, Ihre Eltern oder Verwandten dafür zu gewinnen!
2. Ein Teil von Ihnen liest furchtbar gern Romane (Dramen, Liebesgeschichten, Gepenstergeschichten, Krimis, Zukunftsromane, Gedichte, Mickymaushefte . . .), die anderen sitzen lieber vorm Fernseher. Besprechen Sie, warum Sie lieber lesen oder fernsehen. Geben Sie ein paar gute Gegenargumente!
3. Was verstehen Sie unter einer sinnvollen Freizeitgestaltung? Wie sollte man sie (nicht) gestalten? Womit verbringen Sie Ihre Freizeit? Wieviel Stunden die Woche verbringen Sie damit? Was brauchen Sie dazu? Wofür könnten Sie sich auch noch begeistern? Wofür haben Sie nichts übrig? Warum, nicht?
4. „Fernsehen macht dumm und agressiv." Stimmt das? Warum (nicht)?

Beim Schwimmen

5. Sind Sportler (Leichathleten, Gymnasten, Fußballer . . .) bessere Studenten? Besprechen Sie hier auch das Für und Wider einer Schulfußballmannschaft! Lenkt das nicht sehr vom Studium ab?
6. Das Spiel mit dem Tode. Wo sieht (sah) man es (Zirkus, Autorennen, Gladiatorenkämpfe, Drachenfliegen . . .)? Warum tut der Mensch es immer wieder, und wie reagieren Sie darauf?
7. Was halten Sie von der Olympiade? Woher stammt diese Tradition? Hat sie Zukunft? Wie kann die kleine DDR Ihrer Meinung nach so viele Medaillen gewinnen? Wie können wir davon lernen?
8. Hobby und Beruf: Sollte man ein Hobby zum Beruf machen? Geben Sie dabei Beispiele!
9. Was bedeuten diese Sprichwörter?

 - Aller Anfang ist schwer.
 - Wer rastet, der rostet.

Aufsätze

1. So verbringe ich meine Freizeit.
2. Hobbys sind wichtig.
3. Ich . . . gern.
4. Für oder wider das Spiel mit dem Tode.
5. Benutzen Sie eins der oben genannten Sprichwörter als Titel!

Wir wissen schon heute, was morgen gespielt wird.

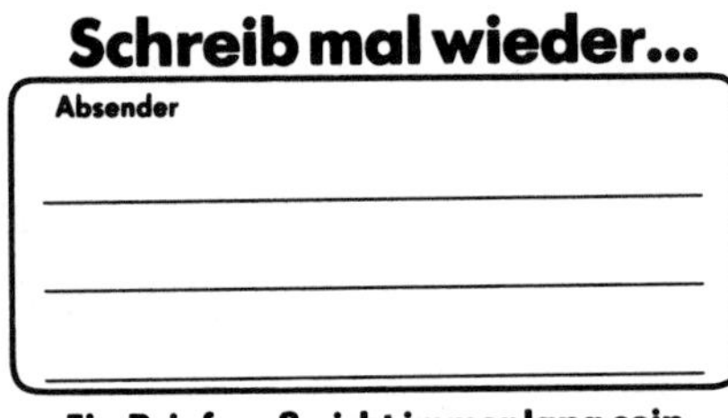

KAPITEL 7

Ferien

Bahnfahrt

HERR S.: Kinder, beeilt euch! Wir verpassen° noch den Zug! — miss
UWE UND UTA: Wir kommen ja schon!
HERR S.: Na, wo ist denn nun der Fahrkartenschalter?
FRAU S.: Da drüben. Lauf voraus°! —Diese Männer! Immer nur hetzen°! — ahead / rush

5 (Bald sieht man alle vier zu den Gleisen° eilen: Uwe und Uta mit großen Schritten° voraus und die Eltern schnaufend° hinterher°.) — tracks; steps / puffing / after them

LAUTSPRECHER: Auf Gleis 6 fährt ein° der Intercityzug von Köln mit Weiterfahrt über Heidelberg, Stuttgart nach München. — is arriving

90 Frankfurt und Karlsruhe

1	Münster (Westf) Hbf	ab	...	...	...	...	...	...	...	...	...	...	...
2	Dortmund Hbf 30	ab	...	6.20	...	...	...	...	...	6.10	von Bremen (51)	...	6.30
3	Hagen Hbf	ab	...		...	...	...	...	...			...	
4	Köln Hbf	ab	d 7.30	7.41	...	...	...	...	...	8.00		7.48	8.06
5	Bonn 60	ab	b 7.52	8.00	...	...	...	...	...	8.22		8.09	8.28
6	Wiesbaden Hbf ..	ab			...	...	...	...	...				
7	Mainz Hbf	ab		9.31	...	...	...	...	...	10.00		9.46	10.14
8	Hannover Hbf 50	ab			...	...	...	...	...		7.01		
9	Kassel Hbf	ab			..	...	...	...	7.04		✕ ❸		
	Zug Nr		D 1410 ❶	F 28 1.		D 1390 🍷		E 1551	D 790	D 1012 Ⓑ	F 192 1. Ⓑ	D 1314	D 404
10	Frankfurt (Main) Hbf	ab	o6 Ⓑ ✕	✕ ◇	...	Ⓑ 9.20	...	🍷 von Trier über Saarbrücken (91)	✕ 9.38	✉	10.12	Ⓑ 10.22	✕
11	Darmstadt Hbf .. 90h	↓		o6	...	9.45	...		9.57		✕	10.40	
12	Mannheim Hbf 60, 68	an	10.06	10.12	...	o6	.			10.45	10.57	o6	11.02
13	Mannheim Hbf 60, 68	ab	10.07	10.15	...		...			10.47	11.00	✉	11.06
14	Heidelberg Hbf 90h, 91 ... 70	an			..	10.21	...		10.33	10.58	11.10	11.14	11.18
15	Heidelberg Hbf	ab	Christoforus-Express	Rheinblitz	...	10.32	...		10.36	11.01	11.11	11.16	11.21
16	Wiesloch-Walldorf .	↓			...		...						
17	Bruchsal 91	ab			...		...		10.55		Mercator		nach Klagenfurt (D 4)
18	Karlsruhe Hbf . 75	ab			...		...	10.43					
19	Pforzheim Hbf .. 91				...		...	11.08					
20	Mühlacker				...		...	11.17	11.22				
21	Bietigheim (Württ).... 68	↓			...		...	11.33					
22	Stuttgart Hbf 75, 96	an	❷	11.35	.	11.49	...	11.54	11.58	12.15	12.19	12.27	12.35
23	Stuttgart Hbf	ab	von Düsseldorf (60)	11.41	...	12.03	...	↳	12.08	12.26	←	12.36	12.43
24	Plochingen 75a				...	12.20	...	...	12.24		...		
25	Göppingen				...	12.33	...	...	12.37		...		
26	Geislingen (Steige)	↓			...	12.46	...	...	12.52		...		
27	Ulm Hbf.......... 91	an		12.40	...	13.11	...	...	13.17	13.27	...	13.37	13.46
28	Lindau Hbf .... 78 / 96	an			...		...	..		15.29	...		
29	Oberstdorf ..	an			...	16.09	...	...	16.09	15.37	...		
30	Günzburg 90a	an			...	...	...	...		...	...		
31	Augsburg Hbf.... 91	an	13.15	13.22	..	...	...	...	14.08	...	...	14.28	14.36
32	München Hbf ..	an	d13.59	13.56		...	...	...	14.51	...	...	15.14	15.19

Ⓑ Verkehrsbeschränkungen siehe Seiten 15 bis 20 d = München Ost ❶ Auto-Reisezug mit Autobeförderung; vom 18. XII. bis 9. I. und 3. bis 17. IV. nur für Reisende mit Auto freigegeben ❷ Kornwestheim Pbf ab 11.26 ❸ Sa bis Frankfurt (M) b Beuel d Köln-Deutz

90c München - Pfarrkirchen / Simbach (Inn) - Passau

E 2031	E 2033 ✕	E 2037 ❶	E 2041 ✕		E 2047	E 2049		Zug Nr	Zug Nr	E 2032	E 2034	E 2038 ✕	E 2042 †	E 2044	E 2048 † ❷
7.09	9.29	13.11	15.30	...	17.13	19.10	ab	München Hbf Holzk Bf	an	8.11	9.48	13.48	19.22	19.49	23.28
8.00	10.13	13.58	16.18	...	17.59	19.53	↓	Dorfen Bahnhof	↑	7.23	9.04	13.05	18.32	19.03	22.31
8.20	10.34	14.23	16.39	...	18.22	20.14	an	Mühldorf (Oberbay) 80e	ab	7.02	8.43	12.45	18.08	18.44	22.04
8.40	10.44	14.31	16.45	...	18.42	20.28	ab	Mühldorf (Oberbay)	an	6.55	8.34	12.43	18.04	18.22	21.59
	o6			...		20.40	an	Neumarkt-St Veit ..	↑		8.22				
				...		21.25	an	Pfarrkirchen			7.40	o6		✕	o6
9.20	11.20	15.09	17.25	.	19.19		an	Simbach (Inn)	ab	6.11		12.05	17.16	17.37	21.21
9.25	13.20	15.13	17.40	...	19.35		ab	Simbach (Inn) 🚌	an	...		...	16.55	..	21.10
10.10	14.10	15.52	18.25	...	20.20	22.04	an	Pocking ...... 🚌	ab	...	7.06	...	16.10	...	20.25
10.25	14.14	15.59	18.48	...	...	22.05	ab	Pocking	an	...	7.04	...	✕15.29		...
11.15	15.05	16.51	19.39		...	22.55	an	Passau Hbf D 1, 80, 90b	ab	...	6.16	.	✕14.37		...

❶ Sa, auch 24., 31. XII., nicht 26. XII., 1. IV. ❷ nicht 25., 26. XII., 11. IV., 1. V.

Fahrplan

HERR S.: Mensch, das ist unserer. Jetzt aber hopp hopp! . . .
10 UTA: Ich kann nicht mehr!
UWE: Wo ist denn nur die doofe° zweite Klasse Nichtraucher°? — blasted / nonsmoking
SCHAFFNER: Bitte einsteigen, Türen schließen!
HERR S.: Steigt ein! Ist doch egal, ob erste oder zweite Klasse; Hauptsache° wir sind drin. — main thing

15 (Sie steigen ein und schlängeln sich° durch die Wagen.) — wind

FRAU S: O, hoffentlich müssen wir nicht die ganze Strecke° stehen! — stretch of the way
HERR S.: Immer mit der Ruhe°! — Calm down!
UTA: (Sie öffnet die Tür eines Abteils.) Sind diese Plätze reserviert?
DAME: Nein.
20 UWE: Prima.
FRAU S.: Na endlich°! — finally
HERR S.: Glück muß man haben!° — With a little bit of luck!
UWE: Vati, gib mir mal das Gepäck!

(Mit Schwung landen Koffer und Taschen im Gepäcknetz.)

25 FRAU S.: Meine Güte°, der Zug rollt ja schon! Das war aber, knapp°! — My goodness! / close
SCHAFFNER: Sonst noch jemand zugestiegen°? Ihre Fahrkarten bitte! — got on
HERR S.: Wann kommen wir in München an?
SCHAFFNER: Moment. Abfahrt Frankfurt 10:22, Ankunft München 15:14.
HERR S.: Danke schön.
30 SCHAFFNER: Bitte, bitte. Gute Reise!

FRAU S.: Du, Wolf, ich glaube ich habe die Haustür nicht abgeschlossen°. — locked
UWE UND UTA: O, o!
HERR S.: Was! Und daran denkst du jetzt! Wie kannst du nur so leichtsinnig° sein! Hast du wenigstens das Gas abgestellt°? — careless / turned off
35 FRAU S.: Jetzt bringst du mich ganz durcheinander°. Sicher° bin ich nicht. Können wir von Heidelberg Jürgens anrufen? — confuse me / sure
HERR S.: Nee, dort haben wir nur 2 Minuten Aufenthalt°. Wir müssen warten, bis wir in München sind. —Wenn man nicht selber an alles denkt! —Schon gut°, Erna. Es ging eben alles in Eile° heute früh. Jetzt habe ich 40 aber Hunger! — stop over / It's OK / in a hurry
UWE: Ich auch!
UTA: Freßsack°! — glutton
FRAU S.: Hier, ich habe ein paar Wurstbrötchen und gekochte Eier dabei.
HERR S.: Ach, gehen wir doch in den Speisewagen! Eine Tasse Kaffee wird 45 uns gut tun. Vergiß aber nicht die Kamera!
FRAU S.: Welche Kamera? Ich hab' keine!
UTA: Mensch, Mutti!
UWE: Jetzt wird's lustig!
HERR S.: Aber ich habe doch . . .! Na, das fängt ja gut an!
50 FRAU S.: Tut mir leid. Aber daran wolltest du denken.
HERR S.: Ich weiß, ich weiß. Gehen wir eine Tasse Kaffee trinken! —Dabei habe ich noch extra Filme gekauft!
UWE: Dann kaufen wir eben Ansichtskarten! Reg dich doch nicht so auf!
HERR S.: Ja, ja, schon gut. Gehen wir!

55 Sir verlassen° nervös das Abteil. — leave

Inhaltsfragen

1. Wo ist Familie S., und warum müssen sie sich so beeilen?
2. Wo kauft Herr S. die Fahrkarten?
3. Wie wissen sie, daß der Zug gerade auf Gleis 6 einfährt?
4. Was für ein Abteil suchen sie?
5. Wohin tut man die Koffer und anderes Gepäck während einer längeren Bahnfahrt?
6. Wer kontrolliert im Zug die Fahrkarten?
7. Wie lange haben sie in Heidelberg Aufenthalt?
8. Müssen sie umsteigen?
9. Warum wird Frau S. auf einmal so nervös?
10. Warum regt sich Herr S. besonders auf?
11. Wie tröstet Uwe seinen Vater?
12. Was nennt Uta ihren Bruder, als er Hunger hat?
13. Was hat Frau S. zum Essen dabei?
14. Wohin geht Herr S. lieber? Warum?

Reisepläne

Liebe Katja!

Hast Du Lust, diesen Sommer 'mal etwas ganz anderes zu tun und mit mir quer durch° Europa zu reisen? Ich denke dabei an vier Wochen Interrail-Ticket, egal wohin°, nur weit weg°. Tagsüber können wir uns Städte ansehen und nachts in 5 Nachtzügen fahren und schlafen. — all across / no matter where / away

Meine Eltern wollen, daß ich wieder mit ihnen nach St. Martin fahre. Du weißt ja, wir haben dort ein Ferienhäuschen. Nicht, daß es mir dort nicht gefällt—im Gegenteil, es ist wunderschön—, aber immer wieder an denselben° Platz ist — the same

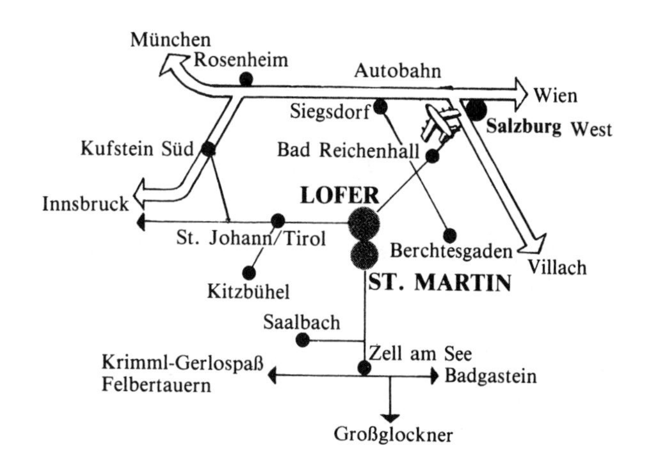

doch langweilig! Ich möchte lieber 'mal an die Nordsee oder ans Mittelmeer°, nach Skandinavien oder Griechenland, vielleicht auch etwas Englisch sprechen, einfach etwas Neues kennenlernen. Verstehst Du?

Meine Schwester macht eine Burgenfahrt mit dem Bus und möchte auch, daß ich mitkomme. Aber das ist mir alles zu geplant. Außerdem° finde ich es furchtbar, überall mit einer Hammelherde° herumzulaufen. Wie wär's mit etwas Abenteuer°? Kommst Du mit? Deine Eltern geben Dir bestimmt das Geld dafür. Schreib mir sobald wie möglich, oder ruf mich an!

Deine Christiane

Mittelmeer: Mediterranean
Außerdem: besides
Hammelherde: "herd of sheep"
Abenteuer: adventure

Schloß Neuschwanstein

Inhaltsfragen

1. Was sind Christianes Reisepläne?
2. Warum schreibt sie Katja?
3. Wohin fahren Christianes Eltern?
4. Warum will Christiane nicht mit?
5. Wohin fährt ihre Schwester?
6. Wie findet sie das?
7. Was sucht sie?
8. Wer soll für Katjas Fahrt bezahlen?

Das sollten Sie wissen

mit der Bahn oder mit dem Schiff fahren
mit dem Flugzeug fliegen

der Bahnhof, ¨e
- Beamte, -n
- Fahrgast, ¨e ≠ Passagier, -e
- Hafen, ¨ ≠ Flughafen, ¨
- Kapitän, -e ≠ Pilot, -en
- Plan, ¨e ≠ der Fahrplan, ¨e
- Platz, ¨e
- Schaffner, -
- Schalter, -
- Schlafwagen, -
- Speisewagen, - ≠ Speisesaal, -säle
- Zoll
- Zug, ¨e

das Abteil, -e ≠ die Kabine, -n
- Flugzeug, -e
- Schiff, -e

die Abfahrt, -en ≠ der Abflug, ¨e
- Ankunft, ¨e ≠ Landung, -en
- Fahrt, -en ≠ der Flug, ¨e
- Fahrkarte, -n ≠ Rückfahrkarte, -n
- Information, -en = die Auskunft, ¨e
- Klasse, -n
- Kontrolle, -n
- Reise, -n
- Stewardeß, -ssen ≠ der Steward, -s

Ferien auf dem Bauernhof

Schweiz für Kenner –

Ferien

par excellence:

Schweizer Qualität,
französischer Charme
bei deutscher
Sprache…

An der See

„Da drüben der mit dem Hut, das ist mein Mann."

Unterwegs

der Ausweis, -e
Koffer, - ≠ das Gepäck
Pass, ⸚e ≠ die Papiere *(pl.)*
Schirm, -e

das Hotel, -s ≠ die Pension, -en

die Ansichtskarte, -n ≠ der Brief, -e
Ferien *(pl.)*
(Hand)tasche, -n
Jugendherberge, -n
Kamera, -s
(Sonnen)brille, -n

ab·fahren ≠ ab.fliegen
an·kommen ≠ landen ≠ an·legen
an·fangen = beginnen
sich auf·regen (über)

sich beeilen ≠ es eilig haben
sich erholen
Lust haben (zu)
mit·nehmen
reisen
trampen = per Anhalter fahren
übernachten
vergessen
vor·haben
sich etwas vor·stellen
egal: Es ist mir egal.
enttäuscht (über) — begeistert (von)
letzt- — nächst-
reserviert — frei
(un)sicher

Im Gebirge

Wortschatzübung

1. Lesen Sie laut!

der Ankunftsfahrplan, Bahnhofsbeamte, Gepäckschalter, Hotelgast, Jugendherbergsausweis, Schiffskapitän, Sonnenschirm; das Passagierflugzeug, Schlafwagenabteil; die Flugauskunft, Landebahn, Paßkontrolle, Pilotenkabine, Reisehandtasche, Zollinformation

2. Wie heißen die . . .?

a. Verben

der Abflug, Anfang; die Ankunft, Aufregung, Eile, Erholung, Landung, Übernachtung, Vorstellung

b. Verbformen

abfahren, abfliegen, anfangen, ankommen, beginnen, landen, mitnehmen, vergessen, vorhaben

c. Plurale

der Gast, Hafen, Koffer, Passagier, Plan, Schirm, Speisesaal, Zug; die Kontrolle, Stewardeß

3. Geben Sie das Gegenteil!

der Stehplatz, die zweite Klasse; bummeln, enden, landen, begeistert, frei, sicher, unterwegs

4. Sagen Sie es anders!

Ich habe *meinen Führerschein, meinen Studentenausweis und meinen Paß* vergessen.
Nimmst du *deine Kamera* mit?
Wir wollen *trampen.*
Wir *schlafen* in der Jugendherberge.
Können Sie mir *eine Information* geben?
Was *hast* du während deiner Ferien *vor?*

5. Erklären Sie den Unterschied!

der Speisewagen ≠ der Speisesaal
die Fahrt ≠ der Flug
die Ankunft ≠ die Auskunft
das Abteil ≠ die Kabine
die Fahrkarte ≠ die Rückfahrkarte
der Paß ≠ die Papiere
der Koffer ≠ das Gepäck
das Hotel ≠ die Pension
die Ansichtskarte ≠ der Brief
sich beeilen ≠ es eilig haben

6. Wie geht's weiter?

Können Sie mir sagen, . . .?
Es ist mir egal, . . .
Wenn ich gewußt hätte, . . .
Ich war enttäuscht . . .
Er hat sich über . . . aufgeregt.
Bist du auch so begeistert . . .?
Ich bin froh, daß . . .
Ich bin nicht sicher, ob . . .
Zu dumm, daß . . .
Wenn du dich beeilen würdest, . . .
Wenn ihr es nicht so eilig hättet, . . .
Vergiß nicht . . .!

Nimm lieber . . . mit!
Wenn ihr euch erholen wollt, . . .
Ich habe keine Lust, . . .

7. Stellen Sie sich gegenseitig Fragen mit den folgenden Wörtern!

z.B. sich aufregen **Regst du dich auf, wenn die Paßkontrolle kommt?**
Nein, das ist mir egal.

der Flughafen, Schirm; die Kabine, Tasche; es eilig haben, sich erholen, sich etwas vorstellen; reserviert, unterwegs

8. Spiel: „Kofferpacken"

Für dieses Spiel brauchen Sie Fantasie und ein gutes Gedächtnis (memory). Eine(r) beginnt und sagt, was sie/er auf die Reise mitnimmt. Der/die nächste wiederholt, was der/die erste gesagt hat, und addiert weiteres hinzu. Wer ein Wort vergißt, scheidet aus (is out). Mal sehen, wer gewinnt!

z.B. Ich nehme meinen Paß mit.
Ich nehme meinen Paß und meinen Studentenausweis mit.
Ich nehme meinen Paß, meinen Studentenausweis und . . . mit.

9. Sprechen wir über die Bilder dieses Kapitels!

10. Nützliche Redewendungen

a. Lesen Sie bitte!

HERR S.: Also gut.° Dann fahren wir an die See.
FRAU S.: Moment mal!° Darf ich auch kurz 'was sagen?°
HERR S.: Ja, bitte!
FRAU S.: Habt ihr daran gedacht, wie voll es dort im Sommer ist?
UTA: Ach, das macht nichts!°
FRAU S.: Da bin ich ganz anderer Meinung.° Und noch etwas°: Was ist, wenn's kalt ist?
UWE: Dann gehen wir eben° nicht baden.
HERR S.: Tja°. Was tun?
FRAU S.: Ich fände es besser, wenn wir in die Berge fahren. Erstens° sind da weniger Menschen, und zweitens° sind wir nicht so vom Wetter abhängig°.
HERR S.: Nun, was meint ihr?
UTA: Einverstanden!°
UWE: Na gut.°

Alright!
Just a minute! / May I say s.th., too?
That doesn't matter.
I don't agree. / One more thing!
just
well
first of all
secondly
dependent
Agreed!
Alright.

Also gut. / Moment mal! / Darf ich (auch) kurz 'was sagen? / Habt ihr daran gedacht, . . .? / Das macht nichts. / Da bin ich ganz anderer Meinung. / Und noch etwas . . . / Tja. / Ich fände es besser / erstens . . . zweitens . . . / Einverstanden! / Na gut.

b. Was meinst du?

CHRISTIANE: Also gut. Wohin fahren wir?
KATJA: . . .
CHRISTIANE: Ich fände es besser, wenn . . .
KATJA: Hast du daran gedacht, . . .
CHRISTIANE: . . .
KATJA: Da bin ich ganz anderer Meinung. Erstens . . . und zweitens . . .
CHRISTIANE: . . .
KATJA: Und noch etwas: . . .
CHRISTIANE: Na gut.
KATJA: Du meinst, wir fahren . . .?
CHRISTIANE: . . .

Gespräche und Diskussionen

1. Erzählen Sie über ein paar interessante Ferien! Wo waren Sie, und was haben Sie gemacht? Gibt es etwas Besonderes zu berichten?
2. Was haben Sie in den nächsten Ferien vor? Was werden Sie tun? Beschreiben Sie Ihre Pläne! Die anderen können auch Fragen stellen.
3. Stellen Sie eine Szene dar: (a) am Bahnhof oder im Zug, (b) am Flughafen oder im Flugzeug, (c) auf einem Schiff, (d) im Hotel oder in der Jugendherberge! Bereiten Sie diese jeweils in kleinen Gruppen vor!
4. Wie reist man am besten: mit dem Flugzeug, dem Schiff, dem Bus, dem Auto, oder per Anhalter? Worin bestehen die Vor- und Nachteile?
5. Reisen Sie am liebsten (a) allein, (b) mit Freunden, (c) mit der Familie oder (d) mit einer Reisegruppe? Warum? Wo übernachten Sie am liebsten?
6. In Deutschland machen viele Städter Ferien auf dem Bauernhof. Gibt es so etwas bei Ihnen? Wie stellen Sie sich das vor, und was halten Sie davon?
7. Berlin (oder irgendeine andere Stadt) ist eine Reise wert. Machen Sie etwas Reklame *(advertisement)* für eine Stadt! Erzählen Sie den andern, warum es Ihnen dort so gut gefällt? Was halten die andern davon?
8. Wochenendhäuschen oder Camper? Was ziehen Sie vor? Warum?
9. Für und wider das Schreiben von Briefen oder Ansichtskarten während der Ferien.
10. „Die Amerikaner haben nicht genug Ferien, und darunter leidet *(suffers)* die Qualität der amerikanischen Produkte." Stimmt das? Was halten Sie von dieser Aussage? Wieviel Ferien pro Jahr haben (a) Sie persönlich, (b) die Leute in der Industrie? Was wäre ideal? Was würden Sie damit tun?
11. Was bedeuten diese Sprichwörter?
    - Man soll den Tag nicht vor dem Abend loben.
    - Ende gut, alles gut.
    - Gleich und gleich gesellt sich gern.

Aufsätze

1. Meine letzten (nächsten) Ferien.
2. Eine Traumreise.
3. . . . ist eine Reise wert.
4. Benutzen Sie eins der oben genannten Sprichwörter als Titel!

KAPITEL 8

Familie

Wo bleibt das Familienleben?

Die deutsche Halbnation im Westen hat es weit gebracht: fast jede Familie besitzt° einen Fernseher und ein Auto. Man trägt wieder Bauch° und Brillianten° . . .. Dennoch hat das westdeutsche Familienleben keinen goldenen Boden . . ..

Heute brechen Väter, Söhne, Töchter und sogar Mütter aus dem mit viel Fleiß zurechtgezimmerten° Teakholzgehege° aus, weil sie das Familiennest langweilig finden. Oft sind es gerade die Familien erfolgreicher° Ehemänner, in denen der Haussegen° schief hängt° . . .. Der Mann achtete jahrelang nur auf° den Erfolg und verschob° das Familienleben auf morgen und übermorgen oder auf den kurzen Urlaub. Die Ehefrau half tüchtig° mit . . .. Ehe man sich versieht°, wachsen die Kinder auf. Eines Tages entdecken° die Eltern, daß ihre Kraft° nicht ausreicht°, die Sprößlinge° nach dem Modell zu formen, das sie sich in ihren Blütenträumen° ausgemalt° haben. Der Vater wütet° über den Sohn, der in der Schule versagt°, aber schon eine Freundin hat . . .. In solchen Stunden der passiven Lebensbilanz° dämmert° dem Familienoberhaupt° endlich, daß er beim Streben nach sozialer Anerkennung° vieles versäumt° hat, das schwerer wiegt° als ein dickes Bankkonto° . . ..

Die Bequemlichkeit regiert heute so manche Familie . . .. Der Vater kommt müde von der Arbeit und will daheim keine Konflikte, sondern Ruhe und Entspannung°. Die Mutter, oft selbst berufstätig, ist es auch leid°, gegenüber den anspruchsvollen° Kindern immer wieder ein Nein durchsetzen° zu müssen . . ..

Heute können sich die meisten Väter nicht nur sonntags, sondern auch schon sonnabends ganz der Familie widmen°. Wie füllen sie nun die neu gewonnene Freizeit aus . . .? In jedem zweiten westdeutschen Haushalt läßt man sich Abend für Abend von der Bildröhre° des Fernsehempfängers° berieseln° . . .. Er enthebt° das Familienoberhaupt der Mühe°, sich Gedanken über „positive Freizeitgestaltung" zu machen, zu der die Soziologen jede aktive Regung°, von Diskussion bis zum Schachspiel, rechnen. Das oft so befreiende° Familiengespräch wird meist durch die zentralgelenkte° Massenunterhaltungsmaschine° ersetzt°. Kein Wunder, daß sich die Teenager gelangweilt und unbefriedigt in ihr Schneckenhaus° zurückziehen° . . .. Die ideale Familie sollte ein Hort° der Herzensbildung° und der . . . Hilfsbereitschaft sein. Eltern, die es nicht verstehen, ihren Kindern das zu geben, dürfen sich nicht wundern, wenn sie im Alter° isoliert dastehen . . .. Die Altersheime sind voll von solchen enttäuschten Vätern und Müttern, die über ihre undankbaren Kinder klagen . . .. Man muß mehr geben können, als Geld kaufen kann.

KURT BLAUHORN, in *Westermanns Monatshefte*

owns / belly
diamonds
built / i.e. fancy house
successful
. . . blessing / hangs crooked / paid attention / postponed
considerably
before one knows it / discover
energy / suffice / offsprings
sweet dreams / pictured / is furious / fails
evaluation / dawns / head of the . . .
recognition / missed
weighs / . . . account
relaxation / tired of
demanding / enforce
have time for
screen / TV / irrigate
relieves / trouble
move
liberating
. . . manipulated
TV / replaced
own shell / withdraw
refuge / education
in their old age

Inhaltsfragen

1. Warum glaubt der Autor, daß das westdeutsche Familienleben keinen goldenen Boden hat?
2. In welchen Familien gibt es besonders oft Probleme?
3. Was tun viele Eltern, wenn sie nicht wissen was sie mit ihren Kindern tun sollen?
4. Was verstehen die Soziologen unter positiver Freizeitgestaltung?
5. Warum ziehen sich viele Teenager in ihr Schneckenhaus zurück?
6. Wo gibt es viele enttäuschte Väter und Mütter, und worüber klagen sie?
7. Was zählt in einer Familie am Ende mehr als das dicke Bankkonto?

Die Eltern

Wenn die Kinder groß geworden sind, finden sie das Elternhaus altmodisch und treten mit kühnen° Ansichten ins Leben hinaus. Sie beschließen°, ihre Kinder . . . ganz anders zu erziehen; Fragen und Ermahnungen° wie: Hast du auch ein Taschentuch°? Die Zähne geputzt? Bist du warm angezogen? Hat 5 jemand meine Schlüssel° gesehen?—all dies wird unnötig sein . . . .

Aber kaum zu Eltern geworden . . . Was wird gesucht? Die Schlüssel. Was wird beredet? Ob Wolfi die Zähne geputzt hat und ob Irmchen warm genug angezogen ist. Denn alle Eltern sind darin gleich . . .. Das haben die neuen Eltern nun eingesehen°. Sie sagen daher zu ihren Kindern: „Ihr werdet schon 10 auch noch dahinterkommen." Worüber diese genauso lächeln° wie einst ihre Eltern gelächelt haben.

daring / decide
reprimands
handkerchief
keys
realized
smile

ERNST HEIMERAN, in *Es hat alles sein Gutes*

Inhaltsfragen

1. Wie finden die Kinder oft das Elternhaus?
2. Was tun sie, wenn sie selbst Eltern geworden sind?
3. Was sagen sie dann zu ihren Kindern, wenn diese sie kritisieren?

Auf sich selbst

Ich habe nicht stets° Lust zu lesen.
Ich habe nicht stets Lust zu schreiben.
Ich habe nicht stets Lust zu denken.
Kurz, nicht immer zu studieren.

5 Doch hab' ich allzeit° Lust zu scherzen°.

always
always / joke

Doch hab' ich allzeit Lust zu lieben.
Doch hab' ich allzeit Lust zu trinken.
Kurz, allzeit vergnügt° zu leben. — happily

Verdenkt° ihr mir's, ihr sauren Alten? — blame me
10 Ihr habt ja allzeit Lust zu geizen°. — stint
Ihr habt ja allzeit Lust zu lehren.
Ihr habt ja allzeit Lust zu tadeln°. — criticize

Was ihr tut, ist des Alters Folge°. — the result of (old) age
Was ich tu, will die Jugend° haben. — youth
15 Ich gönn'° euch eure Lust von Herzen — grant
Wollt ihr mir nicht die meine gönnen?

GOTTHOLD EPHRAIM LESSING, in *Lessings Werke*

Inhaltsfragen

1. Wozu hat die Jugend immer Lust? Wozu nicht?
2. Wie nennt die Jugend die ältere Generation?
3. Warum nennt die Jugend sie so?
4. Was sollen die Alten tun?
5. Was denken Sie: Hat der Autor dieses Gedicht als junger Mensch oder als alter Mensch geschrieben? Woran sehen Sie das?

Das sollten Sie wissen

die Familie und die Verwandten

der Bruder, ¨
Cousin, -s
(Ehe)mann, ¨er
Enkel, -
Großvater, ¨
Junge, -n
Neffe, -n
Onkel, -
Schwager, ¨
Sohn, ¨e ≠ Schwiegersohn, ¨e
Vater, ¨e ≠ Schwiegervater, ¨
Verlobte, -n (ein Verlobter) = Bräutigam, -s
der Verwandte, -n (ein Verwandter)

das Kind, -er
Mädchen, -

die Eltern *(pl.)* ≠ Schwiegereltern
(Ehe)frau, -en
Enkelin, -nen
Großeltern *(pl.)*
Großmutter, ¨
Kusine, -n
Mutter, ¨ ≠ Schwiegermutter, ¨
Nichte, -n
Schwägerin, -nen
Schwester, -n ≠ Geschwister *(pl.)*
Tante, -n
Tochter, ¨ ≠ Schwiegertochter, ¨
Verlobte, -n = Braut, ¨e
Verwandte, -n

das Familienleben

der Einfluß, ¨sse
Faulpelz, -e
Hausdrachen, - — Pantoffelheld, -en
Haushalt, -e

das Altersheim, -e
Problem, -e

die Ansicht, -en = Meinung, -en
Erziehung
Jugend
Liebe
Pflicht, -en

auf·wachsen
beeinflussen

bestrafen — loben
sich ein·mischen — allein lassen
erziehen
faulenzen
Geld verdienen
klagen (über)
kritisieren ≠ schimpfen
sich langweilen
lieben — hassen
teilen
sich wundern (über)

alt — jung
anders — gleich
berufstätig
dominierend
langweilig
streng — gutmütig
(un)befriedigt
(un)dankbar
(un)kompliziert
(un)ordentlich
verwöhnt

Mutti, da ist ja die Oma!

Vater und Sohn beim Basteln

Mutter und Tochter beim Backen

Wortschatzübung

1. Lesen Sie laut!

der Familieneinfluß, Vereinsbruder; das Erziehungsproblem, Kindermädchen, Verwandtenproblem; die Hauspflichten, Kindererziehung, Jugendliebe, Wunschtochter

2. Wie heißen die . . .?

a. Adjektive

der Beruf, Dank; das Alter; die Befriedigung, Gutmütigkeit, Jugend, Komplikation, Langeweile, Ordnung, Strenge

b. Plurale

der Bräutigam, Bruder, Cousin, Enkel, Einfluß, Haushalt, Mann, Onkel, Schwager, Sohn, Vater, Verwandte; das Kind, Mädchen, Problem; die Ansicht, Enkelin, Familie, Frau, Kusine, Mutter, Pflicht, Schwägerin, Schwester, Tochter, Verlobte

3. Wie heißt das Gegenteil?

allein lassen, lieben, anders, jung, gutmütig, kompliziert

4. Welches Wort gehört dazu?

z.B. der Vater **die Mutter**

der Bruder, Onkel, Schwager, Sohn, Verwandte; das Mädchen; die Braut, Enkelin, Nichte, Verlobte, Schwiegervater

5. Erklären Sie den Unterschied!

Enkel ≠ Neffe
Schwester ≠ Geschwister
Schwiegertocher ≠ Schwägerin
aufwachsen ≠ erziehen

6. Wie definieren Sie das?

der Faulpelz, Hausdrachen, Pantoffelheld; das Altersheim; die Pflicht, Verwandten; berufstätig, dominierend, undankbar, verwöhnt

7. Wie geht's weiter?

Meiner Meinung nach . . .
Sie klagt gern über . . .
Er kritisiert . . .
Wundere dich nicht, wenn . . .!
Ich hasse es, wenn . . .

8. Was wäre, wenn . . .?

Sie in der Schweiz aufgewachsen wären
Sie sich bei Ihren Geschwistern immer einmischen würden
Sie den ganzen Tag faulenzen würden
Sie Geld brauchten
Ihr Bruder Ihr Auto nähme
Sie von Ihrem Onkel eine Schweinefarm bekämen
Ihre Tante mit zu Ihnen ins Haus zöge
Ihre Cousins und Kusinen zu Besuch kämen
Ihre Schwiegermutter Sie immer nur kritisieren würde
Sie plötzlich mit einer/einem Verlobten nach Hause kämen

9. Spiel: Wortfix

Dazu braucht man aktive Vokabeln und Köpfchen! Ein Spieler beginnt mit einem deutschen Wort (z.B. Neffe). Jetzt heißt es, ein neues Wort mit dem letzten Buchstaben von „Neffe" zu finden (e = *erziehen*). Mal sehen, wie weit Sie mit jedem Wort kommen!

10. Zungenbrecher

- Wenn mancher Mann wüßte, wer mancher Mann wär, gäb mancher Mann manchem Mann manchmal mehr Ehr'.

Gespräche und Diskussionen

1. Stellen Sie einen typischen Familienkrach dar, z.B. abends: der Vater kommt müde von der Arbeit und will seine Ruhe haben, die Mutter möchte ihr Lieblingsprogramm im Fernsehen sehen, und die gelangweilten Kinder haben andere Wünsche, oder morgens: niemand ist fertig zum Frühstück, alles geht viel zu langsam . . .!
2. Sie haben ein Argument mit Ihren Eltern über . . . (das Auto, den Freund oder die Freundin, die Schule, die Arbeit, das Aussehen, Faulenzen, Geld . . .). Stellen Sie es so realistisch wie möglich dar!
3. Was werden Sie als Eltern anders oder gleich machen, wenn Sie einmal Vater oder Mutter sind? Wie stellen Sie sich das ideale Familienleben vor? Was werden Sie (nicht) tun?
4. Sollten Kinder Hauspflichten übernehmen? Wenn ja, welche und wie früh? Wenn nein, warum nicht? Was müssen (oder mußten) Sie zu Hause tun? Was tun Sie besonders gern (oder haben Sie . . . getan)? Was hassen Sie (oder haben Sie gehaßt)?
5. Geschwister, Fluch oder Segen? Haben Sie Geschwister, oder sind Sie ein Einzelkind? Falls Sie Geschwister haben, wie viele? Sind Sie der/die jüngste, mittlere oder Älteste? Es heißt, daß die Ältesten immer Problemkinder sind und die Jüngsten am unkompliziertesten sind. Stimmt das? Womit mag das zu tun haben? Was braucht jedes Kind?
6. Großfamilie oder Kleinfamilie? Wie war es früher, und wie ist es heute? Was finden Sie am besten?
7. Sollten Mütter arbeiten oder an Klubs teilnehmen? Warum (nicht)?

8. Sollten ältere Eltern mit ihren verheirateten Kindern leben oder ins Altersheim ziehen? Warum (nicht)?
9. Hat die Familie in der Zukunft noch Sinn? Welche Alternativen gäbe es?
10. Was bedeuten diese Sprichwörter?
    - Der Apfel fällt nicht weit vom Stamm.
    - Wie die Alten sungen, so zwitschern die Jungen.
    - Was du ererbst von deinen Vätern, erwirb es, um es zu besitzen. (Goethe)

Aufsätze

1. Meine Familie.
2. Wie ich mir das ideale Familienleben vorstelle.
3. Ein typischer Faulpelz (Pantoffelheld, Hausdrache . . .).
4. Benutzen Sie eins der oben genannten Sprichwörter als Titel!

KAPITEL 9

Schulen

Hauptschule, Realschule oder Gymnasium?

JIM: Horst und Silvia, euer Schulsystem ist mir immer noch ein Rätsel°. — puzzle
HORST: Kein Wunder!
JIM: Wann fangt ihr mit der Schule an?
SILVIA: Mit sechs. Mit einer großen Zuckertüte im Arm geht's am ersten Schul-
5 tag zur Grundschule, die man vier Jahre lang besucht.
JIM: Eine Zuckertüte, was ist denn das?
SILVIA: Das ist eine spitze Tüte° mit Süßigkeiten° oder manchmal auch einem Stofftier°, was am ersten Tag in der fremden Umgebung° helfen soll. — cone-shaped bag / sweets; stuffed animal / surrounding
HORST: Alle gehen vier Jahre zur Grundschule. Danach kann man noch sechs
10 Jahre dort weitermachen° und dann einen Beruf erlernen, oder man wechselt über° zur Realschule oder dem Gymnasium. Meine Nachbarin Elke will Friseuse° werden. Sie geht zweimal die Woche zur Berufsschule, wo sie auf ihren Beruf theoretisch vorbereitet wird. — continue; changes over; hairdresser

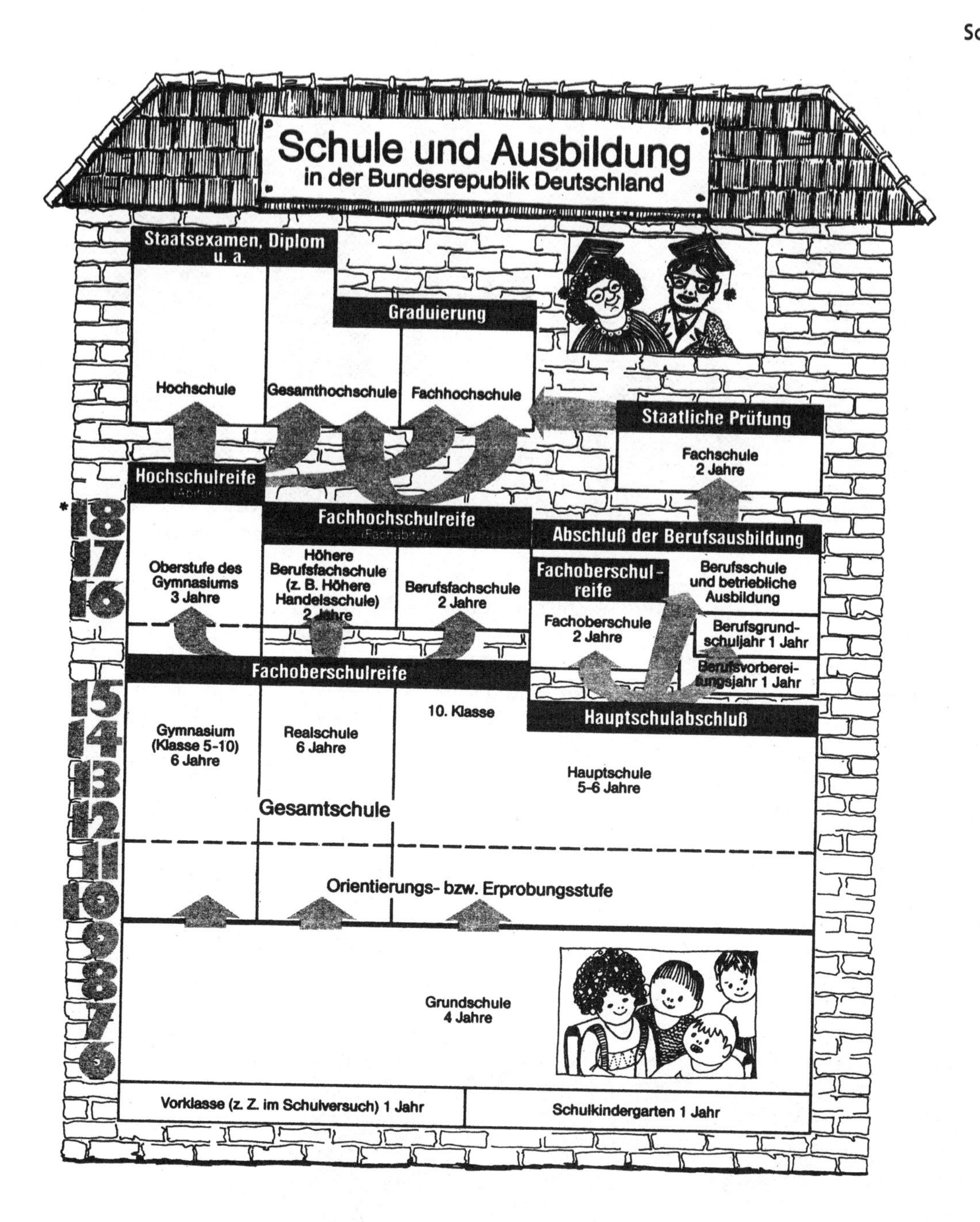

JIM: Und wie sieht's bei euch aus?

15 HORST: Nach vier Jahren Grundschule wechselte ich zur Realschule. Vielleicht arbeite ich später 'mal für eine Bank im Ausland. In der Realschule bekomme ich nicht nur eine gute Allgemeinbildung, sondern lerne auch viel Praktisches und Theoretisches für die Geschäftswelt, z.B. Englisch und Französisch, Stenographie°, Buchführung°, Maschinenschreiben°, Daten-
20 verarbeitung°, usw°. Mit sechzehn kann ich mich dann entweder bei einer Firma° bewerben° oder noch zwei Jahre auf die Fachschule gehen. Ich muß mich bald entscheiden.

shorthand / bookkeeping / typing
data-processing / etc.
firm / apply

JIM: Und du, Silvia?

SILVIA: Ich war auch erst vier Jahre auf der Grundschule, und dann kam DIE
25 Entscheidung: Gymnasium oder nicht. Das war für meine Eltern und meinen Klassenlehrer nicht so einfach, weil ich mich damals mehr für Hockey als für die Schule interessierte.

Musikunterricht in der Grundschule

Horst auf der Realschule

JIM: Mit zehn Jahren ist das aber auch eine große Entscheidung! Wie kann denn dein Lehrer wissen, wofür du dich eignest°? — suited

30 SILVIA: Das ist es eben°. Oft schicken° die Eltern ihre Kinder nur aus Prestigegründen aufs Gymnasium, und dann gibt's nichts wie° Probleme. —Vielleicht werde ich eines Tages selbst Lehrerin und dazu brauche ich das Abitur und das Staatsexamen. — that's precisely it / send; nothing but

JIM: Das Abitur scheint das A und O° für eine gute Ausbildung zu sein. — alpha and omega, i.e. key

35 SILVIA: Leider! Ohne Abi° kannst du nicht studieren. Also° muß du erst neun Jahre aufs Gymnasium. — i.e. *Abitur* / therefore

JIM: Neun Jahre? Dann bin ich ja schon ein Sophomore im College!

SILVIA: Ja, ihr habt's gut! Für uns sind es neun lange Jahre mit viel Paukerei°. Viele hören schon vorher auf°, d.h. sie gehen zurück zur Realschule, — cramming; give up

40 Hauptschule oder einer modernen Gesamtschule (so etwas wie eure High

Silvia im Gymnasium

School). Andere bleiben wegen schlechten Noten sitzen und müssen das ganze Jahr wiederholen.

JIM: Das ist ja furchtbar! Bei uns muß man manchmal ein Fach wiederholen, aber nicht ein ganzes Jahr! Was passiert, wenn man dabei in einigen
45 Fächern gut ist?

HORST: Hier wird's kompliziert. Da gibt es ein System, wonach man eine schlechte Note im Hauptfach mit zwei oder drei guten Noten im Nebenfach ausgleichen° kann.

balance

JIM: Was sind Hauptfächer und was Nebenfächer? Habt ihr eine Wahl?

50 SILVIA: Ja und nein. Es gibt verschiedene Arten von° Gymnasien: eins betont° die Neusprachen wie Englisch und Französisch, ein anderes die Altsprachen wie Latein und Griechisch°, und noch ein anderes die Naturwissenschaften° und Mathematik. Wenn man sich erst einmal für eine Art entschieden hat, steht der Stundenplan ziemlich fest°. Erst in der Ober-
55 stufe° hat man freiere Wahl, wie bei euch.

kinds of / stresses
Greek
natural sciences
fixed
upper level

JIM: Ja und was sind nun Haupt- und Nebenfächer?

SILVIA: Deutsch, Sprachen, Mathematik und die Naturwissenschaften sind gewöhnlich Hauptfächer. Sport, Musik, Kunst°, Religion und Geographie sind Nebenfächer.

art

60 JIM: Wie weit bist du?

SILVIA: Ich bin in der zehnten. Hier siehst du mal meinen Stundenplan!

JIM: Mensch, so viele Fächer auf einmal! So viele Hausaufgaben!

Zeit	Montag	Dienstag	Mittwoch	Donnerstag	Freitag
8:00-8:45	Französisch	Englisch	Mathematik	Deutsch	Latein
8:50-9:35	Religion	Latein	Französisch	Latein	Musik
9:50-10:35	Deutsch	Geschichte	Kunst	Sozialkunde	Mathematik
10:40-11:25	Englisch	Erdkunde	Chemie	Französisch	Physik
11:35-12:15	Mathematik	Deutsch	Biologie	Englisch	Chemie
12:20-13:00	Geschichte	Physik	Musik	Biologie	Sport

SILVIA: Ach, mit etwas Planung geht's schon. Viele Fächer sind thematisch koordiniert. Oft lernen wir in Geschichte, Kunst und Französisch über die
65 gleiche Periode. Das hilft. Ich glaube wir gehen langsamer, aber mehr in die Tiefe° als ihr in Amerika.

depth

JIM: Das mag sein. Und wie ist es mit den Noten?

HORST: Bei uns gibt's sechs Noten: sehr gut (1), gut (2), befriedigend° (3), ausreichend° (4), mangelhaft° (5) und ungenügend° (6). Mit einer 5 oder
70 6 kannst du dich begraben° lassen.

satisfactory
adequate / poor / unsatisfactory
you are finished

JIM: Wie bei uns mit einem F. Das ist auch nichts zum Protzen°. Habt ihr Schulklubs? eine gute Fußballmannschaft?

to brag about

SILVIA: Ja natürlich, z.B. Sport, Chor°, Orchester oder Theatergruppe, aber keine Fußballmannschaft.

choir

75 JIM: Schade! —Was passiert übrigens°, wenn man später versäumte° Schulabschlüsse nachholen° will?

by the way / missed
make up

SILVIA: Über den sogenannten Zweiten Bildungsweg, also° durch Abendschulen oder Fernunterricht°, können Erwachsene beruflich vorwärtskommen° oder auch studieren. Das ist aber nicht leicht.

I mean
correspondence / advance

80 JIM: Aber wenigstens möglich. Nun, danke für die Erklärungen°! Wie wär's jetzt mit einem Eis da drüben in der Eisdiele°?

explanations
ice cream parlor

HORST: Gute Idee! Gehen wir!

Liebigschule

Gymnasium für Jungen und Mädchen in Frankfurt am Main

ZEUGNIS

für *Horst Streber* Klasse *10a*

Schuljahr 19 *85/86* ____ Halbjahr

Allgemeines Verhalten

Betragen:	*sehr gut*	Aufmerksamkeit:	*sehr gut*
Fleiß:	*sehr gut*	Ordnung:	*sehr gut*

Leistungen

Religionslehre	*sehr gut*	Chemie	*befriedigend*
Deutsch	*befriedigend*	Biologie	*gut*
Geschichte	*gut*	Kunsterziehung und Werken	*ausreichend*
Sozialkunde	*gut*	Musik	*mangelhaft*
Erdkunde	*sehr gut*	Leibeserziehung	*ausreichend*
Englisch ___ Fremdsprache	*gut*	Familienhauswesen	*– – – –*
Lateinisch ___ Fremdsprache	*sehr gut*	Handschrift	*– – – –*
Französisch ___ Fremdsprache	*sehr gut*	Wahlfächer und freiwillige Unterrichts-Veranstaltungen:	*Schachklub*
Russisch ___ Fremdsprache	*– – – –*		
Griechisch ___ Fremdsprache	*– – – –*		
Mathematik	*gut*		
Physik	*gut*		

Versäumte Tage: *– – – –*, Stunden: *– – – –*. Verspätet: *ein* mal.

Bemerkungen: *Der strebsame Schüler erzielte besonders in den Sprachen überdurchschnittliche Leistungen.*

– – – – versetzt nach: *– – – –* lt. Konferenzbeschluß vom *3. 2* 19*86*

Frankfurt am Main, den *7. 2* 19*86*

D ___ Schulleiter/in: *Dr. Hans Grossmann*
Oberstudiendirektor/in

D ___ Klassenleiter/in: *Anna Klug*

Von dem vorstehenden Zeugnis habe ich Kenntnis genommen:

Frankfurt, den 10. 2. 86
(Ort und Datum)

Anton Streber
(Unterschrift eines Erziehungsberechtigten)

Stufenfolge für Betragen: 1 sehr gut, 2 gut, 3 befriedigend, 4 nicht immer befriedigend, 5 unbefriedigend.
Stufenfolge für Aufmerksamkeit, Fleiß, Ordnung und für die Leistungen:
1 sehr gut, 2 gut, 3 befriedigend, 4 ausreichend, 5 mangelhaft, 6 ungenügend.

9634 O

Inhaltsfragen

1. Wohin gehen alle Schüler in den ersten vier Schuljahren?
2. Welche Wahl hat man danach?
3. Was will Silvia einmal werden? Auf was für eine Schule geht sie?
4. Was will Horst einmal werden? Auf was für eine Schule geht er?
5. Was braucht man, um studieren zu können?
6. Was sind Hauptfächer? Nebenfächer? (Geben Sie Beispiele!)
7. Was für Noten gibt es in deutschen Schulen? Was ist die beste und was die schlechteste Note?
8. Was passiert, wenn man zu viele Fünfer(5er) hat?
9. An welchen Klubs kann man nach der Schule teilnehmen?
10. Wie kann man versäumte Schulabschlüsse nachholen?

Gegen das Abiturientenexamen

Mit Freude und unbedingter° Zustimmung° höre ich von einer Anregung°, die der Beseitigung° des Abiturientenexamens gilt. Ich bin kein Radikalist . . . aber diese tagelange Schraubmarter°, in der junge Leute unter Anwendung° schlafvertreibender Mittel° sich als wandelnde° Enzyklopädien erweisen° müssen, dieses Examen, bei dem die Mehrzahl° der Examinatoren durchfallen würde, kann in seiner Inhumanität . . . nur aus Mangel an° Sympathy mit der Jugend verteidigt° werden. Wer die neun Klassen des Gymnasiums durchlief, dem sollte man mit einem anerkennenden° Händedruck° den Ausgang° zur Hochschule freigeben und nicht noch ein halsbrecherisches° Hindernis° davorlegen. Achtzehn, neunzehn Jahre sind überhaupt noch kein Alter, um jemand in einem irgendwie° feierlichen° und entscheidenden Sinne° zu prüfen. Man versteht das Leben noch nicht, man liebt die Arbeit noch nicht, man ist vielleicht noch ein träumerischer Faulpelz und gar kein Objekt für ein sittlich-geistiges° Rigorosum° . . . .

THOMAS MANN, in *Reden und Aufsätze*

absolute / agreement / move
elimination
torture / use of
pep pills / walking / prove themselves as / majority
lack of
defended
appreciating / handshake / exit
neckbreaking / hindrance
somehow / solemn / way
ethical / intellectual
rigorous exam

Thomas Mann

Inhaltsfragen

1. Wogegen ist Thomas Mann?
2. Was glaubt er würde geschehen, wenn die Mehrzahl der Examinatoren selbst das Abitur machen müßten?
3. Was schlägt Thomas Mann an Stelle des Abiturs vor?
4. Was sind viele mit achtzehn oder neunzehn Jahren noch?

Wozu denn Noten?

Es war einmal eine Schule, in der waren alle Schüler glücklich. Die guten und die weniger guten. Denn in dieser Schule gab es keine Noten. Und weil es keine Noten gab, konnte auch niemand sitzenbleiben, um das ganze Schuljahr zu wiederholen. Unter den Arbeiten stand nicht: „gut", „befriedigend" oder
5 „mangelhaft". Dort stand: „Hier mußt du noch ein wenig üben." Oder „Diese Aufgabe hast du gut verstanden." Am Ende des Schuljahres brachten die Schüler von allen Schulen Zeugnisse nach Hause, und viele von ihnen hatten schlechte Noten und große Angst vor ihren Eltern. Aber die glücklichen Schüler von der glücklichen Schule hatten keine Zeugnisse. Jedes Kind brachte ein
10 großes Blatt° Papier nach Hause. Auf dem stand ganz genau, was das Kind in diesem Jahr gelernt hatte und wo es noch arbeiten mußte. Da stand sogar auch: „Die Kinder in dieser Klasse sind glücklich, und sie helfen sich gegenseitig°." Oder „Sie langweilen sich und sind vorlaut°."

piece of . . .

each other / big-mouthed

in *Jugendscala*

Inhaltsfragen

1. Was gibt es an dieser Schule nicht?
2. Was kann hier nicht passieren?
3. Was bekommen die Schüler statt Zeugnissen?
4. Vor wem haben die Schüler anderer Schulen oft Angst?
5. Wie sind die Schüler dieser Schule?

Das sollten Sie wissen

in der Schule

der Abschluß, ⸚sse
  Beruf, -e
  (Di)rektor, -en
  Grund, ⸚e
  Jugendliche, -n — Erwachsene, -n
  Kindergarten, ⸚
  Lehrer, -
  Schüler, -
  Streß
  Stundenplan, ⸚e
  Unterricht
  Verstand

das Abi(tur) ≠ die Mittlere Reife
  Examen, - = die Prüfung, -en

das Fach, ⸚er
    Hauptfach — Nebenfach
    Pflichtfach — Wahlfach
    Lieblingsfach
  System, -e
  Zeugnis, -se

die Angst, ⸚e (vor)
  Bildung ≠ Ausbildung
  Disziplin — das Chaos
  Hausaufgabe, -n
  Leistung, -en
  Note, -n
  Schule, -n
    Grundschule ≠ Hauptschule

die Gesamtschule
Realschule
Oberschule = das Gymnasium, Gymnasien
Berufsschule ≠ Fachschule
Sprache, -n
Universität, -en = Hochschule, -n
Wahl

an·fangen = beginnen
bekommen ≠ werden
bestehen — durchfallen
besuchen
(sich) entscheiden
ein Examen machen
eine Arbeit schreiben
erwachsen sein
lehren = unterrichten
lernen ≠ studieren
pauken
prüfen
üben
(sich) verbessern — verschlechtern
versetzt werden — sitzen·bleiben
(sich) vor·bereiten (auf)
Ich muß mir überlegen, . . .
Ich bin mir nicht im klaren, . . .
Ich habe den Eindruck, daß . . .
Wie findest du . . .?
Ich finde (glaube, denke, meine), daß . . .

erwachsen
praktisch — theoretisch
tief — oberflächlich

Passives Vokabular, falls Sie es brauchen oder sich dafür interessieren:

(das) Deutsch, Englisch, Französisch, Latein, Maschinenschreiben *(typing)*, Werken *(crafts)*; (die) Biologie, Buchführung *(bookkeeping)*, Chemie, Datenverarbeitung (=Computer), Geographie (=Erdkunde), Geschichte, Handarbeit *(needlework)*, Kunst *(art)*, Mathematik, Musik, Physik, Religion, Sozialkunde *(sociology)*, Stenographie *(shorthand)*

Wortschatzübung

1. Lesen Sie laut!

der Austauschschüler, Französischunterricht; das Universitätssystem; die Abschlußprüfung, Berufsleistung, Erwachsenenausbildung, Fachsprache, Fächerwahl, Hausaufgabendisziplin, Zeugnisnote

2. Wie heißen die . . .?

a. Verben

der Besuch, Glaube, Unterricht; das Studium; die Entscheidung, Paukerei, Prüfung, Sprache, Überlegung, Übung, Vorbereitung

b. Verbformen

anfangen, beginnen, bekommen, bestehen, durchfallen, sich entscheiden, finden, schreiben, sitzenbleiben, sich vorbereiten, werden

c. Plurale

der Abschluß, Grund, Erwachsene, Jugendliche, Kindergarten, Stundenplan; das Examen, Fach, Zeugnis; die Angst, Lehrerin, Universität

3. Geben Sie das Gegenteil!

der Erwachsene, das Chaos, Hauptfach, Wahlfach; durchfallen, verschlechtern, versetzt werden, oberflächlich, theoretisch

4. Erklären Sie den Unterschied!

die Grundschule ≠ die Berufsschule
die Realschule ≠ das Gymnasium
bekommen ≠ werden

lernen ≠ studieren
lernen ≠ lehren
üben ≠ prüfen

5. Wie definieren Sie das?

der Stundenplan; das Abitur, Gymnasium, Zeugnis; die Hausaufgabe, Mittlere Reife; eine Arbeit schreiben, pauken, sitzenbleiben

6. Was kommt Ihnen dabei in den Sinn? Bilden Sie ganze Sätze!

der Lehrer, das Lieblingsfach; die Angst, Erwachsenen, Jugendlichen, Note, Sprache; anfangen, besuchen, sich vorbereiten

7. Was wird wo gemacht? Kombinieren Sie Aktivitäten in Gruppe A mit den Fächern in Gruppe B!

A	B
Atome und Moleküle aufschreiben	Biologie
Aufsätze schreiben	Buchführung
basteln	Chemie
Bilder besprechen	Datenverarbeitung
Blumen ansehen	Deutsch
Briefe diktieren	Englisch
Cicero lesen	Erdkunde
Daten lernen	Französisch
Dickens lesen	Geschichte
die Bibel lesen	Handarbeit
Einsteins Relativitätstheorie lernen	Kunst
Gebirge und Flüsse kennen	Latein
Landkarten besprechen	Maschinenschreiben
eine moderne Sprache sprechen	Musik
eine tote Sprache sprechen	Physik
einen Tisch bauen	Religion
Frösche säzieren (disect)	Sozialkunde
Goethe und Schiller lesen	Stenographie
Grammatik üben	Werken
malen	
mit der Schreibmaschine schreiben	
musizieren	
nähen	
Noten lesen	
Platten anhören	
Programme schreiben	
ins Sprachlabor gehen	
rechnen	
Rechnungen sortieren	
schnell mit Symbolen schreiben	
Shakespeare lesen	
stricken	
über Familie und Gesellschaft sprechen	
Voltaire lesen	
vor dem Computer sitzen	
Zahlenreihen kennen	

8. Stellen Sie sich gegenseitig Fragen mit den folgenden Wörtern!

z.B. Erdkunde **Was macht ihr in Geographie?**
Wir lesen gerade über Erdbeben.

Biologie, Buchführung, Chemie, Englisch, Disziplin, Geschichte, Lieblingsfach, Note, Rektor, Sprachen, Streß; besprechen, hassen, pauken, werden

9. Wie geht's weiter?

Ich bereite mich auf . . . vor.
Du mußt dich entscheiden, . . .
Kannst du dir überlegen, . . .?
Ich bin mir nicht im klaren, . . .
Ich habe den Eindruck, daß . . .
Wie findest du . . .?
Glaubst du, daß . . .?
Meiner Meinung nach . . .

10. Sprechen wir über die Bilder dieses Kapitels!

Gespräche und Diskussionen

1. Einige von Ihnen kommen als deutsche Austauschschüler ein Jahr zu Besuch auf eine amerikanische High School. Lassen Sie sich von Ihren amerikanischen Mitschülern das amerikanische Schulsystem erklären! Stellen Sie viele Fragen, und besprechen Sie die Unterschiede! Sagen Sie auch, was Ihnen daran (nicht) gefällt!
2. Ihre Eltern sind wütend über Ihre Zeugnisnoten und drohen mit verschiedenen Strafen. Sie gehören zu der Gruppe der „träumerischen Faulpelze" und verteidigen sich. Wie kommen Sie zu den schlechten Noten? Was wollen Sie jetzt tun? Ihre klugen Geschwister mit guten Noten reden auch mit.
3. Sie wollen, daß Ihre Freunde in der High School nicht immer nur lernen. Finden Sie heraus, wofür sie sich interessieren, und schlagen Sie ihnen verschiedene Aktivitäten vor! Warum gerade diese? Ihre Freunde reagieren darauf.
4. Höchstleistung auf Schulbänken ist zur Existenzfrage geworden—nur mit guten Noten kommt man weiter. Nervöse Eltern, unsichere Lehrer, verängstigte Kinder: Macht die Schule krank? Wie macht sich der Schulstreß in der Klasse bemerkbar? Wie kann man das verbessern? Finden Sie, daß Noten und Examen überhaupt nötig sind?
5. Für und wider „bussing". Warum gibt es das? Was sind die Konsequenzen? Haben Sie Vorschläge dazu? Welche Probleme gibt es in einer typischen High School?
6. Für und wider (a) den Religionsunterricht, (b) den Sexualunterricht in der Schule.
7. Öffentliche Schule oder Privatschule? Wo waren Sie? Was finden Sie besser? Warum?
8. Für und wider Uniformen in der Schule.
9. Disziplin in der Schule. Was würden Sie tun, wenn Sie Rektor (Rektorin) wären?
10. „Natürlicher Verstand kann fast jeden Grad von Bildung ersetzen, aber keine Bildung den natürlichen Verstand." (Schopenhauer) Wie verstehen Sie das? Stimmen Sie damit überein? Warum (nicht)? Wovon haben Sie mehr?
11. Denken Sie an Ihre High School-Zeit zurück! Was für gute und schlechte Lehrer hatten Sie? Charakterisieren Sie sie!
12. Was bedeuten diese Sprichwörter?
    - Was Hänschen nicht lernt, lernt Hans nimmermehr.
    - Morgen, morgen, nur nicht heute, sagen alle faulen Leute.
    - Man muß das Eisen schmieden, solange es heiß ist.
    - Es ist noch kein Meister von Himmel gefallen.

Aufsätze

1. Amerikanische Schulen sind anders.
2. Die ideale Schule.
3. Ein(e) Lehrer(in), den (die) ich nicht vergessen werde.
4. Benutzen Sie eins der oben genannten Sprichwörter als Titel!

KAPITEL 10

Universitäten

Ein Vergleich

FRED: Ich habe in Amerika so viel über eure Studienfreiheit gehört. Wie ist das eigentlich?

SONJA: Im Vergleich zu euch haben wir viel Freiheit. Ich kann so viel belegen, wie ich will; nur müssen es mindestens° vier Stunden die Woche sein. Hausaufgaben gibt's nicht, auch keine Semesterprüfungen für die Vorlesungen.

FRED: Nicht schlecht!

SONJA: Nun, ganz so toll ist's auch nicht. Vielleicht ist's sogar schwerer als bei euch, wo man Schritt für Schritt° beraten wird und langsam aber sicher° seine „units" sammelt. Am Ende des Studiums erwartet° uns das Staatsexamen, und das ist saftig°. Die Angst vor diesem Examen, wo man alles gewinnt oder alles verliert°, hängt mir wie ein Schwert° überm Kopf. Ich weiß nicht, was da besser ist.

FRED: Ja, das Sammeln von „units" gibt uns eine gewisse Sicherheit und das Gefühl des Vorwärtskommens°. Und doch würde ich gern einmal ein Jahr ohne Streß leben.

SONJA: Ein Jahr, das geht ja noch! Aber viele bummeln jahrelang herum. Bald

at least
step by step
surely / awaits
tough
loses / sword
advancement

sollen die Unis das Recht erhalten°, Bummelstudenten vom Studium auszuschließen°, das heißt wenn du nach 12 Semestern nicht fertig bist, wirst du automatisch exmatrikuliert—es sei denn, du hast einen guten Grund.

FRED: Das wäre aber schade, denn damit würde man eure akademische Freiheit doch sehr beschneiden°.

SONJA: Aber es muß sein. Die Unis sind einfach überlaufen, und viele warten umsonst° auf einen Studienplatz. Dazu kommt, daß es in manchen Fächern einen Numerus clausus° gibt, der die Studentenzahl begrenzt°. Bei euch ist das so viel leichter! Ihr habt genug Plätze, und alles ist viel persönlicher. Zu einem wissenschaftlichen Gespräch kommt es bei uns erst später in den Seminaren.

FRED: So wie bei manchen unsrer Übersichtskurse.

SONJA: Bei uns gibt es keine Übersichtskurse. Jeder muß sich das nötige Wissen° selbst erarbeiten. Die Uni dient° nur als Stimulant. Hier wird nichts gelehrt, was du schon vorher im Gymnasium gehabt hast oder hättest haben sollen, wie z.B. Algebra oder Anfängerkurse in Englisch.

FRED: Leider wird in unsren High Schools oft nicht genug gefordert°. Und so müssen die Unis das nachholen°, was in den High Schools versäumt° wurde.

SONJA: Das ist ärgerlich. Es kommt mir vor, als ob ihr überhaupt ein viel größeres Gemisch° von Studenten habt als wir. Stimmt das?

FRED: Das kann schon sein. Nicht alle sind da, um sich unbedingt° auf einen Beruf vorzubereiten. Manche sind da, um sich einen Mann oder eine Frau zu angeln oder einfach um sich weiterzubilden°.

SONJA: Und außerdem habt ihr viele, die bei uns auf spezielle° Fachhochschulen gehen würden, wie zum Beispiel Architekten, Ingenieure°, Musiker, Krankenschwestern° und Geschäftsleute. Unsre Uni betont° andere Gebiete, wie z.B. Philosophie, Theologie, Jura°, Medizin, und andere Wissenschaften.

FRED: Ihr seid auch viel politischer orientiert.

SONJA: Klar! Eine Uni kann sich nicht als akademische Insel vom Rest der Gesellschaft° isolieren!—Aber weißt du was? Komm doch mal mit!

FRED: Geht das denn so einfach?

SONJA: Ja natürlich. Da kennt dich doch niemand. Heute nachmittag spricht ein Gastprofessor über Faulkner. Ich habe keine Lust, mir meine Deutschvorlesung über Gottsched° anzuhören.

FRED: Bist du sicher, du kannst einfach schwänzen?

SONJA: Natürlich! Das ist doch meinem Professor egal!

get
expel
limit
in vain
quota / limits
knowledge / serves
demanded
make up / missed
mixture
necessarily
continue their education
special
engineers
nurses / stresses
law
society
German critic (1700–1766)

Inhaltsfragen

1. Worin besteht die deutsche Studienfreiheit?
2. Was hängt Sonja wie ein Schwert überm Kopf? Warum?
3. Welchen Vorteil hat das Sammeln von „units"?
4. Warum gibt es den Numerus clausus?
5. Was wird nicht gelehrt?
6. Welche verschiedenen Fakultäten findet man an deutschen Universitäten?
7. Warum kann Sonja leicht einen Besucher mit zur Vorlesung bringen oder ihre Deutschvorlesung schwänzen?

Deutsche und amerikanische Studentenverbindungen

Die deutschen Burschenschaften° dienten ursprünglich° einem patriotischen Zweck°: dem Wunsch nach einem geeinten° Deutschland auf konstitutioneller

fraternities / originally
purpose / unified

Studentenverbindung

Basis. Mit Stolz° trug man die Farben seiner Verbindung an Mütze° und Brustband. Später teilten sich° die Burschenschaften in schlagende° und nichtschlagende Verbindungen. Während die einen das obligatorische Duell (die Mensur) übernahmen—Schmisse° im Gesicht wurden in akademischen Kreisen° als Mut° angesehen—waren andere dagegen. Nach jahrelangem Verbot° während der Hitlerzeit sind Verbindungen heute wieder aktiv, aber nicht mehr so beliebt wie früher.

pride / cap
split / duelling
scars
circles / courage
prohibition

Im Gegensatz zu den Vereinigten Staaten, wo es „fraternities" und „sororities" gibt, begrenzt sich° dieses Phänomen in Deutschland nur auf die männlichen° Studenten. Amerikanische Verbindungen bezeichnen sich° mit den Buchstaben des griechischen Alphabets, die deutschen Burschenschaften benutzen latinisierte° Stammesnamen° wie Teutonia oder Marcomannia.

is limited / male
are labeled
latinized / tribal . . .

Es gibt heute viele Professoren und Studenten, die die Verbindungen in Amerika und in Deutschland als undemokratisch abschaffen° möchten. „Eine Elitestellung° muß man sich durch eigene Leistung im Leben erobern° und nicht, weil man aus einer aristokratischen Familie kommt oder der Vater reich genug ist, um seinen Sohn in einen feudalen° Klub zu schicken. Der Snobismus der Mitglieder fördert den Unterschied zwischen arm und reich." Man wirft ihnen aber auch vor°, daß sie zu viel Unsinn treiben, statt zu arbeiten.

abolish
. . . position / conquer
exclusive
reproaches them

Alles ganz schön und gut, diese Kritik des Außenstehenden°! Übersieht er dabei nicht den wahren° Sinn und Vorteil solcher Gemeinschaften°: die Förderung von Verantwortung und Vertrauen° sowie die Verhinderung° des Einzelgängertums? Oft beginnen hier lebenslange Freundschaften. Könnte es sein, daß die Teilnahme° an einem Verbindungsfest die Meinung des Kritikers ändern° würde?

outsider
true / communities
confidence / prevention
participation
change

Inhaltsfragen

1. Was für Namen tragen (a) die deutschen Burschenschaften, (b) die amerikanischen Verbindungen?
2. Gibt es in Deutschland so etwas wie „sororities"?
3. Was ist eine Mensur? Findet man das in allen Verbindungen?
4. Was geschah mit den Verbindungen während der Hitlerzeit?
5. Was wird in Amerika und Deutschland oft an den Verbindungen kritisiert?
6. Worin besteht der wahre Sinn solcher Gemeinschaften?

Das sollten Sie wissen

an der Universität

der Berater, -
Einzelgänger, -
Hörsaal, -säle
Kurs, -e
Anfängerkurs
Fortgeschrittenenkurs
Übersichtskurs
Magistergrad ≠ Doktorgrad
Professor, -en
Sinn
Student, -en ≠ Kommilitone, -n
Vergleich, -e
Vorschlag, ¨e

das Diplom, -e
Labor, -e
Praktikum
Semester, - ≠ Quartal, -e
Seminar, -e
Stipendium, -en
Studiengeld, -er
Studium, -en

die Fakultät, -en
Freiheit
Sicherheit
Verantwortung, -en
Verbindung, -en
Vorlesung, -en
Wissenschaft, -en
Zensur, -en

(einen Kurs) belegen
begründen
beraten
bieten
erlauben — verbieten
(ex)matrikulieren
herum·bummeln ≠ schwänzen
sich konzentrieren (auf)
teil·nehmen (an)
sich treffen (mit)
Stellung nehmen (zu)
überein·stimmen (mit)
Unsinn treiben
vergleichen
vor·schlagen
vor·ziehen
wählen
zugelassen werden
Es kommt mir vor, als ob . . .
Was hältst du von . . .?

ärgerlich
akademisch
gemischt — getrennt
(un)abhängig
(un)beliebt
(un)persönlich
(un)politisch
(un)veranwortlich
(un)wichtig
(un)wissenschaftlich
(un)zufrieden
überlaufen — leer

Passives Vokabular, falls Sie es brauchen oder sich dafür interessieren:

der Maschinenbau; die Anglistik *(English),* Archäologie, Astronomie, Betriebswirtschaft *(business education),* Biologie, Chemie, Elektrotechnik, Geologie, Germanistik, Geschichte *(history),* Informatik *(computer science),* Kunst *(art),* Kunstgeschichte, Landwirtschaft *(agriculture),* Mathematik, Medizin, Naturwissenschaft, Pädagogik *(education),* Philosophie, Physik, Psychologie, Rechtswissenschaft = Jura *(law),* Romanistik *(Romance Languages),* Soziologie, Sprachwissenschaft, Staatswissenschaft *(political science),* Theologie, Volkswirtschaft *(economy)*

Im Labor

In der Bibliothek

Wortschatzübung

1. Lesen Sie laut!

der Archäologieprofessor, Kommilitonenvorschlag, Verantwortungssinn, Vorlesungssaal; das Chemielabor, Ingenieurdiplom, Philosophiestudium, Universitätsstipendium, Wirtschaftsseminar; die Jurafakultät, Psychologiestudentin, Studienfreiheit

2. Wie heißen die . . .?

a. Hauptwörter

beraten, frei sein, praktizieren, sichern, studieren, verantworten, vorschlagen, zensieren

b. Verben

der Vergleich, Vorzug; das Treffen; die Begründung, Beratung, Exmatrikulation, Konzentration, Teilnahme, Übereinstimmung, Wahl, Zulassung

c. Verbformen

beraten, kommen, halten, teilnehmen, sich treffen, Unsinn treiben, verbieten, vergleichen, vorschlagen, vorziehen, werden

3. Was ist das Gegenteil?

matrikulieren, verbieten, abhängig, beliebt, erfreulich, getrennt, persönlich, verantwortlich, zufrieden

4. Erklären Sie den Unterschied!

der Anfängerkurs ≠ der Fortgeschrittenenkurs
die Studentin ≠ die Kommilitonin
der Magistergrad ≠ der Doktorgrad
die Vorlesung ≠ der Hörsaal
das Semester ≠ das Quartal
die Naturwissenschaft ≠ die Staatswissenschaft
matrikulieren ≠ einen Kurs belegen

5. Wie definieren Sie das?

der Einzelgänger; das Diplom, Praktikum, Studiengeld; die Verbindung; herumbummeln, schwänzen, Unsinn treiben

6. Was kommt Ihnen dabei in den Sinn?

der Hörsaal; das Labor, Studium; die Zensur; sich konzentrieren auf, teilnehmen an, sich treffen mit, vorziehen, überlaufen, unbeliebt, wichtig

7. Wie geht's weiter?

Es kommt mir vor, als ob . . .
Wenn du dich mehr konzentrieren würdest, . . .
Ich halte nicht viel von . . .
Ich meine, daß . . .
Ich würde es vorziehen, . . .
Wenn ich heute . . . geschwänzt hätte, . . .
Ich finde es ärgerlich, wenn . . .
Ich stimme überein, daß . . .
Wie schön, daß . . .
Wir treffen uns . . .
Im Vergleich zu . . . ist . . .

8. Fragen Sie Ihren linken/rechten Nachbarn, . . .! Berichten Sie das Resultat der Klasse!

. . . was er/sie studiert
. . . ob er/sie ein Stipendium hat
. . . was er/sie dieses Semester (dieses Quartal) belegt hat
. . . welcher Kurs ihm/ihr am besten gefällt und warum
. . . ob er/sie ein Einzelgänger ist
. . . ob er/sie in einer Verbindung ist
. . . ob er/sie viel herumbummelt
. . . ob er/sie ab und zu schwänzt
. . . ob er/sie mit dieser Uni/diesem College zufrieden ist

9. Sprechen wir über die Bilder dieses Kapitels!

Gespräche und Diskussionen

1. Sie treffen sich mit einigen Freunden, die an Ihrem College/Ihrer Uni nicht zufrieden sind. Hören Sie sich deren Kommentare an, und machen Sie Vorschläge!
2. Wo sollte man während des Studiums wohnen: (a) bei den Eltern, (b) im Studentenheim, (c) in einer Verbindung, (d) in einer Kommune oder (e) allein? Begründen Sie Ihre Wahl, und verteidigen Sie sich gegen die Argumente der anderen!
3. Welches Universitätssystem ziehen Sie vor, das deutsche oder das amerikanische? Warum? Begründen Sie Ihre Antwort, und verteidigen Sie sich gegen die Argumente der andern!
4. Was halten Sie von Zensuren für Professoren und ihre Kurse am Ende eines Semesters/Quartals? Wozu würden diese Zensuren dienen? Sollte der Professor erst um Erlaubnis gefragt werden? Können solche Resultate fair sein? Warum (nicht)?
5. In Deutschland können die Kinder ihre Eltern verklagen, wenn diese ihr Studium finanzieren könnten, aber es nicht tun. Was halten Sie davon? Wer ist für das Studiengeld verantwortlich: (a) der Student, (b) die Eltern, (c) der Staat? Wie lange?
6. Für und wider gemischte Studentenheime, d.h. Studenten und Studentinnen wohnen unter demselben Dach. Sollten Damen(Herren)besuche erlaubt sein? Wann sollten die Türen geschlossen werden, oder sollte jeder seinen eigenen Schlüssel haben? Wie stehen (a) Sie, (b) Ihre Eltern dazu?
7. Für und wider den Numerus clausus? Warum gibt es ihn? Welche Berufe sind besonders überlaufen; an welchen fehlt es? Was wollen Sie werden? Wie sehen Ihre Berufschancen nach dem Universitätsabschluß aus?
8. Für und wider die Verbindungen.
9. Für und wider Politik an der Uni. Was halten Sie von der Forderung, daß jeder Student nicht nur akademisch, sondern auch politisch engagiert sein sollte?
10. Für und wider private Universitäten. Sollte der Staat sie unterstützen?
11. Sollte man überhaupt studieren? Lesen Sie die folgenden Argumente dafür und dagegen, und nehmen Sie dann Stellung zu den verschiedenen Punkten! Welchen Endkommentar haben Sie dazu?

Lesen Sie immer jeweils ein Pro und ein Contra, und sagen Sie dann, womit Sie übereinstimmen und warum! Vielleicht haben Sie noch etwas hinzuzufügen. Dann lesen Sie das nächste Argument, pro und contra.

Pro:

- Die Universität bietet auch heute noch die beste Möglichkeit, intellektuelle Fähigkeiten weiterzuentwickeln.
- Viele gute Berufe sind nur denen mit Universitätsstudium offen.

Contra:

- Das Studium ist eine Ochsentour, nichts wie Prüfungen!
- Das Studium berechtigt heute zu gar nichts mehr; bestimmt nicht dazu, einmal in DEM Beruf zu sein, den man sich vorgestellt hat.

- Die Studentenzeit ist die schönste Zeit des Lebens. Geld ist noch nicht das Wichtigste—auch wenn mancher gern mehr hätte.
- An der Uni hat man DIE Möglichkeit, sich ganz auf das zu konzentrieren, was einen interessiert.
- Lieber mit 28 arbeitslos als mit 18.
- Akademiker genießen mehr Prestige als Arbeiter.

- Wer studiert bleibt abhängig von Lehrern, Eltern und vom Staat.
- Nur wenigen Akademikern ist es gegeben, mit all ihrer Bildung fröhlicher zu sein als ein Taxifahrer oder Elektriker.
- Wer mit 18 anfängt zu arbeiten, verdient schon sechs Jahr lang Geld, bevor der Akademiker auf seine erste selbst verdiente Mark hoffen kann.
- Es gibt Menschen ohne akademische Bildung, wie Geschäftsleute oder Fernsehstars, die sich mehr leisten können und mehr Prestige haben als mancher Akademiker.

12. Was bedeuten diese Sprichwörter?
    - Das dicke Ende kommt nach.
    - Jeder ist seines Glückes Schmied.
    - Morgenstund' hat Gold im Mund.
    - Ohne Fleiß kein Preis.

Aufsätze

1. Deutsche Universitäten sind anders.
2. Was ich mir vom Studium erhoffe.
3. Warum ich . . . (Universität oder College) gewählt habe.
4. Für oder wider Studentenverbindungen.
5. Benutzen Sie eins der oben genannten Sprichwörter als Titel!

KAPITEL 11

Liebe und Freundschaft

Gehört der Liebesheirat die Zukunft?

Vernunftehen° werden immer seltener. Macht°, Geld und Beruf sind heute beim Heiraten immer unwichtiger. Nicht der Idealmann und die Traumfrau, sondern realistisch denkende junge Menschen heiraten. Sie lernen sich oft schon lange vorher° kennen und prüfen sich genauer auf gegenseitige° Liebe . . .. Sie wollen 5 vor allem Verläßlichkeit°, Intelligenz, Ehrlichkeit°, Humor, Rücksichtnahme° und Treue°. Die meisten jungen Frauen wissen genau, daß weder ein Prinz vom Mittelmeer noch ein Luxusleben auf sie wartet, sondern ein Mann, mit dem man leben kann. Natürlich darf er auch Fehler haben: Ein perfekter Mann ist fast unheimlich°.

rational . . . / power
before / mutual
reliability / honesty
respect / loyalty
uncanny

KARL RAU, in *Hildesheimer Allgemeine Zeitung*

Wenn Herr K. einen Menschen liebte

„Was tun", wurde Herr K. gefragt, „wenn Sie einen Menschen lieben?" „Ich mache einen Entwurf° von ihm", sagte der Herr K., „und sorge°, daß er ihm ähnlich° wird". „Wer? Der Entwurf?" „Nein", sagte Herr K., „der Mensch."

rough draft / see to it
similar

BERTOLT BRECHT, in *Geschichten vom Herrn Keuner*

Inhaltsfragen

1. Was wird immer seltener?
2. Worauf prüfen sich die Liebespaare schon früh?
3. Welche Qualitäten sind erwünscht?
4. Wie braucht der Partner nicht sein?
5. Was erwartet Herr K. von der Frau, die er liebt?

Zum Standesamt vor dem Examen

Im geliehenen° Frack° ging der an der Berliner Universität studierende Gerhart Hauptmann° im Mai 1885 mit seiner Braut Mary aufs Dresdner Standesamt°. Die erste Wohnung, die das Paar in Berlin bezog°, war für die Tochter aus reichem Hause „wie ein Sturz° ins Armenviertel". Was den dreiundzwanzigjährigen 5 Studenten Hauptmann angeht° . . . mit dem Ende des Sommersemesters brach er das Studium ab°, ohne Examen . . ..

borrowed / tailcoat
German writer (1862–1946) / civil marriage registrar
moved into
plunge
concerns
discontinued

Obwohl der Entschluß, Studium und Ehe miteinander zu verbinden, längst nicht mehr nur Sache° von Einzelgängern ist, hat sich an der öffentlichen Einschätzung° der Studentenehe wenig geändert, sie ist mit negativen

matter
image

10 Erwartungen° und—auch in Kreisen der Professoren! —mit Vorurteilen° belastet° . . . und wird wie zu Gerhart Hauptmanns Zeiten . . . noch als „sozialer Fehltritt°" disqualifiziert . . ..

expectations / prejudices
burdened
false step

Während die größte Hälfte der Studierenden im wesentlichen° vom Monatswechsel° der Eltern leben kann, wird diese elterliche Unterstützung° vor 15 allem den Söhnen nach einer Eheschließung° meist gekürzt oder gestrichen° . . .. Etwa die Hälfte aller verheirateten Studenten hat Kinder . . .. Niemand weiß mit Sicherheit, wie viele Studentinnen ihr Studium des Kindes wegen abgebrochen haben, oft mit dem dann doch nicht zu realisierenden Vorsatz°, nach einer Pause von ein oder zwei Jahren zur Universität zurückzukehren°. Mit 20 Sicherheit trägt aber allzu oft die Frau in der Studentenehe eine . . . Doppellast—wenn sie entweder die Mutterrolle mit dem eigenen Studium verbinden will oder aber das Studium des Mannes mit ihrer Arbeit finanzieren muß . . .. Wenn die Zukunft auch im Zeichen der Studentenfamilie stehen mag, in der Gegenwart empfiehlt es sich für Heiratswillige weiterhin°, die Risiken° 25 der Studentenehe im Blick zu behalten°.

on the whole
monthly check / support
marriage / cut
intention
return
still / risks
keep in mind

MICHAEL NEUMANN, in *Westermanns Monatshefte*

Inhaltsfragen

1. Warum brach Gerhart Hauptmann sein Studium ab?
2. Wie war die erste Wohnung für die Braut?
3. Als was wird die Studentenehe auch heute oft noch angesehen?
4. Was tun die Eltern oft, wenn der studierende Sohn heiratet?
5. Wieso trägt die Frau in der Studentenehe oft eine Doppelrolle?
6. Was ist Neumanns Einstellung gegenüber Studentenehen?

Heiratsannoncen

Lieber, guter Weihnachtsmann,
schenk mir ein Weib mit allem dran°.
Einssiebzig° groß, schön von Gestalt°,
nicht über fünfunddreißig alt,
5 immer fröhlich und mit sanftem Wesen°
—ich hab' was gegen garst'ge Besen°—.

super
5′7″ / figure
gentle nature
bitches

Kurzum°, ein Prachtstück° zum Anhimmeln°,
wenn ich sie seh', dann muß es bimmeln°.

in brief / beauty / adore
a bell must ring

in *Frankfurter Allgemeine Zeitung*

Adam sucht Eva

anders gesagt, eine junge Dame, bis Mitte zwanzig, fröhlich, flexibel, mit Freude an Kindern, Haus und Garten. Er ist 33/1,80°, ev.°, hat seine Stärken° und Schwächen°, verliert aber selten den Humor.

5'9" / Protestant / strengths
weaknesses

Eva sucht Adam

intelligent, verständnisvoll, lustig, diskutierfreudig° und sehr zärtlich. Alter: 35–Anfang 40. Ich bin mittelgroß°, schlank, sensibel, phantasievoll, spontan, sehr weiblich°, liebe die See, lese und reise gern. Wer möchte mit mir eine nicht alltägliche und unkonventionelle Ehe führen?

loves to discuss things
average size
feminine

Sonderangebot°, aber nicht billig zu haben . . .

a bargain

Wir sind noch lange keine alten Jungfern°, aber das ist vielleicht nur eine Frage der Zeit. Trotz interessantem Beruf würden meine Schwester (28, Journalistin, 15 Monate alter Sohn) und ich (31, Stewardeß) gern unter die Haube kommen°. Wir sind beide hübsch, unternehmungslustig und gut erzogen, haben Freude an Musik, Büchern, Natur und netter Gesellschaft. Auf den Zufall° zu warten dauert° zu lange, darum wollen wir ihm nachhelfen:

spinsters
get married
coincidence
takes

Bedingung°: Humor, Kinderliebe
Erwünscht: Akademiker, Sportstyp
Erlaubt: Vermögen°, Kleinkind und Brille°
Verboten: Anhänger° von Gruppensex und falsche Zähne°.

condition
wealth / glasses
follower / dentures

Inhaltsfragen

1. Wie soll SIE sein? Nennen Sie fünf erwünschte Qualitäten! Was ist unerwünscht?
2. Wie soll ER sein? Nennen Sie fünf erwünschte Qualitäten! Was ist unerwünscht?
3. Wie beschreibt sich ADAM?
4. Was für eine Ehe sucht EVA?
5. Worauf wollen die beiden SCHWESTERN nicht warten?

Das sollten Sie wissen

Liebe und Freundschaft

der Bekannte, -n (ein Bekannter)
Freund, -e
Bräutigam, -s
Junggeselle, -n
Partner, -
Traum, ¨e
Typ, -en
Verlobte, -n (ein Verlobter)

das Herz, -en
Ideal, -e
Paar, -e

die Annonce, -n
Bekannte, -n ≠ Freundin, -nen
Braut, ¨e
Flitterwochen *(pl.)*
Hochzeit, -en ≠ Ehe, -n
Junggesellin, -nen
Liebe — der Haß
Verlobte, -n
Verlobung, -en

heiraten
sich kennen·lernen

Freunde
fürs
Leben

(sich) lieben — (sich) hassen
lügen
sich scheiden lassen
schwärmen (von) ≠ sich verlieben (in)
suchen ≠ versuchen
sich verlassen auf
sich verloben (mit)
versprechen

(sich) wünschen
zusammen·leben

befreundet
geschieden
(un)verheiratet
verliebt
verlobt

die Eigenschaft, -en

aggressiv — scheu
attraktiv = gut aussehend
charmant
eitel
fröhlich — traurig
lieb — böse
generös — geizig
gesund—krank
hübsch — häßlich
intelligent — dumm
lustig — ernst
nett — furchtbar
reich — arm
schlank — dick
sexy ≠ zärtlich

stark — schwach
(un)gebildet
(un)ehrlich
(un)flexibel
(un)musikalisch
(un)praktisch
(un)sportlich
(un)sympathisch
(un)talentiert
(un)treu
(un)zuverlässig
unternehmungslustig — langweilig
verständnisvoll — verständnislos
vielseitig — einseitig

Passives Vokabular, falls Sie es brauchen oder sich dafür intressieren:

der Humor; blond, brünett, erfolgreich *(successful)*, kultiviert, informiert, kinderlieb, männlich, tierlieb, pedantisch, phantasievoll, romantisch, rothaarig, schlampig *(sloppy)*, sensibel *(sensitive)*, sparsam *(thrifty)*, verschwenderisch *(wasteful)*, weiblich

Eine gute Freundin ist viel wert.

Wortschatzübung

1. Lesen Sie laut!

die Ehepartnerin, Haßliebe, Heiratsannonce; das Eigenschaftswort, Junggesellenideal, Liebespaar; die Traumhochzeit

2. Wie heißen die . . .?

a. Verben

der Geliebte, Haß, Schwarm, Verlaß, Versuch; das Versprechen; die Bekanntschaft, Liebe, Lüge, Suche, Verlobung

b. Verbformen

heiraten, lügen, sich verlassen, versprechen

c. Adjektive

der Charme, Sex, Sport; das Talent; die Attraktion, Bildung, Eitelkeit, Schwäche, Stärke, Treue; heiraten, sich scheiden lassen, sich verlieben, sich verloben

d. Adjektivformen?

z.B. arm **ärmer, am ärmsten**

dumm, gesund, hübsch, lieb, nett, sportlich, stark, sympathisch, talentiert, zuverlässig

3. Was ist das Gegenteil?

arm, ehrlich, einseitig, ernst, flexibel, geizig, gesund, häßlich, intelligent, lieb, nett, praktisch, schlank, traurig, treu, unmusikalisch, unternehmungslustig, verständnisvoll, zuverlässig

4. Erklären Sie den Unterschied!

die Bekannte ≠ die Freundin
die Hochzeit ≠ die Ehe
schwärmen von ≠ sich verlieben in
sich verloben ≠ heiraten
suchen ≠ versuchen

5. Wie definieren Sie das?

der Junggeselle, Traum; das Herz; die Annonce, Flitterwochen; lügen, versprechen; eitel, gut aussehend, sympathisch

6. Wie ist/war . . .? Fragen Sie nach Eigenschaften von bekannten Persönlichkeiten (Filmschauspielern, Schlagersängern, Politikern . . .)!

z.B. Marilyn Monroe **Marilyn Monroe war sexy.**

7. Wie geht's weiter?

Auf . . . kann ich mich verlassen.
Wenn du Junggeselle (Junggesellin) bleibst, . . .
Wenn man etwas verspricht, . . .
Ich bin traurig, . . .
Ein Freund muß . . . sein.
Zur Verlobung . . .
Nach der Hochzeit . . .
Im Traum . . .
Ich mag keine Leute, die . . .
Ich habe einmal von . . . geschwärmt.

8. Spiel: Wortfix mit Adjektiven
Eine(r) von Ihnen beginnt mit einem deutschen Adjektiv (z.B. „charmant"). Jetzt heißt es ein neues Adjektiv mit dem letzten Buchstaben von „charmant" zu finden (t = treu). Mal sehen, wie weit Sie kommen!

9. Nützliche Redewendungen

a. Lesen Sie bitte!

MARGIT: Ja, wie gesagt°, ER muß nicht unbedingt° Akademiker sein. — as I said / necessarily
ELLEN: Ja, die sind oft viel zu eingebildet°. — conceited
MARGIT: Das ist es eben.° — That's just it.
GISELA: Und was noch schlimmer ist°, sie sind oft langweilig. — What's worse
MARGIT: Aus dem Grunde° sind mir Geschäftsleute lieber. — That's why
DIETER: Was mich daran stört° ist, daß sie meistens keine Zeit haben. — What bothers me
ELLEN: Darum° ist es wichtig, daß man gemeinsame Interessen hat. — Therefore
MARGIT: Und sich vor allem° gut versteht. — above all
GISELA: Ohne Geld geht's nicht.
DIETER: Da hast du recht, aber das ist nicht alles.
MARGIT: Da stimme ich mit Dieter überein.° — There I agree

Ja, wie gesagt . . . / (nicht) unbedingt / Das ist es eben. / Und was noch schlimmer ist . . . / Aus dem Grunde . . . / Was mich daran stört ist, daß . . . / darum / vor allem / Da stimme ich mit . . . überein.

b. Was meinst du?

FRANZ: Ja, wie gesagt, niemand ist perfekt.
OSKAR: . . .
FRANZ: Aus dem Grunde finde ich es wichtig, daß . . .
OSKAR: . . .
FRANZ: Was mich stört ist, wenn Leute zu viel reden.
OSKAR: Und was noch schlimmer ist, ist wenn . . .
FRANZ: . . .

Gespräche und Diskussionen

1. Sie sind jung, Student und wollen heiraten. Konfrontieren Sie Ihre Eltern mit dieser Nachricht, und versuchen Sie, sie für Ihre Pläne zu gewinnen, denn jene drohen mit . . .! Erklären Sie ihnen, wie Sie sich das beruflich und finanziell vorstellen!

2. Sie gehen in ein Heiratsvermittlungsbüro, wo man Ihnen verschiedene Fragen stellt und Ihnen einige gute Angebote macht. Reagieren Sie darauf!
3. „Es gibt wenig aufrichtige *(honest)* Freunde. Die Nachfrage *(demand)* ist auch gering." (Marie von Ebner-Eschenbach). Warum ist es so schwer, gute Freunde zu finden? Was tun Sie gern mit Ihren Freunden? Machen Sie einen Unterschied zwischen Bekannten und Freunden? Wie?
4. Was halten Sie von der Idee, sich wie Herr Keuner einen Entwurf des Partners zu machen und ihn danach zu formen? Haben Sie das schon einmal gemacht? Was ist Liebe (nicht)?
5. Besprechen Sie untereinander, und schreiben Sie an die Tafel, welche Eigenschaften Sie bei Ihrem Ehepartner suchen! Wie sieht Ihr Idealmann (Ihre Traumfrau) aus? Wie alt soll ER/SIE sein?
6. Was halten Sie vom Kennenlernen durch Annoncen oder Computer? Gibt es das bei Ihnen? Haben Sie es schon einmal versucht, oder würden Sie es versuchen, wenn Sie die Möglichkeit hätten? Warum (nicht)?
7. Welche Eigenschaften hassen Sie bei Freunden? Bitte lesen Sie die folgenden Argumente für und wider gewisse Eigenschaften. Nehmen Sie Stellung zu den verschiedenen Punkten! Können Sie noch andere negative Punkte hinzufügen?

Pro:

- Unehrlich: Wie kann man sich verstehen, wenn man sich nicht mehr auf das verlassen kann, was der andere sagt?
- Unzuverlässig: Was man versprochen hat, muß man auch halten.
- Treulos: Treulos ist, wer den Freund vergißt, als wäre er nie da gewesen.
- Dominierend: Wer herrschsüchtig ist, nimmt die andern für selbstverständlich und kontrolliert sie wie Marionetten.
- Eitel: Der Eitle fühlt sich schöner, klüger, besser, mächtiger oder reicher als seine Mitmenschen. Vielleicht ist er es das sogar, aber es fehlt ihm die Bescheidenheit.

Contra:

- Unehrlich: Wir sind alle keine Engel. Jeder von uns hat schon einmal gelogen, und wenn es nur eine Notlüge war. (z.B. am Telefon: „Peter ist nicht hier." Dabei will er nur nicht gestört werden.)
- Unzuverlässig: Manche Leute sind vergeßlich, das ist nicht immer böse gemeint.
- Treulos: Vergessen ist schlimm, aber manchmal nötig als Selbstschutz.
- Dominierend: Wenn der eine zu schwach ist, muß der andere bestimmen. Wer immer nur nachgibt, erzieht den andern zum Dominieren.
- Eitel: Die Versuchung anzugeben ist groß. Wie Wilhelm Busch sagt: „Bescheidenheit ist eine Zier, aber weiter kommt man ohne ihr."

8. Für und wider (a) das „Going Steady", (b) das Zusammenleben ohne zu heiraten, (c) eine lange Verlobungszeit, (d) das Heiraten überhaupt.
9. Für und wider die Studentenehe? Welche Vor- und Nachteile hat sie? Welche besonderen Probleme treten dabei auf? Wie werden das Studium und die Lebenskosten bezahlt? Haben Sie Freunde, oder sind welche unter Ihnen, die verheiratet sind? Wie unterscheidet sich deren Studienzeit von Ihrer?
10. Für und wider die Scheidung. Wie kommt es oft dazu? Was für Gründe sprechen dafür, welche dagegen?
11. Was bedeuten diese Sprichwörter?
    - Jung gefreit hat nie gereut.
    - Alte Liebe rostet nicht.
    - Aus den Augen, aus dem Sinn.
    - Liebe macht erfinderisch.
    - Die Liebe wächst mit dem Quadrat der Entfernung.
    - Glück im Spiel, Pech in der Liebe.
    - Gegensätze ziehen sich an.
    - Besser ein Ende mit Schrecken als ein Schrecken ohne Ende.
    - Freunde erkennt man in der Not.

Aufsätze

1. Schreiben Sie eine Heiratsannonce, die Ihre eigenen Wünsche ausdrückt!
2. Mein Idealmann (meine Traumfrau).
3. So bin ich.
4. Mein bester Freund (meine beste Freundin).
5. Benutzen Sie eins der oben genannten Sprichwörter als Titel!

K A P I T E L 12

Beruf

Was soll er denn einmal werden?

Nämlich Ihr Sohn. Ja, wie ist er denn? Von leichter Trägheit°? mehr schlau° als klug°? . . . etwas intrigant?

laziness / cunning
smart

Kaufmann . . . nein, dazu gehört Entschlußkraft°—das ist wohl nichts für ihn. Zum Ingenieur hat er keine Neigung°? Arzt? nein? Künstlerische° Anlagen°—nicht? Seien Sie froh! Aber was sagen Sie da? Es gibt nur eine Sache° auf der Welt, die er scheut°? Erzählen Sie bitte!

resolution
interest / artistic / inclinations
thing
dreads

Ihr Junge ist der Mensch, der . . . immer Ausreden° sucht, findet, erfindet° . . . kurz, der eine große Angst vor der Verantwortung hat? Ja, dann gibt es nur eines. Lassen Sie ihn Beamten° werden. Da trägt er die Verantwortung, aber da hat er keine.

excuses / invents
civil servant

Nehmen wir einmal an°, der Junge werde Lokomotivführer°, und geschieht es ihm, daß er aus Übermüdung nach zehn Stunden Dienst° . . . ein Signal überfährt und seinen Zug auf einen andern setzt°. Achtundzwanzig Tote°, neununddreißig Schwerverletzte°. Wie meinen Sie, er kann sich auf den Nebel° berufen°, sich auszureden° . . .? Ah, Sie kennen Ihr eigenes Land nicht! Es wird ihm alles nichts helfen . . . Gefängnis° von einem Monat bis zu drei Jahren . . ..

Let's assume / engineer
work
lets it collide / killed
seriously injured / fog
refer to / find an excuse
imprisonment

Als Arzt ist die Sache schon einfacher—eine Verurteilung° bei Kunstfehlern° ist nur auf Grund° von Gutachten° möglich, und ehe° da einer den anderen hineinreitet° . . . aber möglich ist's schon.

conviction / technical errors
basis / expert opinion / before
gets into trouble

Als Kaufmann° . . . bedenken° Sie bitte, was geschieht, wenn er in einem großen Betrieb° ernsthaft° patzt°. Ist er ein kleiner Angestellter°, fliegt er sofort hinaus°—ist er ein großer, so kann er sich zwar drehen und wenden°, aber die Börse° hat ein wirklich Gutes: sie ist . . . wunderbar verklatscht°, und wer dort einmal als unzuverlässig° ausgeschrien° wird, hat's sehr schwer . . ..

business man / consider
company / seriously / bungles / employee / gets fired / twist and turn
business world / gossipy
unreliable / branded

Überall also, liebe Frau, wird Ihr Junge . . . für das einstehen° müssen, was er angerichtet° hat. Das ist so im Leben . . .. Nur in einer einzigen Position nicht. Als Beamter . . ..

stand up for
done

Wenn ein Minister seine Aufgabe verfehlt° hat, Fehler auf Fehler gehäuft° hat, gelogen°, aber schlecht gelogen, so schlecht gelogen, daß nicht einmal das Gegenteil von dem wahr° war, was er sagte . . . dann geschieht was? Dann fährt er, liebe Frau, ins Ausland zur Erholung° . . ..

bungled / piled up
lied
true
vacation

Eher bricht sich einer, der auf einen Stuhl steigt, ein Bein, als daß einem deutschen Minister etwas passiert. Es ist der ungefährlichste und verantwortungsloseste Beruf der Welt. Liebe Frau, lassen Sie Ihren Sohn Beamten werden!

KURT TUCHOLSKY (gekürzt), in *Gesammelte Werke*

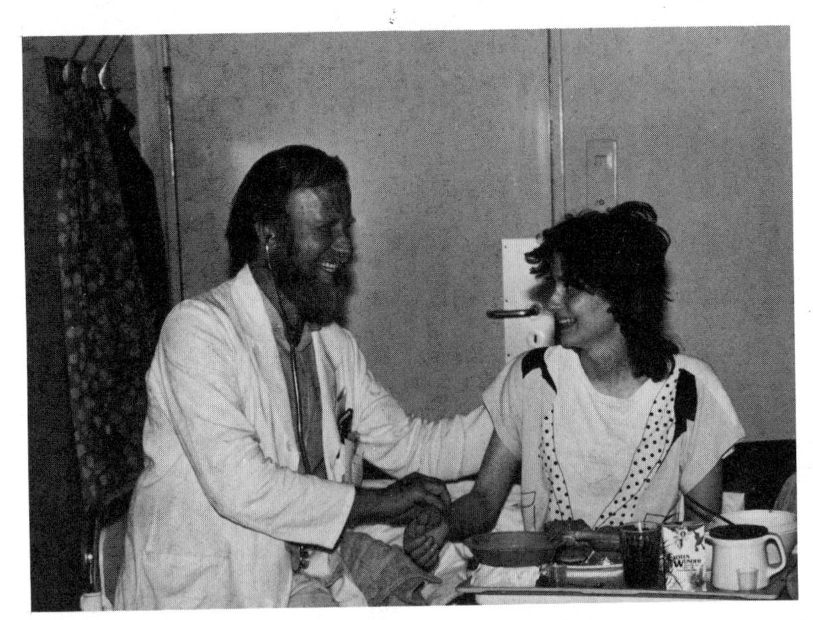

Beamten haben es gut.

Inhaltsfragen

1. Worüber sprechen der Herr und die Dame?
2. Was für ein Typ ist der Sohn?
3. Was passiert, wenn (a) ein Lokomotivführer wegen Übermüdung ein Zugunglück verursacht?, (b) ein Arzt einen Kunstfehler macht?, (c) ein kleiner Angestellter in einer großen Firma patzt?
4. Was geschieht überall im Leben, wenn man etwas anrichtet?
5. Was geschieht, wenn ein Minister seine Aufgabe verfehlt?
6. Was soll der Sohn werden? Warum?

Die zweite Stimme

„Ich habe mich beim Dolmetschen° befleißigt°, reines° und klares Deutsch zu geben. Es ist uns oft begegnet°, daß wir drei, vier Wochen lang ein einziges Wort gesucht haben, und haben es nicht gefunden." Das schreibt Martin Luther 1530 über seine Bibelübersetzung . . .. Er macht noch keinen Unterschied
5 zwischen einem Dolmetscher und einem Übersetzer. Heute unterscheidet sich der eine von dem anderen dadurch, daß der Übersetzer sich Zeit nehmen darf und muß, der Dolmetscher dagegen . . . keine Zeit hat, die er sich nehmen könnte . . ..

translating / tried / correct
happened

Dieser interessante Beruf verlangt° . . . gründliche° Sprachkentnis, ein
10 ausgezeichnetes Gedächtnis, große Flexibilität, stilistisches Gefühl und eine gute Allgemeinbildung . . ..

demands / thorough

Heute geschieht der Zugang° zu diesem Beruf nicht mehr „par accident", sondern an großen Dolmetscherschulen wie in Genf, Paris, Heidelberg oder Germersheim . . .. Die Studienzeit ist etwa fünf Semester für den Übersetzer
15 und sechs Semester für das Diplom des Dolmetschers. Was die Anzahl° der Sprachen anbetrifft°, so handelt es sich um° drei, wovon als erste die Muttersprache zählt, als zweite eine, die der Kandidat genauso fließend° wie seine Muttersprache spricht und als Nummer drei eine „passive" Sprache . . .. Für das Übersetzerdiplom braucht er fünf schriftliche° Prüfungen, darunter
20 einen Aufsatz in der Hauptsprache, die Übersetzung eines literarischen Textes in der zweiten Sprache und die Übersetzung eines technischen° Textes in der

entry
number
concerns / it's a matter of
fluently
written
technical

Beim Simultan-Dolmetschen in der Kabine

dritten Sprache. Die mündlichen° Prüfungen beschäftigen sich° mit der Geschichte, der Geographie, den politischen Institutionen und der Literatur des Landes, dessen Sprache man gewählt hat°. Hinzu kommen Fragen technischer, 25 juristischer°, wirtschaftlicher° oder soziologischer° Art° . . ..

Die „Krönung°" ist die Prüfung im Simultan-Dolmetschen . . .. Man empfiehlt dem Kandidaten, vierzehn Tage oder drei Wochen lang im Konferenzsaal zuzuhören. Nach diesem wird er sich mit der Kabine vertraut machen° . . .. Eine häufig° auftretende° Schwierigkeit ist die Angst des Dolmetschers, seine 30 Stimme° könnte die aus dem Kopfhörer° tönende° Originalsprache überdecken° . . .. Die Kabinen bei den Vereinten Nationen sind immer doppelt besetzt°. Man löst sich alle halbe Stunde ab° . . ..

oral / deal with

chosen

legal / economic / sociological / kind

climax

get acquainted

often / occurring

voice / headphone / coming out of

cover up / occupied

takes turns

BENNO SAAL, in *Westermanns Monatshefte*

Inhaltsfragen

1. Was ist der Unterschied zwischen einem Übersetzer und einem Dolmetscher?
2. Welche Fähigkeiten verlangt der Dolmetscherberuf?

3. Wo gibt es bekannte Dolmetscherschulen?
4. Wie lange braucht man, um Dolmetscher zu werden?
5. Wieviele Sprachen muß man dazu können?
6. Worüber wird man auch geprüft?
7. Warum sind bei den Vereinten Nationen die Kabinen immer doppelt besetzt?

Angst vor der Technik?

JOURNALIST: Haben Sie Angst vor der Technik?
BEFRAGTER: Nein, ich habe Angst vor den Menschen. Die Technik selber° — itself
wird den Menschen nie zum Sklaven° machen. Die Angst macht den — slave
Menschen zum Sklaven.
5 JOURNALIST: Es wird in Zukunft in der Industrie immer mehr Computer und
Automaten geben. Werden wir dadurch Arbeitsplätze verlieren?
BEFRAGTER: Ganz bestimmt. Aber es werden dadurch auch andere entstehen°. — come into being
Natürlich ändern sich auch die Arbeitsanforderungen°. — . . . demands
JOURNALIST: Zum Beispiel?
10 BEFRAGTER: Grips° muß man haben. Dazu gehören eine gute Ausbildung°, — brains / education
praktisches Können, Verantwortung und geistige° Belastung°. — mental / stress

Fragen

1. Wovor hat der Befragte mehr Angst, vor der Technik oder dem Menschen?
2. Was kann den Menschen zum Sklaven machen?
3. Was geschieht mit den Arbeitsplätzen, wenn es immer mehr Computer und Automaten gibt?
4. Was braucht man in der Zukunft, um eine gute Arbeitsstelle zu bekommen?

Das sollten Sie wissen

der Beruf, -e

Denken Sie daran, daß diese Berufe genauso für Frauen gelten. Wenn nicht anders angegeben, fügen Sie einfach die Endsilbe *-in* hinzu: der Künstler, die Künstler*in*. Wenn das Wort auf *-e* endet, fällt das *-e* vor *-in* weg: der Biolog*e*, die Biolog*in*.

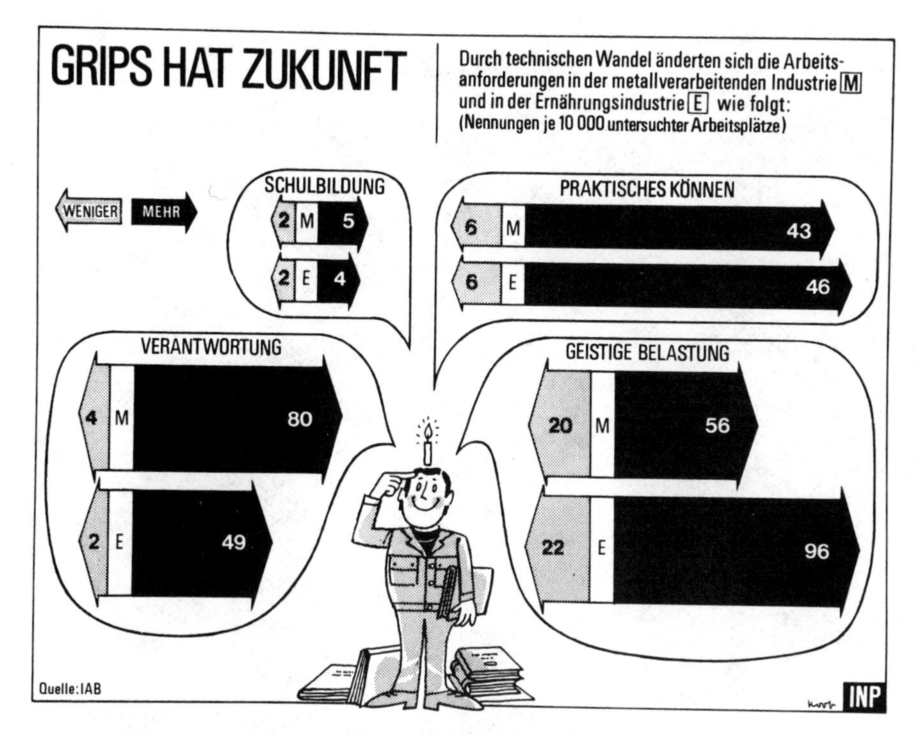

der Architekt, -en
Arzt, ⸚e
Zahnarzt, ⸚e
Diplomat, -en
Dirigent, -en
Dolmetscher, -
(Film)schauspieler, -
Geschäftsmann, -leute
Ingenieur, -e
Journalist, -en
Kindergärtner, -
Komponist, -en
Künstler, -
Musiker, -

der Pfarrer, -
Photograph, -en
Pilot, -en
Polizist, -en
Rechtsanwalt, ⸚e
Regisseur, -e
(Schlager)sänger, -
Schriftsteller, -
Wissenschaftler, -

die Ärztin, -nen
Geschäftsfrau, -en
Krankenschwester, -n
Rechtsanwältin, -nen
Sekretärin, -nen

die Stelle, -n

der Computer, -
Job, -s

das Angebot, -e
Einkommen
Gedächtnis ≠ die Konzentration
Interview, -s
Können

die Angst, ⸚e
Atmosphäre
Aufgabe, -n
Bedingung, -en
Beförderung
Fähigkeit, -en
Firma, Firmen
Kenntnis, -se
Möglichkeit, -en

die Qualifikation, -en
Sicherheit
Technik
Verantwortung
Zukunft

sich ändern
gewinnen—verlieren
übersetzen ≠ dolmetschen
vorwärts·kommen
werden

lukrativ
(un)gefährlich
(un)praktisch
(un)sicher
(un)verantwortlich

Polizist und Polizistin

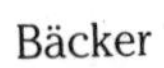
Bäcker

Postbotin

Friseur und Kundin

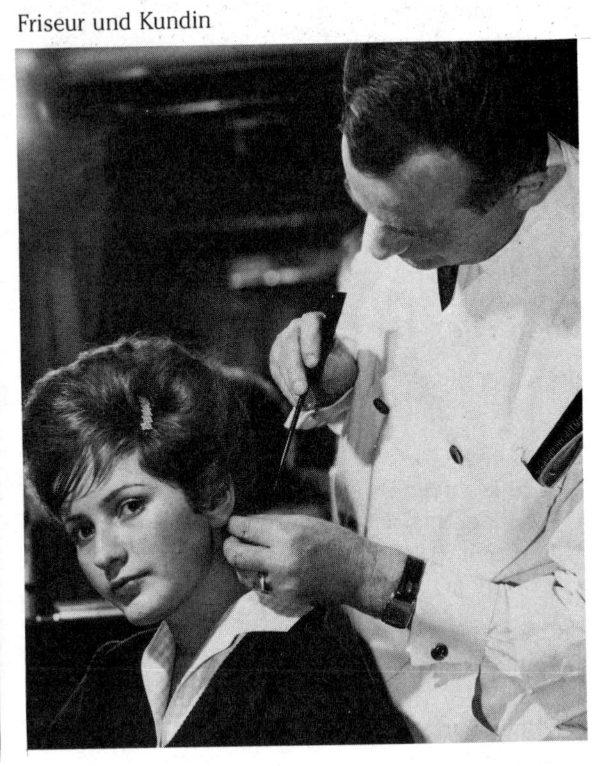

Passives Vokabular, falls Sie es brauchen oder sich dafür interessieren:

der Apotheker, - *(pharmacist),* Angestellte, -n *(employee),* Archäologe, -n, Bäcker, -, Beamte, -n, Biologe, -n, Boxer, -, Buchhalter, - *(accountant),* Chauffeur, -e, Chemiker, -, Dichter, - *(poet),* Elektriker, Feuerwehrmann, -leute *(fireman),* Fleischer, - *(butcher),* Friseur, -e, Fußballer, -, Gärtner, - *(gardener),* Geologe, -n, Glaser, -, Graphiker, -, Innenarchitekt, -en, Jurist, -en *(lawyer),* Juwelier, -e, Kaufmann, -leute *(business man),* Klempner, - *(plumber),* Koch, ⸚e, Krankenpfleger, - *(male nurse),* Landwirt, -e *(farmer),* Makler, - *(real estate agent),* Maler, - *(painter),* Manager, -, Mathematiker, -, Maurer, - *(bricklayer),* Mechaniker, -, Modeschöpfer, - *(couturier),* Optiker, -, Philosoph, -en, Physiker, -, Postbote, -n *(mailman),* Priester, -, Programmierer, -, Psychologe, -n, Schlosser, - *(locksmith),* Schornsteinfeger, - *(chimneysweep),* Schuster, - *(shoemaker),* Sekretär, -e, Soziologe, -n, Sportler, - *(sportsman),* Steward, -s, Techniker, -, Theologe, -n, Tischler, - *(carpenter),* Verkäufer, - *(salesman),* Versicherungsagent, -en *(insurance agent),* Vertreter, - *(representative);* die Friseuse, -n, Köchin, -nen, Stewardeß, -ssen

Wortschatzübung

1. Lesen Sie laut!

der Hals-Nasen-Ohren-Arzt; das Stellenangebot; die Arbeitsbedingung, Beförderungsmöglichkeit, Berufsqualifikation, Computertechnik, Fachkenntnis, Konzentrationsfähigkeit, Rechtsanwaltfirma, Zukunftsaufgabe

2. Wie heißen die . . .?

a. Hauptwörter

anbieten, aufgeben, befördern, dirigieren, dolmetschen, fähig sein, interviewen, kennen, komponieren, sich konzentrieren, möglich sein, musizieren, photographieren, qualifizieren, sichern

b. Verbformen

gewinnen, verlieren, vorwärtskommen, werden

c. Plurale

der Arzt, Geschäftsmann, Ingenieur, Schlagersänger; das Angebot; die Angst, Zahnärztin, Bedingung, Firma, Kenntnis, Möglichkeit, Rechtsanwältin, Sekretärin

3. Wenn ER . . . ist, was ist SIE?

Geschäftsmann, Kindergärtner, Polizist, Psychologe, Rechtsanwalt, Schauspieler, Sekretär, Steward, Theologe, Zahnarzt . . . (Wenn Sie wollen, können Sie mit dem passiven Vokabular weitermachen.)

4. Erklären Sie den Unterschied!

die Ärztin ≠ die Krankenschwester
die Architektin ≠ die Innenarchitektin
der Dirigent ≠ der Komponist

der Schauspieler ≠ der Filmschauspieler
die Journalistin ≠ die Schriftstellerin

5. Was ist typisch für diese Berufe? Was können Sie darüber aussagen?

z.B. Ärzte **Ärzte verdienen viel Geld.**
Journalisten **Journalisten sind viel unterwegs.**

Diplomaten, Dirigenten, Dolmetscher, Geschäftsfrauen, Kindergärtnerinnen, Krankenschwestern, Künstler, Pfarrer, Photographen, Piloten, Polizisten, Rechtsanwälte, Schauspieler, Schlagersänger, Sekretärinnen, Wissenschaftler . . . (Wenn Sie wollen, können Sie mit dem passiven Vokabular weitermachen.)

6. Was bin ich? Sagen Sie, was „Sie" tun, und die anderen müssen es erraten.

z.B. Ich stehe tagein tagaus vor einer Gruppe von Studenten, die mir zuhören sollten. Was bin ich?
ein Professor

7. Sprechen wir über die Bilder dieses Kapitels!

8. Nützliche Redewendungen

a. Lesen Sie bitte!

BERUFSBERATER: Zurück zu dem, was Sie vorhin gesagt haben.° Es ist mir nicht ganz klar,° ob Ihr Sohn immer so ist.
DAME: Das ist schwer zu sagen.°
BERUFSBERATER: Das Problem liegt darin°: Als Kaufmann braucht er Entschlußkraft und als Arzt Verantwortung.
DAME: Ja, ja.
BERUFSBERATER: Ich vermute°, daß er beides nicht hat.

Back to what you said a little while ago. / I'm not quite sure
That's hard to say.
The problem is . . .
I suppose . . .

Bankangestellte

DAME: Und wenn das so wäre?
BERUFSBERATER: Tja, dann lassen Sie ihn doch Beamten werden!
DAME: Wie kommen Sie darauf?°
BERUFSBERATER: Nun, da trägt er die Verantwortung, aber da hat er keine.

What makes you think that?

Zurück zu dem, was Sie vorhin gesagt haben. / Es ist mir nicht ganz klar . . . / Das ist schwer zu sagen. / Das Problem liegt darin . . . / Ja, ja. / Ich vermute daß, . . . / Wie kommen Sie darauf?

b. Was meinen Sie?

BERUFSBERATER(IN): Zurück zu dem, was sie vorhin gesagt haben. Es ist mir nicht ganz klar, wo Ihre Interessen liegen.
TEENAGER: . . .
BERUFSBERATER(IN): Das Problem liegt darin: Als Lehrer brauchen Sie . . .
TEENAGER: . . .
BERUFSBERATER(IN): Ich vermute, daß Sie als . . . glücklicher wären.
TEENAGER: Wie kommen Sie darauf?
BERUFSBERATER(IN): . . .

Gespräche und Diskussionen

1. Welche Berufe sind am (a) lukrativsten, (b) sichersten, (c) gefährlichsten, (d) selbstlosesten, (e) künstlerischsten? Stellen Sie gemeinsam eine Liste auf!
2. Sie wissen nicht, was Sie werden wollen, und gehen daher zu einer Berufsberatung. In dem Interview werden Ihnen viele Fragen gestellt (Name, Alter, Adresse, Telefonnummer, Ausbildung, besondere Interessen . . .). Dann macht man Ihnen verschiedene Vorschläge. Wie reagieren Sie darauf?
3. Sie sitzen am Eßtisch und besprechen Ihre Zukunftspläne mit der ganzen Familie. Während Sie lieber arm und frei sein wollen, denken die andern in Ihrer Familie an Berufe mit Prestige und gutem Einkommen.
4. Was wollen Sie einmal werden? Warum? Haben Ihre Eltern etwas mit dieser Wahl zu tun? Welche Ausbildung brauchen Sie dafür? Wie lange müssen Sie noch studieren?
5. Was halten Sie von Tucholskys Interpretation eines Beamten? Inwiefern stimmen Sie damit (nicht) überein?
6. Sie wollen ein Haus bauen. Wen brauchen Sie da und wozu?
7. Stehen Freizeit und Arbeit im richtigen Verhältnis zueinander? Wäre es nicht vernünftiger, den Arbeitnehmer frei entscheiden zu lassen, wann er zu arbeiten beginnt und wann er aufhört? Was für Arbeitszeiten gibt es in den meisten Berufen? Wo gibt es mehr Flexibilität?
8. Welche Qualitäten sähen Sie gern bei einem (oder einer) (a) Verkäufer(in), (b) Lehrer(in), (c) Krankenpfleger (Krankenschwester), (d) Arzt (Ärztin), (e) Rechtsanwalt (Rechtsanwältin), (f) Pfarrer(in), (g) Chef(in)? Stellen Sie eine Liste auf!
9. Haben Sie Angst vor der Technik? Warum (nicht)? Was verstehen Sie unter einer guten Ausbildung? Wie werden Sie sicherstellen, daß Sie immer eine gute Arbeit finden?
10. Für und wider Fremdsprachen. Lohnt es sich, eine oder mehrere Fremdsprachen zu lernen? Bitte lesen Sie die folgenden Argumente, und geben Sie dann Ihre eigene Meinung! Welche Sprache(n) würden Sie andern empfehlen und warum?

Pro:

- Je mehr Fremdsprachen einer kann, desto mehr fremde Menschen, fremde Länder kann er verstehen.

Contra:

- Wer zu viele Sprachen lernt, kann am Ende keine richtig. Man sollte lieber die Muttersprache gut lernen.

- Jede neue Sprache eröffnet den Zugang zu einer neuen Literatur, zu einer neuen Welt.
- Reisen in fremde Länder haben nur dann richtig Sinn, wenn man sich mit den Leuten dort auch unterhalten kann.
- Fremdsprachen gehören genauso wie Geschichte und Geographie zur Allgemeinbildung.
- Sie sind hilfreich in vielen Berufen, in manchen sogar unbedingt nötig.

- Es gibt Übersetzungen. Warum den Übersetzern die Arbeit wegnehmen?
- Für das bißchen Reisen, was die meisten tun, ist das Lernen einer Fremdsprache zu viel Arbeit.
- Die wahre Weltsprache von morgen wird die der Computer sein.
- Wenn ich Englisch kann, brauche ich keine andere Sprache.

11. Was bedeuten diese Sprichwörter?
    - Übung macht den Meister.
    - Erst die Arbeit, dann das Vergnügen.
    - Mancher hat mehr Glück als Verstand.

Aufsätze

1. Meine Berufswahl.
2. . . . sollte man sein!
3. Die Zukunft und der Computer.
4. Benutzen Sie eins der oben genannten Sprichwörter als Titel!

KAPITEL 13

Gleichberechtigung

Ach, wenn ich doch als Mann auf die Welt gekommen wär!

	Ach, wenn ich doch als Mann auf diese Welt gekommen wär,	
	da wär ich besser dran° und wüßte, wie sie sind,	be better off
	und alles, was ich machte, wär sicher halb so schwer,	
	und von der Liebe kriegte° dann der andere das Kind.	would get
5	Ich hätte monatlich nur mehr° finanzielle Sorgen°,	only / worries
	beim Tanzen könnt ich einfach fragen: Tanzen Sie?	
	Und würde ich mal wach° mit einem Schmerz im Kopf am Morgen,	wake up
	würd es nicht heißen: Deine Migräne, Liebling°, das ist Hysterie.	honey
	Und wenn mir auf der Straße irgendwer gefiele,	
10	da ging ich ran° und würde ein Gespräch beginnen,	walk up
	und keiner hätte da so komische° Gefühle,	strange
	daß ich 'ne Frau bin: Mensch, die Olle° muß doch spinnen°.	old lady / be crazy
	Ich könnte mich allein in jede Kneipe° setzen,	bar
	kein Mensch würd in mir leichte Beute° sehen	catch
15	und mich mit widerlichen° Blicken hetzen°,	disgusting / haunt
	ich könnte ungeschorn° an jeder Ecke stehn.	undisturbed
	Ich dürfte auf der Straße seelenruhig° rauchen°,	quietly / smoke
	kein giftiger° Blick von Damen würd mich streifen°,	poisonous / cast upon me
	das kann man doch zur Männlichkeit° gebrauchen	manliness
20	und alle Damen würden das begreifen°.	understand
	Beim Singen würde jeder auf die Worte hören,	
	kein Blick auf meine Beine oder Brust°,	breasts
	den Hörer würd nicht der Gedanke stören°:	bother
	Na, könntste mit der Alten oder hättste keene Lust°?	wouldn't you feel like it?
25	Und dann, wenn ich mal furchtbar nötig müßte°,	go to the bathroom
	vorausgesetzt°, daß es schon dunkel ist,	provided
	da hätt ich heimlich°, wenn das jemand wüßte,	secretly
	ganz schnell an irgendeinen Baum gepißt°.	peed
	Zu Hause würd ich stets das meiste Essen kriegen°,	get
30	ach Mensch, ich wünsch mir so, ein Mann zu sein,	
	und auch im Bett da dürft ich immer oben liegen	
	und keiner sagte: Kommse°, ich helf se° in den Mantel rein.	come / you (Berlin dial.)
	Das ist mir immer peinlich°, weil ich das alleine kann,	embarrassing
	und Feuer geb ich selber furchtbar gern,	
35	und Türaufhalten° dürfte ich als Mann,	open doors
	und müßt mich nich bedanken bei dem Herrn.	

Und schließlich würd ich alle jene mal verprügeln°, — beat up
die ihre Kinder mit in Kneipen zerrn°, — drag along
ich würd ihn' ordentlich eins überbügeln°, — teach them a lesson
40 wenn die besoffen° lalln°, sie hätten Kinder gern. — drunken / mumble

Das, was ich denk und sage, würde ernst genommen,
weil niemand dächte, daß ein Weib nicht denken kann,
und wär ich mit dem Auto mal zu Fall gekommen°, — had an accident
hieß es nicht gleich: Laßt doch die Weiber nicht ans Steuer° ran. — steering wheel

45 Ich hab genug von diesem kleinen Unterschied,
ich will das gleiche machen wie der Mann,
will, daß man einen Menschen in mir sieht
und daß ich wirklich gleichberechtigt walten° kann. — do what I please

Ach Gott, da müßte ich ja schließlich° auch zur Volksarmee°. — ultimately / GDR army
50 Na, denn lieber nee°? — not
Oder doch?
Und dann die kurzen Haare!
Na wärn ja bloß° anderthalb° Jahre! — only / 1 1/2

BETTINA WEGENER, in *Wenn meine Lieder nicht mehr stimmen*

Inhaltsfragen

1. Was wünscht sich die Autorin?
2. Wer würde dann die Kinder bekommen?
3. Als Frau hat sie viele Sorgen, was für Sorgen hätte sie nur als Mann?
4. Als was würden ihre morgendlichen Kopfschmerzen nicht interpretiert?
5. Was könnte sie tun, wenn ihr jemand auf der Straße gefiele?
6. Wohin könnte sie sich allein setzen?
7. Wie ginge es ihr beim Essen?
8. Was würde sie viel lieber selber tun?
9. Was denken viele Männer von Frauen hinterm Steuer?
10. Was sollen die andern in ihr sehen?
11. Was hält sie von dem Gedanken, daß sie dann auch zur Armee müßte?
12. Woher wissen wir, daß Bettina Wegener aus der DDR ist?

Karriere oder Kochtopf?

Zwar° denken die meisten berufstätigen Mütter, daß sich Beruf und Familie gut miteinander verbinden lassen; zwar sehen die meisten Männer mehr Vorteile als Nachteile in der Berufstätigkeit ihrer Frau; und selbst die Kinder finden es meistens gut, daß ihre Mutter arbeitet. Trotzdem° antworten bei allgemeinen 5 Umfragen° nach der Kombination von Mutterrolle und Beruf die Mehrzahl der Männer, daß Mütter besser zu Hause bleiben sollten. Und das mit Recht, denn das Chaos, das Familien mit berufstätigen Müttern erleben°, ist erschreckend°.

although / nevertheless / surveys / experience / shocking

Leider ist die Zeit der Kindermädchen° und hilfreichen Omas° vorbei°. Obwohl sicherlich viele Mütter glücklicher wären, wenn sie Karriere und Kochtopf° 10 verbinden könnten, werden sie sich noch eine Weile mit „Kindern, Küche und Kirche" begnügen° müssen. Erst wenn° auch dem Mann mehr Teilzeitstellen offen stehen, die es ihm erlauben, seinen Teil für Kinder und Haushalt zu tun, wäre ein echter° Rollentausch denkbar. Erst dann wären „Kinder, Karriere und Konto°" zu verbinden. Männer, die das aber wirklich wollen, sind selten. Daher 15 heißt es für die meisten Frauen auch weiterhin „Kochtopf"!

nannies / grandmas / over / saucepan / be satisfied / only when / genuine / bank account

Mehr Hände müßte man haben!

Beim Kochen

Inhaltsfragen

1. Um welches Problem geht es hier?
2. Wie finden es die Kinder, wenn ihre Mutter arbeitet?
3. Was denkt die Mehrzahl der Männer über die Kombination von Familie und Beruf?
4. Womit werden sich die meisten Mütter begnügen müssen?
5. Wann wäre ein Rollentausch denkbar?
6. Woran zweifelt die Autorin?

Die Frau

Oft wird von ihnen mehr verlangt als den Männern . . .. Im Durchschnitt muß eine berufstätige Mutter 60 bis 70 Stunden pro Woche arbeiten—im Beruf und zu Hause.

Die Selbstverwirklichung°, die sich moderne Frauen vom Beruf erhoffen, ist nur
5 schwer zu erreichen. Frauen werden weniger Stellen angeboten, sie sind schneller und öfter arbeitslos als die Männer, sie haben auch weniger Berufe zur Auswahl°. Führungspositionen° sind meistens fest in Männerhand, weil Frauen kaum Gelegenheit haben, sich ganz auf den Beruf zu konzentrieren.

self-realization
to choose from / top . . .

Das Problem ist überall spürbar°, zum Beispiel in einer großen Computerfirma
10 in Paderborn°: Viele Frauen arbeiten hier—am Fließband°, an dem Computer hergestellt° werden. Bei den Vorstandssitzungen° aber sind die Herren unter sich°. Nur Männer entscheiden, was zu tun ist.

noticeable
Nixdorf Computers / assembly line
manufactured / board meetings / among themselves

Dabei haben es die Frauen schon seit 36 Jahren schwarz auf weiß: Das Grundgesetz° garantiert die Gleichberechtigung von Mann und Frau, und das
15 gilt auch im Berufsleben. Trotzdem verdient eine Arbeiterin in der Industrie im

basic law

„Also schön, wenn du in diesem Jahr Direktor wirst, bekommst du eine Geschirrspülmaschine!"

Durchschnitt in der Stunde etwa fünf Mark weniger als ihr männlicher Kollege . . .. Offiziell° natürlich ist die Bezahlung für Frau und Mann gleich. Frauen, die für die gleiche Arbeit schlechter bezahlt werden als die Männer, können mit besten Chancen vor Gericht gehen. Aber auf dem Gehaltszettel° wirkt sich aus°, daß sich Frauen in erster Linie° um die Familie zu kümmern° haben. Daher bringen sie es auf eine kürzere Wochenarbeitszeit und auf weniger Überstunden . . .. Sie haben im Durchschnitt eine geringere Anzahl an Berufsjahren und sind auch nur selten in der höchsten tarifmäßigen° Alterstufe° zu finden . . ..

officially / pay check / shows / first of all / take care of / paid / . . . bracket

Immerhin°: Fragen dieser Art sind im Gespräch.

nevertheless

WIEBKE FEY, in *Scala*

Inhaltsfragen

1. Wieso hat es die berufstätige Frau meist schwerer als der Mann?
2. Was erhofft sich die moderne Frau vom Beruf?
3. Was garantiert ihr das Grundgesetz?
4. Wer hält die meisten Führungspositionen?
5. Geben Sie drei Beispiele, wo die Frau realistisch gesehen nicht gleichberechtigt ist!
6. Worum müssen sich viele Frauen in erster Linie kümmern?
7. Welcher Artikel ist positiver, der des Realisten oder der von Wiebke Fey? Warum?

Das sollten Sie wissen

die Gleichberechtigung

der Haushalt, -e
Kollege, -n
Schutz
Tausch
Umstand, ⸚e

das Gericht, -e
Geschlecht, -er
Gesetz, -e ≠ Recht, -e

die Anzahl ≠ Mehrzahl
Bezahlung
Gelegenheit, -en = Chance, -n
Hausfrau, -en — der Hausmann, ⸚er
Idee, -n
Jugend — das Alter
Karriere, -n
Kollegin, -nen

die Kombination, -en
Kosten *(pl.)*
Rolle, -n
Tätigkeit, -en
Überstunde, -n

behandeln
behaupten
erfüllen
(sich) erhoffen
erreichen
garantieren
gelten
kombinieren
lösen
teilen
verbinden
verdienen

arbeitslos
benachteiligt
berufstätig
finanziell
gering = wenig
gleich ≠ gleichberechtigt
teilzeitig — vollzeitig

gleich = sofort
im Durchschnitt
im allgemeinen
kaum
pro Woche
selbst = sogar
sicherlich

Wortschatzübung

1. Lesen Sie laut!

der Rollentausch; das Durchschnittsalter, Jugendschutzgesetz; die Gerichtskosten, Geschäftskollegin, Gleichberechtigungsidee, Haushaltstätigkeit, Kombinationsfrage, Überstundenanzahl

2. Wie heißen . . .?

a. Verben

der Verdienst; die Behandlung, Garantie, Hoffnung, Kombination

b. Plurale

der Hausmann, Kollege, Umstand; das Geschlecht, Gesetz, Recht; die Gelegenheit, Hausfrau, Idee, Karriere, Kollegin

3. Was ist das Gegenteil?

das Alter; teilzeitig, ungleich, viel, weiblich

4. Sagen Sie es anders!

z.B. Sie ist *ohne Arbeit.* **Sie ist arbeitslos.**

Ich würde gern nur *einen Teil der Zeit* arbeiten.
Mit kleinen Kindern ist es schwer, *im Beruf zu sein.*
Frauen sollten *gleiche Rechte haben.*
Findest du, daß du gegenüber deinen Kollegen *Nachteile hast?*
Wieviele Stunden arbeitet ihr *in der Woche?*
Meistens komme ich erst gegen sechs nach Hause.
Die meisten Frauen verdienen weniger.
Bestimmt hat das mit der geringeren Anzahl von Überstunden zu tun.
Mit Familie haben wir einfach nicht dieselben *Gelegenheiten.*
Darum fühle ich mich *nicht gerecht* behandelt.
Einen Moment, ich komme *sofort* wieder!

5. Wie definieren Sie das

der Haushalt, Hausmann, Tausch; das Geschlecht; die Gleichberechtigung, Tätigkeit; behaupten, sich erhoffen

6. Wie geht's weiter?

Sie behauptet immer, daß . . .
Wenn Kinder jeden Wunsch erfüllt bekommen, . . .
Ich erhoffe mir von diesem Kurs . . .
Ich garantiere dir, daß . . .
Das gilt . . .
Studieren und . . . kann man . . . kombinieren.
Das Durchschnittsalter . . .
Im allgemeinen . . .
Ich habe kaum . . .
Wenn ich die Gelegenheit hätte . . ., . . .
Wenn ich . . . nichts erreiche, . . .
Wenn ich als Mann/Frau auf die Welt gekommen wäre, . . .

7. Wie sieht/sah es mit der Gleichberechtigung bei Ihnen zu Hause aus? Wenn jede Arbeit einen Punkt bekommt, wieviele Punkte bekommen (a) Sie, (b) Ihr Vater, (c) Ihre Mutter, (d) Ihr Partner oder Ihr Zimmerkollege?

Tisch decken und abdecken
Frühstück machen
abwaschen und abtrocknen (oder das Geschirr in die Spülmaschine tun und wieder wegtun)
Betten machen
aufräumen *(clean up)*
Fenster putzen
Badezimmer putzen
Schuhe putzen
staubsaugen *(vacuum)*
Staub wischen *(dust)*
Mülleimer leeren *(empty the garbage)*
Wäsche waschen
bügeln *(iron)*
nähen
Auto waschen
Auto wachsen *(wax)*
einkaufen
kochen
backen
Hauspflanzen wässern
Rasen mähen
Unkraut rupfen *(pick weeds)*
Sachen reparieren
Haus streichen *(paint)*
Rechnungen bezahlen
Briefe an die Verwandten schreiben

8. Sprechen wir über die Bilder dieses Kapitels!

9. Nützliche Redewendungen

a. Lesen Sie bitte!

BARBARA: Die Sache ist die° — Viele Männer wollen gar nicht, daß ihre Frau arbeitet. — The fact is . . .
MARIANNE: Das liegt vor allem daran, daß° sie es von zu Hause nicht anders gewöhnt° sind. — That's because . . . / used
BARBARA: Das ist alles ganz schön und gut°, aber die Zeiten haben sich geändert. — That's fine and dandy.
CHARLOTTE: Aber zurück zur Sache° —nimmst du die Stelle an? — back to the issue
BARBARA: Ach, ich weiß nicht.
MARIANNE: Eins ist sicher°, das ist ein tolles Angebot. — One thing is sure . . .
CHARLOTTE: Ich bin überzeugt°, daß dir das Spaß machen würde. — convinced
BARBARA: Mal sehen!° — Let's wait and see.

Die Sache ist die . . . / Das liegt vor allem daran, daß . . . / Das ist alles ganz schön und gut, aber . . . / Zurück zur Sache. / Eins ist sicher, . . . / Ich bin überzeugt, daß . . . / Mal sehen!

b. Was meinst du?

MANN: Die Sache ist die—entweder . . . oder . . .
FRAU: Wie wär's wenn . . .?
MANN: Das ist alles ganz schön und gut, aber . . .
FRAU: Warum bist du so gegen . . .?
MANN: Das liegt daran, daß . . .
FRAU: Ja, aber eins ist sicher, . . .
MANN: Ich bin überzeugt, daß . . .
FRAU: . . .

Gespräche und Diskussionen

1. Sie treffen sich mit ein paar ausländischen Studenten, die Sie, die Amerikaner, des Matriarchats beschuldigen. Sie behaupten, daß die Männer in Amerika „Pantoffelhelden" sind und die Frau „die Hosen trägt".
2. Besprechen Sie in Ihrer Familie die Möglichkeit des Rollentauschs zwischen Mann und Frau! Während Ihre Mutter sich zu Hause eingeengt fühlt und lieber ihrer Karriere nachgehen würde, möchte Ihr Vater lieber zu Hause sein und den Haushalt führen. Was ist dabei zu bedenken? Wie reagieren Sie alle darauf? Welche Pflichten müßten neu verteilt werden? Gibt es einen Mittelweg, Karriere und Kochtopf zu verbinden?
3. In welchen Berufen findet man (a) mehr Männer, (b) mehr Frauen? Was für Gründe gibt es dafür? Stellen Sie gemeinsam eine Liste an der Tafel auf! Was halten Sie von einer Frau als (a) Präsidentin, (b) Pfarrerin, (c) Polizistin, (d) Pilotin?
4. Wie sieht das mit der Gleichberechtigung (a) in Ihrer eigenen Familie, (b) an der Uni, (c) in der Gesellschaft im allgemeinen aus? Wo bemerkt man Unterschiede? Was für Regeln gibt es (z.B. Wer hält wem die Tür auf? Wer bezahlt im Restaurant? Wer stellt wen zuerst vor? . . .) Was finden Sie dabei gut und was schlecht? Was ist Ihnen egal?
5. Welche modischen Attribute hat der Besitz eines schnellen Autos? Würden Sie beim anderen Geschlecht genauso große Chancen (a) ohne Auto, (b) mit einem Motorrad, (c) mit einem Fahrrad haben? Was sagt das über das andere Geschlecht oder unsre Gesellschaft aus?
6. Was für stereotype Ideen gibt es bei (a) Männern, (b) Frauen? (z.B. Frauen sind unlogisch . . .) Was halten Sie davon? Wie weit sollte Ihrer Meinung nach die Gleichberechtigung zwischen Mann und Frau gehen?
7. Halten Sie sich an die Mode? Warum (nicht)? Wie finden Sie es, (a) wenn Frauen oder Männer ihre Haare färben, (b) wenn ältere Leute unbedingt jung aussehen wollen?

8. Gleichberechtigung von Jugend und Alter. Wie lange sollten ältere Menschen im Beruf sein? Sind ältere Menschen weniger effektiv als junge? Welche Probleme treten auf? Wie kann man sie lösen?
9. Wer hat es besser? Lesen Sie die folgenden Argumente für und wider die Benachteiligung der Frau, und geben Sie dann Ihre eigene Meinung!

Pro:

- Ein Mann mit fünfzig kann immer noch eine junge Frau nehmen. Für eine Frau mit fünfzig sieht's schlecht aus.
- Frauen haben es schwerer, einen Beruf und einen Arbeitsplatz zu finden.
- Unter Frauen gibt es mehr Arbeitslosigkeit.
- Ist die Frau neben Hausfrau und Mutter auch noch berufstätig, bedeutet das eine Siebzig-Stunden-Woche. Ist sie nicht im Beruf, dann ist sie finanziell abhängig.

Contra:

- Ein dummer Mann ist hoffnungslos, eine dumme Frau kann immer noch schön sein.
- Mit Charme kommen junge Frauen in vielen Arbeitssituationen weiter. Sie werden von normalen Männern, seien es Polizisten oder Professoren, besser behandelt.
- Die meisten Männer müssen arbeiten, viele Frauen nicht.
- Frauen sollten einen Beruf haben oder das Einkommen des Mannes selbstverständlich teilen. Wenn nötig, muß das schriftlich festgelegt werden.

10. Was bedeuten diese Sprichwörter?
    - Wenn die Katze aus dem Haus ist, tanzen die Mäuse.
    - Kleider machen Leute.
    - Wer A sagt, muß auch B sagen.

Aufsätze

1. Die Frau/der Mann hat es gut!
2. Karriere oder Kochtopf?
3. Ach, wenn ich doch als . . . auf die Welt gekommen wäre!
4. Benutzen Sie eins der oben genannten Sprichwörter als Titel!

KAPITEL 14

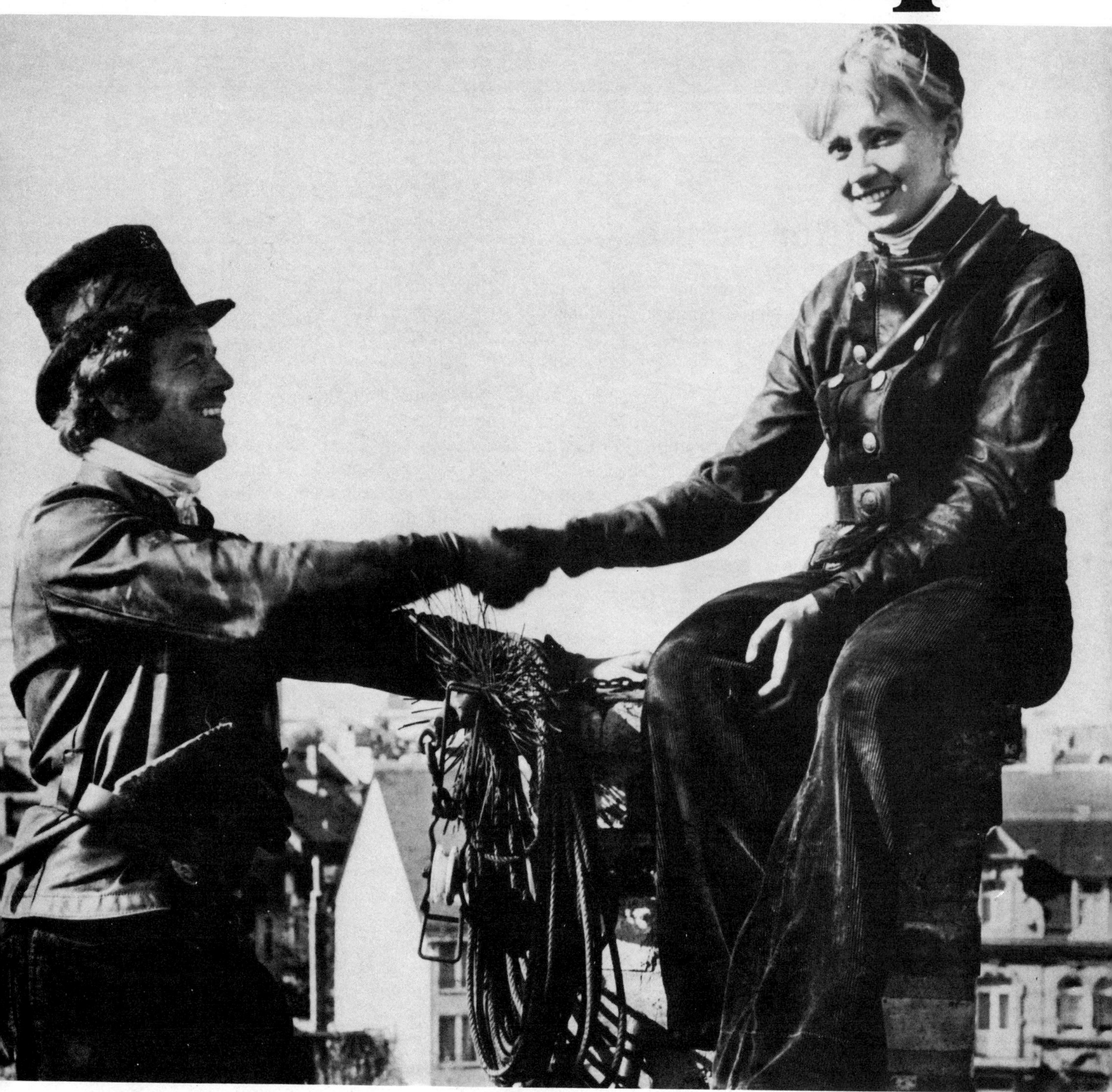

Hokuspokus

Der Ziffer Rache

Ein Kurgast in einer Gebirgssommerfrische°, immer geneigt°, dem Schwarm° zu entfliehen°, entdeckt° eine verborgene° Bank unter allerlei° Büschen und Bäumen, hat jedoch allen Grund zu der Befürchtung°, auch dort gestört zu werden. Er malt daher klug° eine große Dreizehn auf ihre Lehne°.

5 Tagelang genießt° er so . . . die Frucht seiner Klugheit—bis er eines Tages die Bank besetzt findet. Eine junge Schauspielerin sitzt darauf, entzückt°, die Ziffer°, die ihr Geburtstag, ihr Konfirmationstag, ihr erstes Liebesrendezvous, ihr erster Engagementstag°, ihr erster Erfolg—kurz, die jeder ihrer Glückstage trägt, auch hier an diesem schönen Orte in so reizender° Umgebung wiederzufinden. 10 Überrascht will der unglückliche Spieler zurücktreten°, aber die anmutige° Dame lädt ihn zum Bleiben ein und wird noch am selben Tage—das Unglück seines Lebens.

mountain resort / inclined / crowd / escape / discovers / hidden / all sorts of
fear
cleverly / back (of bench)
enjoys
delighted
number
day on stage
lovely
step back / charming

CHRISTIAN MORGENSTERN, in *Egon und Emilie*

Inhaltsfragen

1. Wo entdeckt der Kurgast eine ruhige Bank?
2. Wie glaubt er, sich die Bank zu sichern?
3. Wer sitzt eines Tages darauf?
4. Warum ist die Dame so entzückt von der Ziffer 13?
5. Warum ist sie für ihn eine Pechzahl?

Ihr Horoskop: Die Sterne lügen nicht

WASSERMANN Für bestimmte Entwicklungen° bedeutet diese Woche einen Einschnitt°, der schmerzhaft° sein kann. Nach Sensationen und Erfüllung utopischer Wünsche brauchen Sie jetzt nicht zu suchen. Alltägliches beherrscht° das Feld.

developments
upheaval / painful
controls

21. 1. - 20. 2.

FISCHE Versuchen Sie, den Motiven und verborgenen° Gedanken Ihrer Gesprächspartner auf die Spur zu kommen°. Damit können Sie alte Wünsche verwirklichen.

hidden
find out

21. 2. - 20. 3.

WIDDER Einige Wolken haben Ihr Zukunftsbild etwas verdunkelt. Lassen Sie die Zeit für sich arbeiten. Sie bringt frischen Wind. Kurzes Glück, doch zerrinnt° Ihnen das Geld zwischen den Fingern.

dissolves

21. 3. - 20. 4.

STIER Als Einzelgänger erreichen Sie weniger als in der Teamarbeit. Wappnen° Sie sich mit all Ihrem Charme, dann werden auch die Argumente auf der Gegenseite fallen! Hohe gesellschaftliche Aktivität.

arm

21. 4. - 21. 5.

ZWILLINGE Sicherlich spielt ein Gegenüber nicht mit offenen Karten. Sie brauchen jetzt viel Geduld° und gute Nerven. Und doch wäre nichts falscher als aufzugeben. Glück in der Liebe.

patience

22. 5. - 21. 6.

KREBS Suchen Sie nicht dort nach Hintergedanken, wo zur Zeit keine sind. Ein herzliches Verhältnis° könnte dadurch gestört werden. Wichtiger ist größeres Interesse für den Beruf.

relationship

22. 6. - 23. 7.

LÖWE Auch wenn Sie gern aus der Haut fahren° möchten: Tun Sie's nicht! Nur mit Selbstbeherrschung° finden Sie jene Argumente, die überzeugen° können. Nur ruhig Blut° und etwas im Hintergrund° bleiben.

get mad
self-control
convince / stay calm
background

24. 7. - 23. 8.

JUNGFRAU Ihre Mitmenschen verdienen nicht nur kritische Augen, sondern auch Liebe. An Plänen fehlt es Ihnen nicht. Nur schade, daß sie nicht durchzuführen° sind.

can't be carried out

24. 8. - 23. 9.

WAAGE Sie profitieren viel von den Ideen Ihrer Mitmenschen. Selbst wenn Sie manchmal etwas unvorsichtig° sind. Fortuna bleibt Ihnen treu. Ein Wiedersehen bringt Harmonie. Amor ist nicht taub°.

(act) rashly
deaf

24. 9. – 23. 10.

SKORPION Ein neues Gefühl der Sicherheit. Die äußeren Bedingungen arbeiten Ihnen wieder einmal in die Hände°. Die Hoffnung grünt und läßt Ihr Herz höher° schlagen°. Von Bewunderung° umgeben. Sie dürfen zufrieden sein.

help
faster / beat / admiration

24. 10. – 22. 11.

SCHÜTZE Ihr Verlangen nach Geselligkeit° sollte sich jetzt auf kleinere Veranstaltungen° beschränken°. Größere Pläne bringen manchmal unerwartete° Komplikationen mit sich. Mancher findet sich im Zustand° innerer Unruhe. Ein Zeichen, daß Neues im Werden ist°.

desire for companionship
events / limit
unexpected
condition
is about to come

23. 11. – 22. 12.

STEINBOCK Alles dreht sich um° die Wünsche und Ahnungen° des Herzens. Beim Arbeiten konzentieren Sie sich oft nicht, was Ihnen einen Tadel° einbringen könnte. Nahezu unvergeßliche Erlebnisse. Diese Woche beenden Sie mit vollen Taschen und einem Glücksgefühl.

pivots around / presentiments
reprimand

23. 12. – 20. 1.

Inhaltsfragen

1. Wie heißen die zwölf Sternbilder?
2. Unter welchem Stern sind Sie geboren, oder besser, was sind Sie?
3. Was sagt Ihr Horoskop, und was halten Sie davon? Ist alles Quatsch, oder stimmt einiges davon?

Unerschöpfliches Thema: Osterinseln

Auf fast allen bewohnbaren Südsee-Inseln liegen Reste unbekannter gewaltiger° Kulturen. Überbleibsel° einer völlig unbegreiflichen°, doch sehr hohen Technik starren den Besucher geheimnisvoll entgegen und reizen° zu Spekulationen. So auch die Osterinseln° . . ..

mighty
remnants / incredible
arouse
see Thor Heyerdahl's *Aku Aku*

5 Niemand konnte einen Hinweis° dafür erbringen, mit welchem technischen Raffinement die Steinblöcke aus der harten Lava gelöst° wurden. Niemand konnte bisher erklären, warum die Polynesier (wenn sie die Schöpfer° waren) den Gesichtern Formen und Ausdrücke° gaben, für die sie auf der Insel keinerlei Vorbild° hatten: lange Nasen—zusammengekniffene° schmallippige
10 Münder—tiefliegende Augen—niedrige Stirnen° . . ..

explanation
detached
creators
expressions
model / pinched
low foreheads

Hier unsere scheinbar° „utopische" Erklärung: Eine Gruppe intelligenter Wesen° wurde durch einen „technischen Zwischenfall°" auf die Osterinseln verschlagen°. Die „Gestrandeten" hatten ein großes Wissen, hochentwickelte Waffen° und eine uns unbekannte Steinbearbeitungsmethode, von der es viele

apparent / beings
incident
stranded
weapons

Steingiganten auf den Osterinseln

15 Beispiele rund um den Globus° gibt . . .. Vielleicht um den Einheimischen° eine bleibende Erinnerung° an ihre Anwesenheit° zu hinterlassen, vielleicht aber auch, um den Freunden, die nach ihnen suchten, Zeichen zu geben, brachen die Fremden dann eines Tages eine Kolossalstatue aus dem Vulkangestein heraus. Weitere Steingiganten° folgten, die sie auf steinerne 20 Podeste° entlang der Küste aufstellten, sodaß sie weithin sichtbar° waren. Bis dann eines Tages—unangemeldet° und plötzlich—die Rettung° da war. Da standen nun die Insulaner° vor einer Rumpelkammer° begonnener oder halbfertiger Figuren. Sie hämmerten jahrein jahraus mit Faustkeilen° auf die unfertigen Modelle ein . . .. Schließlich gaben die sorglos° in den Tag 25 hineinlebenden Inselbewohner . . . auf.

globe / natives
remembrance / presence
. . . giants
pedestals / visible
unannounced / rescue
islanders / junk heap
flints
carefree

ERICH VON DÄNIKEN, in *Zurück zu den Sternen*

Inhaltsfragen

1. Wo sind die Osterinseln?
2. Was hat man dort gefunden?
3. Was ist dabei so besonders?
4. Wie erklärt das Erich von Däniken?
5. Warum wurden diese Steingiganten an der Küste aufgestellt?
6. Warum sind viele der Figuren nur halbfertig?

Das sollten Sie wissen

das Geheimnis, -se

der Glaube ≠ Aberglaube
Hellseher, -
Schwindel
Zauberer, - ≠ die Zauberei

das Gefühl, -e ≠ die Vorahnung, -en
Gespenst, -er
Glück ≠ der Glückspilz, -e
Horoskop, -e

das Pech ≠ der Pechvogel, ¨
Sternbild, -er

die Astrologie ≠ Graphologie
fliegende Untertasse
Handschrift, -en
Hexe, -n ≠ Hexerei
Kristallkugel, -n
Linie, -n
Telepathie
Vision, -en

deuten
es spukt
fühlen
glauben (an)

Glück haben — Pech haben
in die Zukunft blicken
prophezeien
zaubern

abergläubisch
ähnlich
geboren — gestorben
geheimnisvoll
hellsichtig
magisch
(un)begreiflich
(un)bekannt
(un)gewöhnlich

die Reaktion, -en

wenn einem etwas gefällt

Phantastisch!
Irre! *(coll.)**
Klasse! *(coll.)*
Prima! *(coll.)*
Sagenhaft!
Spitze! *(coll.)*
Super! *(coll.)*
Toll! *(coll.)*

wenn einem etwas nicht gefällt

Furchtbar!
Scheußlich!
Schrecklich!
Um Himmels willen!
Wie doof (blöd, fies)! *(coll.)*
Wie kitschig!

wenn man überrascht ist

Ach du liebes bißchen!
Ach du Schreck!
Mann o Mann!
Na sowas!
Tatsächlich?
Unglaublich!
Waaaas? *(coll.)*
Wirklich?

wenn man enttäuscht ist

Ach so!
Mensch! *(coll.)*
Na ja!
O je! *(coll.)*
Schade!
So geht's!

wenn man wütend ist

Das geht zu weit!
Ich bin sauer! *(coll.)*
So ein Mist! *(coll.)*
So ein Quatsch! *(coll.)*
So ein Unsinn!
Verflixt noch mal! *(coll.)*

wenn jemand einem leid tut

Ach!
Das gibt's doch nicht!
Das tut mir (aber) leid!
Du Ärmste(r)!

Passives Vokabular, falls Sie es brauchen oder sich dafür interessieren:

der Schornsteinfeger *(chimney sweep)*, schwarze Kater *(black cat)*; das Hufeisen *(horseshoe)*, vierblättrige Kleeblatt *(four-leafed clover)*; die Scherbe, -n *(broken glass)*; auf Holz klopfen *(to knock on wood)*

* coll. = colloquial

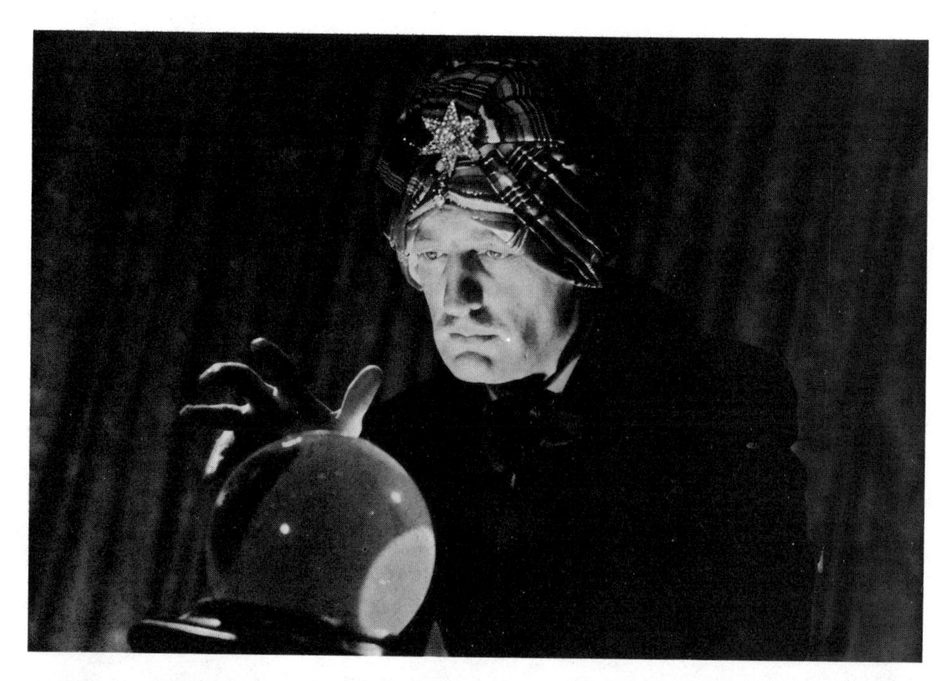

Ein Blick in die Zukunft

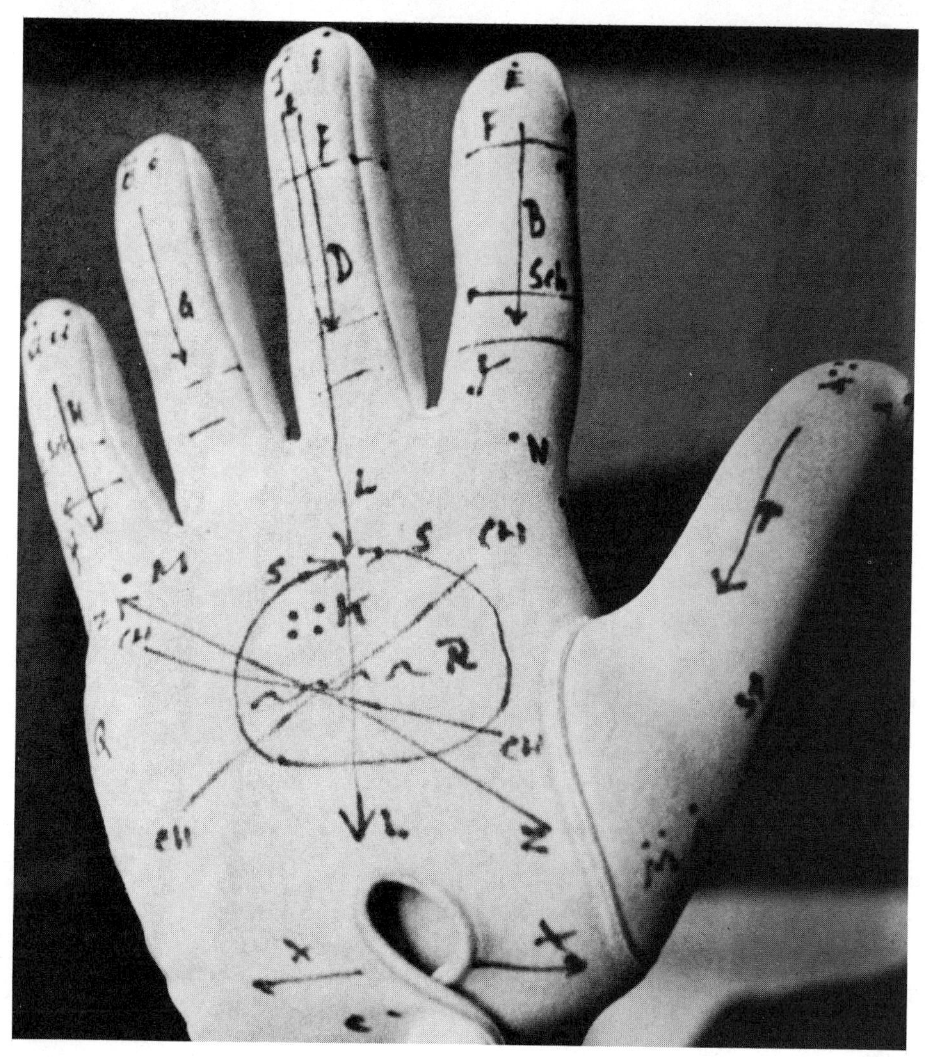

In Ihren Handlinien steht es geschrieben!

Wortschatzübung

1. Lesen Sie laut!

das Gespensterhaus, Künstlerpech, Tageshoroskop, Zauberwort; die Handlinie, Zukunftsvision

2. Wie heißen die . . .?

a. Hauptwörter

aberglaubisch sein, ahnen, fühlen, mit der Hand schreiben, schwindeln, zaubern; geheimnisvoll, gespenstisch, hellsichtig

b. Plurale

der Zauberer; das Gespenst, Horoskop, Sternbild; die Handschrift, Linie, Vision, Vorahnung

3. Erklären Sie den Unterschied!

die Hexerei ≠ die Zauberei
die Astronomie ≠ die Astrologie
die Telephathie ≠ die Graphologie
der Glaube ≠ der Aberglaube

4. Wie definieren Sie das?

der Glückspilz, Schwindel; das Gespenst; die fliegende Untertasse, Kristallkugel, Vorahnung; prophezeien; ähnlich, magisch, unbegreiflich

5. Stellen Sie sich gegenseitig Fragen mit den folgenden Wörtern!

z.B. ähnlich **Wem siehst du ähnlich?**
Ich sehe meinem Bruder ähnlich.

abergläubisch, deuten, geboren, Geheimnis, Gespenster, gewöhnlich, Glück bringen, Pech bringen, Handschrift, Hellseher, Sternbild, Zukunft

6. Was würdest du tun, wenn . . .?

a. dir auf dem Weg zur Vorlesung eine schwarze Katze über den Weg laufen würde
b. man dir erzählt, daß es in dem Haus, das du kaufen möchtest, spukt
c. dir eine Hellseherin sagen würde, daß du zehn Kinder haben würdest
d. du eine fliegende Untertasse landen sähest
e. dir jemand einen Gutschein (coupon) für einen Freibesuch beim Hellseher geben würde
f. dir die Nachbarn am Abend vor der Hochzeit viele Scherben vor die Haustür werfen würden
g. du ein vierblättriges Kleeblatt finden würdest
h. dir jemand ein Geheimnis erzählte
i. dein Zimmer im Krankenhaus die Nummer 7 oder 13 hätte

7. Ordnen Sie die unteren Ausdrücke in eine der folgenden Kategorien: Gefallen, Mißfallen, Überraschung, Enttäuschung, Wut oder Mitleid!

z.B. Ach! **Mitleid**
Ich bin sauer! **Wut**

1. Sagenhaft!
2. Wirklich?
3. Scheußlich!
4. Spitze!
5. Ach du Schreck!
6. Schade!
7. Das tut mir aber leid!
8. So ein Quatsch!
9. Wie kitschig!
10. Klasse!
11. O je!
12. Unglaublich!
13. Verflixt noch mal!
14. Du Ärmster!
15. So geht's!
16. Tatsächlich?

8. Reagieren Sie kurz auf die folgenden Aussagen!

z.B. Ich fühle mich nicht wohl. **Ach!**

Mein Horoskop stimmt immer.
Gestern war ich bei einer Hellseherin.
Sie hat mir gesagt, daß ich bald heiraten werde.
Ihr Zimmer war lila und gold.
Auf dem Tisch stand ein Totenkopf.
Was ist los? Du wirst ja ganz blaß!
Auch von dir hat sie erzählt.
Sie wußte genau, wer du warst.
Du sollst sehr reich sein.
Irgend etwas ganz Besonderes soll bald passieren.
Moment mal. Jetzt hab ich's vergessen.
Mir hat sie gesagt, daß ich steinalt werde.
Am Ende hat sie mir 300 DM für die paar Minuten abgenommen.
Leider hab ich jetzt keinen Pfennig mehr. Du mußt also auf dein Geld noch etwas warten.

9. Sprechen wir über die Bilder dieses Kapitels!

Gespräche und Diskussionen

1. Sie sind bei einem Hellseher (oder einem Graphologen) und lassen sich durch die Glaskugel (oder Ihre Handlinien) die Gegenwart und die Zukunft deuten. Stellen Sie dabei allerlei Fragen!
2. Sagen Sie Ihren Freunden, unter welchem Sternbild Sie geboren sind, und lassen Sie sie gemeinsam ein Horoskop für Sie aufstellen! Gehen Sie dabei der Reihe nach; jeder fügt etwas hinzu.
3. Haben Sie schon einmal eine Vorahnung von etwas gehabt, was dann tatsächlich passierte? Wenn ja, erzählen Sie bitte!
4. Für und wider das Hellsehen. Hat man Ihnen schon einmal die Zukunft prophezeit? Wie? Möchten Sie mit einem Hellseher (oder einer Hellseherin) verheiratet sein? Warum (nicht)?
5. Für und wider die Telepathie. Wenn es sie gibt (gäbe), wo könnte sie nützlich sein?
6. Worin bestehen die Unterschiede und Ähnlichkeiten zwischen der Graphologie und der Astrologie? Haben sie in unsrer modernen Gesellschaft noch einen Wert?
7. Hexerei und Gespenster, was wissen Sie darüber? Gibt es sie, oder hat es sie gegeben? Geben Sie Beispiele!
8. Was halten Sie von Dänikens Theorie, daß fremde Intelligenzen diese Erde besucht haben und ihre Spuren hinterließen (Steingiganten auf den Osterinseln, Landmarkierungen südlich von Pisco/Peru, Azteken-Kalender mit astronomisch-mathematischen Kenntnissen . . .)? Liegen die Schlüssel zum „Himmel" (Universum) vielleicht an vielen Orten der Erde versteckt? Wurden praktisch-technische Instruktionen als religiös-philosophische Mysterien interpretiert?
9. Science-fiction, Sinn oder Unsinn? Wo hören wir davon? Worüber wird spekuliert? Wie reagieren Sie darauf? Kennen Sie Beispiele von Zukunftsvisionen, die sich bewahrheitet haben?
10. Glück und Glas, wie leicht bricht das.

Aufsätze

1. So ein Glückspilz (Pechvogel)!
2. Glück und Glas, wie leicht bricht das.
3. Typisch abergläubisch!
4. Fremde Intelligenzen zu Besuch.
5. Erfinden Sie eine kleine Geschichte (oder berichten Sie über etwas), die mit einer der Reaktionen vom Wortschatz (z.B. Unglaublich, Unverschämt . . .!) endet!

KAPITEL 15

Sprache

Laßt Tiere sprechen

Herr Wolf . . . steht täglich beim ersten Hahnenschrei° auf. Er ist fleißig und haßt es, sich auf die faule Haut zu legen. Am Tag arbeitet er wie ein Pferd, und abends ist er matt wie eine Fliege . . .. Er ist bekannt wie ein bunter Hund. Er ist immer freundlich und sitzt nicht auf dem hohen Roß° . . .. Er hat viele Freunde und trinkt gern ein Glas Bier mit ihnen. Aber er kommt niemals mit einem Kater nach Hause . . ..

Frau Wolf ist auch fleißig wie eine Biene. Sie macht gute Einkäufe und hat noch nie die Katze im Sack gekauft . . .. Ihr Sohn ist ein Spaßvogel . . .. Er ist so vertrauensvoll°, daß man ihm ohne Mühe° die Würmer aus der Nase ziehen kann°. Einmal versuchte er, seiner Mutter in der Küche zu helfen. Aber er war dabei wie ein Elefant im Porzellanladen . . .. In der Schule ist Hans nicht sehr gut. Was er schreibt, kann kein Schwein lesen . . .. Wenn der Vater ihn fragt, was er morgen zu tun plant, so antwortet er: Ich kümmere mich nicht um ungelegte Eier. Obwohl Hans in der Schule nicht so erfolgreich° ist, hat er doch oft Grillen im Kopf° und will Raumfahrer° werden. Er sagt: Zu den anderen Berufen tauge ich wie der Ochse zum Seiltanzen° . . .. Jetzt wünscht Hans sich eine Schwester. Er hofft, eines Tages wird der Storch° zu Mama kommen. Es soll aber ein schönes Schwesterlein sein und kein häßliches Entchen oder eine dumme Gans. Nun müssen wir abwarten und Tee trinken.

JIN YOUNGEN, in *Jugendscala*

Hahnenschrei: i.e. very early
hohen Roß: i.e. is not arrogant
vertrauensvoll: trusting / Mühe: easily
die Würmer aus der Nase ziehen kann: worm secrets out of him
erfolgreich: successful
Grillen im Kopf: is full of ideas / Raumfahrer: astronaut
wie der Ochse zum Seiltanzen: i.e. he isn't suited for it
Storch: stork

Inhaltsfragen

1. Was bedeuten die folgenden Ausdrücke aus dem Text?

z.B.	sich auf die faule Haut legen	**faul sein**
	matt wie eine Fliege	**todmüde**

bekannt wie ein bunter Hund; einen Kater haben; fleißig wie eine Biene; die Katze im Sack kaufen; ein lustiger Vogel; wie ein Elefant im Porzellanladen; das kann kein Schwein lesen; sich nicht um ungelegte Eier kümmern; ein häßliches Entchen; eine dumme Gans; abwarten und Tee trinken

2. Sagen Sie es anders! Lesen Sie den Text noch einmal, und ersetzen Sie dabei die bildlichen Ausdrücke (siehe 1.) mit Synonymen.

Die deutsche Sprache ist sexistisch

Die deutsche Sprache ist sexistisch°, sagen Feministinnen: Sie bevorzugt° die Männer. Vielleicht haben sie da nicht ganz unrecht°, aber ihre Reformvorschläge sind lächerlich°.

So kommen bei gewissen° Sprachformeln die Männer fast immer zuerst
5 („Männer und Frauen, Vater und Mutter"), auch bei berühmten Liebespaaren oder Märchen („Adam und Eva, Romeo und Julia, Hänsel und Gretel"). Ungleich ist die Sprache auch bei den Bezeichnungen° für Frauen und Männer: Männer werden elegant mit „Herr" angeredet, Frauen sind einfach „Frau". Nur in Sonderfällen°, und dort nur, wenn man von ihnen als Gruppe spricht,
10 werden sie etwas Besseres, zu „Damen". Das Gezierte° und Untüchtige°, was mit dem Wort „Dame" verbunden scheint, paßt° den Feministinnen nicht . . .. Mit Recht stoßen sie sich° an „das Fräulein". Kein Mann muß sich mit „Männchen" oder „Herrlein" anreden lassen! Die Anrede „Fräulein" für eine erwachsene Frau ist heute passé. Verheiratet oder nicht . . . das ist doch
15 Privatsache°.

Schwerer zu ändern sind generische Begriffe° („Arbeitsgeber und Arbeitsnehmer, eine Klasse für Anfänger, der Absender"). Immer sind Männer und Frauen gemeint, die Sprache scheint aber nur Männer zu kennen. Ähnlich ist es bei den Pronomen „man, jemand" und „niemand"; alle drei sind von „Mann"
20 abgeleitet°. Bei „man" haben es die Feministen gemerkt°, und die fanatischen unter ihnen schreiben stattdessen nur noch „frau" . . ..

Titel und Berufsbezeichnungen lassen sich meist leicht in eine feminine Form ändern („Chef/Chefin; Koch/Köchin"). Was wäre aber die maskuline Form von „Hausfrau"? „Hausmann"? Gäbe es dann auch eine „Frau Professorin" oder
25 „Frau Doktorin"? Wenn dieses Prinzip strikt durchgeführt° würde, müßten wir den „Bürgerinnen- und Bürgersteig" benutzen. Die Schilder müßten „Nichtraucherinnen und Nichtraucher" sagen. Das „Vaterland" würde zum

sexist / favors
aren't wrong
ridiculous
certain
labelling
special cases
affected / good-for-nothing
suits
take offense
. . . matter
terms
derived / noticed
followed through

„Mutterland“ oder neutral zum „Elternland“. Aus der „Muttersprache“ würde eine „Vatersprache“ oder neutral eine „Bezugspersonensprache“°. — i.e. native tongue

30 Das geht zu weit. Die Frauen müssen es nicht so genau nehmen, wenn sie vom grammatisch männlichen Geschlecht vertreten° werden, genauso wie die paar Ausnahmen, wo es umgekehrt° ist: Selbst der größte Chauvinist hat nichts dagegen, „eine Person“ zu sein, und wenn man ihn eine „Null“ nennt, ärgert er sich nicht an deren Weiblichkeit.

represented
vice versa

nach DIETER E. ZIMMER, aus „Der, das, die,“ in *Die Zeit*

Inhaltsfragen

1. Warum finden die Feministen, daß die deutsche Sprache sexistisch ist?
2. Wo kommen die Männer fast immer zuerst? (Geben Sie Beispiele!)
3. Was paßt den Feministen nicht an dem Wort „Dame“?
4. Was ist heute passé?
5. Wovon sind die Pronomen „man, jemand“ und „niemand“ abgeleitet?
6. Geben Sie fünf Beispiele von Wörtern, die geändert werden müßten, um den Frauen gerecht zu werden!
7. Was hält Zimmermann von solchen Vorschlägen?
8. Was schlägt er stattdessen vor?
9. Welche zwei Beispiele gibt Zimmermann, wo Männer vom grammatisch weiblichen Geschlecht vertreten werden?

Goethe über die Rechtschreibung

Als Goethe° sich im Sommer 1822 zur Kur° aufhielt°, wurde einmal bei Tisch über die zahllosen Regeln der komplizierten deutschen Rechtschreibung diskutiert.

(1749–1832) / health resort / stayed

„Ich pflege° mir all dieses Forderungen°,“ meinte Goethe lächelnd . . . nach
5 Möglichkeit vom Halse zu halten° und bin sicher, daß ich noch genug orthographische Schnitzer° mache. Was aber die Zeichensetzung angeht°, so beruhige ich mein Gewissen° stets° mit der Auffassung° meines alten Freundes Wieland°, Religion und Interpunktion seien Privatsachen . . ..“

usually / demands
avoid
boo-boos / concerns
conscience / always / opinion
German writer (1733–1813)

in *Neue Heimat*

Das sollten Sie wissen

die Sprache

der Dialekt, -e

die Ausnahme, -n
Aussprache
Grammatik
Rechtschreibung
Regel, -n

das Geschlecht, -er

an·reden ≠ reden
sich verständigen

einsam
(un)regelmäßig

Redewendungen aus der Tierwelt

der Bär: ein Brummbär, einen Bärenhunger haben
Bock: stur wie ein Bock
Elefant: wie ein Elefant im Porzellanladen, aus der Mücke einen Elefanten machen
Esel: ein dummer Esel
Fisch: ein kalter Fisch
Floh, ¨e: wie ein Sack voller Flöhe
Fuchs: ein schlauer Fuchs
Hund: bekannt wie ein bunter Hund, ein fauler Hund
Kater: einen Kater haben
Pfau: stolz wie ein Pfau
Stier: den Stier bei den Hörnern packen
Vogel: ein Spaßvogel, einen Vogel haben

das Pferd: arbeiten wie ein Pferd
Schaf: das schwarze Schaf sein
Schwein: Schwein haben, ein Schwein sein
Wiesel: schnell wie ein Wiesel

die Biene: fleißig wie eine Biene
Ente: ein häßliches Entchen, eine lahme Ente
Fliege: matt wie eine Fliege
Gans: eine dumme Gans
Katze: die Katze im Sack kaufen
Kuh: eine dumme Kuh
Ratte: eine Leseratte, eine Wasserratte
Schlange: falsch wie eine Schlange

Redewendungen aus anderen Bereichen

der Apfel: in den sauren Apfel beißen
Arm: jemand auf den Arm nehmen
Ball: am Ball sein
Faden: den Faden verlieren
Fuß: auf großem Fuß leben
Tee: abwarten und Tee trinken

das Auge: ein Auge zudrücken
Bild: im Bild sein
Ei, -er: sich nicht um ungelegte Eier kümmern
Geld: in Geld schwimmen
Gesicht: ein langes Gesicht machen
Fell: ein dickes Fell haben

die Geige: die erste Geige spielen
Hand: von der Hand in den Mund leben

die Haut: sich auf die faule Haut legen, aus der Haut fahren
Leitung: eine lange Leitung haben

Wortschatzübung

1. Lesen Sie laut!

der Ball, Bär, Elefant, Esel, Faden, Hund, Pfau, Vogel; das Gesicht, Fell, Pferd, Schwein, Tier, Wiesel; die Biene, Geige, Haut, Katze, Kuh, Leitung, Ratte, Schlange

2. Wie definieren Sie das?

der Dialekt; die Ausnahme, Aussprache, Rechtschreibung, Regel; das Geschlecht; anreden, sich verständigen; einsam, regelmäßig

3. Wie geht's weiter? Kombinieren Sie einen Teil aus Gruppe A mit einem Teil aus Gruppe B! Das gibt Ihnen eine Definition für die obigen Redewendungen. Die Wörter rechts können mehrmals benutzt werden.

z.B. Jemand, der schlechte Laune hat, ist ein . . . **Brummbär**

A

Jemand, den jeder kennt, ist bekannt wie ein bunter . . .
Jemand, der Glück gehabt hat, hat . . . gehabt.
Jemand, der in der Familie immer alles falsch macht, ist das schwarze . . .
Jemand, der nicht still sitzen kann, ist wie ein Sack voller . . .
Jemand, der unkoordiniert ist und alles kaputt macht, ist wie ein . . . im Porzellanladen.
Jemand, der keine Gefühle hat oder zeigt, ist ein kalter . . .
Jemand, der besonders häßlich ist, ist ein häßliches . . .
Jemand, der immer lustig ist, ist ein Spaß . . .
Jemand, der übertreibt, macht aus der . . . einen . . .
Jemand, der sehr dickköpfig ist, ist stur wie ein . . .
Jemand, der in allem sehr schnell ist, ist schnell wie ein . . .
Jemand, der in allem furchtbar langsam ist, ist eine lahme . . .
Jemand, der schwer arbeitet, arbeitet wie ein . . .
Jemand, der etwas kauft ohne es sich genau anzusehen, kauft die . . . im Sack.
Jemand, über den man sich ärgert, wird manchmal ein dummer . . . oder eine dumme . . . genannt.
Jemand, der furchtbar gern schwimmt, ist eine Wasser . . .
Jemand, der sehr klug ist und weiß wie er etwas bekommt, ist ein schlauer . . .
Jemand, der sehr fleißig ist, ist fleißig wie eine . . .
Jemand, der denkt, daß er besser oder attraktiver ist als andere, ist stolz wie ein . . .
Jemand, der schmutzig oder gemein ist, ist ein . . .
Jemand, der sehr hungrig ist, hat einen . . . hunger.
Jemand, der unehrlich ist, ist falsch wie eine . . .
Jemand, der sehr müde ist, ist matt wie eine . . .
Jemand, der stinkfaul ist, ist ein fauler . . .
Jemand, der unheimlich gern liest, ist eine Lese . . .
Jemand, der am Abend vorher zu viel getrunken hat und sich morgens nicht wohl fühlt, hat einen . . .
Jemand, der einem Problem nicht aus dem Weg geht, sondern etwas dagegen tut, packt den . . . bei den Hörnern.

B

Bär(en)
Biene
Bock
Elefant(en)
Ente/Entchen
Esel
Fisch
Fliege
Flöhe
Fuchs
Gans
Hund
Kater/Katze
Kuh
Mücke
Pfau
Pferd
Ratte
Schaf
Schlange
Schwein
Stier
Vogel
Wiesel

A	B
Jemand, der etwas falsch gemacht hat und dafür bezahlen muß, muß in den sauren . . . beißen.	Apfel
Jemand, der mitten im Satz vergessen hat, was er sagen wollte, hat den . . . verloren.	Arm
Jemand, der aufpaßt, ist am . . .	Auge
Jemand, der gut informiert ist, ist im . . .	Ball
Jemand, der viel Geld ausgibt, lebt auf großem . . .	Bild(e/er)
Jemand, der nur langsam etwas versteht, hat eine lange . . .	Ei(er)
Jemand, der extra einen Fehler übersieht, drückt ein . . . zu.	Faden
Jemand, der nichts gegen eine Sache unternimmt, ehe er mehr weiß, kümmert sich nicht um ungelegte . . .	Faust
Jemand, der sich über etwas ärgert, kann aus der . . . fahren.	Fell
Jemand, den nichts stört und der nie die Ruhe verliert, hat ein dickes . . .	Fuß
Jemand, der nichts tut, legt sich auf die faule . . .	Geige
Jemand, der nichts spart und alles immer gleich ausgibt, lebt von der . . . in den . . .	Geld
Jemand, der unzufrieden über etwas ist, macht ein langes . . .	Gesicht
Jemand, der immer an erster Stelle sein muß, muß immer die erste . . . spielen.	Hand
Jemand, der sehr reich ist, schwimmt in . . .	Haut
Jemand, dem andere im Spaß etwas Falsches erzählen, was er glauben soll, wird auf den . . . genommen.	Leitung
Jemand, der ungeduldig ist aber trotzdem warten muß, muß abwarten und . . . trinken.	Mund
	Tee

4. Sagen Sie es anders!

z.B. Sie *ist enttäuscht.* **Sie macht ein langes Gesicht.**

Er ist *überall bekannt.*
Ich *habe großen Hunger.*
Du *bist verrückt!*
Sie arbeiten *schwer tagein tagaus.*
Glück gehabt!
Er ist *nicht aus dem Wasser zu kriegen.*
Sie muß immer *im Mittelpunkt stehen,* sonst brummt sie.
Er *versteht einfach nichts sehr schnell.*
Jetzt *weiß ich nicht, was ich gerade gesagt habe oder wie es weitergeht.*

5. Wie geht's weiter? Benutzen Sie die neuen Redewendungen!

Heute geht alles falsch. Erst verschlafe ich; dann renne ich zum Auto, und das Auto will nicht starten, also gehe ich zu Fuß zur Uni. Dort erfahre ich, daß der Professor krank ist und die Vorlesung abgeblasen ist. Und jetzt merke ich, daß ich mich zu Hause ausgeschlossen habe. Da könnte man . . .!

Vorhin hat mich die Polizei angehalten, weil ich etwas zu schnell gefahren bin. Zum Glück hat der Polizist gute Laune gehabt und mir keinen Strafzettel gegeben, sondern nur eine Warnung. Ich habe . . .

Mit meinem kleinen Bruder gehe ich nie wieder einkaufen. Er hat ein Talent, alles umzuschmeißen. Er sagt, daß er nichts dafür kann, weil die Sachen immer am falschen Platz stehen. Dabei paßt er einfach nicht auf. Er ist wie ein . . .

Es war der 1. April, und Renate sagte mir, daß ich hinten auf meiner Jacke einen großen Fleck hätte. Da war ich natürlich erschrocken. Das alles stimmte aber nicht. Sie hatte mich nur . . .

Du fragst mich, was du tun sollst, wenn es morgen kein Benzin mehr gibt. Woher soll ich das wissen? Momentan gibt es genug Benzin. Ich kümmere mich nicht um . . .

Du fragst mich immer wieder, wann sie kommen. Das weiß ich selbst nicht. Da muß man einfach abwarten und . . .

Das Leben ist teuer. Alles, was wir verdienen, wird sofort wieder ausgegeben. So leben wir von der . . .

Ich weiß, daß du keine Lust hast, diesen Tenniskurs zu nehmen. Die Leute darin gefallen dir nicht. Aber du hast dich eingeschrieben und mußt auch dafür bezahlen. Da mußt du einfach in den sauren . . . beißen.

6. Spiel: Mein Teekessel

Hierzu teilen wir die Klasse in zwei Gruppen. Ein Spieler einer Gruppe denkt an ein besonderes Tier (z.B. Wiesel) und beginnt mit einem kleinen Tip (z.B. Mein Teekessel kann schnell laufen). Die andere Gruppe beginnt durch Fragen herauszufinden, woran jene(r) denkt. Der/die Befragte darf nur mit „ja" oder „nein" antworten. Bei jedem „Ja" darf in der Gruppe weitergefragt werden; bei jedem „Nein" wechselt das Fragen zur anderen Gruppe. Sobald der/die Befragte 10 mal „nein" gesagt hat, ohne daß das richtige Wort gefunden wurde, bekommt die Gruppe des Spielers einen Punkt. Findet eine Gruppe die Antwort vorher heraus, bekommt sie den Punkt. Am Anfang des Spiels wird eine Zeitbegrenzung ausgemacht. Die Gruppe mit den meisten Punkten hat gewonnen.

7. Zungenbrecher zum Vergnügen

- Wenn viele Fliegen hinter Fliegen fliegen, fliegen viele Fliegen Fliegen nach.

Gespräche und Diskussionen

1. Erzählen Sie, (a) was Sie beim Lernen der deutschen Sprache besonders schwer finden, (b) was Ihnen dabei besonders Spaß macht, (c) wie Sie Deutsch gelernt haben! Suchen Sie gemeinsam, wie man den Sprachunterricht verbessern könnte!
2. Was halten Sie von dem, was die Feministen über die deutsche Sprache denken (siehe Artikel von Dieter E. Zimmer)? Wie ist das im Englischen? Worin liegen die Unterschiede?
3. Ist (a) Zeichensetzung, (b) Rechtschreibung Privatsache? Sollte sie als Fehler gerechnet werden? Warum (nicht)? Bald wird der Computer alles korrigieren. Sollte man daher überhaupt Zeit mit der Rechtschreibung verbringen?
4. Für und wider Haustiere? Haben Sie zu Hause ein Lieblingstier? Beschreiben Sie es! (Wie heißt es? Wie sieht es aus? Wie alt ist es? Welche besonderen Eigenschaften hat es? Was frißt es? . . .) Was machen Sie damit, wenn Sie verreisen? Welche Tiere mögen Sie nicht? Warum nicht?
5. Welche Sprachen gibt es auf der Welt? Wären Sie dafür, daß sich alle Menschen auf eine Hauptsprache einigten und von nun an nur noch Englisch oder Esperanto (eine Mischung der verschiedenen Kultursprachen) sprächen?
6. Sollte der Unterricht in amerikanischen (kanadischen) Schulen für alle auf englisch sein, oder sollte man Ausländern durch separaten Unterricht in ihrer Muttersprache helfen?
7. Ein großes Problem unsrer Zeit ist das Sich-einsam-fühlen in der Masse. Wie macht sich das im Alltag bemerkbar (z.B. mit sich reden, zu laut reden, telephonieren . . .)? Reden Sie manchmal mit sich allein? Wie wichtig ist Ihnen das Telefon? Warum?
8. Glauben Sie, daß das Sich-berühren im Gespräch (z.B. auf die Schulter klopfen, Handhalten, Handschütteln, sich anschauen . . .) der Verständigung hilft? Wie könnte man verhindern, daß die Leute aneinander vorbeireden? Welche anderen Mittel der Verständigung gibt es?
9. Welche verschiedenen Dialekte gibt es in Ihrem Lande? Sprechen Sie oder können Sie einen Dialekt sprechen? Hat EIN Dialekt mehr Prestige als ein anderer? Sollte man sie durch eine Einheitssprache (die Hochsprache) ersetzen?
10. Kann man von Parallelen zwischen der Mundart eines Menschen und seinem Charakter sprechen? Haben Sie ein besonderes Bild vom (a) Deutschen, Schweizer, Österreicher, (b) Bayer, Schwaben, Sachsen, Berliner oder Westfalen, (c) New Yorker, Kalifornier oder Mississippier?

11. Was bedeuten diese Sprichwörter?
    - Hunde, die bellen, beißen nicht.
    - Jedem Tierchen sein Pläsierchen.
    - In der Not frißt der Teufel Fliegen.

Aufsätze

1. So bin ich. Beschreiben Sie sich selber! Benutzen Sie dabei so viele Sprachbilder wie möglich!
2. Typisch. Beschreiben Sie jemand, den Sie gut kennen! Benutzen Sie dabei so viele Sprachbilder wie möglich!
3. Ein Tiererlebnis (oder eine Tierbeschreibung).
4. Wie man am besten eine Fremdsprache lernt.
5. Benutzen Sie eins der oben genannten Sprichwörter als Titel!

KAPITEL 16

Musik und Kunst

Musikalische Fortschritte?

Wenn man vom Fortschritt° in den Künsten redet, ergibt sich° leicht das Bild einer unablässigen° Zunahme° der Qualität. Von einer Generation zur andern wird diese progressistische Wertung° auch ganz allgemein akzeptiert und man spricht von einer Überlegenheit° der impressionistischen Technik über die
5 romantische, der zwölftönigen° Prozedur über die tonale oder die freiatonale. Untersucht° man aber größere Zeitabschnitte° auf ihre Entwicklung, so kommt man zu ganz anderen Resultaten, und es wird doch wohl nicht ernsthaft° behauptet werden, daß Mozart gegen Bach, Beethoven gegen Mozart . . . einen Fortschritt darstellen . . .? Nur als Wandlung°. Abendländer° und die Ameri-
10 kaner, die in unseren musikalischen Traditionen aufwachsen, sind dabei der Reichweite° des Verständnisses den farbigen Völkern° unterlegen. Denn während diese fähig° sind, ihre eigene und unsere Musik gleichermaßen° zu erleben°, fehlt uns zu ihrer Hörtradition° meistens jeder Zugang°. . . .

progress / shows
continuous / increase
evaluation
superiority
12-tone
examine / . . . periods
seriously
change / Occidentals
range / peoples
capable / in the same way
experience / musical heritage / access

H. H. STUCKENSCHMIDT, in *Neue Musik der Gegenwart*

Inhaltsfragen

1. Können wir von einer Generation zur anderen von musikalischen Fortschritten, von einer Zunahme der Qualität sprechen?
2. Als was muß man den Unterschied zwischen Mozart, Bach und Beethoven werten?
3. Warum sind die Europäer und Amerikaner im musikalischen Verständnis den farbigen Völkern unterlegen?
4. Stimmen Sie damit überein? Warum (nicht)?

Der Schlager

Der Schlager ist vital°, aktuell, zeitgebunden. Er paßt sich an°, er geht mit der Zeit. Er nutzt die Gelegenheit°, er spekuliert auf Schwächen°. Sogar melodischer Liedwendungen° bedient er sich°, aber er verkitscht. Und damit wird er gefährlich. Das Lied ist verschwiegen°; der Schlager spricht alles aus, und er
5 redet auf uns ein . . .. Der Müde braucht ein Stimulans, und der Nervöse hat Angst vor der Ruhe. Dem Lied weicht er aus.° Im Schlager ist das Tempo der Zeit. Er tut seinen Dienst°, er lenkt ab, hilft über den Tag hinweg . . .. Man möchte lachen, sich entfliehen. Der Mensch, so wie er heute ist, kann ohne Schlager nicht sein.

alive / adjusts
opportunity / weaknesses
variations / uses
secretive
avoids
serves its purpose

EKKEHART PFANNENSTIEL, in *Westermanns Monatshefte*

Inhaltsfragen

1. Welche Adjektive benutzt Pfannenstiel, um den Schlager zu beschreiben?

2. Was ist der Unterschied zwischen einem Lied und einem Schlager?
3. Warum ist ein Schlager gefährlich? Worauf spekuliert er?
4. Wovor hat der moderne Mensch Angst?
5. Was will der Mensch von heute, wenn er sich Schlager anhört?

Franz Marc

Vor 100 Jahren wurde Franz Marc geboren. Er war der bedeutendste Tiermaler seiner Zeit. Franz Marc malte blaue Pferde, rote Pferde, gelbe Pferde. Das war neu für das Auge. So etwas gab es nicht in der Natur. Aber Franz Marc malte die Tiere nicht nur in anderen Farben, er malte sie auch in neuen Formen, in
5 Dreiecken°, Kreisen, Bögen°, in dynamischen farbigen Flächen°. Franz Marc hat zunächst unermüdlich nach der Natur gezeichnet. Im Bau der Tiere suchte er dann die reine Form. Im Bewegungsrhytmus sah er den Lebensrhytmus der Tiere. Mit kubischen Elementen baute er die Welt seiner Tiere.

triangles / curves / areas

Nach Reisen durch Griechenland, Frankreich und Italien hat Marc längere Zeit
10 in Paris gelebt. Van Gogh, die Fauves, Delaunay und der Kubismus haben sein Werk beeinflußt. Es ist typisch für den Wahnsinn° des ersten Weltkriegs°, daß Marc als Freund so vieler französischer Maler 1916 in den mörderischen Kämpfen° bei Verdun sein Leben opfern° mußte.

insanity / . . . war

battles / sacrifice

in *Jugendscala*

Franz Marc:
Pferde mit kubischen Elementen

Deutsche Malerei der Gegenwart

Eigentümlich° für den Zustand° der deutschen Malerei ist die Vereinzelung° und Zusammenhanglosigkeit° der Erscheinungen°. Fast jeder steht für sich allein und fängt von vorn° an. Malerei ist oft fast eine private Angelegenheit° dessen, der sie betreibt°, oder eine Angelegenheit unter Leuten desselben Kreises.
5 Diese Zusammenhanglosigkeit erklärt sich aus dem Mangel an sozialer und geistiger° Mitte und aus Mangel an Tradition . . .. So trägt auch die Malerei von heute die Signatur unserer Zeit . . ..

characteristic / condition / detachment / incoherence / appearances / anew / matter

does it

intellectual

FRITZ NEMITZ, in *Deutsche Malerei der Gegenwart*

Inhaltsfragen

1. Wann wurde Franz Marc geboren?
2. Wofür ist er besonders bekannt?
3. Woraus bestehen seine dynamisch farbigen Flächen?
4. Wovon und von wem wurde er beeinflußt?
5. Was wissen Sie sonst noch über sein Leben?
6. Im Gegensatz zu Marc, wie ist die Malerei der Gegenwart?
7. Woraus erklärt sich das?

Das sollten Sie wissen

die Musik

der Chor, ⸚e
Dirigent, -en
Komponist, -en
Lieblings . . .
Musiker, -
Rhytmus, Rhytmen
Sänger, -
Schlager, -
Soloist, -en

der Star, -s
Text, -e

das Konzert, -e
Orchester, -
Lied, -er

die Melodie, -n
Sinfonie, -n
Vorstellung, -en

die Kunst, ⸚e

der Bildhauer, -
Maler, - ≠ die Malerei
Stil, -e
Wert
Zusammenhang, ⸚e

das Gemälde, -
Verständnis

die Ausstellung, -en
Entwicklung, -en
Form, -en
Funktion, -en
Galerie, -n
Natur
Skulptur, -en

die Technik
Theorie — Praxis

ab·lenken
sich ändern
beeinflussen
behaupten
dar·stellen
sich entspannen
sich entwickeln
improvisieren
mangeln (an)
werten

aktuell
berühmt

In der Gemäldegalerie

dynamisch
geschmackvoll — geschmacklos
harmonisch — dissonant
klassisch — modern
melodisch
romantisch
sentimental
überlegen — unterlegen
(un)bedeutend
zeitlos — zeitgebunden

ÖSTERR.
GALERIE
Di., Mi., Do., Sa.
10–16 Uhr,
Fr. 10–13 Uhr,
So. 9–12 Uhr,
Montag geschlossen

KUNSTHISTORISCHES
MUSEUM
Ägyptisch-Orientalische Sammlung
Antiken-Sammlung
Sammlung für Plastik und Kunstgewerbe
Gemäldegalerie
Sekundärgalerie
Münzkabinett
Di.–Fr. 10–16 Uhr,
Sa., So. 9–16 Uhr,
Montag geschlossen
Abendöffnung:
Di., Fr. 19–21 Uhr*)

NATURHISTORISCHES
MUSEUM
Mo., Mi., Do., Fr., Sa., So. 9–13 Uhr,
Dienstag geschlossen
Kindersaal mit Arbeitsmöglichkeiten für
Kinder und Jugendliche von 4 bis 14 Jahren

Mittelalterliches
Kriminalmuseum
Rothenburg/T.
Erwachsene
Preis laut Aushang !
für einmaligen Eintritt
072132

Treppenhaus im Schloß Brühl

Johann Sebastian Bach

Ludwig van Beethoven

Georg Friedrich Händel

Franz Joseph Haydn

Herbert von Karajan (Dirigent)

Paul Hindemith

Franz Schubert

Richard Wagner

Wortschatzübung

1. Lesen Sie laut!

der Kunstmaler, Lieblingssänger, Lieblingsschlager, Schlagerrhytmus; das Naturverständnis, Solo-istenkonzert, Starorchester; die Bildhauertechnik, Chormusik, Entwicklungstheorie, Gemälde-galerie, Liedmelodie, Kunstausstellung, Musiktheorie

2. Wie heißen die . . .?

a. Hauptwörter

ausstellen, dirigieren, entwickeln, funktionieren, komponieren, malen, singen, verstehen

b. Adjektive

der Geschmack, Klassiker, Romantiker; die Berühmtheit, Dissonanz, Dynamik, Harmonie, Melodie, Moderne, Sentimentalität, Überlegenheit, Zeitlosigkeit

c. Plurale

der Chor, Komponist, Schlager, Stil, Zusammenhang; das Gemälde, Konzert, Lied; die Form, Kunst, Melodie, Skulptur

3. Was ist das Gegenteil?

die Theorie; bedeutend, dissonant, geschmackvoll, unbekannt, unterlegen, zeitgebunden

4. Erklären Sie den Unterschied!

der Komponist ≠ der Dirigent
der Schlager ≠ das Lied
der Bildhauer ≠ der Maler
die Malerin ≠ die Malerei
das Gemälde ≠ das Bild
die Ausstellung ≠ die Vorstellung

5. Wie definieren Sie das?

der Chor, Soloist; das Orchester; behaupten, darstellen, improvisieren, mangeln (an), bedeutend, überlegen, zeitlos

6. Was kommt Ihnen dabei in den Sinn?

der Rhytmus, Schlagersänger; die Galerie, Melodie, Sinfonie; ablenken, sich entspannen; ge-schmacklos, modern

7. Wie geht's weiter?

Ich liebe . . . Musik
Ein Lied muß . . . sein.
Musiker spielen . . .
Mein Lieblingsmaler ist . . .
Wenn ich viele verschiedene Gemälde sehen will, gehe ich . . .
Wenn ich schöne Musik hören will, . . .
Wann beginnt die . . .?
Moderne Kunst ist . . .
Ich habe kein Verständnis für . . .
Heute mangelt es oft an . . .

8. Was sind/waren diese bedeutenden Schweizer, Österreicher und Deutschen? Wofür sind sie be-kannt? Kombinieren Sie aus den drei Reihen (auf Seite 160)! (Falls Sie sich für einen dieser Künstler besonders interessieren, geben Sie der Klasse einen Bericht darüber!)

1. Johann Sebastian Bach
2. Ernst Barlach
3. Ludwig van Beethoven
4. Johannes Brahms
5. Albrecht Dürer
6. Caspar David Friedrich
7. Georg Friedrich Händel
8. Franz Joseph Haydn
9. Paul Hindemith
10. Herbert von Karajan
11. Paul Klee
12. Käthe Kollwitz
13. August Macke
14. Franz Marc
15. Felix Mendelsohn
16. Wolfgang Amadeus Mozart
17. Franz Schubert
18. Carl Spitzweg
19. Johann Strauß
20. Richard Wagner

a. Bildhauer
b. Maler
c. Dirigent
d. Komponist

a. expressionistische Skulpturen
b. abstrakte Kunst
c. blaue Pferde
d. Bilder von Armen und Unterdrückten
e. Ritter, Tod und Teufel
f. romantische Landschaftsbilder
g. Zauberflöte
h. Lieder
i. Walzer
j. Der arme Poet
k. weg von der traditionellen Harmonie
l. Barock- und protestantische Kirchenmusik
m. Promenade
n. neun Sinfonien
o. Berliner Philharmoniker
p. Meistersinger
q. Messias
r. romantische Ouvertüren
s. Ungarische Tänze
t. Sinfonien und Sonaten

1dl, 2aa, 3dn, 4ds, 5be, 6bf, 7dq, 8dt, 9dk, 10co, 11bb, 12bd, 13bm, 14bc, 15dr, 16dg, 17dh, 18bj, 19di, 20dp

Ernst Barlach: *Todesengel*

Albrecht Dürer:
Ritter, Tod und Teufel

Caspar David Friedrich: *Zwei Männer beim Betrachten des Mondes*

Paul Klee: *Um den Fisch*

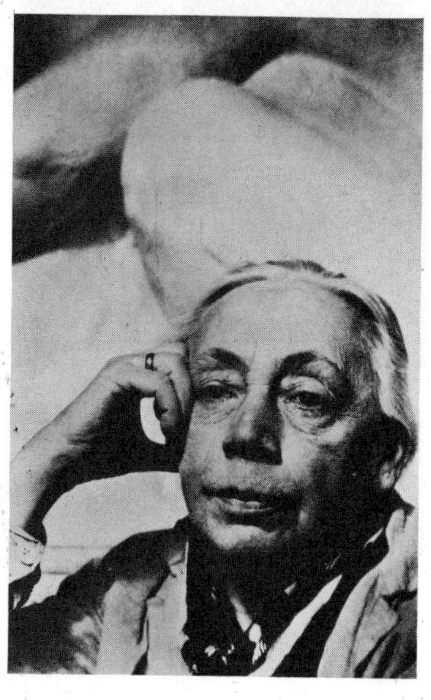

Käthe Kollwitz: *Hungrige Kinder*

August Macke: *Promenade*

Carl Spitzweg: *Der arme Poet*

Gespräche und Diskussionen

1. Bringen Sie verschiedene Bilder (alte, romantische, moderne . . .) mit in die Klasse, und sprechen Sie über Ihre improvisierte Gemäldegalerie!
2. Wenn Sie deutsche Platten oder Kassetten haben, bringen Sie sie mit, und hören Sie sich ein paar deutsche Schlager an!
3. Klassische oder moderne Musik? Was hören (a) Sie, (b) Ihre Freunde, (c) Ihre Eltern lieber? Warum? Welche Komponisten oder Musikgruppen finden Sie besonders gut? Warum? Hören Sie sie im Radio, auf Schallplatten oder auf Kassetten?
4. Für und wider den Schlager? Ist er gefährlich (zu laut, zu sexy, zu brutal, zu politisch . . .)? Was ist seine Funktion? Was und wen spricht er besonders an? Was wird wohl Ihr Lieblingsstar verdienen? Finden Sie das richtig?
5. Was halten Sie von Stuckenschmidts Theorie der Musik im Wandel *(change)* ohne Fortschritt *(progress)?* Stimmen Sie damit überein, daß die asiatischen und afrikanischen Länder in ihrer Hörtradition den Europäern und Amerikanern überlegen sind? Wie erklärt das Stuckenschmidt?
6. Haben Sie einen Lieblingsmaler oder Bildhauer? Welchen? Wofür ist er/sie bekannt? Was wissen Sie über sein Leben? Was für Bilder haben Sie zu Hause an der Wand hängen? Wofür geben sie mehr Geld aus, für Musik oder für Kunst?
7. Hat die Kunst eine bestimmte Funktion, einen besonderen Wert, oder besteht sie nur um ihrer selbst willen? Wie kommt es, daß sich über die Jahrhunderte hinweg die Menschheit immer wieder damit befaßt?
8. Wie können der Staat und die Wirtschaft die Kunst beeinflussen? Welche positiven und negativen Konsequenzen kann das haben?
9. „Ureignen Sinn laß dir nicht rauben. Was die Masse glaubt, ist leicht zu glauben." (Goethe) Bitte geben Sie Ihren Kommentar dazu!

Aufsätze

1. Eine Bildbeschreibung. Suchen Sie sich dazu ein Bild aus, das Ihnen besonders gefällt!
2. „Es ist noch kein Meister vom Himmel gefallen."
3. Berichten Sie über eine berühmte deutsche, österreicherische oder Schweizer Persönlichkeit (Bildhauer, Maler, Dirigenten, Komponisten, Sänger, usw.; siehe Vorschläge in Übung 8)!

KAPITEL 17

Theater und Gesellschaft

Die Deutschen—theaterbesessen?

Der Krieg° war kaum vorbei°, da wurde . . . schon wieder Theater gemacht. Die meisten Häuser waren zerbombt, aber was macht das; man zog in irgendwelche Säle°. Kaum war . . . das Geld wieder etwas wert°, als die beschädigten° Theaterbauten° wiederhergestellt° oder neugebaut wurden, meist noch vor den Schulen.

war / over
large rooms / worth
damaged / . . . buildings / restored

Sind die Deutschen ein theaterbesessenes° Volk? Das sei dahingestellt°. Aber ihr Theatersystem ist das exzessivste, das es gibt. Das gilt° für die Bundesrepublik ebenso wie für die DDR, denn beide Systeme haben dieselbe historische Wurzel°: die Viel- und Kleinstaaterei auf deutschem Boden°. Jeder Souverän° . . . wollte sein Theater haben. Die Fürsten° gingen, die Theater blieben. Sie wurden von dem sich emanzipierenden Bürgertum° übernommen. Städte, die nicht Residenz gewesen waren, bauten sich eigene Häuser. Sie wurden zum Mittelpunkt° des öffentlichen gesellschaftlichen° Lebens, und sie sind es noch immer . . .. Das typische deutsche Stadttheater bietet Opern, Schauspiele und Ballett . . ..

. . . obsessed / Let's leave that aside.
applies
roots / soil
ruler / princes
middle class
center / social

Das System der öffentlich finanzierten Theater in der Bundesrepublik gibt 27,000 Menschen Arbeit, nicht gerechnet° die Autoren und Verlags-

counting

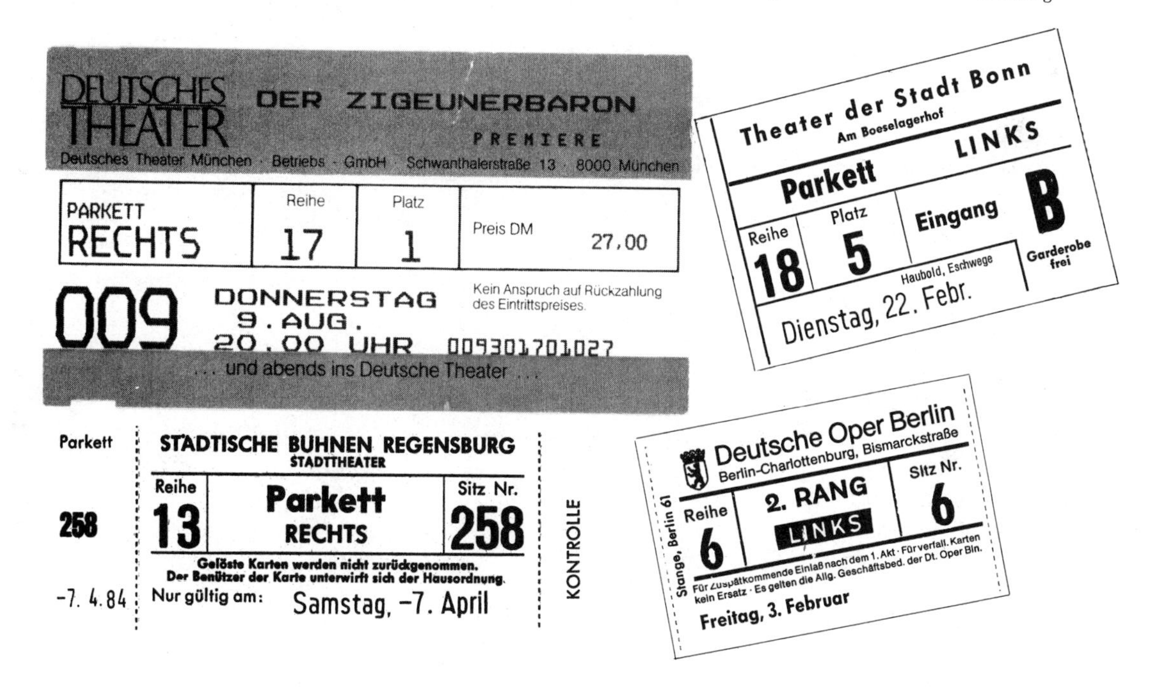

angehörigen°, die von ihm leben. Es hat immer wieder Aufstände° gegen die Subventionen° der deutschen Bühne gegeben: Gegen deren Höhe° und generell .... Viele Juristen aber ... berufen sich auf° Äußerungen° des Bundesverfassungsgerichts°, in denen von der Kultur als einem Staatsziel° gesprochen wird ....

members of a publishing firm / protests / subsidy / amount of money / refer to / remarks / federal court / ... goal

HANS SCHWAB-FELISCH, in *Kultur Chronik*

Inhaltsfragen

1. Was geschah nach dem Krieg mit den Theatern?
2. Findet Felisch, daß die Deutschen theaterbesessen sind?
3. Wie ist ihr Theatersystem?
4. Auf welche historischen Wurzeln geht das zurück?
5. Zu was für einem Mittelpunkt wurden die Theater?
6. Was bietet das Theater?
7. Wie wird das Theater finanziert?
8. Worauf berufen sich die Juristen bei diesen Subventionen?
9. Als was sieht das Verfassungsgericht die Kultur?

DER WEG NACH OBEN

An das Publikum

O hochverehrtes° Publikum,
sag mal: Bist du wirklich so dumm,
wie uns das an allen Tagen
alle Unternehmer° sagen?
Jeder Direktor mit dickem Popo°
spricht: „Das Publikum will es so!"
Jeder Filmfritze° sagt: „Was soll ich machen?
Das Publikum wünscht diese zuckrigen° Sachen!"
Jeder Verleger zuckt mit den Achseln° und spricht:
„Gute Bücher gehn nicht!"
Sag mal, verehrtes Publikum:
bist du wirklich so dumm?

So dumm, daß in Zeitungen, früh und spät,
immer weniger zu lesen steht?
Aus lauter Furcht°, du könntest verletzt° sein;
aus lauter Angst, es soll niemand verhetzt° sein;
aus lauter Besorgnis°, Müller und Cohn
könnten mit Abbestellung° drohn°?
Aus Bangigkeit°, es käme am Ende
einer der zahllosen Reichsverbände°
und protestierte und denunzierte°
und demonstrierte und prozessierte° ...
Sag mal, verehrtes Publikum:
bist du wirklich so dumm?

honorable / entrepreneurs / bottom / moviemaker / sweet / shrugs his shoulders / mere fear / offended / provoked / worry / cancellation / threaten / fear / national federations / denunciated / brought to court

25 Ja, dann . . .
Es lastet° auf dieser Zeit
der Fluch° der Mittelmäßigkeit°.
Hast du so einen schwachen Magen°?
Kannst du keine Wahrheit vertragen°?
30 Bist also nur ein Grießbrei-Fresser°—?
Ja, dann . . .
Ja, dann verdienst° du das nicht besser.

KURT TUCHOLSKY, in *Gesammelte Werke*

rests
curse / mediocrity
stomach
stand
cream-of-wheat eater, i.e., you can't take it
deserve

Inhaltsfragen

1. Wen redet Tucholsky an?
2. Wie ist das Publikum in seinen Augen?
3. Wovor haben alle Unternehmer, Filmregisseure, Verleger und Redakteure Angst?
4. Was für ein Fluch lastet auf Tucholskys Zeit?
5. Warum hat er dieses Gedicht wohl geschrieben?

Das unsichtbare Theater

Alle Jahre wieder—nun schon seit einigen Jahren—ist in Mainz das „Open-Ohr-Festival". Es ist kein reines° Musikfestival wie viele anderen Open-Air-Konzerte. Das „offene Ohr" hat auch einen politischen Inhalt. Das Publikum soll mitmachen, eigene Meinung bilden. Eine Projektgruppe sucht für jedes Jahr ein heißes Thema° für das ganze Festival, z.B. Der Horror-Staat mit Computern und Fernsehaugen überall.

Die „Aktion Fahrenheit" des Unsichtbaren Theaters war eine unheimliche° Mischung aus Theater und Realität. Frei nach dem Roman „Fahrenheit 451" inszenierten° die Schauspieler folgende° Situation: Die Einwohner der Stadt Mainz sollten ihre Bücher in große „Buch Container" werfen°. Die standen auf dem Gutenbergplatz mitten in der Stadt. Die Bücher sollten verbrannt° werden, denn Bücher lesende Bürger,° so hieß es, bedeuteten eine Gefahr. Die Menschen sollen nicht denken und auch keine Phantasie haben. Fernsehen, Video, neue Medien sollen die Menschen so informieren, wie die Mächtigen° es wollen. Feuerwehrleute° (des unsichtbaren Theaters) kontrollierten Straßen, Plätze und Personen. Sie nahmen den Leuten die Bücher weg und verbrannten sie. Alle Bücher-Leser wurden sofort festgenommen°. Einzelne Pistolenschüsse° und Rauchbomben° schafften° eine dramatische Atmosphäre.

Die Schauspieler wollten bei dieser Aktion nicht die Rolle der Helden° spielen, die die Bücher retten°. Der Sinn dieses Plan-Spiels: Auf Gefahren aufmerksam machen° und den Widerstand° der Leute provozieren. Das gelang°! Das Open-Ohr-Publikum gründete° spontan eine Gegenreaktion, die „Aktion Celsius" („Celsius" gegen „Fahrenheit"). „Sicher ist sie nur ein Spiel," sagten sie. „Aber wir spielen mit. Rettet die Bücher! Versteckt° die Bücher!"

nach *Jugendscala*

reines: mere
Thema: topic
unheimliche: awesome
inszenierten / folgende: produced / following
werfen: throw
verbrannt: burned
Bürger: citizens
Mächtigen: those in power
Feuerwehrleute: firemen
festgenommen / Pistolenschüsse: arrested / gun shots
Rauchbomben / schafften: smoke bombs / created
Helden: heroes
retten: save
aufmerksam machen / Widerstand / gelang / gründete: make aware of / resistance / they succeeded / formed
Versteckt: hide

Inhaltsfragen

1. Wie unterscheidet sich das Mainzer Open-Ohr Festival von anderen Festivals?
2. Was sucht die Projektgruppe jedes Jahr?
3. Warum sollten bei der Aktion Fahrenheit alle Bücher verbrannt werden?
4. Worin lag die Funktion der Medien?
5. Wie wurde das kontrolliert?
6. Wer waren die Helden?
7. Was war der Sinn dieses Spiels?
8. Wie reagierte man darauf?
9. Warum ist dieses Theater „unsichtbar"?
10. Was haben Tucholskys Gedicht und die „Aktion Fahrenheit" gemeinsam? Worin liegen Unterschiede?

Der neue deutsche Film

So lange es mit der Prosperität bei uns bergab° geht, brauchen wir uns um den Wohlstand° des deutschen Films nicht zu sorgen°. Seine erste Blüte° erlebte° er in den Wirtschaftskrisen der zwanziger Jahre. In den großen Zeiten des großdeutschen Reiches° verkam° er zum . . . Staatsfilm. Im Wirtschaftswunder° der Adenauer-Ära legte er sich einen dicken Bauch zu° . . .. Das Jahr der ersten großen Rezession° 1966 ist zugleich° das Jahr, in dem sich das junge Kino der Bundesrepublik durchsetzt°, mit Filmen, die nun nicht mehr satt machen°, sondern hungrig, zornig° und mobil. Zu Beginn der achtziger Jahre verhindert eine neue, scharfe° Rezession den Ausbruch° einer neuen Gemütlichkeit. Immer ist es so, daß die Verhältnisse° schlechter werden müssen, damit der Film besser werden kann. Das rechtfertigt° nicht die mageren° Zeiten . . ., aber es beleuchtet° den Umstand°, daß die fetten Zeiten unsren Köpfen, Sinnen° und Herzen nicht bekommen° . . ..

ROBERT FISCHER und JOE HEMBUS, in *Der neue deutsche Film*

downhill
well-being / worry / bloom / experienced
Third Reich / degenerated / economic recovery / acquired
also
prevails / satisfy
angry
sharp / eruption
conditions
justifies / meager
illustrates / fact / minds
i.e. aren't good for us

Günter Grass, Besprechung für die Verfilmung von „Die Blechtrommel"

Moderne Filmregisseure: *(unten)* Werner Herzog; *(oben rechts)* Margarethe von Trotta; *(unten rechts)* Reiner-Werner Fassbinder.

Inhaltsfragen

1. Wann gibt es gemäß *(according to)* Fischer die besten Filme?
2. Wie waren die Filme (a) zur Hitlerzeit, (b) zur Zeit von Adenauers Wirtschaftswunder?
3. Wie beeinflussen uns die fetten, satten Zeiten?

Das sollten Sie wissen

das Theater, -

der Applaus
  Autor, -en
  Regisseur, -e
  Schauspieler, -
  Tänzer, -
  Zuschauer, -

die Aufführung, -en
  Bühne, -n
  Kultur
  Oper, -n ≠ Operette, -n
  Pause, -n

das Ballett, -s
Drama, -en
Kabarett, -s
Schauspiel, -e = Stück, -e

abonnieren
finanzieren
fördern ≠ subventionieren
klatschen — pfeifen
lachen — weinen

die Medien (pl.)

der (Video)film, -e
Inhalt
Redakteur, -e
Verleger, -

das Gedicht, -e
(Kabel)fernsehen
Kino, -s
Publikum
(Unter)bewußtsein

die Angst, ⸚e
Brutalität
Gefahr, -en
Geschichte, -n
(Haupt)rolle, -n
Kritik
Nachrichten *(pl.)*
Sensation, -en
Unterhaltung
Wahrheit
Werbung

die Zeitschrift, -en
Zeitung, -en

sich auf·regen (über)
berichten
betonen
gefährden
handeln von
kontrollieren ≠ zensieren
loben
sich lustig machen (über)
merken
mit·machen
schützen
zerstören

aufregend = spannend
brutal
gleichgültig
interessant = interessiert
mittelmäßig
vielversprechend

Wortschatzübung

1. Lesen Sie laut!

der Ballettänzer, Geschichtsinhalt, Publikumsapplaus, Zeitungsredakteur; das Bühnenstück, Unterbewußtsein, Wahrheitsgedicht; die Fernsehbrutalität, Filmschauspielerin, Kabarettunterhaltung, Kinopause, Kritikangst, Kulturzeitschrift, Lokalnachrichten, Mediengefahr, Theateraufführung

2. Wie heißen die . . .?

a. Hauptwörter

aufführen, dichten, gefährden, filmen, kritisieren, tanzen, sich unterhalten, verlegen, werben, zuschauen, ängstlich, bewußt, brutal, kulturell, wahr

b. Adjektive

das Interesse; die Brutalität, Faszination, Gleichgültigkeit, Mittelmäßigkeit, Spannung; sich aufregen, viel versprechen

c. Plurale

der Film, Zuschauer; das Drama, Gedicht, Kino, Stück, Theater; die Angst, Aufführung, Gefahr, Geschichte, Operette, Zeitung

3. Erklären Sie den Unterschied!

das Theater ≠ das Kino
das Theater ≠ das Kabarett
die Oper ≠ die Operette

der Redakteur ≠ der Regisseur
das Gedicht ≠ die Geschichte
die Zeitschrift ≠ die Zeitung

klatschen ≠ pfeifen
lachen ≠ weinen
interessant ≠ interessiert

4. Wie definieren Sie das?

der Applaus; die Medien, Wahrheit; abonnieren, berichten, loben, sich lustig machen über, subventionieren, zensieren, zerstören, mittelmäßig

5. Stellen Sie sich gegenseitig Fragen mit den folgenden Wörtern!

z.B. die Bühne
Hast du schon einmal auf der Bühne mitgespielt?
Nein, ich bin lieber Zuschauer.

der Autor, Filmschauspieler; das Ballett; die Angst, Nachrichten, Oper, Werbung; sich aufregen, handeln von, merken, schützen, brutal, spannend

6. Wie geht's weiter?

Die Leute klatschen, wenn . . .
Wenn ihnen etwas nicht gefällt, . . .
Sie weint, weil . . .
In der Kinopause . . .
Ich finde Gedichte . . .
Tänzer müssen . . .
Ich sehe mir gern . . . an.
Ich lese gern . . ..
Sie möchte die Wahrheit . . .
Wenn die Zeitungen . . ., würde . . .
Wenn du dich nicht so aufgeregt hättest, . . .
Weil er sich über mich lustig gemacht hat, . . .
Wenn sie nicht so gleichgültig wären, . . .

Bertolt Brecht: *Mutter Courage*

7. Wer sind/waren sie, und wofür sind sie bekannt? Stellen Sie sich gegenseitig Fragen über berühmte (Film)schauspieler, Schlagersänger oder Tänzer, und beantworten Sie sie!

z.B. Wer war Elvis Presley?
Elvis Presley war ein Schlagersänger.
Er war bekannt für „Love me tender."

8. Schweizer, österreichische und deutsche Dichter, Schriftsteller und Philosophen. Wofür sind/waren sie bekannt? (Falls Sie sich für einen dieser Autoren besonders interessieren, geben Sie der Klasse einen Bericht darüber!)

1. Bertolt Brecht	a. Mutter Courage
2. Wilhelm Busch	b. Märchen
3. Friedrich Dürrenmatt	c. Faust
4. Johann Wolfgang v. Goethe	d. Siddharta
5. Günter Grass	e. Der Prozess
6. Wilhelm Grimm	f. Nathan der Weise
7. Heinrich Heine	g. Buddenbrooks
8. Hermann Hesse	h. Die Blechtrommel
9. Franz Kafka	i. Kritik der reinen Vernunft
10. Immanuel Kant	j. Das Kapital
11. Gotthold Ephraim Lessing	k. Also sprach Zarathustra
12. Thomas Mann	l. Ich weiß nicht, was soll es bedeuten
13. Karl Marx	m. Max und Moritz
14. Friedrich Nietzsche	n. Kassandra
15. Johann v. Schiller	o. Maria Stuart
16. Christa Wolf	p. Besuch der alten Dame

1a, 2m, 3p, 4c, 5h, 6b, 7l, 8d, 9e, 10i, 11f, 12g, 13j, 14k, 15o, 16n

Johann Wolfgang v. Goethe: *Faust*

Marlene Dietrich in *Der blaue Engel*

Gespräche und Diskussionen

1. Sprechen Sie über einen Film, den Sie in letzter Zeit gesehen haben! Wo haben Sie ihn gesehen? Welche Schauspieler(innen) waren darin? Erzählen Sie etwas über den Inhalt und wie Ihnen der Film gefallen (oder nicht gefallen) hat!
2. Sind Sie eine Leseratte? Was für Bücher lesen Sie gern? Geben Sie dafür viel Geld aus, oder leihen Sie sie sich in der Bibliothek? Haben Sie einen Autor, den Sie besonders gern lesen? Warum?
3. Was halten Sie von dem Beruf eines (Film)schauspielers? Worin liegen die Pros und Cons? Wäre das 'was für Sie? Warum (nicht)? Wer ist Ihr Lieblingsstar? Warum?
4. Wie ist Ihre lokale Zeitung? Womit füllt sie die Seiten? Lastet auf ihr auch „der Fluch der Mittelmäßigkeit", wie Tucholsky sagt? Welche Zeitungen und Zeitschriften lesen Sie besonders gern? Warum?
5. Fernsehen oder Kino? „Fernsehen macht dumm; Kinobesucher sind mobiler, vielseitig interessierter und überdurchschnittlich gebildet." Was halten Sie davon? Was ziehen Sie vor, und warum? Wie oft gehen Sie ins Kino? Wie viele Stunden Fernsehen sehen Sie pro Woche?
6. Inwiefern beeinflussen Sex und Brutalität in den Massenmedien unser Unterbewußtsein? Könnte es sein, daß dadurch unsere innere Barriere, unsere Gefühle zerstört werden, daß wir allmählich dazu gebracht werden, Dinge zu akzeptieren, die vorher nicht akzeptabel waren?
7. Für und wider die Werbung (a) im Fernsehen, (b) im allgemeinen. Hilft sie? Kaufen Sie wirklich das, was die Werbung lobt?
8. Im Vergleich zu Fischers Artikel, in was für einer Zeit leben wir: in einer mageren oder fetten Zeit? Denken Sie dabei an die vielen Filme, die tagein tagaus im Kino laufen! Sind es Filme, die uns „satt machen" oder die uns „hungrig, zornig und mobil" machen? Sind es zum Beispiel nur happy-end Geschichten und Komödien, oder geben sie uns zu denken und machen uns aktiv? Zu viel gute Zeiten sollen nicht gut für unsre „Köpfe, Sinnen und Herzen" sein? Was halten Sie davon?
9. Kino oder Videofilme zu Hause? Was haben Sie lieber? Warum? Bedeuten Videofilme das Ende des Kinos?
10. Für und wider von staatlichen Subventionen des Theaters. Gibt es bei Ihnen ein Stadttheater mit Schauspielen, Opern und Ballett? Wer bezahlt dafür? Was für Verbesserungsvorschläge haben Sie?
11. Haben Sie fürs Theater abonniert? Warum (nicht)? Worin sehen Sie die Funktion des Theaters? Was erhoffen Sie sich, wenn Sie ein Theaterstück sehen? Was für Stücke mögen Sie nicht?
12. Für und wider das Kabarett, das sich über den Trend der Zeit und ihre Politik lustig macht, zur gleichen Zeit aber zum Denken anregt. Sollte man auf der Bühne sowie im Film alles sagen dürfen? Sollte der Staat durch Zensur gewisse Kulturziele fördern und andere Einflüsse verhindern? Worin sehen Sie die Aufgabe des Kabaretts und des Theaters?
13. Was halten Sie von der „Aktion Fahrenheit"? Sollte das, was man liest und in den Medien hört, zensiert werden? Warum (nicht)? Wie könnte man die Qualität dessen, was tagein tagaus auf uns einströmt, verbessern?

Aufsätze

1. Ein interessanter/interessantes . . . (Buch, Film, Schauspiel, Kabarettstück, Fernsehspiel).
2. Lieber Herr Tucholsky! . . . Schreiben Sie als Mitglied des angesprochenen Publikums eine Antwort auf Tucholskys Gedicht!
3. Schreiben Sie einen Brief an den Redakteur Ihrer Zeitung, in dem Sie über deren Qualität kommentieren und Vorschläge zur Verbesserung geben!
4. Macht Fernsehen dumm?
5. Für oder wider den Videofilmverleih *(rental)*
6. Berichten Sie über eine berühmte deutsche, österreicherische oder Schweizer Persönlichkeit (Dichter, Schriftsteller, Philosophen, usw.; siehe Vorschläge in Übung 8)!

KAPITEL 18

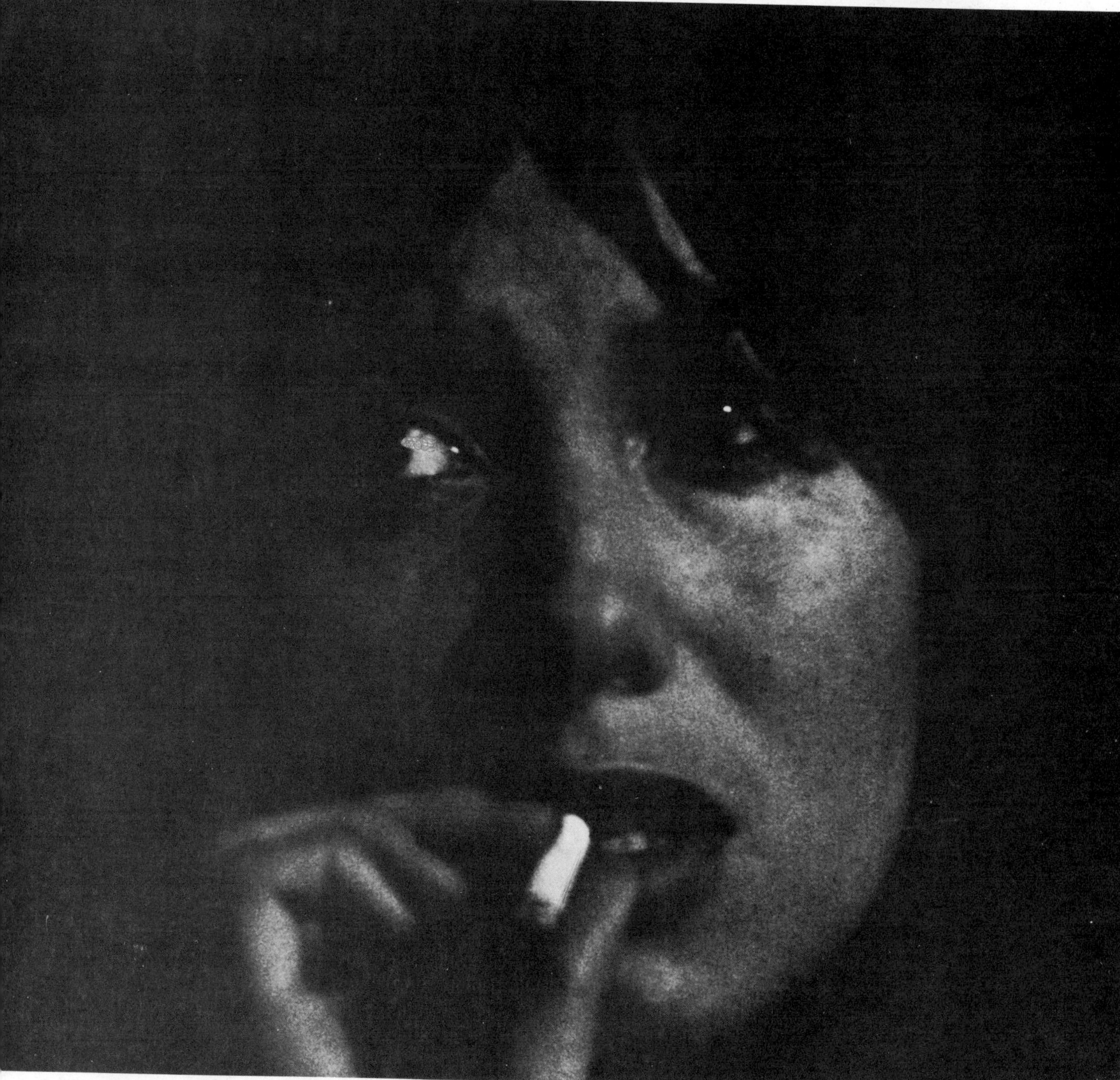

Verboten?

Zum Thema Rauchen

Die beschämende° Tatsache°, daß Erzieher° Jugendlichen offiziell das Rauchen in Schulen gestatten°, ist Beweis° für den sittlichen° Zerfall° dieser Generation. Der allmächtige° Gott gab dem Menschen niemals einen solch wunderbaren Körper, daß er durch Tabakrauch den ihm anvertrauten° Körper entehrt° . . ..

shameful / fact / educators
allow / proof / moral / decay
almighty
entrusted / disgraces

GÜNTHER FREUDMANN, in *Der Spiegel*

5 Rauchen ist gesundheitsschädlich? Na und! Schon das Geborenwerden ist gesundheitsschädlich. Jeder Schritt und Tritt° ist gesundheitsschädlich. Der Verkehr zu Land, zu Wasser und in der Luft ist gesundheitsschädlich. Essen, Trinken und Arbeit ist gesundheitsschädlich, in vielen Gegenden sogar das Luftholen° . . ..

each step
breathing

WALTER TIBURTIUS, in *Der Spiegel*

Inhaltsfragen

1. Wer von den beiden ist sicherlich Raucher und wer Nichtraucher?
2. Warum will Freudmann nicht, daß in den Schulen geraucht wird?
3. Als was sieht er den Körper?
4. Wie wirkt der Rauch auf den Körper?
5. Was hält Tiburtius von der Ansicht, daß rauchen gesundheitsschädlich sein soll?

Drogen und Alkohol

Jeden Tag stirbt in London ein junger Rauschgiftsüchtiger an „China-Heroin". . . . Alle diese jungen Menschen im Alter von 18–24 sind erstickt°, nachdem sie sich eine Mischung° des braunen Pulvers° (reines Heroin ist weiß) mit Wasser injiziert° haben.

suffocated
mixture / powder
injected

STEPHAN POLLACK, in *Rheinischer Merkur*

5 Der Rausch ist Flucht vor der Wirklichkeit. Hinter dem süchtigen Verhalten° stehen selbstunsichere, depressive, aggressive, disharmonisch entwickelte Individuen° mit neurotischen Konflikten. Die meisten rauschsüchtigen Jugendlichen entstammen° zerbrochenen° Familien. Es mag sein, daß Haschisch, Marihuana oder LSD bei jungen Psychopathen den Alkoholismus
10 ein bißchen verdrängt° haben. Aber damit ist nichts besser geworden, auch nicht ihre Lebensprognose; denn am Ende dieser Entwicklung stehen fast immer sozialer Abstieg°, Apathie, Verwahrlosung° oder kriminelle Antisozialität. Verbote haben nur begrenzte Erfolge°. Man schützt damit die relativ Anfälligen° schlecht und recht°. Aber man verdeckt° auch die rauschsüchtigen Strö-
15 mungen° und entzieht° sie damit der Behandlung. Letztlich schützt man gefährdete° Jugendliche vor dem Süchtigwerden weder durch Verbot, noch durch Reden und Vorhaltungen°, sondern nur durch Behandlung ihrer psychischen Fehlentwicklung.

behavior
individuals
come from / broken
suppressed
descent / demoralization
success / susceptible ones
after a fashion / covers up
tendencies / deprives of
endangered
reproaches

WERNER PFEIFER, in *Christ und Welt*

Drogenabhängige Jugendliche gibt es in der DDR nicht, es existiert keine
20 Drogenszene°. Jeder Versuch, sie auch nur in Ansätzen zu schaffen°, würde von Millionen Bürgern° und von den zuständigen° Staatsorganen, also Polizei und Zoll, sofort unterbunden° werden . . . . Bei der weitgehenden° sozialen Sicherheit gibt es keinen Nährboden° für Drogenkonsum und seinen Ausgangspunkt°, den Drogenhandel . . . .

25 Alkoholgefährdete und vom Alkohol abhängige Jugendliche gibt es, allerdings° in viel geringerer Zahl als in vergleichbaren Industrieländern im Westen . . . .

. . . scene / i.e. to start with it
citizens / proper
stopped / extensive
ground
point of departure
although

in *Jugend der DDR heute*

Inhaltsfragen

1. Wie sterben die meisten Rauschsüchtigen?
2. Als was sieht Pfeifer den Rausch?
3. Was ist typisch für Drogensüchtige?
4. Aus was für Familien kommen sie oft?
5. Wie sieht ihre Lebensprognose aus?
6. Worin liegt die Gefahr eines Drogenverbots?
7. Was sieht Pfeifer als die einzig wirksame Hilfe für Drogengefährdete?
8. Warum gibt es nach dem Kommentar in der DDR keine Drogenabhängigen?
9. Was wird als der Grund für den Drogenkonsum angesehen?
10. Gibt es dort auch keinen Alkoholismus?

Hans Huckebein

der Unglücksrabe

Willhelm Busch

Hier sieht man Fritz, den muntern Knaben,
Nebst Huckebein, dem jungen Raben.

Und dieser Fritz, wie alle Knaben,
Will einen Raben gerne haben.

Er klettert auf den Baum

Schon rutscht er auf dem Ast daher,
Der Vogel, der mißtraut ihm sehr.

Schlapp! macht der Fritz von seiner Kappe
Mit Listen eine Vogelklappe.

Beinahe hätt' er ihn! Doch ach!
Der Ast zerbricht mit einem Krach.

In schwarzen Beeren sitzt der Fritze,
Der schwarze Vogel in der Mütze.

Der Knabe Fritz ist schwarz betupft;
Der Rabe ist in Angst und hupft.

Der schwarze Vogel ist gefangen,
Er bleibt im Unterfutter hangen.

„Jetzt hab' ich dich, Hans Huckebein!
wie wird sich Tante Lotte freu'n!"

Die Tante kommt aus ihrer Tür;
„Ei!" — spricht sie — „welch' ein gutes Tier!"

Kaum ist das Wort dem Mund entfloh'n,
Schnapp! hat er ihren Finger schon.

„Ach!" — ruft sie — „er ist doch nicht gut!
Weil er mir was zu Leide tut!!"

Hier lauert in des Topfes Höhle
Hans Huckebein, die schwarze Seele.

Den Knochen, den er Spitz gestohlen,
Will dieser jetzt sich wieder holen.

Sie zieh'n mit Knurren und Gekrächz,
Der eine links, der andre rechts.

Schon denkt der Spitz, daß er gewinnt,
Da zwickt der Rabe ihn von hint'.

O weh! Er springt auf Spitzens Nacken,
Um ihm die Haare auszuzwacken.

Der Spitz, der ärgert sich bereits,
Und rupft den Raben seinerseits.

Derweil springt mit dem Schinkenbein
Der Kater in den Topf hinein.

Da sitzen sie und schau'n und schau'n. –
Dem Kater ist nicht sehr zu trau'n.

Der Kater hackt den Spitz, der schreit,
Der Rabe ist voll Freudigkeit.

Schnell faßt er, weil der Topf nicht ganz,
Mit schlauer List den Katerschwanz.

Es rollt der Topf. Es krümmt voll Quale
Des Katers Schweif sich zur Spirale.

Und Spitz und Kater flieh'n im Lauf. –
Der größte Lump bleibt obenauf!! –

Nichts Schön'res gab's für Tante Lotte,
Als schwarze Heidelbeerkompotte.

Doch Huckebein verschleudert nur
Die schöne Gabe der Natur.

Die Tante naht voll Zorn und Schrecken;
Hans Huckebein verläßt das Becken.

Und schnell betritt er, angstbeflügelt,
Die Wäsche, welche frisch gebügelt.

O weh! Er kommt ins Tellerbord;
Die Teller rollen rasselnd fort.

Auch fällt der Korb, worin die Eier –
O jemine! – und sind so teuer!

Patsch! fällt der Krug. Das gute Bier
Ergießt sich in die Stiefel hier.

Und auf der Tante linken Fuß
Stürzt sich des Eimers Wasserguß.

Sie hält die Gabel in der Hand,
Und auch der Fritz kommt angerannt.

Perdums! da liegen sie. – Dem Fritze
Dringt durch das Ohr die Gabelspitze.

Dies wird des Raben Ende sein –
So denkt man wohl – doch leider nein!

Denn – schnupp! – Der Tante Nase faßt er;
Und nochmals triumphiert das Laster!

Jetzt aber naht sich das Malheur,
Denn dies Getränke ist Likör.

Es duftet süß. – Hans Huckebein
Taucht seinen Schnabel froh hinein.

Und läßt mit stillvergnügtem Sinnen
Den ersten Schluck hinunterrinnen.

Nicht übel! – Und er taucht schon wieder
Den Schnabel in die Tiefe nieder.

Er hebt das Glas und schlürft den Rest,
Weil er nicht gern was übrig läßt.

Ei, ei! Ihm wird so wunderlich,
So leicht und doch absunderlich.

Er krächzt mit freudigem Getön
Und muß auf einem Beine stehn.

Der Vogel, welcher sonsten fleucht,
Wird hier zu einem Tier, was kreucht.

Und Übermut kommt zum Beschluß,
Der alles ruinieren muß.

Er zerrt voll roher Lust und Tücke
Der Tante künstliches Gestricke.

Der Tisch ist glatt — der Böse taumelt —
Das Ende naht, — sieh da! er baumelt!

„Die Bosheit war sein Hauptpläsier,
Drum" — spricht die Tante — „hängt er hier!!"

WILHELM BUSCH, in *Das große Wilhelm Busch Hausbuch*

Inhaltsfragen

1. Was ist Huckebein?
2. Wie ist er?
3. Womit macht er sich weiter unbeliebt (a) bei Tante Lotte, (b) beim Hund und (c) bei der Katze?
4. Wie beeinflußt ihn der Alkohol?
5. Was passiert am Ende mit Huckebein?
6. Hat der Rabe menschliche Charakterzüge? Wenn ja, welche?
7. Wie lautet die Moral? Was halten Sie davon?

Das sollten Sie wissen

das Verbot, -e

der Alkohol
Alkoholiker, -
Handel ≠ Händler, -
Konflikt, -e
(Nicht)raucher, -
Rauch ≠ Rausch
Schutz
das Rauschgift, -e

die Behandlung, -en
Beziehung, -en
Droge, -n
Flucht
Gesundheit — Krankheit
Pfeife, -n
Strafe, -n
Wirklichkeit
Zigarette, -n ≠ Zigarre, -n

handeln ≠ behandeln
(be)strafen
(sich) entwickeln
existieren
gelten
gewinnen — verlieren
passieren
rauchen
riskieren
schlafen
schützen
sterben
verbieten
verwöhnen

abhängig = süchtig
aggressiv
(anti)sozial
apathisch
betrunken
charakteristisch
deprimiert
kriminell
rücksichtslos
schädlich
(un)sicher
verbreitet

Lotterie

Wortschatzübung

1. Lesen Sie laut!

der Alkoholrausch, Rauschgifthändler, Zigarettenrauch; das Lotteriespiel, Rauchverbot; die Drogenbehandlung, Wirklichkeitsflucht

2. Wie heißen die . . .?

a. Verben

der Gewinn, Handel, Schlaf, Schutz, Verlust; das Verbot; die Behandlung, Entwicklung, Existenz, Geltung, Raucherin, Strafe

b. Adjektive

der Betrunkene; die Abhängigkeit, Aggressivität, Apathie, Charakteristik, Kriminalität, Rücksichtslosigkeit, Schädlichkeit, Sicherheit, Verbreitung

c. Verbformen

gelten, gewinnen, schlafen, sterben, verbieten, verderben, verlieren

3. Geben Sie das Gegenteil!

der Raucher; die Krankheit; erlauben, gewinnen, sicher, sozial

4. Erklären Sie den Unterschied!

der Alkohol ≠ der Alkoholiker
der Rauch ≠ der Rausch
die Zigarette ≠ die Zigarre
das Verbot ≠ die Strafe
handeln ≠ behandeln

5. Wie definieren Sie das?

der Konflikt; das Rauschgift; die Flucht, Pfeife, Wirklichkeit; aggressiv, apathisch, betrunken, deprimiert, verbreitet

6. Sagen Sie es anders!

z.B. Das ist *ein echtes Problem.* **Das ist ein echter Konflikt.**

Leute, die vom Alkohol abhängig sind, sind oft selbstunsichere Menschen.
Leute, die rauchen, sind manchmal sehr rücksichtslos.
Zigarettenrauch *schadet der Gesundheit.*
Der Rausch ist *ein Wegrennen* vor der Wirklichkeit.
Dasselbe *ist auch wahr* für Drogensüchtige.
Kinder, die immer alles bekommen, haben es nicht immer leicht im Leben.
Geld *ruiniert* manchmal den Charakter.
Wo bist du? Warum sitzt du so *still und teilnahmslos* in der Ecke?
Was ist *geschehen?*
Der Fahrer, der meine Katze überfahren hat, *hatte zu viel getrunken.*
Autofahren unter Alkoholeinfluß sollte *eine schwere Strafe bekommen.*

7. Sprechen wir über die Bilder dieses Kapitels!

Gespräche und Diskussionen

1. „Was waren wir doch für Engel!" Sie waren bestimmt auch nicht immer lieb. Erzählen Sie von Streichen *(pranks),* die Sie (und Ihre Geschwister) zu Hause angestellt haben. Was waren die Folgen? Kennen Sie auch jemand wie Tante Lotte? Beschreiben Sie die Person?

2. Für und wider das Rauchen. Nehmen Sie Stellung zu Freudmann und Tiburtius! Rauchen Sie? Warum (nicht?) Wo gibt es bereits eine Trennung von Rauchern und Nichtrauchern? Wo sollte es auch verboten sein? Was tun Sie, wenn jemand bei Ihnen zu Hause nach dem Aschenbecher *(ashtray)* fragt?
3. Alkoholismus und Rauschsucht. Was verstehen Sie darunter (nicht)? Wer ist besonders gefährdet? Warum werden sie abhängig? Was ist oft das Resultat? Sollte es bestraft werden? Wie kann man Menschen dagegen schützen? Wie kann geholfen werden?
4. Was passiert, wenn man an Ihrer Uni oder in Ihrer Verbindung raucht, trinkt oder Drogen nimmt? Was ist sonst noch verboten? Gelten diese Verbote auch außerhalb der Uni?
5. Für und wider das Alkoholverbot unter 21. Sollte man, wenn man mit 18 im Beruf stehen darf, in die Armee gehen darf, heiraten darf . . . nicht auch Alkohol trinken dürfen? Wie stehen Sie dazu?
6. Geld verdirbt den Charakter. Warum verwöhnen viele Eltern ihre Kinder? Was ist oft das Resultat? Wie kann man Kinder lehren, richtig mit dem Geld umzugehen? Was sollten sich Jugendliche selbst verdienen? Wofür geben Sie das meiste Geld aus?
7. Für und wider das Mittagsschläfchen. Verschlafen wir zu viel Zeit in unsrem Leben? Wieviel Stunden Schlaf brauchen Sie? Was passiert, wenn Sie weniger schlafen? Was tun Sie, wenn Sie nicht schlafen können?
8. Für und wider (a) die Lotterie, (b) Spielkasinos.
9. Was bedeuten diese Sprichwörter?
   - Geld verdirbt den Charakter.
   - Die Glücklichen sind reich, die Reichen nicht immer glücklich.

Aufsätze

1. Raucher sind rücksichtslos.
2. Ein Problem unserer Zeit.
3. Benutzen Sie eins der oben genannten Sprichwörter als Titel!

KAPITEL 19

Überbevölkerung

Die wachsende Menschenlawine

Neben einem atomaren oder mit biologischen Waffen° geführten Krieg° steht die rasche° Vermehrung° der Weltbevölkerung heute an der Spitze° der großen Gefahren, die der Menschheit drohen. Dabei sind die Hungersnöte° als Folge° dieser Entwicklung nur ein Teilproblem. Schwerer fast wiegt° die Frage, wie es 5 um die Menschenwürdigkeit° einer Existenz° bestellt sein wird°, die unter dem zunehmenden° Streß des massenweisen, engen Über-, Unter- und Beieinanderwohnens . . . mit sich selber fertig werden soll. Hier geht es um die Würde° jedes einzelnen° von uns, und wenn wir Heutigen von diesem Problem noch wenig betroffen° sind, so doch spätestens unsere Kinder. Mit Recht 10 warnte der schottische Psychiater Professor George M. Carstains . . ., daß man die irrationalen Kräfte° nicht unterschätzen° möge, die in einem Menschenkollektiv ausbrechen° können, wenn die traditionellen Sozialstrukturen bei ungehinderter menschlicher Massenvermehrung zusammenbrechen° . . ..

weapons / war
fast / increase / top
famines / consequence
weighs
. . . worth / existence / will be
increasing

dignity / individual
affected

powers / underestimate
break out
collapse

Hier bin ich. Was wird werden?

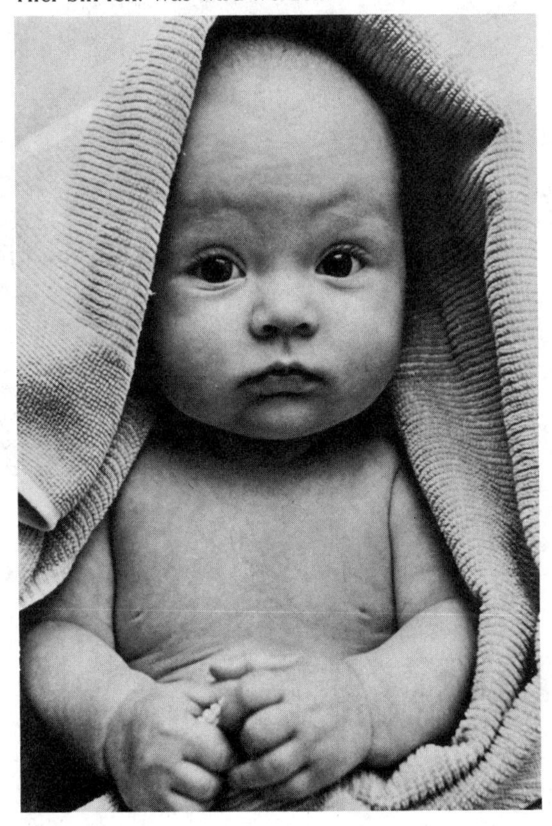

Ebenso° wie die erschreckenden° Vermehrungszahlen, so sind die Ursachen°
15 für die Springflut° menschlichen Lebens bekannt: Medizin und Sozialhygiene nehmen dem Tod heute immer öfter die Entscheidung darüber ab, wann er ein Menschenleben auslöschen° darf. Sinkende Mütter- und Kindersterblichkeit°, das wachsende Durchschnittsalter bei gleichbleibender Geburtenrate° und die Erfolge der Antibiotika-Therapie haben das Bevölkerungsproblem herauf-
20 beschworen°, das heißt, sie haben erst damit begonnen, es heraufzubeschwören. Denn der größte Teil der Menschen wartet ja noch auf den Segen° der Medizin. Darum ist es für jeden vernünftigen Menschen ein Gebot° der Sittlichkeit°, das gestörte° Gleichgewicht° durch humane Maßnahmen° wiederherzustellen. Die Geburtenrate muß der Sterberate° wieder angepaßt°
25 werden, wenn wir unsere Existenz . . . nicht aufs Spiel setzen° wollen. Das aber heißt: Der schon so perfekt praktizierten Todeskontrolle muß eine weltweite Geburtenkontrolle zur Seite gestellt° und zugleich müssen alle Möglichkeiten der Wirtschaftshilfe ausgeschöpft° werden. Andernfalls° werden wir das zunichte machen°, was Generationen vor uns an kulturellen Werten
30 aufgebaut haben und was uns das Leben lebenswert macht. Geschieht nichts oder zu wenig . . . so wird die Natur über Aggressionen, Neurosen oder andere, vielleicht untermenschlichere° Mechanismen bereit sein, sich des Bevölkerungsproblems anzunehmen°. Sie wird dann nicht danach fragen, ob ihr Verfahren° unseren Moralbebegriffen gerecht wird°.

THEO LÖBSACK, in *Westermanns Monatshefte*

just like / shocking / causes
flood
extinguish / . . . mortality
birth rate
brought on
blessing
command / morality / imbalanced / equilibrium / measures
death rate / adjusted
risk
matched
exhausted / otherwise
destroy
subhuman
take care of
way of handling / agrees with our codes of ethics

Inhaltsfragen

1. Was steht heute mit an der Spitze der großen Gefahren?
2. Welches Teilproblem bringt das mit sich?
3. Warum ist es wichtig, daß der Mensch ab und zu für sich allein ist?

Viele warten noch auf den Segen der Medizin.

Auf dem Friedhof

4. Wovor warnt Carstains?
5. Was sind einige Gründe für die wachsende Menschenlawine?
6. Wie kann man die heraufbeschworene Katastrophe verhindern?

Wie werden wir uns ernähren?

Unter der Voraussetzung°, daß in den heute noch sehr rückständigen° Teilen der Weltlandwirtschaft auch nur einigermaßen° moderne Methoden Eingang finden°, darf man es wagen° vorauszusagen°, daß um die Jahrtausendwende° der größte Teil der Bevölkerung der Welt in dem Zustand der Fülle° leben
5 kann, in dem heute die Menschen in den Vereinigten Staaten und in Europa leben . . .. Überall auf der Erde werden nicht die Menschen die Tendenz

condition / backward
somewhat
get introduced / dare / predict / around the year 2000 / affluence

haben, sich rascher° zu vermehren als ihre Nahrungsmittelmengen°, sondern die Nahrungsproduktion wird die Tendenz haben, rascher zu wachsen, als die Bevölkerung steigt . . ..

faster / . . . quantities

FRITZ BAADE, in *Wie leben wir morgen?*

10 Weil die Bauern mehr produzieren wollen, benutzen sie mehr künstlichen Dünger und Hormone. Weil die Nahrungsmittel schöner aussehen sollen und länger halten sollen, haben sie mehr Farbstoffe und Präservierungsmittel. Was aber geschieht mit dem Menschen? Sieht er nicht, daß er sich langsam aber sicher selbst vergiftet? Sollen doch die Eier kleiner sein! Sollen doch die 15 Erbsen weniger grün sein und das Fleisch nicht so lange halten! Lohnt es sich°, deswegen° unsre Existenz aufs Spiel zu setzen°?

is it worthwhile / because of that / risk

SIBYLLE

Inhaltsfragen

1. Wovon spricht Baade?
2. Was für ein Bild der Zukunft hat er?
3. Warum benutzen die Bauern mehr Dünger und Hormone?
4. Warum benutzt die Lebensmittelindustrie mehr Farbstoffe und Präservierungsmittel?
5. Wovor warnt Sibylle?

Zum Thema Abtreibung

Du sollst nicht töten, heißt es in der Bibel. Zur gleichen Zeit werden tagein tagaus ungewollte Babys abgetrieben. „Es sei besser," heißt es, „sie kämen erst gar nicht auf die Welt, als daß sie ein Leben lang als Ausgestoßene° leiden." Dazu sage ich nur, der Egoismus dieser Menschen stinkt! Warum lassen sie die 5 Kinder nicht adoptieren und machen damit andere glücklich?

outcasts

ein Kritiker

Warum ist Abtreibung in der DDR erlaubt? In der DDR geht man davon aus, daß es zur Freiheit der Persönlichkeit° gehört, die Frau selbst entscheiden zu lassen, ob und wann sie ein Kind möchte. Keine Frau soll Angst vor einer ungewollten Schwangerschaft haben. Die Ehepartner sollen den Zeitpunkt einer 10 ersten Schwangerschaft und die Abstände° zu weiteren sinnvoll bestimmen° können. Ein gewolltes Kind wird von der Mutter stets mit größerer Liebe ausgetragen, geboren und gepflegt° als ein mehr oder weniger zufällig° gezeugtes°. Deshalb gibt es in der DDR sowohl auf ärztliches Rezept° kostenlos empfängnisverhütende Mittel° als auch die Möglichkeit, auf Wunsch der Frau 15 die Schwangerschaft zu unterbrechen, und zwar während der ersten drei Monate, danach nur bei Gefahr für das Leben der Mutter oder anderen schwerwiegenden Umständen°. Die Abtreibung° darf nur in Krankenhäusern erfolgen°, die Kosten trägt die Sozialversicherung° . . ..

personality

intervals / determine

nurtured / by chance

conceived / prescription

contraceptions

circumstances / abortion

be done / social insurance

in *Jugend der DDR heute*

Inhaltsfragen

1. Wie unterscheiden sich die beiden Artikel in ihrer Ansicht über die Abtreibung?
2. Worauf basiert der Kritiker seine Meinung?
3. Was hält er von der Idee, daß ungewollte Kinder lieber gar nicht erst geboren werden?
4. Welche Alternative schlägt er vor?
5. Wie steht die DDR zur Abtreibung?

6. Worauf basiert sie ihre Entscheidung?
7. Bis zu welchem Zeitpunkt darf die Schwangerschaft unterbrochen werden?
8. Wo darf sie nur geschehen?
9. Wer bezahlt dafür?
10. Wofür bezahlt sie auch, um es gar nicht erst zur Schwangerschaft kommen zu lassen?

Die Entwicklung der Menschheit

Einst haben die Kerls° auf den Bäumen gehockt°,
behaart und mit böser Visage°.
Dann hat man sie aus dem Urwald° gelockt°
und die Welt asphaltiert und aufgestockt°
5 bis zur dreißigsten Etage.

Da saßen sie nun, den Flöhen° entflohn°, in zentralgeheizten° Räumen.
Da sitzen sie nun am Telephon.
Und es herrscht noch° genau derselbe Ton
wie einerzeit° auf den Bäumen°.

10 Sie hören weit. Sie sehen fern.
Sie sind mit dem Weltall° in Fühlung°.
Sie putzen die Zähne. Sie atmen modern.
Die Erde ist ein gebildeter° Stern
mit sehr viel Wasserspülung°.

15 Sie schießen die Briefschaften° durch ein Rohr°.
Sie jagen° und züchten° Mikroben.
Sie versehn° die Natur mit allem Komfort.
Sie fliegen steil in den Himmel empor°
und bleiben zwei Wochen oben.

guys / squatted
face
jungle / lured
piled up
fleas / escaped / centrally heated
there still exists
once / trees
universe / in touch
educated
plumbing
correspondence / tube
hunt / grow
equip
high up

20 Was ihre Verdauung° übrigläßt°,
das verarbeiten sie zu Watte°.
Sie spalten° Atome. Sie heilen Inzest.
Und sie stellen durch Stiluntersuchungen° fest°,
daß Cäsar Plattfüße° hatte.

25 So haben sie mit dem Kopf und dem Mund
den Fortschritt der Menschheit geschaffen°.
Doch davon mal abgesehen° und
bei Lichte betrachtet°, sind sie im Grund°
noch immer die alten Affen°.

digestion / leaves over
recycle as cotton
split
analysis / determine
flat feet

created
apart from that
at a close look / basically
monkeys

ERICH KÄSTNER, in *Bei Durchsicht meiner Bücher*

Inhaltsfragen

1. Wovon soll gemäß Darwin der Mensch abstammen?
2. In was für einem Ton ist das Gedicht geschrieben?
3. Worin sieht Kästner den Fortschritt der Menschheit?
4. Wo zweifelt er am Menschen?

Das sollten Sie wissen

die Medizin

das Baby, -s
Leben — der Tod
Organ, -e

die Abtreibung, -en
Adoption, -en
Entscheidung, -en
Geburt, -en — der Tod
Geburtenkontrolle
Operation, -en
Pille, -n
Schwangerschaft, -en
Verpflanzung, -en

ab·treiben
adoptieren
geboren werden
heilen
leiden
operieren

schlucken
sinken — wachsen
spenden — empfangen
sterben ≠ töten
unterbrechen
verhindern
verlängern — verkürzen
verpflanzen

gesund(ü) — krank
individuell
juristisch
lebenswert
medizinisch
moralisch
natürlich — künstlich
schwanger
tot — lebendig
(un)menschlich

die (Über)bevölkerung

der Dünger
Farbstoff, -e

das Hormon, -e
Präservierungsmittel

die Entwicklung, -en
Ernährung
Existenz
Landwirtschaft
Menschheit

benutzen
drohen
(sich) ernähren
gefährden
halten ≠ enthalten
hungern ≠ verhungern
produzieren
vergiften
sich vermehren
vernichten

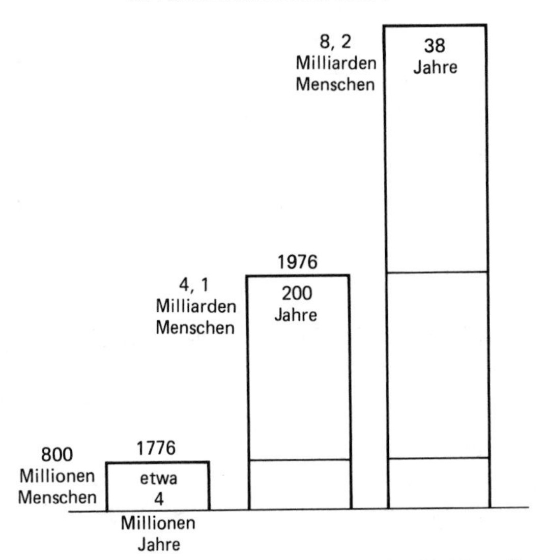

Die Weltbevölkerung, eine Zeitbombe: Anfangs wuchs die Weltbevölkerung langsam. Um 1776 gab es etwa 4,1 Millionen Menschen. Mit einer niedrigeren Todesstrafe nahm die Bevölkerung alarmierend zu. In 200 Jahren wuchs sie auf 4,1 Millionen Menschen. Während es einst zehntausende von Jahren dauerte bis sich die Bevölkerung verdoppelte, wird sich diese Zahl in nur 38 Jahren wieder verdoppeln.

Wortschatzübung

1. Lesen Sie laut!

der Operationstisch; das Abtreibungsverbot, Adoptionskind; die Babypille, Geburtenkontrolle, Menschheitsentwicklung, Organverpflanzung, Schwangerschaftsunterbrechung

2. Wie heißen die . . .?

a. Hauptwörter

adoptieren, düngen, sich ernähren, existieren, geboren werden, operieren, töten, verpflanzen

b. Adjektive

der Jurist, Mensch, Tod; das Individuum, Leben; die Kunst, Medizin, Moral, Natur, Schwangerschaft

c. Verbformen

abtreiben, empfangen, enthalten, leiden, sinken, sterben, unterbrechen, wachsen, werden

d. Plurale

der Farbstoff; das Baby, Hormon, Präservierungsmittel; die Abtreibung, Adoption, Entscheidung, Geburt, Operation, Verpflanzung

3. Geben Sie das Gegenteil!

das Leben; geboren werden, empfangen, sinken, verkürzen, gesund, künstlich, menschlich, tot

4. Erklären Sie den Unterschied!

sterben ≠ töten
halten ≠ enthalten
hungern ≠ verhungern

5. Wie definieren Sie das?

der Dünger, Farbstoff; das Hormon, Präservierungsmittel; die Landwirtschaft, Überbevölkerung; gefährden, heilen, vergiften

6. Wie geht's weiter?

In der Landwirtschaft wird zu viel . . . benutzt.
Unsere Nahrungsmittel enthalten zu viele . . .
Die Bevölkerung der Welt . . . unheimlich schnell.
Obwohl in Landwirtschaft viel produziert wird, gibt es überall . . .
Die Medizin hat das Leben enorm . . .
Die Medizin kann jetzt viele verschiedene Organe . . .
Trotzdem gefährden wir unsere Existenz, weil das Leben in der Masse oft . . .
Es wäre schade, wenn . . .

7. Sprechen wir über die Bilder dieses Kapitels!

8. Spiel: Wörter zerlegen.
Bilden Sie mit jedem Buchstaben eines bestimmten Wortes ein neues Wort! (ß = ss)

z.B. D R O H E N *Dünger, rot, operieren, hungern, ernähren, natürlich*

Wer als erster fertig ist, ruft, „Stop!" Niemand schreibt weiter. Nun wird verglichen. Wörter, die mehrmals gefunden wurden, gelten nicht. Alle anderen haben 10 Punkte. Man kann dieses Spiel mit immer neuen Wörtern lange weiterspielen, oder man hört nach ein paar Wörtern auf.

Gespräche und Diskussionen

1. Verschiedene Vertreter der Vereinten Nationen in Genf werden von Ihnen (der Klasse) interviewt. Unter den Vertretern befinden sich ein paar Asiaten, Afrikaner, Europäer, Südamerikaner und Nordamerikaner. Das Thema lautet: Was tun mit der wachsenden Menschenlawine? Wie sieht es momentan in deren Ländern aus? Wie sieht die Zukunft aus?
2. Die Medizin: Segen oder Fluch? Greifen wir zu schnell zum Medikament oder zum Messer statt zu natürlichen Heilmitteln? Welche Medikamente werden viel genommen? Welche Gefahren liegen darin? Welche Alternativen gibt es? (Reformhaus, Chiropraktiker, natürliche Heilmittel aus Großmutters Zeiten . . .)?
3. Für und wider die Herzverpflanzung und andere Organspenden. Sind Sie bereit, Organspender zu sein? Warum (nicht)? Welche medizinischen, juristischen und moralischen Probleme gibt es dabei?
4. Für und wider die Geburtenkontrolle. Wer soll dafür bezahlen? Wer ist dafür verantwortlich: das Individuum, die Eltern, der Arzt oder der Staat?
5. Für und wider die Abtreibung. Sollte sie verboten sein oder eine individuelle Entscheidung bleiben? Was für Bedingungen würden Sie dazu setzen? z.B. nur im Krankenhaus, nur bis zu einer gewissen Zeitgrenze, nur für Vergewaltigte *(rape victims . . .)* Wer sollte dafür bezahlen?
6. Was meint Löbsack, wenn er sagt „Die Geburtenrate muß der Sterberate wieder angepaßt werden, wenn wir unsere Existenz nicht aufs Spiel setzen wollen?"
7. Für und wider die Adoption? Wer adoptiert, und aus was für Gründen werden Kinder zur Adoption freigegeben? Was spielte eine größere Rolle, die Vererbung *(heredity)* oder die Umgebung? Würden Sie Kinder adoptieren wollen? In welchem Alter? Auch wenn Sie eigene Kinder hätten oder statt eigenen? Würden Sie den Kindern sagen, daß sie adoptiert sind? Wenn ja, wann und wie? Wenn nein, warum nicht?
8. Was sieht Löbsack als große Gefahr der Vermassung? Was meint er, wenn er warnt, daß im Notfall „die Natur über Aggressionen, Neurosen oder andere, vielleicht untermenschlichere Mechanismen bereit sein (wird), sich des Bevölkerungsproblems anzunehmen?" Was für Gefühle haben Sie, wenn Sie in einer Großstadt oder beim Weihnachtseinkauf von Menschenmassen umgeben sind? Werden Sie dann manchmal aggressiv? Warum braucht jeder Mensch ab und zu Raum und Ruhe? Was geschieht, wenn er das nicht hat?
9. Für und wider Chemie in der Landwirtschaft und in unsren Nahrungsmitteln. Warum wird sie

benutzt, und welche Gefahren sind damit verbunden? Wären Sie bereit, die Konsequenzen zu tragen, wenn es sie nicht gäbe? Geben Sie Beispiele!

10. Überbevölkerung und Ernährung. Wie sieht das in anderen Ländern aus? Haben wir genug für uns selber? Wie stellen Sie sich das um das Jahr 2020 vor?
11. Die Entwicklung der Menschheit. Wie schildert sie Kästner? Stimmen Sie damit überein? Wie sehen Sie sie? Sind Sie ein Pessimist oder Optimist? Warum?
12. Was bedeuten diese Sprichwörter?
    - Not bricht Eisen.
    - Not kennt kein Gebot.

Aufsätze

1. Die Medizin, Segen oder Fluch?
2. Für oder wider die Abtreibung.
3. Für oder wider die Geburtenkontrolle.
4. Was tun, wenn das Leben nicht mehr lebenswert ist?
5. Benutzen Sie eins der oben genannten Sprichwörter als Titel!

KAPITEL 20

Umweltschutz

Wir sind ein Teil der Erde

Wir sind ein Teil der Erde, und sie ist ein Teil von uns . . .. Der weiße Mann behandelt seine Mutter, die Erde, und seinen Bruder, den Himmel, wie Dinge° zum Kaufen und Plündern°, zum Verkaufen wie Schafe° oder glänzende Perlen° . . .. Was die Erde befällt, befällt auch die Söhne der Erde.

things
plunder / sheep
shiny pearls

Chief Seattle vor dem amerikanischen Präsident (1855)

Werdet „smart"

Naturschützer zählen das Wattenmeer° zu den wichtigsten Feuchtgebieten° der Welt, das daher besonders schutzbedürftig° sei. Auf jedem Quadratmeter° Watt leben 50 000 Krebse°, Schnecken° und Würmer°. Im Frühjahr und Herbst halten sich im Watt Hunderttausende Vögel aus Nordeuropa und der Arktis auf°.
5 Manche Arten° sind dann mit ihrem gesamten Bestand° dort vertreten° . . ..

shallows / wet lands
needing protection / square meters
crabs / snails / worms
stay
kinds / total amount / represented

Auf Jahrzehnte geschädigt würde die empfindliche° Küstenzone, wenn auch nur ein Öltanker in der Deutschen Bucht° verunglückte° . . .. Ebenso groß wie das Ölrisiko° ist die Gefahr, daß die Einleitung° von giftigen Abwässern in die Nordsee auch das Wattenmeer ruiniert . . ..

sensitive
bay / had an accident
. . . risk / flow

JOCHEN BÖLSCHE, in *Der Spiegel*

Rettet die Nationalparks!

Die Fläche° aller amerikanischen Nationalparks entspricht° etwa der Hälfte° der Bundesrepublik°. Auch diesen „Geschenken Gottes" droht° die Vernichtung. Sie leiden an Übernutzung° und Unterfinanzierung. Gegen von außen kommende Umweltverschmutzung bleiben sie ungeschützt: Auspuffgase eines endlosen
5 Stroms von Touristenbussen verpesten die Luft; giftige Abgase von Kupferschmelzen° und Kohlekraftwerken, die mehrere hundert Kilometer entfernt° liegen, lassen über dem Grand Canyon an mindestens hundert Tagen im Jahr einen Smog-Vorhang fallen, der den Blick völlig blockiert oder grau trübt°. In der Nähe von Utahs Monument Valley soll eine Autommüll-Deponie°
10 gebaut werden. Rettet die Nationalparks! Es ist später als ihr denkt!

area / equals / half of / West Germany / threatens
overuse
copper smelters
away
clouds / dump

nach *New Yorker Staatszeitung und Herold*

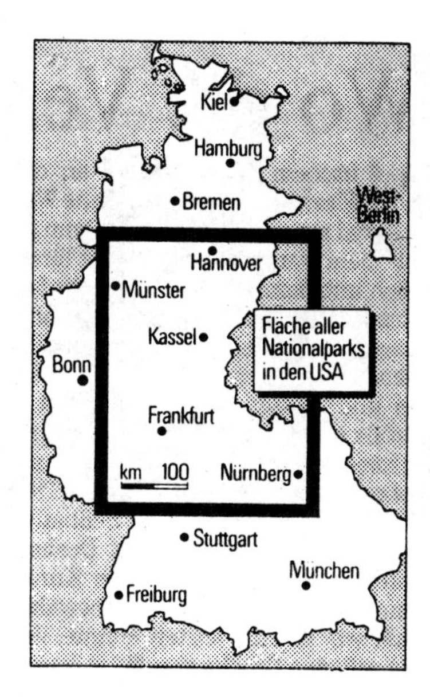

Es war einmal . . . ein Wald

Die Bundesrepublik gehört zu den vier größten Industrienationen der Erde, und dennoch° ist sie auch ein Land mit viel Wald. Auf 7,2 Milliarden° Hektar° Fläche (etwa ein Drittel° der Bundesrepublik), stehen 20 Milliarden Bäume. Das sind 1000 Bäume auf drei Menschen . . ..

yet / billion / 1 sq. mile = 259 ha
third

5 Der Wald schafft Lebensqualität. Er liefert° Sauerstoff und Wasser, Holz° und Nahrung, und er ist ein wichtiges Erholungsgebiet° . . .. „Nicht mehr lange," sagen die Experten, denn der Wald ist krank. Todkrank. Industrie, Autos und Kraftwerke verschmutzen die Luft mit giftigen Stoffen°. Mit dem Regen kommt das Gift in den Boden. Die Bäume, Gräser und Pflanzen nehmen es auf. Schon 10 heute sind zwei von den sieben Milliarden Hektar Wald unheilbar° krank oder tot. Fast alle Tannen°, zwei Drittel der Kiefern° und die Hälfte der Fichten° verlieren° ihre Nadeln° und sterben.

supplies / wood
recreation area
materials
incurably
firs / Scots pines / spruce
lose / needles

Nur ein Mittel° kann helfen: die Luft muß sauberer werden. Kraftwerke und Fabriken müssen bessere Filter in die Schornsteine einbauen. Autos brauchen 15 „sauberere" Motoren. Heizungen° müssen besser überprüft° werden. Mit neuen, strengeren° Umweltschutzgesetzen° wollen die Politiker° den Wald retten. Aber das Gift kommt nicht nur aus Deutschland. Etwa° die Hälfte kommt mit dem Wind aus den Nachbarländern. Auch dort sind die Wälder in Gefahr. Nur wenn ganz Europa zusammenarbeitet, kann die Katastrophe verhindert° werden. Es 20 ist ein Wettlauf° mit der Zeit.

thing
heating systems / checked
stricter / . . . laws / politicians
about
prevented
race

nach *Jugendscala*

Inhaltsfragen

1. Als was sieht Chief Seattle (a) die Erde, (b) den Himmel?
2. Was macht der weiße Mann damit?
3. Was geschieht, wenn die Erde krank wird oder stirbt?
4. Welches besondere Problem spricht Bölsche an?
5. Was ist so besonders am Wattenmeer?
6. Was wäre eine Katastrophe?

7. Welche Gefahr laufen das Wattenmeer und die Nordsee?
8. Wie nennt der Naturfreund die amerikanischen Nationalparks?
9. Wodurch sind auch sie gefährdet?
10. Wie groß ist ihre Fläche im Vergleich zur Bundesrepublik?
11. Wieviel Wald hat die Bundesrepublik?
12. Warum ist der Wald wichtig?
13. Was ist das traurige Resultat der Luftverschmutzung für den Wald?
14. Wie wollen die Politiker den Wald retten?
15. Warum muß ganz Europa zusammenarbeiten?
16. Was bedeutet „Es ist ein Wettlauf mit der Zeit"?

Impressionen aus der Welt von morgen

Nur etwa 20 Prozent° der jungen Leute wollen Konsumgüter° besitzen° (Auto, Video- und Stereoanlage°) oder weite Reisen machen. Ganz anders als die heute Vierzigjährigen. Sorgen° um die Umwelt sind wichtiger. Man redet von Natur- und Tierschutz, von „Greenpeace" und Dioxin . . . .

percent / . . . goods / own
. . . set
worries

Etwa die Hälfte der Jugendlichen spricht von Hoffnungen auf eine bessere Zukunft. Mit neuen technischen Mitteln wird die Welt vor dem Untergang° gerettet. „Autos fahren mit Sonnenenergie. Der saure Regen wird durch ein besonderes Filtersystem gestoppt, und die Pflanzen werden wieder gesund. Das Waldsterben ist zu Ende, weil immer mehr Leute glauben, daß eine saubere Umwelt wichtiger ist als Geld. Industrie gibt es nur noch auf dem Mond. Es gibt wieder mehr Bauern, das Meerwasser wird entsalzt° und Wüste° in Ackerland° verwandelt°. Von der Erde werden monatlich 1000 Tonnen radioaktiver Müll mit dem Space Shuttle in den Weltraum geflogen. Ein japanischer Professor hat die Sauerstoffpille erfunden . . . . Auch aus der Zukunft kann man lernen.

ruin
unsalted / desert
farmland / changed into

PETER BAUER, in *Jugendscala*

Inhaltsfragen

1. Was ist den jungen Leuten von heute wichtiger als Autos, Videoanlage und Reisen?
2. Worauf setzen sie große Hoffnungen?
3. Womit werden die Autos fahren?
4. Wie wird der saure Regen gestoppt?
5. Wohin wird die Industrie verbannt?

6. Was geschieht mit der Wüste?
7. Wohin bringt man den Atommüll?
8. Ist die Einstellung der Jugendlichen zur Zukunft optimistisch oder depressiv?

Denkmalschutz: Zum Beispiel Graz

Jahrhunderte Geschichte haben die Grazer° Altstadt geprägt°. Bei 56 Bombenangriffen° des letzten Krieges° sind der Altstadt viele Wunden geschlagen worden°. In den letzten Jahren ließen jedoch nicht Bomben alte Häuser in Schutt° sinken, sondern moderne, unpersönliche Hochhäuser wuchsen auf Plätzen, wo sie als Fremdkörper wirken° . . . . (5)

Als der Grazer Bürgermeister° darauf bestand°, daß eine Autobahn quer durch° die Stadt geführt werden sollte, protestierten die Bürger° so sehr, daß er bei den nächsten Wahlen° seinen Posten verlor. Und als im Hof° einer der bedeutendsten Renaissancebauten mit Probebohrungen° für eine Tiefgarage begonnen wurde, rief die „Grazer Kleine Zeitung" zur Großaktion auf. Ihr Initiator formulierte vier Forderungen°: (10)

- Wir kämpfen° für die Erhaltung° wertvoller Bauten.
- Wir fordern echte Fußgängerzonen.
- Wir fordern Parkgaragen am Rand° der Altstadt.
- Wir treten für eine Verbesserung des öffentlichen Verkehrs ein° . . . . (15)

In einem Zeitraum° von drei Monaten gingen 107.571 Unterschriften° aus Österreich und zahlreichen Ländern der Welt ein. Politiker, Wissenschaftler, Architekten und Städteplaner waren bereit°, an dieser Aktion mitzuarbeiten.

town in Austria / shaped
. . . attacks / war
i.e. was damaged
rubble
appear as
mayor / insisted / right through
citizens
elections / courtyard
test drillings
demands
fight / preservation
at the edge of
are for
time period / signatures
willing

Die sanierte Altstadt soll zu neuem Leben erweckt° werden und nicht museal°
20 konserviert werden. Die Funktion „Wohnen" muß bleiben. Darüber hinaus° soll
durch den Ausbau der Hochschule, von Bibliotheken und Archiven ein
kulturelles Zentrum geschaffen werden. Restaurants und Studentenbars können
in den Altstadtbauten Platz finden und zu Treffpunkten° geistig° interessierter
Menschen werden. Auch Buchhandlungen°, Antiquariate° und Boutiquen
25 werden den Bereich° attraktiver machen. Das Leben in den Städten muß wieder
menschlicher werden . . . .

erweckt: brought / museal: like a museum
hinaus: beyond that
Treffpunkten: gathering places / geistig: intellectually
Buchhandlungen: bookstores / Antiquariate: antique shops
Bereich: area

EDMUND LORBECK, in *Westermanns Monatshefte*

Inhaltsfragen

1. Was ist so besonders an Graz?
2. Was hat in den letzten Jahren dort viel Schaden angerichtet?
3. Wie wirken diese Neubauten?
4. Wie kam es zur Großaktion „Rettet die Altstadt"?
5. Was wurde gefordert?
6. Wie kann man das Zentrum menschlicher machen?
7. Welche Funktion muß erhalten werden?
8. Was darf nicht getan werden?

Das sollten Sie wissen

die Umwelt

der Autofriedhof, ¨e
Bau, -ten = das Gebäude, -
Boden
Lärm = Krach
Müll
saure Regen
Sauerstoff
Schaden, ¨
Schmutz = Dreck
Schornstein, -e
Schutz

das Abwasser, ¨
Benzin
Denkmal, ¨er
Gas, -e
Abgas
Auspuffgas
Gift, -e
Hochhaus, ¨er
Kraftwerk, -e
Öl

die Altstadt, ¨e
Energie
Fabrik, -en
Katastrophe, -n
Krise, -n
Luft
Natur
Verschmutzung

atmen
bauen — ab·reißen
blockieren
erfinden
erhalten
fordern
leiden (an)
reduzieren
renovieren ≠ sanieren
retten
riechen ≠ stinken
ruinieren = zerstören

schädigen
schaffen
schützen
sparen — verschwenden
sterben
stören
vergiften
verschmutzen = verpesten
verschönern
weg·werfen

giftig
kaputt
schmutzig — sauber
schwerhörig
wertvoll

Ich habe den Eindruck, daß . . .
Es kommt mir . . . vor.
Ich bedaure, daß . . .
Ich bin überzeugt, daß . . .
Es freut mich, daß . . .

Wortschatzübung

1. Lesen Sie laut!

der Abwassergestank, Altstadtlärm, Bauschaden, Fabrikschornstein, Naturschutz; das Atomkraftwerk, Giftgas, Waldsterben; die Benzinkrise, Bodenverschmutzung, Luftverpestung, Sauerstoffreserven, Umweltkatastrophe

2. Wie heißen die . . .?

a. Verben

der Atem, Bau, Gestank, Schutz; das Gift; die Blockade, Forderung, Reduktion, Renovierung, Störung

b. Verbformen

abreißen, erfinden, erhalten, riechen, schaffen, sterben, stinken, wegwerfen

c. Plurale

der Bau, Schaden; das Denkmal, Gas, Gebäude, Gift, Hochhaus, Kraftwerk; die Fabrik, Krise

3. Erklären Sie den Unterschied!

das Gas ≠ Abgas
das Wasser ≠ das Abwasser
das Gift ≠ das Geschenk
riechen ≠ stinken
renovieren ≠ sanieren
stören ≠ zerstören
schmutzig ≠ giftig

4. Wie definieren Sie das?

der Autofriedhof, Krach, Müll, Sauerstoff; das Benzin; die Umwelt; verpesten, verschönern, sauber, schwerhörig

5. Wie geht's weiter?

Autofriedhöfe sollten . . .
Es stört mich, wenn . . .
Schrei mich nicht so an, ich bin doch nicht . . .!
Die Luft, die wir atmen, ist . . .
Wenn wir keine Atomkraftwerke bauen würden, . . .
Wenn das Benzin teurer wird, . . .
Ich wünschte, die Leute würden nicht so viel . . .
Der Altbau wird abgerissen, weil . . .
Manche Hochhäuser . . .
Wir müssen . . . schützen.
Ihr solltet nicht so viel . . . verschwenden!
Ich habe den Eindruck, daß . . .
Es kommt mir . . . vor.
Ich bedaure, daß . . .
Ich bin überzeugt, daß . . .
Es freut mich, daß . . .

6. Sprechen wir über die Bilder dieses Kapitels! Wie kann jeder helfen, die Umwelt zu schützen? Was sollten wir (nicht) tun?

Gespräche und Diskussionen

1. Was geschieht mit der Luft, die wir atmen? Wie beeinflußt sie Menschen, Tiere und Pflanzen? Gibt es bei uns Abgaskontrollen? Wer sind die Hauptverschmutzer?
2. Für und wider das Sonntagsfahrverbot. 1975, während einer Benzinkrise, gab es in Deutschland das Sonntagsfahrverbot, wo nur Busse und Autos mit Sondererlaubnis (z.B. Ärzte) Auto fahren durften. Der Rest der Bevölkerung ging zu Fuß oder fuhr mit dem Fahrrad. Sollte so etwas generell jedes Wochenende oder vielleicht einmal im Monat eingeführt werden? Warum (nicht)?
3. Wenn Ihnen die Luft in Ihrer Gegend „zu dick" wird, wohin werden Sie ziehen? Gibt es irgendwo auf der Welt noch Plätze, die ein gesünderes Leben erlauben? Wo? Beschreiben Sie uns, warum das Leben in . . . besser ist!
4. Was geschieht mit unsrem Wald, dem Boden, dem Wasser, den Flüssen, Seen und Meeren (z.B. Kunstdünger, Sprays, Ölbohrungen, Öltankerunglücke, Atomkraftwerke . . .)? Welche Konsequenzen hat das für uns? Was muß getan werden? Was sollte verboten werden? Was würde Chief Seattle dazu sagen?
5. Was tun mit radioaktivem Müll? Sollte man ihn, wie Peter Bauer erwähnt, mit dem Space Shuttle in den Weltraum fliegen?
6. Für und wider das Fliegen in der Stratosphäre. Wenn die Sonnenstrahlen wegen dem Schmutz nicht mehr zu uns durchkommen, dürfte es kalt werden, oder? Was halten Sie außerdem von all den vielen Satelliten, die uns umkreisen. Ist das nicht auch eine Art von Umweltverschmutzung?
7. Für und wider Beat-Schuppen und Diskotheken. Werden wir dadurch allmählich alle schwerhörig? Werden Sie leicht durch Lärm gestört? Durch welchen Lärm? Was tun Sie dagegen? Brauchen Sie beim Lernen, Spazierengehen und Autofahren immer Musik? Wie fänden Sie es, wenn es um Sie herum ganz ruhig wäre?
8. Häßlich, häßlich, häßlich! Was tun mit all den Autofriedhöfen, Reklameschildern, Telefonmasten . . .? Wie könnten wir unsre Umgebung verschönern? Was sollte reguliert werden? Stellen Sie gemeinsam eine Liste auf!
9. Welche Nationalparks kennen Sie? Waren Sie schon einmal dort? Was ist an ihnen so besonders? Neben den im obigen Artikel erwähnten Umweltgefahren, was für andere Probleme gibt es dort? Wie kann man sicher stellen, daß auch unsere Kinder und Kindeskinder noch ihre Freude an den Nationalparks oder Gebieten wie das Wattenmeer haben?
10. In Deutschland sind es „Die Grünen", eine Partei, die sich besonders für ökologische Probleme einsetzt. Wer tut das hier? Was lesen Sie darüber in den Zeitungen? Wie erfolgreich sind sie?
11. Was können wir vom Beispiel Graz lernen? Wie steht es um die Lebensqualität bei uns im Stadtzentrum? Denken Sie dabei besonders an die Grazer Bürgerinitiative: Haben wir auch eine Altstadt oder wertvolle alte Bauten? Werden sie erhalten oder abgerissen und durch neue ersetzt? Haben wir echte Fußgängerzonen, die nicht von Autos gestört werden? Wie lebendig ist unser Stadtzentrum? Gibt es nur Büros und Kaufhäuser, oder kann man auch gemütlich Geschäftebummeln gehen oder sich mit andern treffen? Haben Sie Verbesserungsvorschläge?

Aufsätze

1. Stimme eines Optimisten.
2. Stimme eines Pessimisten.
3. Eine schöne alte Stadt.

KAPITEL 21

Soziale Sicherheit und Gastarbeiter

Der alte Großvater und der Enkel

Es war einmal ein steinalter° Mann, dem waren die Augen trüb° geworden, die Ohren taub°, und die Knie zitterten° ihm. Wenn er nun bei Tisch saß und den Löffel kaum halten konnte, schüttete° er Suppe auf das Tischtuch°, und es floß° ihm auch etwas wieder aus dem Mund. Sein Sohn und dessen Frau ekelten
5 sich° davor, und deswegen° mußte sich der alte Großvater nach einiger Zeit hinter den Ofen in die Ecke setzen, und sie gaben ihm sein Essen in ein irdenes° Schüsselchen° . . .. Da sah er betrübt° nach dem Tisch, und die Augen wurden ihm naß°. Einmal auch konnten seine zittrigen° Hände das Schüsselchen nicht festhalten°, es fiel zur Erde und zerbrach°. Die junge Frau schalt°,
10 er sagte aber nichts und seufzte° nur. Da kaufte sie ihm ein hölzernes° Schüsselchen . . ..

very old / dim
deaf / trembled
spilled / tablecloth / came
were disgusted / therefore
earthen / bowl / sadly
wet; i.e. he started to cry / shaky
old / broke
scolded / sighed / wooden

Wie sie nun eines Tages da so sitzen, trägt der kleine Enkel von vier Jahren auf der Erde kleine Brettchen° zusammen. „Was machst du da?" fragte der Vater. „Ich mache ein Tröglein°," antwortete das Kind, „daraus sollen Vater und
15 Mutter essen, wenn ich groß bin." Da sahen sich Mann und Frau eine Weile an, fingen endlich an zu weinen, holten sofort den alten Großvater an den Tisch und ließen ihn von nun an immer mitessen, sagten auch nichts, wenn er ein wenig verschüttete.

boards
little bowl

JACOB und WILHELM GRIMM, in *Die schönsten Märchen*

Inhaltsfragen

1. Woran merkt man, daß der Großvater sehr alt ist?
2. Warum muß er allein in der Ecke essen?
3. Warum bekommt er eine Holzschüssel zum Essen?
4. Wie reagiert er darauf?
5. Auf welche Weise kritisiert der kleine Sohn die Eltern, ohne es zu wissen?
6. Inwiefern verbessert sich darauf die Lage des Großvaters?

Niemand wird vergessen

Man muß nicht erst arm wie eine Kirchenmaus sein, um Hilfe vom Amt erwarten° zu können. Der Staat hilft schon früher: Mit jährlich über 400 Milliarden Mark für Arbeitslose und Kranke, Rentner und kinderreiche Familien, überforderte° Mieter und alleinstehende Mütter. Das Netz der sozialen
5 Sicherheit soll die Not erst gar nicht entstehen° lassen . . ..

expect
overextended
arise

Wer arbeitslos ist, erhält für ein Jahr Arbeitslosengeld. Findet er nach einem Jahr keine Beschäftigung°, wird daraus die Arbeitslosenhilfe, die aber viel

employment

Beim Arbeitsamt

geringer° ist . . .. Wer krank ist, erhält pro drei Jahre 78 Wochen lang bis zu 80 Prozent° seines Bruttolohnes° von der Versicherung, wobei das Krankengeld
10 das letzte Nettoeinkommen nicht übersteigen° darf.

Großzügige° Sozialgesetze machen es möglich, daß heute auch finanzschwache° Familien in modernen Wohnungen mit Bad und Zentralheizung° leben können. Der Staat hilft in solchen Fällen° mit Mietzuschuß°. Auch für Kinder gibt es Geld vom Staat. Behinderte° Kinder werden in orthopädischen
15 Heimen betreut° und unterrichtet. Blinde erhalten unabhängig vom Einkommen Blindenhilfe. Für Berufstätige gibt es vom Staat oft Geld zur Ausbildung° oder zur Kur . . ..

less
percent / gross salary
exceed

generous
low-income / . . . heat
cases / subsidy
handicapped
taken care of
education

Es geht nicht nur ums Geld, sondern auch um Lebensqualität. So haben Kommunalpolitiker lange erkannt°, daß es nicht die Ideallösung° ist, alte
20 Menschen im Altersheim „einzusperren"°. In Frankfurt am Main zum Beispiel soll es viertausend Altenwohnungen geben. Die alten Leute leben in ihren eigenen vier Wänden, werden aber von einer im Haus wohnenden Krankenschwester betreut. Sie treffen sich in Gemeinschaftsräumen°, der fahrbare Mittagstisch° bringt das Essen ins Haus . . ..

recognized / . . . solution
lock up
community rooms
meals on wheels

25 Früher fühlten sich viele Bürger, die den Staat brauchten, um finanziell über die Runden zu kommen°, als Bettler°. Heute ist diese Unterstützung gesetzliches Recht für viele . . ..

manage / beggars

nach JOCHEN TRÜBY, in *Scala*

Inhaltsfragen

1. Wer kann in Deutschland Sozialhilfe bekommen?
2. Was ist der Unterschied zwischen Arbeitslosengeld und Arbeitslosenhilfe?
3. Wie wird finanzschwachen kinderreichen Familien geholfen?
4. Was für eine Alternative gibt es zum Altersheim? Worin liegt der Unterschied zum Altersheim?
5. Als was braucht man sich nicht zu fühlen, wenn man Unterstützung vom Staat braucht?
6. Wer bezahlt für diesen Wohlfahrtsstaat?

Ausländer raus?

MARY: Man hört bei Euch so viel über die großzügigen° Sozialgesetze. Wie steht es damit für die vielen Gastarbeiter oder Asylanten?
MARTIN: Grundsätzlich° haben sie die gleichen Rechte. Im Alltag aber sieht das oft anders aus: Je leerer° die Kassen°, desto größer die Vorurteile der
5 Bevölkerung gegen sie.
MARY: Zum Beispiel?
MARTIN: Weil sie sich oft nicht so gut verständigen° können, hält man sie° für Menschen zweiter Klasse. Weil sie anders und mit großen Familien in kleinen Altbauwohnungen leben, distanziert man sich von ihnen. Vor al-

generous
basically
emptier / funds
communicate / considers them

10 lem aber heißt es, nähmen sie Arbeitsplätze weg. Asylbewerber° bekommen Sozialhilfe bis über die Anerkennung° entschieden ist—und das dauert vielen Deutschen zu lange. Am liebsten würden sie sie wieder nach Hause schicken. — applicants / acceptance

MARY: Das kommt mir bekannt vor. Dabei habt ihr den Gastarbeitern wirt-
15 schaftlich doch viel zu verdanken°. Ohne sie wäre das Wirtschaftswunder° nicht möglich gewesen, und ihr wärt sicher nicht da, wo ihr heute seid. Sie tun meist die Schmutzarbeit, die euch nicht gut genug ist. — owe / economic miracle

MARTIN: Das stimmt wohl. Weißt du, daß die Bundesrepublik fast ein Viertel° ihrer Produkte exportiert? Fast so viel wie die USA! — quarter

20 MARY: Ja, das ist enorm. Besonders wenn man denkt, daß 1945 alles zerstört war! —Glaubst du, daß die Gastarbeiter eines Tages ganz integriert werden?

MARTIN: Ich weiß nicht. Vielleicht in der nächsten Generation. Vieles ist eine Sache° der Ausbildung und Zeit. — matter

25 MARY: Wie bei manchen unsrer Minoritäten. Es ist schon viel besser geworden, aber auch ihnen gegenüber gibt es noch viele Vorurteile. Hier spielt auch die Ausbildung eine wichtige Rolle. Ohne gute Ausbildung kein gutes Einkommen. Und Geld regiert° die Welt. — rules

Inhaltsfragen

1. Haben deutsche Gastarbeiter und Asylanten die gleichen (a) Rechte, (b) Chancen?
2. Wie reagieren viele in der Bevölkerung auf sie?
3. Welches Argument wird benutzt?
4. Inwiefern unterscheiden sie sich vom Rest der Bevölkerung?
5. Was für Arbeit bekommen sie hauptsächlich?
6. Wovon hängt ihre Integration ab?
7. Was regiert die Welt?

Banknote
DEUTSCHE MARK
100
50
FÜNFZIG
DEUTSCHE
MARK
5
DEUTSCHE MARK
DEUTSCHE
MARK
50
GG 4562900 R
Banknote
ZWANZIG
DEUTSCHE MARK
20
20
10
Banknote
ZEHN
DEUTSCHE MARK
CG5342060L
5
Banknote
FÜNF
DEUTSCHE MARK
5
DEUTSCHE
BUNDESBANK
A4805421N
4805421N

Das sollten Sie wissen

soziale Sicherheit

der Arbeitsgeber, - —Arbeitsnehmer, -
Arbeitslose, -n (ein Arbeitsloser)*
Ausländer, -
Berufstätige, -n (ein Berufstätiger)*
Gastarbeiter, - ≠ Asylant, -en
Kranke, -n (ein Kranker)*
Lebensstandard
Rentner, -
Schmarotzer, -
Staat, -en

das Amt, ⸚er
Heim, -e ≠ Altersheim, -e
Vorurteil, -e

die Altersgrenze
Krankheit, -en
Kur, -en

die Minorität, -en
Not
Pension, -en = Rente, -n
Unterstützung, -en
Versicherung, -en
Wohlfahrt

erhalten = bekommen
integrieren
regeln
schmarotzen
unterstützen

allein·stehend
gesund — krank
pensioniert
staatlich
(un)versichert

die Wirtschaft

der Export, -e — Import, -e
Handel

das Geld ≠ Bargeld
Kleingeld ≠ Taschengeld
Konto, Konten
Produkt, -e
Scheckbuch, ⸚er ≠ Sparbuch

die Bank, -en
Hypothek, -en
Kosten *(pl.)* ≠ Schulden *(pl.)*
Kreditkarte, -n
Nummer, -n
Rechnung, -en

die Steuer, -n
Summe, -n
Währung, -en
Zinsen *(pl.)* ≠ der Zinssatz, ⸚e

auf Kredit kaufen
bar bezahlen ≠ in Raten bezahlen
borgen — leihen
einen Scheck schreiben ≠ unterschreiben
einen Scheck ein·lösen ≠ sperren
exportieren — importieren
Geld ab·heben ≠ aus·geben
Geld wechseln ≠ um·wechseln

* Auch *die* Arbeitslose, -n; Berufstätige, -n; Kranke, -n!

Wortschatzübung

1. Lesen Sie laut!

der Exporthandel, Schmarotzertyp, Steuerkredit, Wohlfahrtsstaat; das Ausländervorurteil, Kinderheim, Sozialamt, Sparkonto; die Arbeitslosenunterstützung, Hungersnot, Hypothekenbank, Importkosten, Managerkrankheit, Rentenversicherung, Schuldensumme, Zinsrechnung

2. Wie heißen die . . .?

a. Hauptwörter

importieren, kosten, produzieren, schmarotzen, schulden, summieren, unterstützen, versteuern, amtlich, arbeitslos, ausländisch, berufstätig, geldlich, pensioniert, staatlich, versichert

b. Verbformen

abheben, ausgeben, bekommen, erhalten, leihen, unterschreiben

c. Plurale

der Arbeitsnehmer, Kranke, Rentner, Staat; das Amt, Heim, Konto, Produkt, Scheckbuch, Vorurteil; die Bank, Berufstätige, Hypothek, Nummer, Rechnung, Steuer, Summe, Versicherung

3. Was ist das Gegenteil?

der Arbeitsnehmer, Export; die Gesundheit; borgen, importieren

4. Erklären Sie den Unterschied!

die Kranke ≠ die Krankheit
der Vorteil ≠ das Vorurteil
das Bargeld ≠ das Kleingeld
das Scheckkonto ≠ das Sparkonto
die Zinsen ≠ der Zinssatz
einen Scheck schreiben ≠ einen Scheck unterschreiben
Geld wechseln ≠ Geld umwechseln
Geld abheben ≠ Geld ausgeben
bar bezahlen ≠ in Raten bezahlen

5. Wie definieren Sie das?

der Gastarbeiter, Schmarotzer; das Altersheim; die Bank, Kreditkarte, Kur, Minorität, Pension, Schulden, Währung; einen Scheck einlösen

6. Stellen Sie sich gegenseitig Fragen mit den folgenden Wörtern!

z.B. wechseln **Kannst du mir 100 Dollar wechseln?**
Nein, tut mir leid, ich habe kein Bargeld.

die Bank, Kreditkarte, Telefonnummer; das Sparbuch, Taschengeld; erhalten, Geld ausgeben, bar bezahlen, leihen

7. Wie geht's weiter?

Wenn ich arbeitslos wäre, . . .
Viele Arbeitsnehmer sind . . .

Wir haben viele Ausländer aus . . .
Wenn man krank ist . . .
Unser Lebensstandard . . .
Der Staat sollte . . .
Wenn mir der Arzt eine Kur verschreiben würde, . . .
Ich mag keine . . .
Ich bin . . . versichert.
Wenn man seine Kreditkarte verliert, . . .
Der Staat braucht Steuern um . . . zu . . .
Viele Millionäre haben Nummernkonten in . . .
Schade, daß . . .

8. Sprechen wir über die Bilder dieses Kapitels!

Gespräche und Diskussionen

1. Sie sind am Arbeitsamt und suchen eine Stelle. Sagen Sie, warum und wie lange Sie schon arbeitslos sind und was für eine Arbeit Sie am liebsten hätten! Reagieren Sie auf die Angebote!
2. Ihre alte Tante möchte zu Ihnen ins Haus ziehen. Stellen Sie eine Familienszene dar, wo dieses Problem besprochen wird! Die Mutter und ein paar Kinder sind dafür, der Vater und ein paar Kinder dagegen. Zu welcher Entscheidung kommen Sie? Altersheim, Altenwohnung oder Ihr Haus?
3. Für und wider eine nationale Krankenversicherung. Wie sieht die Situation in (a) Deutschland, (b) Ihrem Land aus? Was würden Sie daran ändern?
4. Schmarotzer im Wohlfahrtsstaat, was verstehen Sie darunter? Geben Sie Beispiele dafür! Wie kann man das vermeiden *(avoid)?* Wie würden Sie das Problem der Arbeitslosenunterstützung und der Wohlfahrt behandeln?
5. Was halten Sie davon, wenn überarbeitete Mütter, Kinder aus kinderreichen Familien und kranke Arbeitsnehmer auf „Staatskosten" Urlaub machen (zur Kur geschickt werden)? Gibt es hier etwas ähnliches?
6. In der DDR erhalten junge Ehepaare zinslose Kredite für Wohnung und Möbel, die innerhalb von acht Jahren zurückzuzahlen sind. Werden in dieser Zeit Kinder geboren, so wird ein Teil oder die ganze Summe erlassen *(remitted).* Was halten Sie davon? Wäre das was für uns? Warum (nicht)?
7. Für und wider die Kirchensteuer. In Deutschland bezahlen die Leute Steuern für die Kirche; wie ist das hier? Was finden Sie besser? Warum?
8. Was für Probleme und Vorurteile treten bei der Integration von Minoritäten auf? Was sollte (nicht) getan werden? Wie sieht die Zukunft für sie aus?
9. Für und wider die Kreditkarte? Benutzen Sie sie? Wofür? Wie bezahlen Sie am liebsten (a) bar, (b) mit Scheck, (c) mit Kreditkarte? Warum? Was für Probleme kann es geben? Sollte man Schulden aufnehmen? Wofür (nicht)?
10. Für und wider das Sparen. Lohnt es sich heute noch zu sparen? Welche Vor- und Nachteile hat es? Wie kann man Kinder früh dazu erziehen? (Sparschwein, Sparbuch, Taschengeld . . .)?
11. Für und wider Nummernkonten wie in der Schweiz. Sollten Sie erlaubt sein?
12. Welche Produkte werden hier aus welchen Ländern importiert? Was wird exportiert? Stellen Sie gemeinsam eine Liste auf! Wie kann der Staat Export und Import regulieren? Wie gesund ist unsre Wirtschaft? Was könnte verbessert werden? Wie steht der Dollar im Vergleich zu anderen Währungen?
13. Was bedeuten diese Sprichwörter?

   - Mit Speck fängt man Mäuse.
   - Müßiggang ist aller Laster Anfang.
   - Wer den Pfennig nicht ehrt, ist den Taler nicht wert.
   - Borgen macht Sorgen.

Aufsätze

1. Wenn ich einmal alt bin, . . .
2. Schreiben Sie einen Brief an Ihren Senator mit Vorschlägen zur Verbesserung der sozialen Sicherheit! (Sehr geehrter Herr . . . / Sehr geehrte Frau . . .! —Hochachtungsvoll, Ihr(e) . . .)
3. Benutzen Sie eins der oben genannten Sprichwörter als Titel!

KAPITEL 22

Völkerbild

Typisch deutsch?

Wie kennzeichnet° man die Haupteigenschaften der Deutschen? Der Deutsche ist hilfsbereit und freundlich. Er interessiert sich sehr für alles Ausländische und Fremde.

marks

Die Höflichkeit des Deutschen fällt den Ausländern auf°. Als Beispiel wird zitiert°, daß ein jüngerer Herr einer älteren Dame in der Straßenbahn seinen Sitzplatz anbietet°. Unverständlich° wird diese Höflichkeit jedoch dann, wenn der gleiche Herr beim Einsteigen in die Straßenbahn rücksichtslos° seine Ellbogen° gebraucht, um der erste zu sein.

is noticeable
cited
offers / incomprehensible
ruthlessly
elbow

Der Fleiß der Deutschen wird gelobt. Viele meinen, sie seien „zu tüchtig und zu fleißig" . . .. Nach dem Fleiß wird auf deren Ordnungsliebe und Zielstrebigkeit° verwiesen°. Daß diese Eigenschaft in übertriebener° Form zu einem Verlust° an Gemütlichkeit führt, wird bedauert°, teilweise auch belächelt°. Dies gilt° etwa bei der formalen Ordnungsliebe in der Bürokratie . . ..

resoluteness / referred to / exaggerated / loss / regretted / smiled upon / applies

Den Deutschen mangele es oft an einer vernünftigen° Kritik. „Übertriebene Qualitäten und unberechtigtes° Ansehen werden widerspruchslos° hingenommen° . . .." Soziale Gegensätze° auf persönlicher Herkunft° seien unter den

reasonable
unjustified / simply
accepted / contrasts / origin

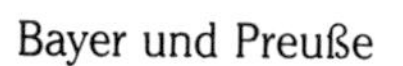

Bayer und Preuße

Deutschen oberflächlich° kaum noch vorhanden°. Man spreche bewußt nicht von sozialen Klassen. Dagegen schaffen Einkommensunterschiede neue Grenzen. Der Verlust der gesunden Mittelschicht wird von Ausländern
20 beklagt° . . ..

on the surface / present
pitied

Hingewiesen° wird auf die Distanz, in der der Deutsche zu seinen Mitmenschen steht. Er sei in erschreckendem° Maße° kontaktarm. Bei aller liebenswürdigen° Aufgeschlossenheit° und neugierigen Interessiertheit wird von einer Barriere bei der Pflege° des Kontaktes zum Mitmenschen, zum Deutschen wie zum
25 Ausländer, gesprochen. Der Deutsche sei im Innersten einsam. In seiner Reserviertheit wachse auch seine von ihm geschätzte° Formalität. Ganz anders sei er dann bei Volksfesten. Hier lockere sich° die Schranke° zum Mitmenschen, meist allerdings° mit Hilfe des Alkohols. In diesem gelösten° Zustand° sei der Deutsche oft äußerst gemütlich und viel sympathischer . . ..

one does refer
shocking / degree / kind
openness
cultivation
appreciated
is loosened / barrier
though / relaxed
condition

Gemütlichkeit

30 Fassen wir zusammen°: Der Deutsche wäre nach Meinung der Ausländer sympathischer, wenn er mit ein wenig Phantasie, mit etwas Leichtigkeit° und Sorglosigkeit° ausgestattet° wäre. Da dem aber in der Regel° nicht so ist, sei der Deutsche eher° zu respektieren als zu lieben.

let's summarize
ease
light-heartedness / equipped / as a rule / rather

HEINRICH PFEIFFER, in *Politik*

Inhaltsfragen

1. Welche zwei Seiten zeigt der junge Herr in der Straßenbahn?
2. Was denken andere über den Fleiß der Deutschen?
3. Was führe manchmal zu einem Verlust an Gemütlichkeit?
4. Was werde widerspruchslos akzeptiert?
5. Was schaffe neue Grenzen? Was fehle?

6. Wie sei der Deutsche (a) im Innersten, (b) gegenüber seinen Mitmenschen?
7. Wo sei er gemütlich? Warum?
8. Wie wäre er im allgemeinen sympathischer?

Amerika ist anders

Ich war noch nie . . . drüben° gewesen. Aber wir wußten alle ganz genau, was es da drüben gab oder nicht gab, vom schlechten Essen bis zur seelischen° und erotischen Frigidität . . .. Ein Land der phantasielosen Standardisierung, des flachen° Materialismus, der geistfremden° Mechanik. Ein Land ohne 5 Tradition, ohne Kultur, ohne Drang nach° Schönheit oder Form, ohne Metaphysik und ohne Weinstuben°, ein Land des Kunstdüngers° und der Büchsenöffner°, ohne Grazie° und ohne Misthaufen° . . .. Sollten wir der Versklavung° eruopäischer Massendiktatur entrinnen°, um uns unter die Tyrannei des Dollars, des Business, der Reklame und der Modellmädchen° zu 10 begeben° . . .?

Eines Tages aber stand ich selbst vor dem Entschluß°, mein bisheriges° Leben völlig über den Haufen zu werfen° und etwas radikal Amerikanisches zu tun, nämlich einfach und ohne Übergang° einen völlig neuen Beruf zu ergreifen° und mein Leben damit zu fristen°. Und von da ab° lernte ich überhaupt erst 15 Amerika kennen. Denn man lernt ja eine Welt erst kennen, wenn es aus ihr kein Zurück gibt, wenn man sich ihr einmal mit Haut und Haaren, mit Leib und Seele° einfügen° und anvertrauen° muß . . .. Der Krieg schien damals in seinem hoffnungslosesten Stadium° . . .. So hieß es, das Hiersein völlig ernst zu nehmen und . . . ganz von vorn° anzufangen. Für Amerikaner ist das nichts 20 Ungewöhnliches. Sie können es zehnmal im Leben tun, ohne umzukippen°. Und damit beginnt für den eingewanderten° Europäer die große Lehre°—und die große Liebe . . ..

Ja, es ist wahr, in Amerika ist vieles scheußlich, besonders für unseren europäischen Geschmack° und unser kulturelles Bewußtsein°. Es ist wahr, daß 25 ein Teil des intellektuellen Lebens aus oberflächlichem Gefrage und Gerede° besteht°—aber es schadet nichts, denn ein echter Wissensdrang°, ein legitimes Verstehenwollen der Welt kämpft sich° darunter vor.

Es ist wahr, daß die Berufspolitik, die Beeinflussung durch die fachmäßigen° Columnisten, die durchschnittliche Schriftstellerei° und die durchschnittliche 30 Gebarung° des Literatur- und Buchmarktes eine . . . Verflachung° des Denkens und Fühlens verschulden°—aber auch das schadet nichts; denn eine gesunde Kritik, eine produktive Individualgesinnung° setzt sich immer wieder dagegen durch° . . ..

Es gibt soziale und politische Mißstände° genug, es gibt Verbrechen° gegen die 35 Menschlichkeit und gegen die Gesellschaft, es gibt Bürokratie und Papierkrieg°, es gibt Machtgier° und Eigensucht° . . ., aber es gibt eine heilige° Kraft in diesem Volk . . ., und die wird und muß immer wieder gegen das menschlich Schlechtere und für das menschlich Bessere zum Kampf antreten°, vor allem innerhalb seiner Grenzen. Denn darin liegt seine Überlieferung°, seine 40 Bestimmung°, sein Auftrag°.

CARL ZUCKMAYER, in *Der Monat*

over there / emotional / shallow / empty / urge for / wine restaurant / artificial fertilizer / can openers / grace / dunghill / enslavement / escape / models / submit to / decision / until now / discard / transition / enter / eke out / from then on / i.e. totally / adapt / confide / state / anew / becoming upset / immigrated / lesson / taste / awareness / chit chat / consists of / curiosity / reveals itself / expert / literary work / running / superficiality / cause / individualism / prevails / abuses / crimes / red tape / lust for power / selfishness / holy / fight / tradition / destiny / mission

Inhaltsfragen

1. Was für Vorurteile hatte Zuckmayer anfangs gegenüber Amerika?
2. Was sieht er als etwas radikal Amerikanisches?

3. Wie kam es, daß Zuckmayer seine Meinung änderte?
4. Woraus besteht ein Teil des intellektuellen Lebens?
5. Was kämpft sich darunter vor?
6. Was verschuldet eine Verflachung des Denkens und Fühlens?
7. Was setzt sich immer wieder dagegen durch?
8. Was gibt es hier auch?
9. Was für eine besondere Kraft hat dieses Volk?
10. Wofür und wogegen kämpft diese Kraft?

Das sollten Sie wissen

Typisch

der Erfinder, -
Fleiß
Kontakt, -e
Mangel (an)
Mitmensch, -en
Respekt

das Ansehen
Volk, ⸚er

die Bürokratie
Distanz
Formalität, -en

die Gemütlichkeit
Höflichkeit
Kritik
Mittelschicht
Ordnung
Qualität, -en

erfinden
loben — kritisieren
mangeln (an) = fehlen (an)
respektieren

*die Eigenschaft, -en**

aufgeschlossen — reserviert
charmant ≠ nett

egoistisch
einsam

* Erinnern Sie sich: Kapitel 11 hat auch viele Eigenschaftswörter!

erfinderisch
fleißig — faul
genial
hilfsbereit
(in)formell
kinderlieb
kontakfreudig — kontaktarm
locker — steif
lustig — ernst
neugierig
phantasievoll — phantasielos
respektvoll — respektlos
temperamentvoll
tüchtig
(un)freundlich
(un)gemütlich
(un)höflich
(un)menschlich
(un)ordentlich
(un)romantisch
(un)sympathisch
zielstrebig

Wortschatzübung

1. Lesen Sie laut!

der Bürokratenstaat, Geschäftskontakt, Respektmangel; die Arbeitsqualität, Ausländerdistanz, Formalitätsfrage, Staatsbürokratie

2. Wie heißen die . . .?

a. Adjektive

der Charme, Egoist, Freund, Kontakt, Mensch, Respekt, Typ; das Temperament, Ziel; die Einsamkeit, Formalität, Neugier, Ordnung, Phantasie, Romantik

b. Plurale

der Erfinder, Kontakt, Mitmensch; das Volk; die Eigenschaft, Formalität, Qualität

3. Was ist das Gegenteil?

kritisieren, ernst, faul, formell, kontaktarm, phantasielos, reserviert, respektlos, steif, ungemütlich, unsympathisch

4. Erklären Sie den Unterschied!

das Ansehen ≠ das Aussehen
die Leute ≠ das Volk
finden ≠ erfinden
freundlich ≠ hilfsbereit
geschlossen ≠ aufgeschlossen

5. Wie definieren Sie das?

die Bürokratie, Mittelschicht; erfinden, mangeln (an); einsam, typisch, unordentlich

6. Wie geht's weiter?

Ich finde es gemütlich, wenn . . .
Wenn jemand unfreundlich ist, . . .
Alle Kinder sollten ab und zu . . .
Meine Eltern wünschten, daß ich . . . wäre.
Vielen Studenten mangelt es an . . .
An . . . mangelt es mir nicht.
Ich hasse Leute, die . . .
Das Gegenteil von mir wäre jemand, der . . . und . . . ist.
In der Bürokratie . . .

7. Welche Definition gehört zu welchem Wort? Vollenden Sie die Sätze!

z.B. Jemand, der genau weiß, was er will, ist . . . **zielstrebig**

Jemand, der nett und charmant ist, ist . . .
Jemand, der gern hilft, ist . . .
Jemand, der immer nur an sich denkt, ist . . .
Jemand, der sehr fleißig ist und es im Leben zu etwas bringt, ist . . .
Jemand, der keine Freunde hat, ist . . .
Jemand, der nur herumliegt und nichts tut, ist . . .
Jemand, der kontakfreudig ist und sich gern mit andern unterhält, ist . . .
Jemand, dem man jedes bißchen Information aus der Nase herausziehen muß, ist . . .
Jemand, der gern und oft etwas verschenkt, ist . . .
Jemand, der sehr intelligent ist und viel erfunden hat, ist . . .
Jemand, der gern und viel mit Kindern spielt, ist . . .
Jemand, der seine Nase in alles hineinhängen muß, ist . . .
Jemand, der andere zum Lachen bringt, ist . . .
Jemand, der immer neue Ideen im Kopf hat, ist . . .
Jemand, der immer wie ein Wirbelwind ist und alles mit Schwung tut, ist . . .
Jemand, der alles herumschmeißt und nichts weg tut, ist . . .
Jemand, der bei andern immer dazwischen redet, ist . . .
Jemand, der fremde alte Leute mit „du" anredet, ist . . .

aufgeschlossen
egoistisch
einsam
faul
generös
genial
hilfsbereit
kinderlieb
lustig
neugierig
phantasievoll
reserviert
respektlos
sympathisch
temperamentvoll
tüchtig
unhöflich
unordentlich
zielstrebig

8. Wofür sind/waren diese berühmten Schweizer, Österreicher und Deutschen bekannt? Kombinieren Sie aus den zwei Reihen! (Falls Sie sich für einen dieser Wissenschaftler besonders interessieren, geben Sie der Klasse einen Bericht darüber!)

1. Carl Benz	a. Buchdruckerei
2. Robert Bunsen	b. Fernrohr (*telescope*)
3. Albert Einstein	c. Tuberkulosenbazillus
4. Sigmund Freud	d. baute unabhängig von Daimler das erste Auto
5. Johannes Gutenberg	e. Quantentheorie
6. Johann Kepler	f. Luftschiff
7. Robert Koch	g. Gasbrenner (. . .*burner)* mit regulierbarer Luftzufuhr
8. Max Planck	h. Psychoanalyse
9. Graf Zeppelin	i. Relativitätstheorie

1d, 2g, 3i, 4h, 5a, 6b, 7c, 8e, 9f

9. Sprechen wir über die Bilder dieses Kapitels!

Gespräche und Diskussionen

1. Besprechen Sie untereinander die verschiedenen Klischées, die man über die (a) Deutschen, (b) Franzosen, (c) Italiener, (d) Schotten, (e) Engländer, (f) Schweden, (g) Russen, (h) Chinesen, (i) Japaner, (j) Inder, (k) Araber hat! Was ist typisch für sie?

Karl Benz am Steuer eines „Phäton“

Erste deutsche Eisenbahn im Verkehrmuseum Fürth

2. Typisch (a) New York, (b) Kalifornien, (c) Tennessee, (d) . . .! Was für Charakteristiken und Unterschiede gibt es? Woran könnten Sie Leute von dort erkennen, oder ist das nicht möglich?
3. Amerika, seine Stärken und Schwächen. Führen Sie ein lebhaftes Gespräch zwischen (a) einem kanadischen Nationalisten, (b) einem englischen Adligen, (c) einem arabischen Scheich, (d) einer russischen Kommunistin, (e) einem französischen Koch, (f) einer deutschen Studentin, (g) einer italienischen Sängerin, (h) einem südamerikanischen Politiker, (i) einem afrikanischen Repräsentanten und (j) . . . dar! Der Rest der Klasse verteidigt die Amerikaner und deren Lebensweise.
4. Wenn Sie die Gelegenheit hätten, nach Deutschland zu fahren, was würde Sie besonders interessieren? Wie würden Sie reisen? Wo würden Sie übernachten? Was würden Sie kaufen?

Im Gutenberg-Museum

5. Wenn Sie einem ausländischen Gast Amerika zeigen sollten, was würden Sie ihm zeigen? Was würde ihn/sie vielleicht besonders interessieren? Wie würden Sie reisen? Wo würden Sie übernachten? Was sollte er/sie kaufen?
6. Verteidigen Sie sich gegen die folgende Kritik: „Amerika, das Land ohne Tradition, ohne Kultur, ohne Drang nach Schönheit, ohne Gardinen und Tischdecken, das Land der Büchsenöffner, der Vermassung, der Verschwendung, der Oberflächlichkeit, der Gangster; Amerika das Land, das nicht weiß, was es will."
7. Amerika, das Land der offenen Tür. Ist es das immer noch? Warum (nicht)? Aus welchen Ländern und aus was für Gründen kommen die heutigen Immigranten?
8. Wenn Sie Präsident (Bundeskanzler) wären, was würden Sie in Ihrem Land (in der Bundesrepublik, in der DDR) ändern?

Aufsätze

1. Mein Amerikabild (Mein . . . bild).
2. So sind die Deutschen (Österreicher, Schweizer, DDR-Bürger . . .).
3. Typisch New York (. . .)!
4. Berichten Sie über eine berühmte deutsche, österreicherische oder Schweizer Persönlichkeit (siehe Vorschläge in Übung 8)!

KAPITEL 23

Gesetz und Verantwortung

Der Sohn

Ich sitze noch um Mitternacht an meinem Schreibtisch. Der Gedanke an jene unglückliche Frau läßt mich nicht zur Ruhe kommen . . .. Ich denke an das düstere° Hofzimmer mit den altertümlichen° Bildern; an das Bett mit dem blutgeröteten Polster°, auf dem ihr blasser° Kopf mit den halbgeschlossenen Augen ruhte. Ein so trüber° Regenmorgen war es überdies°. Und in der andern Zimmerecke, auf einem Stuhl, die Beine übereinander geschlagen°, mit trotzigem° Gesicht, saß er, der Unselige°, der Sohn, der das Beil° gegen das Haupt° seiner Mutter erhoben° . . . Ja, es gibt solche Menschen, und sie sind nicht immer wahnsinnig°. Ich sah mir dieses trotzige Gesicht an, ich versuchte darin zu lesen. Ein böses, bleiches° Gesicht, nicht häßlich, nicht dumm, mit blutleeren Lippen, die Augen verdüstert, das Kinn° in dem zerknitterten° Hemdkragen° vergraben°, um den Hals eine flatternde° Binde°, deren eines Ende er zwischen den schmalen Fingern hin und her drehte°.

dark / ancient
pillow / pale
gloomy / besides
criss cross
stubborn / unfortunate one / axe
head / lifted
crazy
pale
chin / wrinkled
collar / buried / loose / tie
twisted

So wartete er auf die Polizei, die ihn wegführen sollte. Unterdessen° stand einer, der Acht hatte°, vor der Türe draußen. Ich hatte die Schläfe° der unglücklichen Mutter verbunden°; die Arme war bewußtlos°. Ich verließ sie, nachdem eine Frau aus der Nachbarschaft sich erboten°, bei ihr zu wachen. Auf der Stiege° begegneten mir° die Gendarmen°, welche den Muttermörder abholen kamen. Die Bewohner des Vorstadthauses waren in heftiger Erregung°; vor der Wohnungstüre standen sie in Gruppen und besprachen das traurige Ereignis°. Einige fragten mich auch, wie es da oben stehe und ob Hoffnung für das Leben der Verletzten° vorhanden sei°. Ich konnte keine bestimmte Antwort geben.

meanwhile
stood guard / temple
bandaged / unconscious
offered
stairway / I met / policemen
all upset
happening
wounded / i.e. was

Eine mir bekannte, nicht mehr ganz junge Person, die Frau eines kleinen Beamten, zu dem ich früher als Arzt gekommen war, hielt mich etwas länger auf°. Sie lehnte° am Stiegengeländer° und schien ganz vernichtet°.

kept / leaned / rails / crushed

„Das ist noch weit schrecklicher als Sie denken, Herr Doktor!" sagte sie, den Kopf schüttelnd°.

shaking

„Noch schrecklicher?" fragte ich.

"Ja, Herr Doktor! Wenn Sie wüßten, wie sie ihn geliebt hat!"

„Sie hat ihn geliebt?"

„Ja, sie hat ihn verwöhnt, verzärtelt°."

pampered

„Diesen Burschen°?! Und warum?"

guy

„Ja, warum! . . . Sehen Sie, Herr Doktor, der Junge war ungeraten° von Kindesbeinen auf°. Aber alles ließ sie ihm hingehen° . . . die schlimmsten Streiche° verzieh° sie ihm . . . Wir im Hause mußten sie oft warnen, der

misfit
from the beginning / tolerated
pranks / forgave

Tunichtgut° betrank sich schon als Knabe°, und erst als er älter wurde . . . diese Geschichten!"

good-for-nothing / boy

„Was für Geschichten?"

40 „Für eine kurze Zeit war er in einem Geschäft, aber er mußte wieder weg!"

„Er mußte?"

„Ja, er stellte alles mögliche an°; er stahl sogar von seinem Dienstherrn° . . . Die Mutter ersetzte° das Geld, die arme Frau, die kaum selbst zu leben hatte!"

did all sorts of things / boss
replaced

„Was ist sie denn eigentlich?"

45 „Sie nähte° und stickte°, es war ein recht karges° Auskommen. Und der Junge, statt sie zu unterstützen, trug ihr das bißchen, was sie verdiente, ins Wirtshaus° und weiß Gott wohin. Damit war's aber nicht genug. Das Eßzeug°, zwei, drei Bilder, die Wanduhr, fast alles, was nicht angenagelt° war, wanderte ins Leihhaus° . . .!"

sewed / embroidered / meager
tavern
cutlery
nailed to s.th.
pawn shop

50 „Und sie hat es geduldet°?"

tolerated

„Geduldet?! Sie liebte ihn immer mehr! Wir alle haben es nicht begriffen° . . . Und nun wollte er Geld . . . Sie gab ihm, was sie hatte . . . Er drohte° ihr, er mußte Geld haben!"

understood
threatened

„Woher wissen Sie das alles?"

55 „Man erfährt° das so im Hause. Sein Schreien° hörte man oft durchs Stiegenhaus, und wenn er in der Nacht oder auch bei Tag betrunken nach Hause kam, fing er schon bei der Türe an zu brummen° und zu schelten°. Die arme Frau hatte Schulden überall: es gab manchmal kein Brot da oben . . . Wir im Hause halfen ihr manchmal aus, obwohl es unter uns keine Reichen gibt. 60 Aber es wurde nur ärger°. Sie schien ganz verblendet° zu sein. Alles hielt sie für Jugendstreiche; sie bat° uns manchmal um Entschuldigung, wenn der Bursche in der Nacht über die Stiege torkelte° und Lärm machte. Ja, so ein Sohn war das, Herr Doktor. —Aber daß es so weit gekommen ist . . ."

finds out / screaming
grumble / holler
worse / blinded
begged
staggered

Und nun erzählte sie mir die ganze Geschichte: „Er kam heute erst früh am 65 Morgen heim; ich hörte ihn hier vor unserer Wohnung über die Stufen° stolpern°. Dabei sang er etwas mit seiner heiseren° Stimme. Nun, oben wird er wieder Geld verlangt haben. Die Türe hat er offen gelassen—bis zu uns herab . . . denken Sie, vom vierten bis in den zweiten Stock—hörte man sein Toben°. Und dann plötzlich ein Schrei. Noch ein Schrei. Da stürzten die Leute hinauf°, 70 und da sah man's. Er aber soll ganz verstockt° dagestanden sein und die Achseln gezuckt° haben . . .!"

steps
stumble / hoarse
rage
rushed up
stubborn
shrugged his shoulders

Ich ging. Hinter mir hörte ich schwere Schritte. Man führte den Muttermörder davon. In den Gängen° standen Männer, Weiber° und Kinder, sie starrten nach; keiner sprach ein Wort. Ich hatte mich im Flur umgewandt°, stieg die Treppe 75 hinab, schritt aus dem Hause und ging in einer sehr trüben Stimmung daran°, mein übriges Tagewerk° zu vollbringen. Kurz nach Mittag kehrte ich in das Unglückshaus zurück°; ich fand die Verletzte, wie ich sie verlassen hatte, bewußtlos, ziemlich schwer atmend. Die Wartefrau erzählte mir, daß unterdessen die Gerichtskommission dagewesen und den Tatbestand° 80 aufgenommen habe. Es war so dunkel in dem Zimmer, daß ich eine Kerze anzünden und auf das Nachttischchen am Kopfende des Bettes stellen ließ . . . Welch ein unendliches Leiden° lag auf diesem sterbenden Antlitz° . . . Ich richtete° eine Frage an die Kranke. Sie wurde unruhig, stöhnte° und öffnete die Augen ein wenig. Zu sprechen vermochte sie nicht°. Nachdem ich das Nötige 85 verordnete°, entfernte ich mich° . . .. Abends, als ich hinaufkam, schien sich die arme Frau etwas wohler zu befinden. Sie antwortete auf meine Frage, wie es ihr gehe: „Besser . . ." und versuchte zu lächeln°. Gleich aber versank sie wieder in die frühere Bewußtlosigkeit . . ..

hallways / women
turned around
about
tasks
returned
evidence
suffering / face
addressed / moaned
couldn't
ordered / left
smile

Nach Mitternacht—eben als ich die letzte Zeile° in mein Tagebuch° einge- 90 tragen—wurde heftig° geklingelt° . . . Frau Martha Eberlein—dies war der Name der Schwerverletzten—verlangte° nach mir. Irgendein Junge aus dem Hause war hergeschickt° worden; ich sollte gleich zu ihr, gleich, gleich . . . Ob sie im Fieber° liege, ob es zu Ende gehe . . .? Er wußte nichts; jedenfalls° sei es höchst dringend°.

line / diary
fiercely / rang
asked
sent
fever / in any case
urgent

95 Ich folgte dem Jungen auf dem Fuße, und mit meiner chirurgischen° Handtasche versehen°, eilte ich die Treppe des Hauses hinauf, während der Junge unten stehenblieb, ein Wachsstöckchen° in der Hand haltend, um mir zu leuchten. Die letzten Stufen lagen schon tief im Dunkel, nur am Anfang des Weges geleitete° mich ein matter°, flackernder° Schein. Doch aus der 100 halboffenen Wohnungstür der Kranken fiel mir ein Lichtstreif° entgegen. Ich trat ein und durch den Vorraum, der auch die Küche vorstellte°, in das Hofzimmer. Die Wartefrau war aufgestanden, als sie meine Schritte hörte, und kam mir entgegen. „Was gibt's?" flüsterte° ich . . . „Sie will Sie durchaus° sprechen, Herr Doktor!" sagte das Weib.

surgical
equipped
candlestick
accompanied / dim / flickering
beam of light
represented
whispered / absolutely

105 Ich stand schon beim Bette; die Kranke lag regungslos° da; ihre Augen waren weit geöffnet; sie sah mich an. Leise sagte sie: „Danke, Herr Doktor—danke!" —Ich ergriff° ihre Hand; der Puls war nicht gerade schlecht. Ich schlug den

motionless
took

fröhlichen Ton an°, den wir ja immer in der Kehle° haben müssen, auch wenn es uns nicht danach zumute ist°. „Also, besser geht es, wie ich sehe, Frau 110 Eberlein, das ist sehr erfreulich°!"

started / throat
don't feel like it
delightful

Sie lächelte. „Ja, besser—und ich habe mit Ihnen zu sprechen . . ."

„So?" fragte ich . . . „Lassen Sie hören!"

„Mit Ihnen allein!"

„Ruhen Sie eine Weile aus°!" wandte ich mich° an die Wartefrau.

relax / told

115 „Draußen!" sagte die Kranke.

Die Wartefrau sah mich noch einmal fragend an, worauf sie ging, die Türe leise hinter sich schließend. Ich war allein mit der Kranken.

„Bitte!" sagte diese, mit den Augen auf einen Stuhl weisend°, der am Fußende des Bettes stand. Ich ließ mich nieder°, ihre Hand in der meinen behaltend, 120 und rückte° näher, um sie besser verstehen zu können . . ..

pointing
sat down
moved

„Was wünschen Sie, meine Liebe? frug° ich . . . „Strengen Sie sich nur nicht allzusehr an°!"

asked
Don't strain yourself!

„Oh nein . . . es sind nur ein paar Worte . . . Sie müssen . . . Sie müssen ihn befreien°, Herr Doktor!"

free

125 „Wen?"

„Meinen Sohn—ihn!"

„Meine liebe Frau Eberlein," erwiderte° ich bewegt° . . . „Sie wissen wohl, das steht nicht in meiner Macht°!"

replied / moved
power

„Oh, es steht in Ihrer Macht, wenn es eine Gerechtigkeit gibt . . ."

130 „Ich bitte Sie recht sehr . . . versuchen Sie sich nicht aufzuregen° . . . Ich fühle wohl, daß Sie mich für ihren Freund halten, und ich danke Ihnen dafür; ich bin aber auch Ihr Arzt und darf Ihnen ein bißchen befehlen°. Nicht? Also Ruhe! Vor allem Ruhe!"

get excited
order

„Ruhe . . .," wiederholte sie, und schmerzlich° zuckte° es ihr um Augen und 135 Mund . . . „Herr Doktor—Sie müssen mich anhören . . . es lastet° so schwer auf mir!"

painfully / jerked
weighs

Auf meinem schweigenden° Antlitz glaubt sie eine Aufforderung° zum Sprechen zu lesen, und—meine Hand fest drückend°, begann sie:

silent / invitation
squeezing

„Er ist unschuldig—oder doch weniger schuldig, als es die Leute ahnen° 140 können. Ich bin eine schlechte, eine elende° Mutter gewesen . . .."

suspect
miserable

„Sie?"

„Ja, ich . . . eine Verbrecherin war ich!"

„Frau Eberlein!"

„Gleich werden Sie mich verstehen . . . Ich bin nicht Frau Eberlein . . . Ich bin 145 Fräulein Martha Eberlein . . . Man hält mich nur für eine Witwe° . . . Ich habe nichts dazu getan, um die Leute zu täuschen°, aber ich konnte diese alten Geschichten doch nicht jedermann erzählen . . .."

widow
deceive

„Nun ja, . . . das darf Sie doch heute nicht mehr so entsetzlich° quälen°!"

terribly / torture

„Oh, nicht das! Es sind zwanzig Jahre, daß ich verlassen wurde . . . verlassen, 150 noch bevor er zur Welt kam, er, mein und sein Sohn. Und da. . . es ist nur der reine Zufall°, daß er lebt, denn, Herr Doktor . . . ich hab' ihn umbringen°

coincidence / kill

wollen in der ersten Nacht! . . . Ja, schaun Sie mich nur an! . . . Allein und verzweifelt° stand ich da . . . Aber ich will mich nicht reinwaschen . . . Ich nahm Decken° und Linnenzeug° und legte es über ihn und dachte, er werde
155 ersticken° . . . und dann in der Früh'° nahm ich furchtsam° die Decken wieder weg . . . und er wimmerte°! Ja, er wimmerte—und atmete—und lebte!" Sie weinte, die arme Frau. Mir selber versagten die Worte°. Sie aber fuhr nach einem kurzen Schweigen fort°:

desperate
blankets / sheets
suffocate / early morning / fearfully
whimpered
was speechless
continued

„. . . Und er sah mich an mit großen Augen und wimmerte in einem fort°! Und
160 ich, vor diesem kleinen Ding, das noch keinen Tag alt war, mußte ich erbeben° . . . Ich weiß noch genau, daß ich es vielleicht eine Stunde lang anstarrte und dachte: Welch ein Vorwurf° liegt in diesen Augen! Und vielleicht hat es dich verstanden und klagt dich an! Und vielleicht hat es ein Gedächtnis° und wird dich immer, immer anklagen . . .. Und es wurde größer, das kleine
165 Ding—und in den großen Kinderaugen immer derselbe Vorwurf. Wenn es mir mit den Händchen ins Gesicht fuhr, dachte ich: Ja, . . . es will dich kratzen°, es will sich rächen, denn es erinnert sich an jene erste Nacht seines Lebens, wo du es unter Decken vergrubst° . . .! —Und es begann zu lallen°, zu sprechen. Ich hatte Angst vor dem Tage, wo er wirklich würde sprechen können. Aber
170 das kam so allmählich° —so allmählich. —Und immer wartete ich—immer, wenn er den Mund aufmachte, wartete ich: Jetzt wird er es dir sagen. Ja, ja, er wird es dir sagen, daß er sich nicht täuschen° läßt, daß all die Küsse°, all die Liebkosungen°, all die Liebe dich nicht zur wahren° Mutter machen können. Er wehrte sich°, er ließ sich nicht küssen, er war ungebärdig°, er liebte mich nicht
175 . . .. Ich ließ mich schlagen von dem fünfjährigen Buben°, und auch später noch ließ ich mich schlagen und lächelte . . . Ich hatte eine wahnsinnige Sehnsucht°, meine Schuld loszuwerden°, und wußte doch, daß es nimmer° ginge. Konnt' ich's denn jemals sühnen°? . . . Und wenn er mich ansah, immer mit denselben fürchterlichen° Augen . . .! Als er älter wurde, in die Schule ging,
180 da wurde es mir vollends° klar, daß er mich durchschaute . . . Und alles nahm ich reuig° hin . . . Ach, er war kein gutes Kind . . . aber . . . ich konnte ihm nicht böse sein! Böse! Oh, ich liebte ihn, liebte ihn bis zum Wahnsinn . . . Und mehr als einmal sank ich hin vor ihm, küßte seine Hände—seine Knie—seine Füße! —Oh, er verzieh mir nicht. —Kein Blick der Liebe, kein freundliches
185 Lächeln . . .! Er wurde zehn, zwölf Jahre alt; er haßte mich! . . . In der Schule tat er kein gut . . . Eines Tages kam er nach Hause mit trotzigen Worten: ‚Es ist aus mit der Schule, sie wollen mich dort nicht mehr haben' . . . Oh, wie ich damals erbebte. Ich wollte ihn ein Handwerk° lernen lassen—ich bat, ich flehte°—er blieb starr°—er wollte nichts von der Arbeit wissen. Er trieb sich
190 herum° . . . Was konnte ich ihm sagen—was ihm vorwerfen? . . . Ein Blick von ihm machte all meinen Mut° zunichte . . . Wie zitterte° ich vor dem Tage, wo er mir's in Gesicht sagen würde; ‚Mutter, Mutter! Du hast das Recht auf mich verwirkt°!' —Aber er sprach es nicht aus . . . Manchmal, wenn er trunken nach Hause kam, dachte ich: Nun wird ihm der Rausch die Zunge lösen . . . Aber
195 nein . . . Da fiel er auch zuweilen° hin und lag auf dem Boden bis in den hellen Mittag. Und wenn er dann erwachte und ich neben ihm saß, blickte er mich an mit Hohn° . . . mit einem verständnislosen Lächeln um die Lippen, ungefähr, als wollte er sagen: Wir wissen ja, woran wir sind . . .! Und Geld brauchte er, viel Geld, ich mußte es schaffen° . . . Aber es ging doch nicht
200 immer so, wie er wollte, und dann wurde er böse, bitterböse—oft hob er die Hand auf gegen mich . . . Und wenn ich müd aufs Bett gesunken war, stand er vor mir, wieder mit dem höhnischen° Lachen, das bedeutete: Nein, den Gnadenstoß° geb ich dir nicht! . . . Heute morgen endlich—polternd° kam er herauf—‚Geld! Geld!'—Ja, um Gottes willen, ich hatte keines! —‚Wie? keines?'
205 —Und ich beschwor° ihn, er solle warten bis zur nächsten Woche, bis morgen,

continuously
tremble
reproach
memory
scratch
buried / babble
slowly
mislead / kisses
hugs / true
resisted / wild
boy
desire / get rid of / never
atone
awful
fully
penitently
trade
begged / stubborn
bummed around
courage / trembled
forfeited
sometimes
scorn
get
sarcastic
deathblow / rumbling
begged

bis heut abend! Nein! Ich mußte ihm Geld geben—ich hätte es versteckt°—er schrie und suchte und riß° die Kasten° auf und das Bett . . . und fluchte° . . . Und dann . . . und dann . . . ."

hidden
tore open / cabinets / cursed

Nun hielt sie inne° . . . Nach einer Sekunde sagte sie: „Und war es nicht sein
210 Recht?"

stopped

„Nein!" sagte ich . . . „Nein, Frau Eberlein! . . . Sie waren längst Ihrer Schuld ledig°. Ihre tausendfältige Güte° hat die Verwirrung° eines Momentes, in dem ein Wahn° Sie gefangen hielt, längst gesühnt!"

free of / goodness / confusion
madness

„Nein, Herr Doktor!„ erwiderte sie—„kein Wahn! Denn ich erinnere mich allzu
215 deutlich° jener Nacht . . . Ich war nicht wahnsinnig, ich wußte, was ich wollte! . . . Und darum, Herr Doktor, gehen Sie vors Gericht, und erzählen Sie, was Sie hier von mir gehört; man wird ihn freilassen, man muß es tun . . .!"

distinctively

Ich sah, daß ich hier schwer ankämpfen konnte. „Nun"—meinte ich—„wir sprechen morgen davon, Frau Eberlein—für heute tut Ihnen Ruhe not° . . . Sie
220 haben sich allzusehr angestrengt°!"

is needed
strained

Sie schüttelte den Kopf.

„Herr Doktor!—Der Wunsch einer Sterbenden ist heilig° . . . Sie müssen es mir versprechen!"

holy

„Sie werden nicht sterben—Sie werden sich erholen."—

225 „Ich werde sterben—denn ich will es . . . Werden Sie zu Gericht gehen . . .?"

„Vor allem fügen Sie sich° mir, und denken Sie, daß ich Ihr Arzt bin! Ich befehle Ihnen jetzt, zu schweigen° und zu ruhen."—

obey
keep silent

Damit war ich aufgestanden und rief die Wartefrau herein. Aber Frau Eberlein ließ meine Hand nicht los°, die ich ihr zum Abschied° reichte—eine Frage
230 glühte° in ihren Augen.

let go / farewell
glowed

„Ja!" sagte ich.

„Ich danke Ihnen!" erwiderte sie. Dann gab ich der Wärterin° die nötigen Anordnungen° und entfernte mich mit dem Vorsatze°, morgen mit dem frühesten wiederzukommen . . .

sitter
instructions / intention

235 Am Morgen fand ich die Kranke bewußtlos. Zu Mittag war sie tot . . . Noch liegt ihr Geheimnis° in mir, in diesen Blättern°, und es steht mir frei, Ihren letzten Wunsch zu erfüllen oder nicht. Ob ich zu Gericht gehe oder nicht—für den elenden Sohn dieser unseligen Mutter ist es dasselbe! Kein Richter der Welt wird die Verirrung° der Mutter als mildernden Umstand° für das todeswürdige
240 Verbrechen des Sohnes gelten lassen°. Der Sühne° mehr als genug für diese unglückliche Mutter war der Wahn, in den Augen ihres Sohnes einen ewigen° Vorwurf, eine stete° Erinnerung an jene entsetzliche Nacht sehen zu müssen.—

secret / pages
abberation / softening circumstance
accept / penance
eternal
constant

Oder sollte es möglich sein? Bleiben uns selbst von den ersten Stunden unseres Daseins° verwischte° Erinnerungen zurück, die wir nicht mehr deuten°
245 können und die doch nicht spurlos° verschwinden°?—Ist vielleicht ein Sonnenstrahl, der durchs Fenster fällt, die allererste Ursache° eines friedlichen Gemütes°? —Und wenn der erste Blick der Mutter uns mit unendlicher Liebe umfängt°, schimmert er nicht in den blauen Kinderaugen süß und unvergeßlich wider°? —Wenn aber dieser erste Blick ein Blick der Verzweiflung° und des
250 Hasses° ist, glüht er nicht mit zerstörender Macht in jene Kindesseele° hinein, die ja tausenderlei Eindrücke° aufnimmt, lange bevor sie dieselben zu enträtseln° vermag? Und was mag sich in dem Empfindungskreise° eines Kindes abspielen°, dessen erste Lebensnacht in schauerlicher° unbewußter°

existence / vague / interpret
without a trace / disappear
motive
peaceful mind
surrounds
reflect / despair
hate / . . . soul
impressions
decipher / realm of feelings
manifest / horrible / unconscious

Todesangst dahingegangen? Niemals noch° hat ein Mensch von seiner ersten never
255 Lebensstunde zu berichten gewußt,—und keiner von euch—so könnte ich ja den Richtern sagen—kann wissen, was er von dem Guten und Schlechten, das er in sich trägt, dem ersten Lufthauche°, dem ersten Sonnenstrahl, dem ersten Blick der Mutter zu danken hat! —Ich werde zu Gericht gehen; nun habe ich mich dazu entschlossen, denn mich dünkt°, es ist noch lange nicht klar genug,
260 wie wenig wir wollen dürfen und wieviel wir müssen.

breath of air

it seems to me

ARTHUR SCHNITZLER, in *Gesammelte Werke*

Inhaltsfragen

1. Was läßt den Erzähler nicht zur Ruhe kommen?
2. Wie sah der Sohn aus?
3. Was hat er getan, und was geschieht mit ihm?
4. Was meint die Nachbarin, wenn sie den Jungen als einen Tunichtgut beschreibt?
5. Beschreiben Sie Frau Eberlein! Was für eine Mutter ist sie? Wieso fühlt sie sich schuldig? Wie versucht sie, alles wieder gut zu machen? Ist sie reich?
6. Warum ließ Frau Eberlein mitten in der Nacht den Arzt rufen?
7. Was muß er ihr versprechen?
8. Was passiert am nächsten Tag?
9. Wird der Arzt zum Gericht gehen? Welche Gedanken gehen ihm vorher durch den Kopf?
10. Was würden Sie tun, wenn Frau Eberlein Sie zur Verteidigung aufgefordert hätte?

Waage der Gerechtigkeit

Das sollten Sie wissen

das Verbrechen, -

der Betrüger, - ≠ Betrug
Dieb, -e ≠ Diebstahl, ¨e
Einbrecher, - ≠ Einbruch, ¨e
Mörder, - ≠ Mord, -e
Räuber, - ≠ (Raub)überfall, ¨e
Schuß, ¨sse
Täter, - ≠ die Tat, -en
Verbrecher, - ≠ das Verbrechen, -

das Opfer,
die Gewalt ≠ Vergewaltigung, -en
Waffe, -n ≠ Pistole, -n

betrügen
ein·brechen
ein Verbrechen begehen
emorden
fest·nehmen
sich rächen
schießen ≠ erschießen
stehlen
überfallen
vergewaltigen

vor dem Gericht

der Angeklagte, -n — Kläger, -
Richter, -
Staatsanwalt, ¨e — Verteidiger, -
Zeuge, -n

das Gefängnis ≠ Zuchthaus, ¨er
Gesetz, -e ≠ Gericht, -e
Urteil, -e

die Erziehung
Gewalt
Kindheit
Disziplin
Lüge, -n — Wahrheit
Strafe, -n
(Un)gerechtigkeit
(Un)schuld

die Verantwortung
Verhütung

an·klagen — verklagen
bestrafen
sich erinnern (an)
erziehen
sich verteidigen
verhüten
verurteilen — frei·sprechen

streng — gutmütig
(un)gerecht
(un)schuldig
verwöhnt
wahr

Passives Vokabular, falls Sie es für die Gerichtszene brauchen:

der Fußgängerweg, -e *(sidewalk),* Fußgängerüberweg, -e *(pedestrian crossing),* Insasse, -n *(passenger),* Tote, -n, Unfall, ¨e *(accident),* Verletzte *(person hurt),* Zusammenstoß, ¨e *(collision);* die Ambulanz, Ampel, -n *(traffic light),* Bremse, -n *(break),* Einbahnstraße, -n *(one-way street),* Kreuzung, -en, Polizei, Verletzung, -en, Vorfahrt *(right of way);* abbiegen *(to turn),* anfahren, anhalten, bremsen *(to break),* die Vorfahrt beachten *(to yield),* hupen *(sound the horn),* kreuzen, quietschen *(to squeak),* rutschen *(to slide),* überfahren, überholen *(to pass),* überqueren *(to cross),* sich verletzen, verunglücken *(to be killed in an accident),* (kein) Zeichen geben, zusammenstoßen *(to collide)*

Wortschatzübung

1. Lesen Sie laut!

der Autodieb, Banküberfall, Berufseinbrecher, Gerichtszeuge, Rachetäter; das Mordopfer, Verantwortungsgefühl; die Gefängnisstrafe, Kindererziehung, Mitschuld, Schußwaffe

2. Wie heißen die . . .?

a. Hauptwörter

bestrafen, disziplinieren, freisprechen, lügen, schießen, vergewaltigen, verhüten, verklagen, verurteilen, gerecht, unschuldig, wahr

b. Verbformen

betrügen, einbrechen, erziehen, festnehmen, freispechen, lügen, schießen, stehlen

c. Plurale

der Diebstahl, Einbrecher, Richter, Staatsanwalt; das Gefängnis, Gesetz, Zuchthaus; die Pistole, Strafe, Zeugin

3. Welche Wörter gehören dazu?

z.B. der Betrug **der Betrüger, betrügen**

der Diebstahl, Einbruch, Mord, Raubüberfall; das Verbrechen; die Anklage, Rache, Tat

4. Erklären Sie den Unterschied!

der Diebstahl ≠ der Einbruch
die Waffe ≠ die Pistole
das Gefängnis ≠ das Zuchthaus
das Gesetz ≠ das Gericht
schießen ≠ erschießen

5. Wie definieren Sie das?

der Richter, Zeuge; die Disziplin, Kindheit, Todesstrafe; sich erinnern an, verhüten, sich verteidigen, gutmütig, verwöhnt

6. Sprechen wir über Schnitzlers Sohn! Wie geht's weiter?

z.B. Der Sohn war seit seiner . . . ein Tunichtgut.
Der Sohn war seit seiner Kindheit ein Tunichtgut.

Da half die beste . . . nicht.
Der Sohn hat oft . . .
Er hat sogar seinen Chef . . .
Die Mutter glaubte immer, er wollte sich an ihr . . .
Immer wieder mußte sie sich an die erste Nacht . . .
Weil sie wußte, daß sie selbst nicht ganz . . . war, konnte sie sich schlecht gegen ihn . . .
Sie . . . ihn so gut sie konnte.
Sie hat ihn sehr . . .
Am Ende wurde sie sein . . .
Er wollte mit Gewalt . . . haben.
Sie wurde von ihm . . .
Es sieht aus, als ob ihm . . . egal war.
Bald kam die Polizei und hat ihn . . .
Frau Eberlein will, daß der Arzt zum . . . geht.
Er soll ihren Sohn . . ., denn sie denkt, daß er nicht ganz so . . . ist, wie Leute denken.
Sicherlich wird er . . . werden.

Gespräche und Diskussionen

1. Stellen Sie eine Gerichtsszene dar, in der der Fall Eberlein besprochen wird! Verteilen Sie die Rollen des Richters, des Verteidigers, des Staatsanwalts, des Arztes, des Sohnes und verschiedener Zeugen (Nachbarn, Lehrer, Chef, jemand aus dem Wirtshaus . . .)! Berichten Sie, was passiert ist! Machen Sie Aussagen über Frau Eberleins Leben und das ihres Sohnes! Beschreiben Sie die beiden! Wo liegt die Schuld? Inwieweit sind wir Produkte unserer Umwelt? Ist es wahr, daß die erste Stunde unsres Lebens so wichtig für den Rest unsres Lebens ist? Welches Urteil werden Sie fällen: Freispruch, lebenslang Zuchthaus oder Todesstrafe?

2. Stellen Sie eine andere Gerichtszene dar, wo der Angeklagte wegen (a) Diebstahl, (b) fahrlässiger *(negligent)* Tötung, (c) . . . angeklagt wird. Verteilen Sie die verschiedenen Rollen! Machen Sie es so echt, wie möglich!
3. Nachrichtenzeit im Fernsehen. Jeder gibt einen Kurzbericht über etwas, was heute (oder diese Woche) in Ihrer Stadt oder auf der Welt passiert ist. Machen Sie es so typisch, wie möglich! Ein Kommentar am Ende wäre nicht schlecht.
4. Sollten Eltern, ja die ganze Familie, für die Taten ihrer Kinder verantwortlich gemacht werden? Wie lange? Inwieweit beeinflussen sie den Charakter ihrer Kinder? Welche anderen Einflüsse spielen auch eine Rolle?
5. Viele Jugendliche beklagen sich über Mangel an Verständnis von Seiten der älteren Generation. Beruht das nicht auf Gegenseitigkeit? Ist dies nicht von der Jugend selbst verschuldet? Was soll die ältere Generation tun, um der Jugend gerecht zu werden?
6. Auge um Auge, Zahn um Zahn? Was bedeutet das? Sind Sie mit den Gesetzen und Gerichten Ihres Landes zufrieden? Warum (nicht)? Gibt es bei Ihnen die Todesstrafe? Sind Sie dafür oder dagegen, warum? Was tut man in Ihrem Lande mit jugendlichen Verbrechern? Haben Sie Verbesserungsvorschläge?
7. Für und wider die Kontrolle von Waffen in privater Hand? Haben Sie welche? Würden Sie sie benutzen (wenn ja, unter welchen Umständen)?
8. Was würden Sie tun, wenn (a) ein Fremder Ihr Telefon benutzen möchte? (b) ein Anhalter an der Autobahn steht? (c) Ihre Nachbarn sich laut zanken *(fight)*? (d) Sie sehen, daß jemand im Kaufhaus etwas stiehlt? (e) jemand im Bus kein Fahrgeld hat? (f) Sie Zeugen eines Unfalls sind?
9. Für und wider Gewalt im Fernsehen. Stimuliert sie andere Verbrechen (Diebstähle, Einbrüche, Morde, Vergewaltigungen . . .)? Sollte man dies zensieren, oder hilft es zur Verhütung von Verbrechen?
10. Was bedeuten diese Sprichwörter?
    - Lügen habe kurze Beine.
    - Wer einmal lügt, dem glaubt man nicht, und wenn er auch die Wahrheit spricht.

Aufsätze

1. Der Sohn, schuldig oder unschuldig?
2. Bericht eines Verbrechens oder eines Unfalls (vielleicht müssen Sie dazu die Zeitung lesen).
3. Wenn ich Richter wäre . . .
4. Benutzen Sie eins der oben genannten Sprichwörter als Titel!

KAPITEL 24

Deutschland und Europa

Maßnahmen gegen die Gewalt

In die Wohnung des Herrn Egge, der gelernt hatte, nein zu sagen, kam eines Tages in der Zeit der Illegalität ein Agent, der zeigte einen Schein° vor, welcher ausgestellt° war im Namen derer, die die Stadt beherrschten°, und auf dem stand, daß ihm gehören solle jede Wohnung, in die er seinen Fuß setzte; 5 ebenso sollte ihm auch jedes Essen gehören, das er verlangte; ebenso sollte ihm auch jeder Mann dienen, den er sähe.

Der Agent setzte sich in einen Stuhl, verlangte Essen, wusch sich, legte sich nieder° und fragte mit dem Gesicht zur Wand vor dem Einschlafen: „Wirst du mir dienen?"

10 Herr Egge deckte ihn mit einer Decke° zu, vertrieb° die Fliegen°, bewachte seinen Schlaf, und wie an diesem Tage gehorchte er ihm sieben Jahre lang. Aber was immer er für ihn tat, eines zu tun hütete er sich° wohl: das war, ein Wort zu sagen. Als nun die sieben Jahre herum waren und der Agent dick geworden war vom vielen Essen, Schlafen, Befehlen°, starb der Agent. Da 15 wickelte° ihn Herr Egge in die verdorbene° Decke, schleifte° ihn aus dem Haus, wusch das Lager°, tünchte° die Wände, atmete und antwortete: „Nein."

BERTOLT BRECHT, in *Geschichten vom Herrn Keuner*

piece of paper
issued / controlled
down
blanket / chased away / flies
shunned
commanding
wrapped / rotten / dragged
bed / painted

Den Opfern der Hitler Dikatur (1933–1945)

Sie sind einige von den vielen, die „Nein" gesagt haben und dafür bezahlt haben. Von links nach rechts: (1) Carl Goerdeler, Bürgermeister von Leipzig. (2) Graf von Staufenberg, Offizier, sein Versuch, Hitler mit einer Bombe umzubringen mißglückte. (3) Julis Leber, Arbeiterführer. (4) Sophie Scholl, Studentin, mit ihrem Bruder Mitglied der Widerstandsgruppe „Weise Rose." (5) Bebo Wagner, Führer der Bayrischen Widerstandsgruppe. (6) Albrecht Haushofer, Dichter.

Inhaltsfragen

1. Was hatte Herr Egge gelernt?
2. Wer kam zu ihm in Zeit der Illegalität?
3. Was wollte dieser?
4. Wie reagierte Herr Egge?
5. Was geschah eines Tages mit dem Agenten?
6. Woran ist er gestorben?
7. Wie reagierte Herr Egge auf seinen Tod?
8. Warum hat er nicht vorher protestiert?

Die Teilung Deutschlands-Daten

1945 Ende des 2. Weltkrieges—Ostgebiete östlich der Oder-Neiße gehen verloren, der Rest Deutschlands wird in 4 Besatzungszonen aufgeteilt—Berlin wird von den 4 Alliierten gemeinsam verwaltet

Berliner Luftbrücke

1948 Währungsreform, zweierlei Geld in Ost und West—Sowjets blockieren Berlin, USA reagiert mit Berliner Luftbrücke—die sowjetische Zone trennt sich von den drei westlichen Zonen, Teilung Berlins in Ost und West

1949 Gründung der BRD (Bundesrepublik Deutschland) mit Bonn als Hauptstadt sowie der DDR (Deutschen Demokratischen Republik) mit Berlin (Ost) als Hauptstadt

1953 Aufstand in der DDR durch Sowjet-Panzer gestoppt

1954 BRD wird Teil der NATO; als Antwort gründet der Ostblock 1955 den Warschauer Pakt

1957 Saarland wieder Teil der BRD—Gründung der EWG (Europäische Wirtschaftsgemeinschaft)

1958 Sowjets wollen West-Berlin als entmilitarisierte, freie Stadt erklären

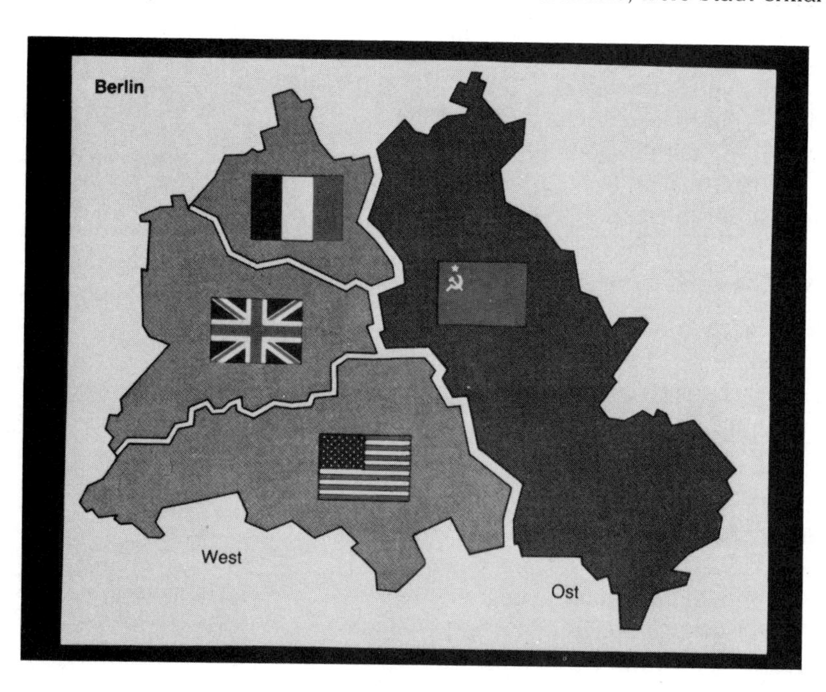

1961 Bau der Mauer in Berlin

1962 Kennedy in Berlin

1970 Erstes Treffen der Regierungschefs der DDR (Stoph) und der BRD (Brandt) in Erfurt

20 1974 Vertrag über eine ständige, gegenseitige Vertretung der beiden deutschen Staaten in Berlin (Ost) und Bonn

Treffen von Willi Stoph und Willy Brandt in Erfurt

Deutschland aus der Sicht der DDR

Sehr geehrter Herr Bundeskanzler! . . . Die Regierungen der Staaten, die Sie und ich vertreten, tragen eine große Verantwortung dafür, daß niemals wieder auf deutschem Boden ein Krieg ausgeht. Schließlich sind zwei furchtbare Weltkriege in diesem Jahrhundert° von Regierungen des imperialistischen
5 Deutschlands verschuldet° worden . . .. Für die Regierung der Deutschen Demokratischen Republik kann ich die Versicherung° abgeben, daß . . . unsere gesamte° Politik auf die Sicherung° des Friedens gerichtet° ist . . .. Als souveräner sozialistischer Staat haben wir mit der Sowjetunion und den anderen sozialistischen Ländern ein dauerhaftes° Bündnis° geschlossen, das
10 auf fester Freundschaft und Gleichheit der Interessen beruht°. Die DDR betreibt° eine friedliche Außenpolitik und hat sich eben deshalb° zu einem international geachteten° Faktor des Friedens entwickelt . . ..

Gegenwärtig sind die Beziehungen zwischen unseren Staaten völlig unnormal. Daraus ergeben sich° ernstliche Gefahren . . .. Es kann keinen gesicherten
15 Frieden geben, solange nicht alle Zielsetzungen° aufgegeben sind, die auf eine Änderung des territorialen Status quo und der europäischen Grenzen gerichtet sind . . ..

Die Sicherung unserer Staatsgrenze im Jahre 1961 war ein Akt der Menschlichkeit. Sie diente dem Lebensinteresse unserer Bevölkerung und der
20 Erhaltung des Friedens in Europa. Unsere Bürger wissen aus eigener° Erfahrung°, daß wir den größten wirtschaftlichen Aufschwung° erlebten°, nachdem wir am 13. August 1961 dafür gesorgt hatten°, daß keine fremden Finger mehr in unsere Taschen greifen° können . . ..

century
caused
assurance
entire / securing / geared toward
lasting / pact
is based on / conducts
therefore
respected
result
objectives
own
experience / upswing / experienced
made sure
put their hands

Natürlich . . . sind wir als Sozialisten am Sieg° des Sozialismus in allen
25 Ländern und auch in der Bundesrepublik interessiert, was eine spätere Vereinigung auf der Grundlage° von Demokratie und Sozialismus möglich machen würde. Von seiten der DDR steht einem Verhältnis° friedlicher Koexistenz nichts im Wege . . ..

victory
basis
relationship

WILLI STOPH, in *Auszüge aus der Grundsatzerklärung* (1970)

Deutschland aus der Sicht der BRD

Herr Vorsitzender° des Ministerrats°, meine Herren! Niemand wird überrascht sein, daß ich vieles ganz anders sehe . . .. In wenigen Wochen sind 25 Jahre vergangen°, seit die nationalsozialistische Gewaltherrschaft° im Zusammenbruch° des Deutschen Reiches endete. Dieses Ereignis° verbindet uns alle,
5 die wir hier am Tisch sitzen, was auch sonst° uns trennen mag . . .. Die Machtkonfrontation zwischen Ost und West überwölbt° seitdem die deutsche Situation und teilt Europa. Wir können diese Teilung nicht einfach ungeschehen° machen. Aber wir können uns bemühen, die Folgen° dieser Teilung zu mildern° . . .. Die starken Bande° der gemeinsam erlebten und
10 gemeinsam zu verantwortenden Geschichte . . ., die Bande der Familie, der Sprache und der Kultur . . . sind eine Realität . . ..

chairman / cabinet council
gone by / dictatorship
collapse / event
whatever
overshadows
undone / consequences
ease / bonds

Erlauben Sie mir, noch einmal die Grundsätze° zu bestätigen°, von denen sich die Bundesrepublik leiten° läßt . . .:

principles / confirm
is guided

Grüße über die Mauer in Berlin

1. Beide Staaten haben ihre Verpflichtung° zur Wahrung° der Einheit der
15 deutschen Nation. Sie sind füreinander nicht Ausland.

obligation / preservation

2. Im übrigen° müssen die allgemein anerkannten Prinzipien° des zwischenstaatlichen Rechts gelten, insbesondere° . . . die Verpflichtung zur friedlichen Lösung aller Streitfragen° und zur Respektierung der beiderseitigen Grenzen.

for the rest / principles
especially
disputes

20 3. Dazu gehört auch die Verpflichtung, die gesellschaftliche Struktur im Gebiet des Vertragspartners nicht gewaltsam° ändern zu wollen.

by force

4. Die beiden Regierungen sollten eine nachbarschaftliche Zusammenarbeit anstreben°.

strive for

5. Die bestehenden° Rechte und Verantwortlichkeiten der vier Mächte in Bezug
25 auf° Deutschland als Ganzes und Berlin sind zu respektieren . . ..

existing
with regard to

Wir wollen den Status Berlins nicht ändern, solange die deutsche Frage nicht gelöst ist . . .. Zur Normalisierung der Beziehungen genügen° nicht allein förmliche° Dokumente. Die Menschen hüben und drüben° müssen von der Normalisierung etwas haben . . .. Es wäre gewiß ein Fortschritt, wenn wir
30 zwischen den beiden Staaten in Deutschland und in Berlin soviel an Besuchsmöglichkeiten, an Kulturaustausch, an sportlichen Begegnungen° erreichen° könnten, wie es sie beispielsweise zwischen der Bundesrepublik Deutschland und verschiedenen Staaten Osteuropas heute schon gibt. Darüber hinaus° . . . muß eine wirkliche Normalisierung zur Überwindung° innerdeutscher
35 Grenzverhaue° und Mauern beitragen°. Sie symbolisieren die beklagenswerte° Besonderheit unserer Lage . . ..

suffice
purely formal / here and there
competitions / achieve
beyond that
doing away with
i.e. iron curtain / contribute / regrettable

WILLY BRANDT, in *Auszüge aus der Grundsatzerklärung* (1970)

Inhaltsfragen

1. Was überwölbt seit 1945 die deutsche Lage?
2. Wofür tragen die Vertreter beider Staaten eine große Verantwortung?
3. Was sieht die DDR als Grundvoraussetzung für den Frieden?
4. Wie wäre—aus der Sicht der DDR—eine Wiedervereinigung möglich?
5. Was verbindet—aus der Sicht der BRD—beide Länder?
6. Was dürfen beide Staaten füreinander nicht sein?
7. Was versteht die BRD unter einer Normalisierung der Beziehungen?
8. Wann wurde die Mauer gebaut? Warum? Was symbolisiert sie?

Auf der Suche nach einem Vereinten Europa

Einst träumte ich von einem Vereinten° Europa, das gemeinsam und ohne Rivalität Probleme der Wirtschaft und Umwelt behandeln würde, das sich durch seine Vielfalt° gegenseitig bereichern° könnte. Aber dieser Traum ist mir verloren gegangen. Wie kann man eine Gemeinschaft aufbauen, wo jeder tut, 5 was er will, wo man nur hilft, wenn es dem eigenen Interesse dient? Nein, Europa ist geographisch gesehen ein Bund von Staaten°, aber zu einem echten Staatenbund° wie in Amerika wird es wohl nie kommen. Dazu müßte Gemeinsinn° über Nationalsinn° kommen, und das liegt den Europäern fern.

unified
diversity / enrich
group of states
confederation of states
common spirit / nationalism

ein Pessimist

Ungeduld und Mangel an Interesse lassen immer mehr Kritik an den 10 Bemühungen° um ein Vereintes Europa aufkommen. Es geht ihnen nicht schnell genug. Man fühlt sich, unabhängig vom anderen, wieder recht wohl in seiner Haut°.

efforts
skin

Und doch, wieviel besser und stärker wird ein Europa ohne Grenzen sein, ein Europa mit gemeinsamer Verteidigung, Wirtschafts- und Außenpolitik, ein 15 Europa mit gemeinsamem Geld und gemeinsamen Pässen! Das gibt eine größere und freiere Wahl° an Arbeitsplätzen; man wird flexibler und lernt sich mehr kennen. Das bedeutet nicht, daß die verschiedenen Staaten ihre kulturelle und sprachliche Identität aufgeben müssen. Im Gegenteil, die Unterschiede können uns alle bereichern. Als vitaler Staatenbund wird Europa eine neue 20 Weltmacht. Vielleicht wird selbst die DDR darin eine Basis sehen, wo sie als akzeptiertes Mitglied gemeinsam mit der BRD und den anderen europäischen Ländern existieren kann. Ich gebe die Hoffnung nicht auf. Wo ein Wille ist, ist auch ein Weg.

choice

ein Optimist

P.S.: Viele dieser Wünsche sind bereits erfüllt. In der EG gibt es heute keine Zölle mehr. Jeder EG-Bürger kann in jedem der Mitgliedstaaten gleichberechtigt arbeiten. Viele technische Normen für Lebensmittel gelten für die ganze EG. Gegenüber den assoziierten Staaten und Entwicklungsländern gibt es eine gemeinsame Politik und Entwicklungshilfe. In den letzten Jahren hat die EG in vielen außenpolitischen Fragen gemeinsam gehandelt.

Inhaltsfragen

1. Warum hat der Pessimist die Hoffnung auf ein Vereintes Europa aufgegeben?
2. Wie kritisiert der Optimist die Pessimisten? Was fehlt ihnen?
3. Welche Vorteile hätte ein Vereintes Europa?

Europaparlament in Straßburg

4. Wie könnte ein Vereintes Europa die Beziehung zwischen der BRD und der DDR beeinflussen?
5. Welche Fortschritte zu einem Vereinten Europa sind gemacht worden? (Nennen Sie 5 Beispiele!)

Das sollten Sie wissen

die Regierung, -en

der Bürger, -
Feind, -e
Flüchtling, -e
Kampf, ⸚e
Krieg, -e — Frieden
Präsident, -en ≠ Kanzler, -
Staat, -en ≠ die Nation, -en
Vertrag, ⸚e

das Ausland — Inland
Mitglied, -er

die Beziehung, -en
Demokratie, -n ≠ Republik, -en
Diktatur, -en ≠ der Diktator, -en
Einheit
Freiheit
Gemeinschaft
Gewalt
Grenze, -n
Heimat
Innenpolitik — Außenpolitik
Lage
Lösung, -en
Macht, ⸚e
Mauer, -n
Partei, -en
Regierung, -en

die Teilung — (Wieder)vereinigung
Verhandlung, -en
Verteidigung
Zusammenarbeit

an·erkennen
sich bemühen
dienen
flüchten
gehorchen
kämpfen
lösen
nach·geben — widerstehen
regieren
symbolisieren
teilen
(sich) treffen
verbinden — trennen
vereinigen
verhandeln
vertreten

feige
friedlich
gemeinsam
(un)begrenzt
(un)demokratisch
(un)normal

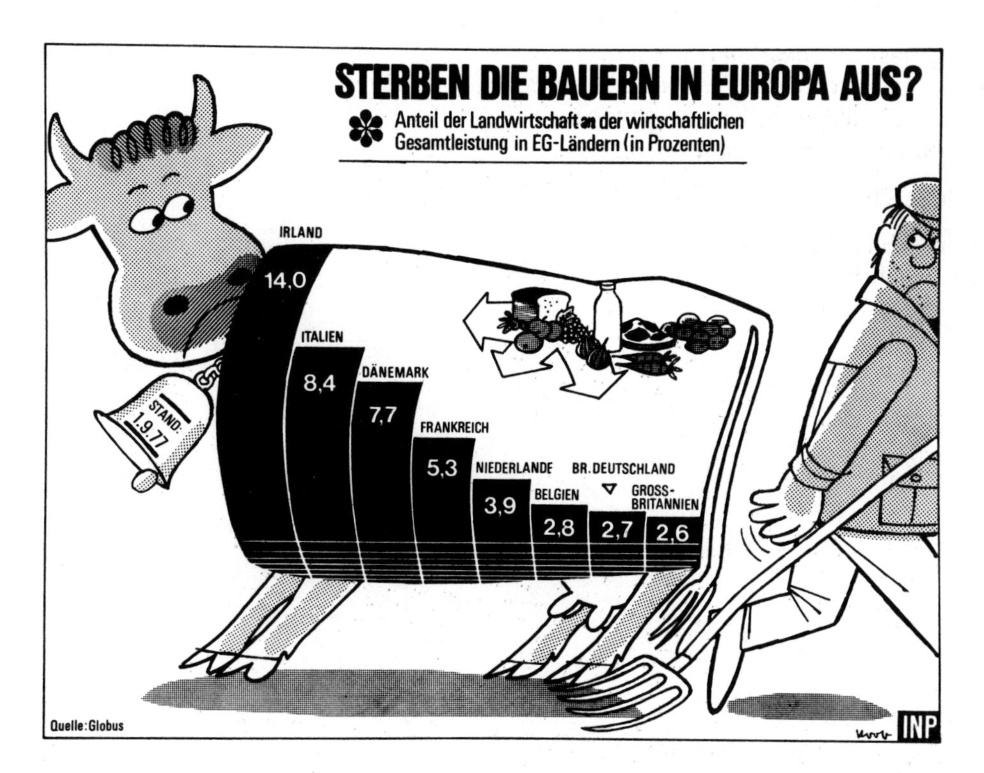

Wortschatzübung

1. Lesen Sie laut!

der Bürgerkrieg, Friedensvertrag, Regierungspräsident, Staatsfeind, Verhandlungstisch; das Gemeinschaftsmitglied; die Auslandsbeziehung, Einheitspolitik, Flüchtlingslage, Gewaltlösung, Grenzmauer, Verteidigungsmacht

2. Wie heißen die . . .?

a. Hauptwörter

flüchten, kämpfen, lösen, teilen, begrenzt, demokratisch, friedlich, vereint

b. Verbformen

anerkennen, nachgeben, treffen, verbinden, vertreten, widerstehen

c. Plurale

der Bürger, Diktator, Kampf, Krieg, Präsident, Vertrag; das Mitglied; die Beziehung, Macht, Nation, Verhandlung

3. Was ist das Gegenteil?

der Freund, Krieg; das Ausland; die Innenpolitik, Wiedervereinigung; verbinden, widerstehen, demokratisch, normal

4. Sagen Sie es anders!

Der Diktator hat viele, *die gegen ihn sind.*
Sie *haben Angst,* *der Gewalt zu widerstehen.*
In jedem Krieg gibt es viele, *die ihr Heimatland verlassen müssen.*
Am Ende des Krieges wurden wichtige *Pakte* unterschrieben.
Mitten durch Berlin geht eine *Trennwand.*
Sie *ist ein Symbol für* die Teilung Deutschlands.

Die DDR will als eigenes Land *akzeptiert* werden.
Viele Bürger hoffen immer noch, *daß Deutschland eines Tages wieder eins wird.*
Immer wieder *kommen* Politiker in Genf *zusammen.*
Alle Menschen *haben etwas gemeinsam.*

5. Erklären Sie den Unterschied!

der Bundespräsident ≠ der Bundeskanzler
die Diktatur ≠ der Diktator
die Gesellschaft ≠ die Gemeinschaft
die Macht ≠ die Gewalt
das Heim ≠ die Heimat

6. Wie definieren Sie das?

der Flüchtling; das Mitglied; die Außenpolitik, Mauer, Partei; gehorchen, teilen, sich treffen, verteidigen, feige

7. Wie geht's weiter?

Der Präsident von . . . heißt . . .
. . . ist/war Bundeskanzler.
Während einer Diktatur . . .
Ich bin Mitglied . . .
Die großen Mächte von heute sind . . .
Die . . . hat mit Problemen im Inland zu tun.
Die . . . symbolisiert . . .
Wenn du nicht so feige wärest, . . .
Warum . . . wir nicht gemeinsam . . .?

8. Sprechen wir über die Bilder dieses Kapitels!

Gespräche und Diskussionen

1. Was halten Sie von Brechts *Maßnahmen gegen die Gewalt?* Worauf bezieht sich diese Kurzgeschichte? Wie interpretieren Sie sie? Was hätten Sie (nicht) getan, wenn Sie in Herrn Egges Lage gewesen wären?
2. Was wissen Sie über die Hitlerzeit? Wann und wie kam er zur Macht? Wann begann der zweite Weltkrieg? Wann und wie endete er? Was geschah (a) während des Krieges, (b) nach dem Krieg? Glauben Sie, daß die Menschen permanent davon etwas gelernt haben? Wenn ja, was? Wenn nein, warum nicht?
3. Das deutsche Dilemma. Was überschattet seit 1945 die beiden deutschen Staaten? Wie sieht die Lage heute aus? Glauben Sie an die Wiedervereinigung Deutchlands? Warum (nicht)? Unter welchen Umständen können Sie sich eine Wiedervereinigung vorstellen (Feindschaft zwischen Rußland und China; neue junge Politiker in Ost und West, ein Vereintes Europa . . .)?
4. Die Idee eines Vereinten Europas. Wie würden Sie es sich vorstellen: Welche Staaten gehörten (nicht) dazu? Wo wäre die Hauptstadt? Aus welchem Staat käme der Präsident? Gäbe es eine Einheitssprache (wenn ja, welche)? Welche Fortschritte sind gemacht worden? Welche Probleme stehen im Weg? Was für einen Einfluß hätte ein Vereintes Europa auf die Vereinigten Staaten (positive oder negativ)? Warum?
5. Wie hieß (a) der erste Bundeskanzler, (b) der erste Bundespräsident der BRD? (siehe Bilder)? Welche anderen Kanzler und Präsidenten folgten? Während der Bundespräsident eine hauptsächlich repräsentative Funktion hat, trägt der Bundeskanzler die Hauptverantwortung. Wie ist das bei Ihnen, wer repräsentiert, und wer regiert?

Deutsche Bundeskanzler

Konrad Adenauer (1949–1963)

Ludwig Erhard (1963–1966)

Kurt Georg Kiesinger (1966–1969)

Willy Brandt (1969–1974)

Helmut Schmidt (1974–1982)

Helmut Kohl (1982–)

6. Welche Qualifikationen braucht (a) ein „guter" *president,* (b) ein „guter" *vice president?* Was halten Sie von unsrem jetzigen *president* und *vice president?* Welche Präsidenten fanden Sie (a) besonders gut, (b) schlecht? Warum? (Es dürfen auch Präsidenten anderer Länder sein.)
7. Für und wider eine Frau als Präsidentin? Geben Sie Beispiele aus der Vergangenheit oder der Gegenwart!
8. Adenauer war vierzehn Jahre lang Bundeskanzler (1949–1963). Sollte die Regierungszeit eines Bundeskanzlers (oder *president*) begrenzt sein? Warum (nicht)? Was sehen Sie als ideale Regierungslänge? Was sind die Vor- und Nachteile eines jeden Wechsels?
9. Für und wider das Mehr-Parteien-System. Deutschland hat mehrere verschiedene Parteien (SPD, CDU, CSU, FDP, Die Grünen . . .). Wieviele Parteien gibt es hier? Welche? Wo liegen die Unterschiede? Welche Gefahren gibt es, wenn man (a) nur eine Partei (b) zu viele Parteien hat? Sollte man die Anzahl der Parteien begrenzen? Warum (nicht)?
10. Sind Nationalhymnen wichtig? Warum (nicht)? Welche kennen Sie? (Summen Sie sie!) Wo werden Nationalhymnen gespielt? Wenn Sie die Wahl hätten, würden Sie Ihre Nationalhymne behalten oder ändern? Haben Sie Vorschläge?

Deutsche Bundespräsidenten. Theodor Heuss (1949–1959); Heinrich Lübke (1959–1969); Gustav Heinemann (1969–1974); Walter Scheel (1974–1979); Karl Carstens (1979–1984).

Aufsätze

1. Deutschland heute.
2. Europa heute.
3. Ein guter Bundeskanzler (oder *president*).
4. Wenn ich damals gelebt hätte . . .
5. Einigkeit macht Stark.

KAPITEL 25

Krieg und Frieden

Nuklearer Winter: Leise rieselt der Schnee

Hinfort° muß angenommen° werden: Wenn der Bombenknall° vorbei ist, jagen° gigantische Feuerbrünste° durch die getroffenen° Länder . . . eine Rauch- und Staubwolke steigt durch die verschiedenen Schichten° der Atmosphäre auf, bedeckt ganze Kontinente; mittags wird es dunkel sein, daß man die Hand 5 nicht vor den Augen sehen kann; die Temperaturen fallen selbst im Hochsommer auf viele Grad° unter Null; das Getreide° verkümmert° an den Halmen°—in Schleswig-Holstein genauso wie in der Ukraine und in Nebraska.

henceforth / assumed / . . . explosion / sweep / fires / hit
stratas
degrees / grain / perishes
stalks

Während es in der nördlichen Hemisphäre wochenlang dunkel und monatelang, vielleicht jahrelang kalt ist, geraten die globalen Winde durcheinander°; 10 die Weltmeere können keine Wärme mehr abgeben; womöglich° zieht die Wolkendecke° über die südliche Hemisphäre; die tropischen Wälder sterben ab; das Ende der Menschheit wäre nicht mehr auszuschließen°. Die Erde: sie bliebe ein Planet der Insekten und Gräser . . ..

get mixed up
possibly
. . . cover
excluded

MICHAEL SCHWELIEN, in *Die Zeit*

Gedanken zur Zeit

Gegen Ende des Romans *Ahasver* von dem DDR-Autor Stefan Heym, spricht Ahasver mit Jesus über die jetzige Weltrüstung° und die Gefahr des Krieges: „Und du hast doch gefordert, Liebet Eure Feinde° . . .. Aber für die Hunderttausende, die einander zerfleischten°, da du auf dem Berg gepredigt°,
5 sind's ihrer jetzt hundertmal Hunderttausende . . .. Kein Schwert°, entgegen dem Wort des Propheten, wurde je° umgeschmiedet° zur Pflugschar°, kein Spieß° zur Sichel° geformt; vielmehr° nehmen sie die geheimen Kräfte° im All° und machen daraus himmelhohe Pilze° aus Flamme und Rauch, in denen alles Lebendige° zu Asche wird . . ..

. . . armaments / enemies / slaughtered / preached / sword / ever / recast / ploughshare / spear / sickle / rather / secret powers / universe / mushrooms / living

10 Und von solchen Raketen, habe der Rabbi° mit Bitternis in der Stimme° hinzugefügt° . . . gäbe es bereits viele Tausende, und diese ganze höllische° Macht befinde sich in den Händen einiger weniger Herrscher°, Männern von beschränkter° Denkungsart°, die bei jeder Gelegenheit lauthals° proklamieren, sie bräuchten ihr Arsenal zur Verteidigung des Friedens, denn der Frieden er-
15 fordere° ein Gleichgewicht° des Schreckens . . ..

i.e. Jesus answering / voice / added / hellish / rulers / limited / way of thinking / loudly / demanded / equilibrium

STEFAN HEYM, in *Ahasver*

Die DDR-Autorin Irmtraud Morgner läßt Arke, die Schlange°, aussagen, daß die Drohung des Atomkrieges und der völligen Vernichtung° ein verbindendes Element der Menschheit sein sollte, durch das ideologische Unterschiede überwunden° werden können: „Aber auch in diesem Europa würde offenbar°
20 doch schon begriffen°, daß die Erde das gemeinsame Haus aller Menschheit ist. Erstmals in der Menschengeschichte käme ein Gefühl für weltweite Menschenabhängigkeit° auf, von Schicksalsabhängigkeit°, von globaler Verantwortung. Erstmals würde geahnt°, daß es ein gemeinsames menschliches Interesse gibt, das größer ist als alle trennenden, weltanschaulichen° und
25 ökonomischen° Interessen: das Überlebensinteresse°.

snake / destruction / overcome / obviously / understood / interdependence / . . . of fate / sensed / ideological / economic / . . . survival

IRMTRAUD MORGNER, in *Amanda*

Inhaltsfragen

1. Was würde nach einem Atombombenknall ganze Kontinente bedecken?
2. Wie würde das das Tageslicht, die Temperaturen und jegliches Wachstum beeinflussen?
3. Was würde durcheinander geraten?

4. Was geschähe in der südlichen Hemisphäre?
5. Was bliebe auf der Erde übrig?
6. Mit wem spricht Ahasver?
7. Welches Wort des Propheten hat sich nicht verwirklicht?
8. In wessen Händen befindet sich die ganze höllische Macht?
9. Was für eine Mentalität haben diese Herrscher?
10. Warum bestehen sie auf diesem Waffenarsenal?
11. Was ist mit „weltweiter Schicksalsabhängigkeit" gemeint?
12. Welches Interesse ist, laut Irmtraud Morgner, größer als alle trennenden weltanschaulichen Interessen?

Zum Thema Wehrpflicht

Kriegs- oder Friedensdienst?

Stefan ist 21 Jahre alt. Er leistet 15 Monate Militärdienst. Seine Raketeneinheit° ist Tag und Nacht einsatzbereit. Das Thema Bundeswehr° hat für ihn zwei Seiten. Er sagt: Einerseits ist Krieg Wahnsinn, und man will keinen Menschen töten. Andererseits ist die Bundeswehr nötig, weil keiner abrüstet. Man kann sie nicht von heute auf morgen abschaffen. Man muß sich damit abfinden° . . ..

Uwe ist 23 Jahre alt. Er hat den Militärdienst aus religiösen Gründen verweigert. Das Argument ‚Er würde sich wohl wehren°, wenn jemand ihm mit dem Messer drohte' ist für ihn ungültig°, weil er als Soldat nicht aus Notwehr°, sondern auf Befehl anderer töten müßte. Als Ersatz für die Armee ist er 18 Monate Krankenpfleger° von 16 Epileptikern und einem Spastiker. Die meisten von ihnen sind schwachsinnig° . . .. Uwe muß sie wachsen, eincremen, füttern° und trösten° . . .. Seine Arbeit ist hart. „Am Anfang dachte ich: das schaffst° du nie . . .. Aber ich bin Christ. Da hat man vielleicht einen besseren Halt° . . .."

in *Scala*

. . . unit
W. German Army
come to terms
fight back
invalid / self-defense
nurse
feeble-minded / feed
console / make
support

Militärdienst oder Zivildienst?

Die Bundeswehr – der Arbeitsplatz mit Zukunft.

Die Schweiz hat keine Armee, sie ist eine Armee.

Die Schweizer leisten fast ein Leben lang Militärdienst. Mit 20 wird der Rekrut eingekleidet; mit 50 erst gibt er alles zurück (wenn er es nicht vorzieht°, ein „Privat" darauf stempeln° zu lassen). Die Schweiz kann im Ernstfall° innerhalb° von 48 Stunden 625.000 Mann sowie 3.000 Frauen im Militärischen Frauendienst und 4.000 im Rotkreuz°-Dienst mobilisieren. Der Militärdienst ist hier ein Teil des Lebens von Bauer, Zahnarzt, Buchhalter und Bankdirektor. Jeder zweite Schrank ist eine private Waffenkammer°. Wer in der Schweiz den Militärdienst

prefers
stamp / in an emergency / within
Red Cross
armory

Uwe leistet Zivildienst

verweigert, landet im Gefängnis. Einen Zivildienst gibt es nicht. Wer seine drei- bis viermonatige Gefängnisstrafe abgesessen° hat, wird wieder gerufen und bei neuer Verweigerung unehrenhaft° aus der Armee ausgeschlossen°. Er muß dann eine Militärpflicht-Ersatzsteuer zahlen und wird gesellschaftlich und
25 beruflich geschnitten°.

served
dishonorably / discharged
cut

in *New Yorker Staatszeitung und Herold*

Inhaltsfragen

1. Was hält Stefan vom Krieg?
2. Warum ist er trotzdem Soldat?
3. Warum ist Uwe Wehrdienstverweigerer?
4. Was für einen Dienst leistet er statt der Armee?
5. Wie findet er diese Arbeit?
6. Wessen Dienst ist länger, Stefans oder Uwes?
7. Wie lange leisten die Schweizer Militärdienst?
8. Was für Militärdienst-Alternativen gibt es dort?
9. Was geschähe mit Uwe in der Schweiz?
10. Wie kommt es, daß die Schweiz im Ernstfall innerhalb von zwei Tagen eine so große Armee mobilisieren kann?

Das sollten Sie wissen

die Raumfahrt

der Planet, -en ≠ Satellit, -en
die Erde ≠ der Mond
Forschung ≠ Erforschung
Welt ≠ der Weltraum

das Raumschiff, -e ≠
die Raumstation, -en

forschen ≠ erforschen
gebrauchen ≠ mißbrauchen
profitieren

Krieg und Frieden

der Angriff, -e — die Verteidigung
Befehl, -e
Dienst
Einsatz ≠ Ersatz
Protest, -e
Rekrut, -en ≠ Freiwillige, -n
Schrecken
Soldat, -en ≠ Offizier, -e
Wahnsinn

das Gewehr, -e
Militär

die Alternative, -n
Angst
Armee, -n
Asche
(Atom)bombe, -n
Drohung, -en
Explosion, -en
Flamme, -n
Luftwaffe — Marine
Rakete, -n
Rüstung — Abrüstung
Strahlung

die Uniform, -en
Waffe, -n
Wehrpflicht

ab·schaffen
an·greifen — verteidigen
bedecken
befehlen — gehorchen
brennen
drohen
ein·ziehen
explodieren
Militärdienst leisten
mobilisieren
protestieren
rüsten — ab·rüsten
töten
überleben
verweigern
vorbei sein

bereit
militärisch
wahnsinnig
weltweit

Wortschatzübung

1. Lesen Sie laut!

der Einsatzbefehl, Marineoffizier, Militärdienstersatz, Raketenangriff, Wettersatellit; das Flammenmeer; die Atombombenstrahlung, Freiwilligenarmee, Soldatenuniform, Verteidigungswaffe, Wehrpflichtalternative, Weltraumforschung

2. Wie heißen die . . .?

a. Hauptwörter

abrüsten, angreifen, befehlen, dienen, drohen, einsetzen, explodieren, forschen, protestieren, verteidigen, ängstlich, freiwillig, militärisch, schrecklich, wahnsinnig

b. Verbformen

abschaffen, angreifen, befehlen, brennen, einziehen, vorbei sein

3. Was ist das Gegenteil?

der Frieden; befehlen, rüsten, verteidigen, freiwillig, wunderbar

4. Erklären Sie den Unterschied!

der Planet ≠ der Satellit
die Erde ≠ der Mond
das Raumschiff ≠ die Raumstation
der Einsatz ≠ der Ersatz
die Armee ≠ die Luftwaffe ≠ die Marine
brauchen ≠ gebrauchen ≠ mißbrauchen

5. Wie definieren Sie das?

das Gewehr; die Asche, Rüstung, Uniform, Wehrpflicht; abschaffen, mobilisieren, überleben, verweigern, einsatzbereit

6. Wie geht's weiter?

Ich finde, daß die Weltraumforschung . . .
Auf einer Raumstation . . .
Man sollte mehr Geld für . . . als für . . . ausgeben.
Meinst du, daß man . . . abschaffen sollte?
Ich habe Angst vor . . .
Bei einem Atomangriff . . .
Danach würde(n) . . .
Ohne . . . geht's nicht.
Ich weiß nicht, ob . . .
Wenn ich zur Armee eingezogen würde, . . .
Ich bin bereit . . .
Der . . . ist wichtiger als alles andere.

7. Sprechen wir über die Bilder dieses Kapitels!

Gespräche und Diskussionen

1. Wehrpflichtarmee oder Freiwilligenarmee. Stellen Sie gemeinsam eine Liste von Argumenten auf! Was für eine Armee haben Sie? Was finden Sie besser? Warum?
2. Für und wider den Militärdienst von Frauen. Wo gibt es ihn? Was halten Sie davon? Sollten Frauen genau das gleiche Training und die gleichen Aufgaben haben wie die Männer? Gibt es vielleicht Gebiete, wo sie besonders gut wären?
3. Für und wider die Militärdienstverweigerung. Welche Gründe sind berechtigt und welche nicht? Was für Alternativen gibt es (a) in Deutschland, (b) in der Schweiz, (c) in den Vereinigten Staaten?
4. Die Lehre von Hiroshima: „Jede Waffe, die es gibt, wird auch eingesetzt." Teilen Sie diese Meinung? Gibt es Beispiele aus der Geschichte? Wie steht es um unsre Welt heute? Welche Gefahren drohen? Was kann oder könnte gemacht werden, um den Frieden zu sichern? Wie sehen Sie die Zukunft?
5. Rüstung oder Abrüstung? Worum geht es dabei? Wie beeinflußt die Angst um einen Atomkrieg unser Leben? Wie spricht sich die Literatur und die Musik dazu aus?

6. Was tun im Ernstfall? In der Schweiz gibt es überall Bunker und unterirdische Krankenhäuser; auch ist das Wichtigste der Kultur und Technik unterirdisch für die Zukunft aufbewahrt *(safely put away)*. Wie gut (oder schlecht) sind wir vorbereitet, falls es zu einem Atomkrieg kommen sollte? Was würden Sie tun?
7. Für und wider Computerspiele, die mit Krieg zu tun haben. Werden wir dadurch langsam gefühllos und brutal? Können nicht selbst Kinderspielsachen *(toys)* wie Gewehre, Pistolen, Panzer und Raketen das Kriegspielen so interessant machen, daß der Gedanke eines wirklichen Krieges weniger abschreckend ist?
8. Was für Organisationen oder Preise gibt es zur Förderung des Friedens? In welcher Weise helfen sie dem Frieden?
9. „Die Raumfahrt ist nichts wie Lust nach Abenteuer und Neugier. Es ist ein Sport, der heute militärisch wichtig ist, aber nicht unbedingt zum Glück und Frieden der Menschheit beiträgt. Es ist ein ungeheuer kostspieliger Sport und daher extravaganter Luxus." Was halten Sie von diesem Argument? Sind Sie für oder wider die Raumfahrt? Welchen direkten und indirekten Nutzen bringt sie uns? Wären Sie persönlich interessiert, an der Raumfahrt teilzunehmen? Warum (nicht)? Was verspricht sich der Mensch aus der weiteren Erforschung des Universums? Gibt es Leben auf anderen Planeten; wie stellen Sie sich das vor?
10. Alles hat seinen Preis. Manche unsrer Astronauten haben mit ihren Leben bezahlt. Wie ging es anderen Erforschern (Madame Curie, Emilia Ehrhart, Scott und Edison . . .)?
11. Krieg der Sterne, Phantasie oder Möglichkeit?
12. Martin Luther sagte einst: „Wenn ich wüßte, daß morgen die Welt unterginge, würde ich heute noch meinen Apfelbaum pflanzen." Wie verstehen Sie das? Teilen Sie diese Weltanschauung? Erklären Sie Ihre Antwort!

Aufsätze

1. Appell *(appeal)* für den Frieden. Schreiben Sie einen kurzen Brief an einen Politiker (oder einen der hier genannten Autoren), worin Sie Ihre Gedanken über unsre bedrohte Welt aussagen!
2. Militärdienst oder Zivildienst für alle?
3. Wenn ich heute wüßte, daß morgen . . .

KAPITEL 26

Sinn des Lebens

Eisenbahngleichnis

Wir sitzen alle im gleichen Zug
und reisen quer durch° die Zeit. — through
Wir sehen hinaus. Wir sahen genug.
Wir fahren alle im gleichen Zug
5 Und keiner weiß wie weit.

Ein Nachbar schläft, ein andrer klagt°, — complains
ein dritter redet viel.
Stationen° werden angesagt°. — stops / announced
Der Zug, der durch die Jahre jagt°, — chases
10 kommt niemals an sein Ziel°. — goal

Wir packen aus. Wir packen ein.
Wir finden keinen Sinn°. — purpose
Wo werden wir wohl morgen sein?
Der Schaffner schaut zur Tür herein
15 und lächelt vor sich hin.

Auch er weiß nicht, wohin er will.
Er schweigt° und geht hinaus. — keeps quiet
Da heult° die Zugsirene schrill! — howls
Der Zug fährt langsam und hält still.
20 Die Toten steigen aus.

Ein Kind steigt aus. Die Mutter schreit°. — screams
Die Toten stehen stumm° — silently
am Bahnsteig der Vergangenheit.
Der Zug fährt, er jagt durch die Zeit,
25 und niemand weiß, warum.

Die 1. Klasse ist fast leer°. — empty
Ein feister° Herr sitzt stolz — fat
im roten Plüsch° und atmet schwer. — plush upholstery
Er ist allein und spürt° das sehr. — feels
30 Die Mehrheit° sitzt auf Holz°. — majority / wood(en benches)

Wir reisen alle im gleichen Zug
zur Gegenwart in spe°. — full of hope
Wir sehen hinaus. Wir sahen genug.
Wir sitzen alle im gleichen Zug
35 und viele im falschen Coupé°. — compartment

ERICH KÄSTNER, in *Doktor Erich Kästners lyrische Hausapotheke*

Erinnerung

Willst du immer weiter schweifen°? — roam
Sieh, das Gute liegt so nah.
Lerne nur das Glück ergreifen°, — seize
denn das Glück ist immer da.

JOHANN WOLFGANG v. GOETHE

Inhaltsfragen

1. Womit vergleicht Kästner das Leben?
2. Wie verbringen die verschiedenen Menschen ihr Leben?
3. Wissen sie wohin oder wie weit sie fahren?
4. Was bedeutet es, wenn sie aussteigen?
5. Was haben alle Menschen gemeinsam?
6. Was sollen wir laut Goethe nicht immer tun?
7. Welchen Vorschlag gibt er jedem von uns?

Flötentraum

„Hier," sagte mein Vater, und übergab° mir eine kleine beinerne° Flöte, „nimm das und vergiß deinen alten Vater nicht, wenn du in fernen Ländern die Leute mit deinem Spiel erfreust°. Es ist jetzt hohe Zeit, daß du die Welt siehst und etwas lernst. Ich habe dir diese Flöte machen lassen, weil du doch keine andre 5 Arbeit tun und immer nur singen magst. Nur denke auch daran, daß du immer hübsche und liebenswerte° Lieder spielst, sonst wäre es schade um die Gabe°, die Gott dir verliehen° hat."

handed / made of bone; make happy; pleasant / gift; given

Mein lieber Vater verstand wenig von der Musik, er war ein Gelehrter°; er dachte, ich brauchte nur in das hübsche Flötchen zu blasen°, so werde es 10 schon gut sein. Ich wollte ihm seinen Glauben nicht nehmen, darum bedankte ich mich, steckte° die Flöte ein und nahm Abschied°.

scholar; blow; put into my pocket / said good-bye

Unser Tal war mir bis zur großen Hofmühle° bekannt; dahinter fing denn also die Welt an, und sie gefiel mir sehr wohl. Eine müdgeflogene Biene° hatte sich auf meinen Ärmel° gesetzt, die trug ich mit mir fort, damit ich später bei 15 meiner ersten Rast° gleich einen Boten° hätte, um Grüße in die Heimat zurückzusenden. Wälder und Wiesen begleiteten° meinen Weg, und der Fluß lief rüstig° mit; ich sah, die Welt war von der Heimat wenig verschieden. Die Bäume und Blumen . . . sprachen mich an, ich sang ihre Lieder mit, und sie verstanden mich, gerade wie daheim; darüber wachte auch meine Biene 20 wieder auf, sie kroch° langsam bis auf meine Schulter°, flog ab und umkreiste° mich zweimal, dann steuerte° sie geradeaus rückwärts° der Heimat zu.

. . . mill; bee; sleeve; rest / messenger; accompanied; briskly; crawled / shoulder / circled; steered / back towards

Da kam aus dem Walde hervor ein junges Mädchen gegangen, das trug einen Korb° am Arm und einen breiten Strohhut° auf dem blonden Kopf.

basket / straw hat

„Grüß Gott," sagte ich zu ihr, „wo willst du denn hin?"

25 „Ich muß den Schnittern° das Essen bringen," sagte sie und ging neben mir. „Und wo willst du heut noch hinaus?"

harvesters

„Ich gehe in die Welt, mein Vater hat mich geschickt. Er meint, ich sollte den Leuten auf der Flöte vorblasen, aber das kann ich noch nicht richtig, ich muß es erst lernen."

„So, so. Ja, und was kannst du denn eigentlich? Etwas muß man doch können."

„Nichts Besonderes. Ich kann Lieder singen."

„Was für Lieder denn?"

„Allerhand° Lieder, weißt du, für den Morgen und für den Abend und für alle Bäume und Tiere und Blumen. Jetzt könnte ich zum Beispiel ein hübsches Lied singen von einem jungen Mädchen, das kommt aus dem Wald heraus und bringt den Schnittern ihr Essen."

all kinds of

„Kannst du das? Dann sing's einmal!"

„Ja, aber wie heißt du eigentlich?"

„Brigitte."

Da sang ich das Lied von der hübschen Brigitte mit dem Strohhut, und was sie im Korbe hat, und wie die Blumen ihr nachschauten°, und die blaue Winde° vom Gartenzaun langt nach° ihr, und alles was dazu gehörte. Sie paßte ernsthaft° auf und sagte, es wäre gut. Und als ich ihr erzählte, daß ich hungrig sei, da tat sie den Deckel° von ihrem Korb und holte mir ein Stück Brot heraus. Als ich da hineinbiß° und dazu weitermarschierte, sagte sie aber: „Man muß nicht im Laufen essen. Eins nach dem andern°." Und wir setzten uns ins Gras, und ich aß mein Brot, und sie schlang° die braunen Hände um ihre Knie und sah mir zu.

looked after / morning glory
reaches for
seriously
lid
bit into it
one thing after the other
clasped

„Willst du mir noch etwas singen?" fragte sie dann, als ich fertig war.

„Ich will schon. Was soll es sein?"

„Von einem Mädchen, dem ist sein Schatz° davongelaufen°, und es ist traurig."

sweetheart / run away

„Nein, das kann ich nicht. Ich weiß ja nicht, wie das ist, und man soll auch nicht traurig sein. Ich soll immer nur liebenswürdige Lieder singen, hat mein Vater gesagt. Ich singe dir vom Kuckuck° oder vom Schmetterling°."

cuckoo / butterfly

„Und von der Liebe? Oh doch, das ist ja das allerschönste."

Alsbald° fing ich an und sang von dem Sonnenstrahl° . . . und vom Finkenweibchen°, wenn es auf den Finken wartet, und wenn er kommt, dann fliegt es weg und tut erschrocken°. Und sang weiter von dem Mädchen mit den braunen Augen und von dem Jüngling°, der daher kommt und singt und ein Brot dafür geschenkt bekommt; aber nun will er kein Brot mehr haben, er will einen Kuß° von der Jungfer° und will in ihre Augen sehen . . .. Da neigte sich Brigitte herüber° und schloß mir den Mund mit ihren Lippen und tat die Augen zu und tat sie wieder auf, und ich sah in die nahen braungoldnen Sterne, darin war ich selber gespiegelt° und ein paar weiße Wiesenblumen.

forthwith / sunbeam
female finch
startled
young man
kiss
maiden
leaned over
reflected

„Die Welt ist sehr schön," sagte ich, „mein Vater hat recht gehabt. Jetzt will ich dir aber tragen helfen, daß wir zu deinen Leuten kommen."

Ich nahm ihren Korb, und wir gingen weiter, ihr Schritt° klang mit meinem Schritt und ihre Fröhlichkeit° mit meiner gut zusammen°; ich war noch nie so vergnügt° gewandert. Eine ganze Weile sang ich munter zu°, bis ich aufhören mußte vor lauter Fülle; es war allzu vieles, was vom Tal und vom Berg und aus Gras und Laub° und Fluß und Gebüschen° zusammenrauschte° und erzählte.

step
cheerfulness / was in tune
happily / continued to . . .
leaves / bushes / rustled

Da mußte ich denken: wenn ich alle diese tausend Lieder der Welt zugleich° verstehen und singen könnte . . . und dazu noch alle Lieder der fernen Meere und Gebirge, und die der Sterne und Monde, und wenn das alles zugleich in mir innen tönen° und singen könnte, dann wäre ich der liebe Gott, und jedes neue Lied müßte als ein Stern am Himmel stehen.

at the same time
ring

Aber wie ich eben so dachte und davon ganz still und wunderlich° wurde, weil mir das früher noch nie in den Sinn° gekommen war, da blieb Brigitte stehen 80 und hielt mich an dem Korbhenkel° fest.

strange / to mind / . . . handle

„Jetzt muß ich da hinauf," sagte sie, „da droben° sind unsere Leute im Feld. Und du, wo gehst du hin? Kommst du mit?"

up there

„Nein, mitkommen kann ich nicht. Ich muß in die Welt. Schönen Dank für das Brot, Brigitte, und für den Kuß; ich will an dich denken."

85 Sie nahm ihren Eßkorb, und über dem Korb neigten sich ihre Augen noch einmal zu mir, und ihr Kuß war so gut und lieb, daß mir vor Wohlsein beinah° traurig werden wollte. Da rief ich schnell Lebewohl° und marschierte eilig° die Straße hinunter.

almost / farewell / quickly

Das Mädchen stieg langsam den Berg hinan° und . . . am Waldrand° blieb sie 90 stehen und sah herab° und mir nach, und als ich ihr winkte° und den Hut überm Kopf schwang, da nickte° sie noch einmal und verschwand°.

up / edge . . . / down / waved / nodded / disappeared

Ich aber ging ruhig meine Straße und war in Gedanken°, bis der Weg um eine Ecke bog°. Da stand eine Mühle, und bei der Mühle lag ein Schiff auf dem Wasser, darin saß ein Mann allein und schien nur auf mich zu warten, denn als 95 ich den Hut zog und zu ihm in das Schiff hinüberstieg, da fing das Schiff sogleich° zu fahren an und lief den Fluß hinunter. Ich saß in der Mitte des Schiffs, und der Mann saß hinten am Steuer°, und als ich ihn fragte, wohin wir führen, da blickte° er auf und sah mich aus verschleierten° grauen Augen an.

lost in thoughts / turned / right away / starboard / looked / veiled

„Wohin du magst," sagte er mit einer gedämpften° Stimme°. „Den Fluß hinunter 100 und ins Meer, oder zu den großen Städten, du hast die Wahl°. Es gehört alles mir."

muffled / voice / choice

„Es gehört alles dir? Dann bist du der König°?"

king

„Vielleicht," sagte er. „Und du bist ein Dichter°, wie mir scheint? Dann singe mir ein Lied zum Fahren!"

poet

105 Ich nahm mich zusammen°, es war mir bange° vor dem ernsten grauen Mann, und unser Schiff schwamm so schnell und lautlos den Fluß hinab. Ich sang vom Fluß, der die Schiffe trägt und freudig seine Wanderung vollendet°. Des Mannes Gesicht blieb unbeweglich°, und als ich aufhörte°, nickte er still° wie ein Träumender. Und alsdann° begann er zu meinem Erstaunen° selber zu 110 singen, und auch er sang vom Fluß und von des Flusses Reise durch die Täler, und sein Lied war schöner und mächtiger° als meines, aber es klang alles ganz anders.

pulled myself together / scared / finishes / motionless / stopped / quietly / then / amazement / mightier

Der Fluß, wie er ihn sang, kam als ein taumelnder° Zerstörer von den Bergen herab, finster° und wild; knirschend° fühlte er sich von den Mühlen gebändigt°, 115 von den Brücken überspannt°, er haßte jedes Schiff, das er tragen mußte, und in seinen Wellen und langen grünen Wasserpflanzen wiegte° er lächelnd die weißen Leiber° der Ertrunkenen°.

giddy / dark / creaking / restrained / covered / cradled / bodies / drowned

Das alles gefiel mir nicht und war doch so schön und geheimnisvoll° . . ., daß ich ganz irre° wurde und beklommen° schwieg°. Wenn das richtig war, was 120 dieser alte, feine und kluge Sänger mit seiner gedämpften Stimme sang, dann waren alle meine Lieder nur Torheit° und schlechte Knabenspiele° gewesen. Dann war die Welt auf ihrem Grund nicht gut und licht° wie Gottes Herz, sondern dunkel und leidend°, böse und finster, und wenn die Wälder rauschten°, so war es nicht aus Lust, sondern aus Qual°.

mysterious / confused / depressed / kept silent / folly / boys' plays / light / suffering / rustled / pain

125 Wir fuhren dahin, und die Schatten wurden lang, und jedesmal, wenn ich zu singen anfing, tönte° es weniger hell, und meine Stimme wurde leiser°, und jedesmal erwiderte° der fremde Sänger mir ein Lied, das die Welt noch

sounded / more quiet / replied

rätselhafter° und schmerzlicher° machte und mich noch trauriger. Mir tat die
Seele° weh, und ich bedauerte°, daß ich nicht am Lande und bei den Blumen
130 geblieben war oder bei der schönen Brigitte, und um mich in der wachsenden
Dämmerung° zu trösten°, fing ich mit lauter Stimme wieder an und sang durch
den roten Abendschein das Lied von Brigitte und ihren Küssen.

Da begann die Dämmerung, und ich verstummte°, und der Mann am Steuer
sang, und auch er sang von der Liebe . . ., von braunen und von blauen Augen,
135 von roten feuchten° Lippen, und es war schön und ergreifend°, was er leidvoll°
über den dunkelnden Fluß sang, aber in seinem Lied war auch die Liebe
finster und bang° und ein tödliches Geheimnis geworden, an dem die
Menschen irr und wund° in ihrer Not und Sehnsucht° tasteten°, und mit dem
sie einander quälten° und töteten. Und ich hörte zu und wurde so müde und
140 betrübt°, als sei ich schon Jahre unterwegs und sei durch lauter Jammer und
Elend° gereist. Von dem Fremden her fühlte ich immerzu° einen leisen, kühlen
Strom von Trauer° und Seelenangst zu mir herüber und in mein Herz
schleichen°.

„Also ist denn nicht das Leben das Höchste und Schönste," rief ich endlich
145 bitter, „sondern der Tod. Dann bitte ich dich, du trauriger König, singe mir ein
Lied vom Tode!"

Der Mann am Steuer sang nun vom Tode, und er sang schöner, als ich je hatte
singen hören. Aber auch der Tod war nicht das Schönste und Höchste, es war
auch bei ihm kein Trost°. Der Tod war Leben, und das Leben war Tod, und sie
150 waren ineinander verschlungen° in einem ewigen° rasenden° Liebeskampf, und
dies war das Letzte und der Sinn der Welt, und von dorther kam ein Schein,
der alles Elend noch zu preisen° vermochte°, und von dorther kam ein
Schatten°, der alle Lust und alle Schönheit trübte° und mit Finsternis° umgab°.
Aber aus der Finsternis brannte die Lust inniger° und schöner, und die Liebe
155 glühte° tiefer in dieser Nacht.

Ich hörte zu und war ganz still geworden, ich hatte keinen Willen mehr in mir
als den des fremden Mannes. Sein Blick ruhte° auf mir, still und mit einer
gewissen° traurigen Güte°, und seine grauen Augen waren voll vom Weh° und
von der Schönheit der Welt. Er lächelte mich an, und da faßte ich mir ein
160 Herz° und bat in meiner Not: „Ach, laß uns umkehren°, du! Mir ist angst hier in
der Nacht, und ich möchte zurück und dahin gehen, wo ich Brigitte finden
kann, oder heim zu meinem Vater."

Der Mann stand auf und deutete° in die Nacht, und seine Laterne° schien hell
auf sein mageres° und festes° Gesicht. „Zurück geht kein Weg," sagte er ernst
165 und freundlich, „man muß immer vorwärtsgehen, wenn man die Welt
ergründen° will. Und von dem Mädchen mit den braunen Augen hast du das
Beste und Schönste schon gehabt, und je weiter du von ihr bist, desto besser
und schöner wird es werden. Aber fahre du immer hin, wohin du magst, ich
will dir meinen Platz am Steuer geben!"

170 Ich war zum Tod betrübt und sah doch, daß er recht hatte. Voll Heimweh°
dachte ich an Brigitte und an die Heimat und an alles, was eben noch nahe
und licht und mein gewesen war, und was ich nun verloren hatte. Aber jetzt
wollte ich den Platz des Fremden nehmen und das Steuer führen. So mußte es
sein. Darum stand ich schweigend auf und ging durch das Schiff zum Steuer-
175 sitz, und der Mann kam mir schweigend entgegen°, und als wir beieinander°
waren, sah er mir fest ins Gesicht und gab mir seine Laterne. Aber als ich am
Steuer saß und die Laterne neben mir stehen hatte, da war ich allein im Schiff,
ich erkannte es mit einem tiefen Schauder°, der Mann war verschwunden°, und

more puzzling / more painful
soul / regretted
twilight / console
became silent
moist / moving / sadly
scary
hurt / longing / fumbled
tortured
depressed
misery / constantly
mourning
creep
consolation
intertwined / eternally / raging
praise / was able to
shadow / dimmed / darkness / surrounded / more intimately
glowed
rested
certain / goodness / woe
took heart / turn around
pointed / lantern
meager / firm
explore
homesickness
toward me / next to each other
shuddering / disappeared

doch war ich nicht erschrocken, ich hatte es geahnt°. Mir schien, es sei der
180 schöne Wandertag und Brigitte und mein Vater und die Heimat nur ein Traum gewesen, und ich sei alt und betrübt und sei schon immer und immer auf diesem nächtlichen Fluß gefahren.

suspected

Ich begriff°, daß ich den Mann nicht rufen dürfte, und die Erkenntnis° der Wahrheit überlief° mich wie ein Frost. Um zu wissen, was ich schon ahnte,
185 beugte ich mich über das Wasser hinaus und hob° die Laterne, und aus dem schwarzen Wasserspiegel° sah mir ein scharfes und ernstes Gesicht mit grauen Augen entgegen, ein altes, wissendes° Gesicht, und das war ich.

understood / realization
came over
lifted
. . . reflection
knowing

Und da kein Weg zurückführte, fuhr ich auf dem dunkeln Wasser weiter durch die Nacht.

HERMANN HESSE, in *Märchen*

Inhaltsfragen

1. Was gibt der Vater dem Sohn auf die Reise? Warum?
2. Wer begegnet ihm nach kurzer Wanderung?
3. Wieso ist dieses Erlebnis so wichtig für ihn?
4. Wie gibt der junge Mann seinen Gefühlen Ausdruck? Was ist er?
5. Wer und was erwartet ihn bei der Mühle?
6. Inwiefern unterscheidet sich das Singen des Alten von dem des jungen Mannes?
7. Wohin fährt das Schiff?
8. Was darf man nicht tun, wenn man die Welt ergründen will?
9. Was sah ihm aus dem schwarzen Wasserspiegel entgegen?
10. Welche Symbolik haben: das Verlassen des Tales, das Treffen mit Brigitte, der Fluß, das Schiff, der alte Mann, das Übernehmen des Steuers, das Verschwinden des Begleiters und das Gesicht im Wasser? Machen Sie sich hierzu Ihre Gedanken!

Gespräche und Diskussionen

1. Womit haben Kästner und Hesse das Leben verglichen? Wie sehen Sie es? Durch welche verschiedenen Stadien des Lebens gehen wir; wie würden Sie diese charakterisieren? Wenn Sie die Wahl hätten, würden Sie Ihre letzten fünf Jahre noch einmal ‚zurückdrehen' wollen? Warum (nicht)?
2. Wie kann man Sinn im Leben finden? Haben Sie hierzu irgendwelche Richtlinien? Inwiefern ist der Alltag Erfüllung und Gefahr?
3. Inwieweit kann man sich selbst kennen? Inwiefern verstecken wir uns hinter einer Maske? Warum? Was beeinflußt unsre Persönlichkeit und unsren Lebensstil?
4. Wenn Sie die Wahl hätten, Ihr eigenes Jahrhundert auszusuchen, in welchem würden Sie gern leben? Warum?
5. Im Rückblick auf das besprochene Material, wie sehen Sie die Welt, in der Sie leben? Wo liegen ihre Reichtümer und Probleme? Wovon hat sie zuviel und wovon zu wenig? Stellen Sie gemeinsam eine Liste zusammen, die das Positive und Negative Ihrer Welt zeigt! Wie stehen Sie dazu? Was können Sie tun?
6. Wenn Sie wüßten, daß Sie nur noch ein Jahr zu leben hätten, was würden Sie mit der Zeit tun? Würden Sie anders leben, als Sie es jetzt tun? Warum (nicht)?

Aufsätze

1. Wer bin ich? (Eine kleine Lebensbeschreibung oder Gedanken über das Leben)
2. Die Welt, in der ich lebe.
3. Die Zeit, in der ich leben möchte.

Sagt mir, wo die Blumen sind

Sagt mir, wo die Blumen sind;
Wo sind sie geblieben?
Sagt mir, wo die Blumen sind;
Was ist geschehen?
5 Sagt mir, wo die Blumen sind;
Mädchen pflückten° sie geschwind°; — picked / quickly
Wann wird man je verstehn?
Wann wird man je verstehn?

Sagt mir, wo die Mädchen sind;
10 Wo sind sie geblieben?
Sagt mir, wo die Mädchen sind;
Was ist geschehen?
Sagt mir wo die Mädchen sind;
Männer nahmen sie geschwind;
15 Wann wird man je verstehen?
Wann wird man je verstehen?

Sagt mir, wo die Männer sind;
Wo sind sie geblieben?
Sagt mir, wo die Männer sind;
20 Was ist geschehen?
Sagt mir, wo die Männer sind;
Zogen fort°, der Krieg beginnt; — marched off
Wann wird man je verstehen?
Wann wird man je verstehen?

25 Sagt, wo die Soldaten sind;
Wo sind sie geblieben?
Sagt, wo die Soldaten sind;
Was ist geschehen?
Sagt, wo die Soldaten sind;
30 Über Gräbern° weht° der Wind; — graves / blows
Wann wird man je verstehen?
Wann wird man je verstehen?

Sagt mir, wo die Gräber sind;
Wo sind sie geblieben?
35 Sagt mir, wo die Gräber sind;
Was ist geschehen?
Sagt mir, wo die Gräber sind;
Blumen blühn° im Sommerwind; — are blooming
Wann wird man je verstehen?
40 Wann wird man je verstehen?

Sagt mir, wo die Blumen sind;
Wo sind sie geblieben?
Sagt mir, wo die Blumen sind;
Was ist geschehen?
45 Sagt mir, wo die Blumen sind;
Mädchen pflückten sie geschwind;
Wann wird man je verstehen?
Wann wird man je verstehen?

Deutsche Version von
Where Have All The Flowers Gone?

Anhang

Lieder

Im Märzen der Bauer

2. Die Bäurin, die Mägde, sie dürfen nicht ruhn,
   sie haben im Haus und im Garten zu tun:
   sie graben und rechen und singen ein Lied,
   sie freun sich, wenn alles schön grünet und blüht.

3. Und ist unter Arbeit das Frühjahr vorbei,
   so erntet der Bauer das duftende Heu;
   er mäht das Getreide, dann drischt er es aus:
   im Winter, da gibt es manch fröhlichen Schmaus.

Textfassung: Walther Hensel

Alle Vögel sind schon da

Was sie uns verkünden nun,
nehmen wir zu Herzen:
alle wolln wir lustig sein,
lustig wie die Vögelein
hier und dort, feldaus, feldein,
singen, springen, scherzen.

2. Wie sie alle lustig sind,
flink und froh sich regen!
Amsel, Drossel, Fink und Star
und die ganze Vogelschar
wünschen dir ein frohes Jahr,
lauter Heil und Segen.

Am Brunnen vor dem Tore

2. Ich mußt auch heute wandern
vorbei in tiefer Nacht,
da hab ich noch im Dunkeln
die Augen zugemacht.
Und seine Zweige rauschten,
als riefen sie mir zu:
„Komm her zu mir, Geselle,
|: hier findst du deine Ruh!" :|

3. Die kalten Winde bliesen
mir grad ins Angesicht,
der Hut flog mir vom Kopfe,
ich wendete mich nicht.
Nun bin ich manche Stunde
entfernt von jenem Ort,
und immer hör ich's rauschen:
|: du fändest Ruhe dort! :|

Mädle ruck, ruck, ruck

2. |: Mädle guck, guck, guck in meine schwarze Auge,
du kannst dei lieblichs Bildle drinne schaue! :
Guck no recht drei nei,
du mußt drinne sei,
bist du drinne z'Haus,
kommst du nimme raus!
Mädle . . .

3. |: Mädle du, du, du mußt mir den Trauring gebe,
denn sonst liegt mir ja nix mehr an meim Lebe. :
Wenn i di net krieg,
gang i fort in Krieg,
wenn i di net hab,
is mir d' Welt a Grab!
Mädle . . .

Muß i denn zum Städtele naus

2. |: Wie du weinst, :| daß i |: wandere muß, :|
wie wenn d' Lieb jetzt wär vorbei!
|: Sind au drauß :| der |: Mädele viel, :|
lieber Schatz, i bleib dir treu.
Denk du net, wenn i e andre sieh,
no sei mei Lieb vorbei.
|: Sind au drauß :| der |: Mädele viel, :|
lieber Schatz, i bleib dir treu.

3. |: Übers Jahr, :| wenn mer |: Träubele schneidt, :|
stell i hier mi wiedrum ei.
|: Bin i dann :| dei |: Schätzele no, :|
so soll die Hochzeit sei.
Übers Jahr, do ist mei Zeit vorbei,
do ghör i mei und dei:
|: Bin i dann :| dei |: Schätzele no, :|
so soll die Hochzeit sei.

Hab mein Wage vollgelade

2. Hab mein Wage vollgelade,
   voll mit Männern, alten.
   Als wir in die Stadt neinkamen,
   murrten sie und schalten.
   Drum lad ich all mein Lebetage
   nie mehr alte Männer auf mein Wage.
   Hü, Schimmel, hü!

3. Hab mein Wage vollgelade,
   voll mit jungen Mädchen.
   Als wir zu dem Tor neinkamen,
   sangen sie durchs Stä'tchen.
   Drum lad ich all mein Lebetage
   nur mehr junge Mädchen auf mein Wage.
   Hü, Schimmel, hü!

Ein Jäger aus Kurpfalz

2. Auf, sattelt mir mein Pferd
   und legt darauf den Mantelsack,
   so reit ich hin und her
   als Jäger aus Kurpfalz.
   Juja . . .

3. Jetzt geh ich nicht mehr heim,
   bis daß der Kuckuck „Kuckuck" schreit;
   er schreit die ganze Nacht
   allhier auf grüner Heid.
   Juja . . .

Eine Seefahrt, die ist lustig

2. In des Bunkers tiefsten Gründen,
zwischen Kohlen ganz versteckt,
pennt der allerfaulste Stoker,
bis der Obermaat ihn weckt.
Hollahi . . .

3. „Komm mal rauf, mein Herzensjunge,
komm mal rauf, du altes Schw . . .,
nicht mal Kohlen kannst du trimmen
und ein Stoker willst du sein?"
Hollahi . . .

4. Und er haut ihm vor'n Dassel,
daß er in die Kohlen fällt
und die heilgen zwölf Apostel
für 'ne Räuberbande hält.
Hollahi . . .

5. Mit der Fleischback schwer beladen
schwankt der Seemann übers Deck,
doch das Fleisch ist voller Maden,
läuft ihm schon von selber weg.
Hollahi . . .

6. Und der Koch in der Kombüse
ist 'ne dicke, faule S . .,
mit de Beene ins Gemüse,
mit de Arme im Kakau.
Hollahi . . .

7. Und die kleinen weißen Möwen,
die erfüllen ihren Zweck
und sie ßtn, ßtn, ßtn
auf das frischgewaschne Deck.
Hollahi . . .

8. In der Heimat angekommen,
fängt ein neues Leben an,
eine Frau wird sich genommen,
Kinder bringt der Weihnachtsmann.
Hollahi . . .

Auf, du junger Wandersmann

Fassung der Weise: Walther Hensel
Satz: Armin Fett

2. An dem schönen Donaufluß
findet man ja seine Lust
und seine Freud auf grüner Heid,
wo die Vöglein lieblich singen
und die Hirschlein fröhlich springen;
dann kommt man vor eine Stadt,
wo man gute Arbeit hat.

3. Mancher hinterm Ofen sitzt
und gar fein die Ohren spitzt,
kein Stund fürs Haus ist kommen aus;
den soll man als Gsell erkennen
oder gar ein Meister nennen,
der noch nirgends ist gewest,
nur gesessen in seim Nest?

4. Mancher hat auf seiner Reis
ausgestanden Müh und Schweiß
und Not und Pein, daß muß so sein;
trägts Felleisen auf dem Rücken,
trägt es über tausend Brücken,
bis er kommt nach Innsbruck rein,
wo man trinkt Tirolerwein!

5. Morgens, wenn der Tag angeht
und die Sonn am Himmel steht
so herrlich rot wie Milch und Blut;
auf, ihr Brüder, laßt uns reisen,
unserm Herrgott Dank erweisen
für die fröhlich Wanderzeit,
hier und in die Ewigkeit.

Aus Ditfurth, Fränkische Volkslieder (1855)

Bunt sind schon die Wälder

Weise: Joh. Fried. Reichardt
Satz: Armin Fett

2. Wie die volle Traube
aus dem Rebenlaube
purpurfarbig strahlt!
Am Geländer reifen
Pfirsiche mit Streifen
rot und weiß bemalt.

3. Flinke Träger springen,
und die Mädchen singen,
alles jubelt froh.
Bunte Bänder schweben
zwischen hohen Reben
auf dem Hut von Stroh.

4. Geige tönt und Flöte
bei der Abendröte
und im Morgenglanz;
junge Winzerinnen
winken und beginnen
frohen Ringeltanz.

von Salis

O alte Burschenherrlichkeit

2. Den Burschenhut bedeckt der Staub,
es sank der Flaus in Trümmer,
der Schläger ward des Rostes Raub,
erblichen ist sein Schimmer.
Verklungen der Kommersgesang,
verhallt Rapier- und Sporenklang.
O jerum . . .

3. Wo sind die, die vom breiten Stein
nicht wankten und nicht wichen,
die ohne Moos bei Scherz und Wein
den Herrn der Erde glichen?
Sie zogen mit gesenktem Blick
in das Philisterland zurück.
O jerum . . .

4. Da schreibt mit finsterm Amtsgesicht
der eine Relationen,
der andre seufzt beim Unterricht,
und der macht Rezensionen;
der schilt die sündge Seele aus,
und der flickt ihr verfallnes Haus.
O jerum . . .

5. Allein das rechte Burschenherz
kann nimmermehr erkalten,
im Ernste wird, wie hier im Scherz,
der rechte Sinn stets walten;
die alte Schale nur ist fern,
geblieben ist uns doch der Kern,
und den laßt fest uns halten,
und den laßt fest uns halten!

6. Drum, Freunde, reichet euch die Hand,
damit es sich erneue,
der alten Freundschaft heilges Band,
das alte Band der Treue.
Stoßt an und hebt die Gläser hoch,
die alten Burschen leben noch,
noch lebt die alte Treue,
noch lebt die alte Treue!

Bier her!

2. Bier her! Bier her! oder ich fall um, juchhe!
Bier her! Bier her! oder ich fall um!
Wenn ich nicht gleich Bier bekumm,
schmeiß ich die ganze Kneipe um!
Drum: Bier her! Bier her! oder ich fall um!

Grad aus dem Wirtshaus

2. Was für ein schief Gesicht, Mond, machst denn du?
Ein Auge hat er auf, eins hat er zu!
Du wirst betrunken sein, das seh ich hell:
schäme dich, schäme dich, alter Gesell!

3. Und die Laternen erst, was muß ich sehn!
Die können alle nicht grade mehr stehn;
wackeln und fackeln die Kreuz und die Quer
scheinen betrunken mir allesamt schwer.

4. Alles im Sturme rings, großes und klein;
wag ich darunter mich, nüchtern allein?
Das scheint bedenklich mir, ein Wagestück!
Da geh ich lieber ins Wirtshaus zurück.

Freut euch des Lebens

3. Wer Neid und Mißgunst sorgsam flieht
und Gnügsamkeit im Gärtchen zieht,
dem schießt sie schnell zum Bäumchen auf,
das goldne Früchte trägt.
Freut euch des Lebens . . .

2. Wenn scheu die Schöpfung sich verhüllt,
und laut der Donner ob uns brüllt,
so lacht am Abend nach dem Sturm
die Sonne uns so schön.
Freut euch des Lebens . . .

4. Wer Redlichkeit und Treue übt
und gern dem ärmeren Bruder gibt,
bei dem baut sich Zufriedenheit
so gern ihr Hüttchen an.
Freut euch des Lebens . . .

5. Und wenn der Pfad sich furchtbar engt,
und Mißgeschick uns plagt und drängt,
so reicht die Freundschaft schwesterlich
dem Redlichen die Hand.
Freut euch des Lebens . . .

6. Sie trocknet ihm die Tränen ab
und streut ihm Blumen bis ins Grab;
sie wandelt Nacht in Dämmerung
und Dämmerung in Licht.
Freut euch des Lebens . . .

7. Sie ist des Lebens schönstes Band:
Schlagt, Brüder, traulich Hand in Hand!
So wallt man froh, so wallt man leicht
ins bessre Vaterland.
Freut euch des Lebens . . .

O Tannenbaum

2. O Tannenbaum, o Tannenbaum,
du kannst mir sehr gefallen!
Wie oft hat nicht zur Weihnachtszeit
ein Baum von dir mich hocherfreut!
O Tannenbaum, o Tannenbaum,
du kannst mir sehr gefallen!

3. O Tannenbaum, o Tannenbaum,
dein Kleid will mich was lehren:
Die Hoffnung und Beständigkeit
gibt Trost und Kraft zu jeder Zeit.
O Tannenbaum, o Tannenbaum,
das will dein Kleid mich lehren.

Guten Abend, gut Nacht

2. Guten Abend, gut Nacht,
von Englein bewacht,
die zeigen im Traum
dir Christkindleins Baum.
|: Schlaf nun selig und süß,
schau im Traum 's Paradies! :|

Der Mond ist aufgegangen

Matthias Claudius

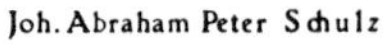
Joh. Abraham Peter Schulz

2. Wie ist die Welt so stille
und in der Dämmrung Hülle
so traulich und so hold!
Als eine stille Kammer,
wo ihr des Tages Jammer
verschlafen und vergessen sollt.

3. Seht ihr den Mond dort stehen?
Er ist nur halb zu sehen
und ist doch rund und schön!
So sind wohl manche Sachen,
die wir getrost belachen,
weil unsre Augen sie nicht sehn.

4. So legt euch denn, ihr Brüder,
in Gottes Namen nieder!
Kalt ist der Abendhauch.
Verschon uns, Gott, mit Strafen
und laß uns ruhig schlafen
und unsern kranken Nachbar auch.

Sprichwörter

Aller Anfang ist schwer.	*The first step is the hardest.*
Alte Liebe rostet nicht.	*An old flame never dies.*
Aus den Augen, aus dem Sinn.	*Out of sight, out of mind.*
Besser ein Ende mit Schrecken als ein Schrecken ohne Ende.	*Better a dreadful ending than endless dread.*
Borgen macht Sorgen.	*Borrowing brings worries.*
Das dicke Ende kommt nach.	*The worst is yet to come.*
Der Apfel fällt nicht weit vom Stamm.	*He's a chip off the old block.*
Die Glücklichen sind reich, die Reichen nicht immer glücklich.	*Rich who is happy, not necessarily happy who is rich.*
Die Liebe wächst mit dem Quadrat der Entfernung.	*Absence makes the heart grow fonder.*
Ein kleines Wölkchen verbirgt oft die strahlendste Sonne.	*A small cloud throws a big shadow.*
Ein Unglück kommt selten allein.	*It never rains but it pours.*
Einem geschenkten Gaul schaut man nicht ins Maul.	*Never look a gift horse in the mouth.*
Einigkeit macht stark.	*In union there is strength.*
Ende gut, alles gut.	*All's well that ends well.*
Erst die Arbeit, dann das Vergnügen.	*Business before pleasure.*
Es ist noch kein Meister vom Himmel gefallen.	*No man is born a master of his craft.*
Freunde erkennt man in der Not.	*A friend in need is a friend indeed.*
Gegensätze ziehen sich an.	*Opposites attract.*
Geld verdirbt den Charakter.	*Money spoils the character.*
Gleich und gleich gesellt sich gern.	*Birds of a feather flock together.*
Glück im Spiel, Pech in der Liebe.	*Lucky at cards, unlucky in love.*
Glück und Glas, wie leicht bricht das.	*Fortune is as brittle as glass.*
Hunde, die bellen, beißen nicht.	*His bark is worse than his bite.*
Hunger ist der beste Koch.	*Hunger is the best sauce.*
Im Wein ist Wahrheit.	*In wine there is truth.*
In der Not frißt der Teufel Fliegen.	*Beggars can't be choosers.*
Jedem Tierchen sein Pläsierchen.	*To each his own.*
Jeder ist seines Glückes Schmied.	*Every one is the master of his own fate.*
Jeder kehre vor seiner Tür.	*Look in your own backyard.*
Jung gefreit hat nie gereut.	*Happy the wooing that's not long in doing.*
Kleider machen Leute.	*The tailor makes the man.*
Liebe geht durch den Magen.	*The way to a man's heart is through his stomach.*
Liebe macht erfinderisch.	*Love will find a way.*
Lieber ein Spatz in der Hand, als eine Taube auf dem Dach.	*A bird in the hand is worth two in the bush.*

Lügen haben kurze Beine.	*You'll not get anywhere with lying.*
Mancher hat mehr Glück als Verstand.	*Fortune favors fools.*
Man ist, was man ißt.	*We are what we eat.*
Man muß das Eisen schmieden, solange es heiß ist.	*Strike the iron while it is hot.*
Man soll den Tag nicht vor dem Abend loben.	*Don't count your chickens before they are hatched.*
Mit Speck fängt man Mäuse.	*Good bait catches fine fish.*
Morgen, morgen, nur nicht heute, sagen alle faulen Leute.	*Tomorrow, tomorrow, not today, all the lazy people say.*
Morgenstund' hat Gold im Mund.	*The early bird catches the worm.*
Müßiggang ist aller Laster Anfang.	*Idle hands are the devil's workshop.*
Not bricht Eisen.	*Necessity is the mother of invention.*
Not kennt kein Gebot.	*Necessity knows no law.*
Ohne Fleiß kein Preis.	*No pain, no gain.*
Reden ist Silber, Schweigen ist Gold.	*It is better to remain silent and be thought a fool than to speak and remove all doubt.*
Stille Wasser sind tief.	*Still waters run deep.*
Übung macht den Meister.	*Practice makes perfect.*
Viele Köche verderben den Brei.	*Too many cooks spoil the broth.*
Was Hänschen nicht lernt, lernt Hans nimmermehr.	*You can't teach an old dog new tricks.*
Wenn die Katze aus dem Haus ist, tanzen die Mäuse.	*When the cat's away, the mice will play.*
Wer A sagt, muß auch B sagen.	*Everyone has to carry the consequences of his own actions.*
Wer den Pfennig nicht ehrt, ist den Taler nicht wehrt.	*Who doesn't value the penny, isn't worth the dollar.*
Wer einmal lügt, dem glaubt man nicht, und wenn er auch die Wahrheit spricht.	*Never cry wolf.*
Wer rastet, der rostet.	*What you don't use you lose.*
Wie die Alten sungen, so zwitschern die Jungen.	*Like father, like son.*
Wie man sich bettet, so liegt man.	*You've made your bed, lie in it!*
Wo ein Wille ist, ist auch ein Weg.	*Where there's a will, there's a way.*

Unregelmäßige Verben

Note: 1. The present tense form is given only if it is irregular. 2. Compound verbs like **anrufen** or **vorbeikommen** are not included, since their principal parts are the same as those of the basic verbs **rufen** and **kommen.** 3. The past participle is preceded by **ist,** if the auxiliary of the perfect tenses is **sein.** 4. The verbs **fahren, rennen** and **schwimmen** require the auxiliary **haben** in certain usages. 5. Abbreviations: *v/i* = verb intransitive; *v/t* = verb transitive.

Infinitive	Present	Past	Past participle	Meaning
backen	bäckt	buk	gebacken	*to bake*
befehlen	befiehlt	befahl	befohlen	*to command*
beginnen		begann	begonnen	*to begin*
beißen		biß	gebissen	*to bite*
bergen	birgt	barg	geborgen	*to shelter*
bersten	birst	barst	ist geborsten	*to burst*
betrügen		betrog	betrogen	*to deceive*
bewegen		bewegte	bewegt	*to move*
biegen		bog	gebogen	*to bend*
bieten	bietet	bot	geboten	*to offer*
binden	bindet	band	gebunden	*to bind, tie*
bitten	bittet	bat	gebeten	*to ask, request*
blasen	bläst	blies	geblasen	*to blow*
bleiben		blieb	ist geblieben	*to remain, stay*
braten	brät	briet	gebraten	*to roast*
brechen	bricht	brach	gebrochen	*to break*
dringen		drang	gedrungen	*to reach, penetrate*
dürfen	darf	durfte	gedurft	*to be allowed to*
einladen	lädt ein	lud ein	eingeladen	*to invite*
empfehlen	empfiehlt	empfahl	empfohlen	*to recommend*
erlöschen	erlischt	erlosch	ist erloschen	*to go out, be extinguished*
erschrecken *(v/i)*	erschrickt	erschrak	ist erschrocken	*to be frightened*
erschrecken *(v/t)*		erschreckte	erschreckt	*to frighten*
essen	ißt	aß	gegessen	*to eat*
fahren	fährt	fuhr	ist gefahren	*to drive, ride, go*
fallen	fällt	fiel	ist gefallen	*to fall*
fangen	fängt	fing	gefangen	*to catch*
fechten	ficht	focht	gefochten	*to fight; fence*
finden	findet	fand	gefunden	*to find*
flechten	flicht	flocht	geflochten	*to braid, weave*
fliegen		flog	ist geflogen	*to fly*
fliehen		floh	ist geflohen	*to flee*

Infinitive	Present	Past	Past participle	Meaning
fließen		floß	ist geflossen	*to flow*
fressen	frißt	fraß	gefressen	*to eat (said of animals)*
frieren		fror	gefroren	*to freeze*
gebären	gebiert	gebar	geboren	*to give birth to*
geben	gibt	gab	gegeben	*to give*
gedeihen		gedieh	ist gediehen	*to thrive*
gehen		ging	ist gegangen	*to go*
gelingen		gelang	ist gelungen	*to succeed*
gelten	gilt	galt	gegolten	*to be worth, be valid*
genesen		genas	ist genesen	*to recover*
genießen		genoß	genossen	*to enjoy*
geschehen	geschieht	geschah	ist geschehen	*to happen*
gewinnen		gewann	gewonnen	*to win, gain*
gießen		goß	gegossen	*to pour*
gleichen		glich	geglichen	*to be like, resemble*
gleiten	gleitet	glitt	ist geglitten	*to glide*
graben	gräbt	grub	gegraben	*to dig*
greifen		griff	gegriffen	*to grab, seize*
haben	hat	hatte	gehabt	*to have*
halten	hält	hielt	gehalten	*to hold*
hängen *(v/i)*		hing	gehangen	*to hang*
hauen		hieb/haute	gehauen	*to hit*
heben		hob	gehoben	*to lift*
heißen		hieß	geheißen	*to be named*
helfen	hilft	half	geholfen	*to help*
klingen		klang	geklungen	*to sound*
kommen		kam	ist gekommen	*to come*
können	kann	konnte	gekonnt	*to be able to*
kriechen		kroch	ist gekrochen	*to creep, crawl*
laden	lädt	lud	geladen	*to load*
lassen	läßt	ließ	gelassen	*to let*
laufen	läuft	lief	ist gelaufen	*to run*
leiden	leidet	litt	gelitten	*to suffer*
leihen		lieh	geliehen	*to lend*
lesen	liest	las	gelesen	*to read*
liegen		lag	gelegen	*to lie*
lügen		log	gelogen	*to (tell a) lie*
meiden	meidet	mied	gemieden	*to avoid*
messen	mißt	maß	gemessen	*to measure*
mögen	mag	mochte	gemocht	*to like, may*
müssen	muß	mußte	gemußt	*to have to, must*
nehmen	nimmt	nahm	genommen	*to take*
pfeifen		pfiff	gepfiffen	*to whistle*
preisen		pries	gepriesen	*to praise*
quellen	quillt	quoll	ist gequollen	*to gush forth*
raten	rät	riet	geraten	*to advise; guess*
reiben		rieb	gerieben	*to rub*
reißen		riß	gerissen	*to tear*
rufen		rief	gerufen	*to call*
saufen	säuft	soff	gesoffen	*to drink (animals), booze*
schaffen *(v/t)*		schuf	geschaffen	*to create*
schaffen *(v/i)*		schaffte	geschafft	*to work hard*

Infinitive	Present	Past	Past participle	Meaning
scheiden	scheidet	schied	ist geschieden	*to part*
scheinen		schien	geschienen	*to seem; shine*
schelten	schilt	scholt	gescholten	*to scold*
schieben		schob	geschoben	*to push, shove*
schießen		schoß	geschossen	*to shoot*
schlafen	schläft	schlief	geschlafen	*to sleep*
schlagen	schlägt	schlug	geschlagen	*to strike, hit*
schleichen		schlich	ist geschlichen	*to creep, sneak*
schleifen		schliff	geschliffen	*to whet; polish*
schließen		schloß	geschlossen	*to close, shut*
schmelzen	schmilzt	schmolz	ist geschmolzen	*to melt*
schneiden	schneidet	schnitt	geschnitten	*to cut*
schreiben		schrieb	geschrieben	*to write*
schreien		schrie	geschrien	*to cry; scream*
schreiten	schreitet	schritt	ist geschritten	*to stride*
schweigen		schwieg	geschwiegen	*to be silent*
schwellen	schwillt	schwoll	ist geschwollen	*to swell*
schwimmen		schwamm	ist geschwommen	*to swim*
schwinden	schwindet	schwand	ist geschwunden	*to vanish*
schwingen		schwang	geschwungen	*to swing*
schwören		schwor	geschworen	*to swear*
sehen	sieht	sah	gesehen	*to see*
sein	ist	war	ist gewesen	*to be*
singen		sang	gesungen	*to sing*
sinken		sank	ist gesunken	*to sink*
sinnen		sann	gesonnen	*to think (about)*
sitzen		saß	gesessen	*to sit*
sollen	soll	sollte	gesollt	*to be supposed to; should; shall*
speien		spie	gespien	*to spit*
spinnen		spann	gesponnen	*to spin; be crazy*
sprechen	spricht	sprach	gesprochen	*to speak*
sprießen		sproß	ist gesprossen	*to sprout*
springen		sprang	ist gesprungen	*to jump*
stechen	sticht	stach	gestochen	*to prick; sting*
stehen		stand	gestanden	*to stand*
stehlen	stiehlt	stahl	gestohlen	*to steal*
steigen		stieg	ist gestiegen	*to climb*
sterben	stirbt	starb	ist gestorben	*to die*
stoßen	stößt	stieß	gestoßen	*to push*
streichen		strich	gestrichen	*to stroke; paint (a wall)*
streiten	streitet	stritt	gestritten	*to contend; quarrel*
tragen	trägt	trug	getragen	*to carry*
treffen	trifft	traf	getroffen	*to meet; hit*
treiben		trieb	getrieben	*to drive*
treten	tritt	trat	getreten	*to step*
trinken		trank	getrunken	*to drink*
tun		tat	getan	*to do*
verderben *(v/t)*	verdirbt	verdarb	verdorben	*to ruin; spoil*
verderben *(v/i)*	verdirbt	verdarb	ist verdorben	*to spoil, get spoiled*
vergessen	vergißt	vergaß	vergessen	*to forget*
verlieren		verlor	verloren	*to lose*
verschwinden	verschwindet	verschwand	ist verschwunden	*to disappear*

Infinitive	Present	Past	Past participle	Meaning
verzeihen		verzieh	ist verziehen	*to forgive*
wachsen	wächst	wuchs	ist gewachsen	*to grow*
waschen	wäscht	wusch	gewaschen	*to wash*
weichen		wich	ist gewichen	*to recede*
weisen		wies	gewiesen	*to show, point out*
werben	wirbt	warb	geworben	*to woo*
werden	wird	wurde	ist geworden	*to become*
werfen	wirft	warf	geworfen	*to throw*
wiegen		wog	gewogen	*to weigh*
winden	windet	wand	gewunden	*to wind*
wollen	will	wollte	gewollt	*to want to; wish*
ziehen *(v/t)*		zog	gezogen	*to pull*
ziehen *(v/i)*		zog	ist gezogen	*to move*
zwingen		zwang	gezwungen	*to force*

Wörterverzeichnis

In this vocabulary no attempt has been made to give all possible meanings of each word, such as may be found in a standard dictionary. The English definitions of the words are limited to their use in the text.

Nouns. Nouns are followed by their plural endings, unless the plural is rare or nonexistent. In the case of n-nouns, the singular genitive is also given: **der Mensch, -en, -en.** Nouns that require adjective endings are listed with two endings: **der Beamte, -n, -n (ein Beamter).**

Verbs. For regular weak verbs, only the infinitive is listed. All irregular weak verbs and basic strong verbs are given with their principal parts: **denken, dachte, gedacht; geben, gab, gegeben.** Separable prefixes are identified by a dot between the prefix and the verb: **mit·geben.** Compound irregular weak verbs and strong verbs are asterisked to indicate that the principal parts can be found under the listing of the basic verb: **nach·denken*; aus·geben*.** When **sein** is used as the auxiliary of the perfect tenses, the form **ist** is given: **passieren (ist); gehen, ging, ist gegangen.**

Adjectives and adverbs. Adjectives and adverbs that have an umlaut in the comparative and superlative are identified by an umlauted vowel in parentheses: **warm (ä) — warm, wärmer, am wärmsten.**

Abbreviations

~ repetition of the key word
* see basic verb for principal parts
abbr. abbreviation
acc. accusative
conj. subordinate conjunction
dat. dative
fem. female
gen. genitive
inf. infinitive
lit. literally
o.s. oneself
pl. plural
Prot. Protestant
s.o someone
s.th. something

die **Abbestellung, -en** cancellation
ab·biegen* (ist) to turn off or aside
ab·brechen* to break off, end
der **Abend, -e** evening; **~ für ~** one evening after the other
das **Abendland** Occident
abends in the evening
das **Abenteuer, -** adventure
der **Aberglaube** superstition
abergläubisch superstitious
ab·fahren* to depart, leave
die **Abfahrt, -en** departure
sich **ab·finden* mit** to put up with
ab·fliegen* to take off (by plane), leave
der **Abflug, ⸚e** (plane) departure
das **Abgas, -e** exhaust gas
ab·geben* to give (away), hand over
abgeblasen cancelled
ab·gerieben grated
abgesehen von *(+ dat.)* apart from
ab·hängen (von) to depend (on)
abhängig (von) dependent (on)
die **Abhängigkeit** dependency
ab·heben* to lift off; **Geld ~** to get money (from the bank)
ab·holen to pick up
das **Abitur** final diploma from the Gymnasium
ab·leiten (von) to derive, deduce (from)
ab·lenken to distract
sich **ab·lösen** to take turns
ab·nehmen* to take off, take away, reduce
abonnieren to subscribe to
ab·reißen* to tear down
ab·rüsten to disarm, demobilize
die **Abrüstung** disarmament, demobilization
ab·schaffen* to do away with, abolish
der **Abschied** farewell; **~ nehmen*** to say goodbye
ab·schließen* to lock
der **Abschluß, ⸚sse** final diploma; completion, end

ab·schneiden* to cut off
abschreckend deterrent, horrible
ab·schütteln to shake off
abseits away from
der **Absender, -** sender; return address
ab·sitzen* to serve (a term in prison . . .)
sich **ab·spielen** to take place, happen
ab·stammen (von) (ist) to originate from
der **Abstand, ¨e** distance, interval
ab·stellen to turn off
ab·sterben* to die off
der **Abstieg** descent, fall
abstrakt abstract
absunderlich = **absonderlich** weird
das **Abteil, -e** (train) compartment
ab·treiben* to abort
die **Abtreibung, -en** abortion
ab·trocknen to dry (dishes), wipe dry
ab und zu once in a while, sometimes
ab·warten to wait; **~ und Tee trinken** to wait patiently
ab·waschen* to wash (dishes)
das **Abwasser, ¨** dirty water, sewage
Ach! I'm so sorry; **~ so!** Oh, I see; **~ was!** By no means!
die **Achsel, -n** shoulder; **die ~n zucken** to shrug one's shoulders
die **Acht** watch, attention; **~ haben*** to stand guard
achten to respect; **~ auf** *(+ acc.)* to watch out for
das **Ackerland** farmland
addieren to add
das **Adjektiv, -e** adjective
adlig noble, aristocratic
der **Adlige, -n, -n** nobleman, aristocrat
adoptieren to adopt
die **Adoption, -en** adoption
die **Adresse, -n** address
der **Advent** advent
der **Adventskranz, ¨e** Advent wreath

der **Affe, -n, -n** monkey, ape
(das) **Afrika** Africa
der **Afrikaner, -** African (person)
afrikanisch African
der **Agent, -en, -en** agent
die **Aggression, -en** aggression
aggressiv aggressive
die **Aggressivität** aggressiveness
ahnen to sense, suspect
ähnlich similar, alike
die **Ahnung, -en** presentiment; idea, notion; **Keine ~!** I've no idea!
der **Akademiker, -** (university) graduate
akademisch academic
der **Akt, -e** act
die **Aktion, -en** action
aktiv active
die **Aktivität, -en** activity
aktuell current, up-to-date
akzeptabel acceptable
akzeptieren to accept
der **Alkohol** alcohol
der **Alkoholiker, -** alcoholic
alkoholisch alcoholic
all all, everybody; **vor ~em** above all; especially
das **All** universe
die **Allee, -n** boulevard, tree-lined avenue
allein alone; **~ lassen*** to leave alone
alleinstehend single
allerdings of course, as a matter of fact
allererst- very first
allerhand all sorts of
allerlei all kinds of, various
allgemein general; **im ~en** in general
die **Allgemeinbildung** broad, general education
die **Alliierten** *(pl.)* allies
allmächtig almighty
allmählich gradually
der **Alltag** everyday life
alltäglich daily, common, routine
allzeit always
allzusehr too much
die **Alm, -en** mountain pasture
das **Alphabet, -e** alphabet

alphabetisch alphabetical
alsbald soon
alsdann then
also thus; well; **~ gut!** alright!
alt (ä) old; **ur~** very old, ancient
der **Altar, -e** altar
der **Altbau, -ten** old building
das **Alter** age
die **Alternative, -n** alternative
die **Altersgrenze, -n** age limit
das **Altersheim, -en** old people's home
die **Alterstufe, -n** age bracket
altertümlich ancient, antique
altmodisch old-fashioned
die **Altstadt, ¨e** old (part of) town
der **Amateur, -e** amateur; **~funker** ham operator
die **Ambulanz, -en** ambulance
(das) **Amerika** America
der **Amerikaner, -** American (person)
amerikanisch American
die **Ampel, -n** (traffic) light
das **Amt, ¨er** official position; state office
amtlich official
sich **amüsieren (über +** *acc.***)** to enjoy o.s., have fun with
an: ~ und für sich (nicht) actually (not really)
die **Ananas, -** pineapple
an·beten to adore, worship
an·betreffen* to concern, regard
an·bieten* to offer
an·blicken to look at
ander- other; **~erseits** on the other hand; **einer nach dem ~n** one after the other
ändern to change
andernfalls otherwise
anders different(ly)
andersartig different
die **Änderung, -en** change
an·erkennen* to accept, recognize; appreciate
die **Anerkennung, -en** recognition; appreciation
an·fahren* to start (the motor)

die **Anfahrt** ride to work (or a special place)
anfällig susceptible
der **Anfang, ¨e** beginning; **der ~sbuchstabe** first letter
an·fangen* to start (doing s.th.); **von vorn ~** to start anew
der **Anfänger, -** beginner
anfangs in the beginning
die **Anforderung, -en** demand
an·geben* to indicate; to brag
das **Angebot, -e** offer
an·gehen* (hat) to concern
der **Angehörige, -n, -n (ein Angehöriger)** next of kin, family; member of
der **Angeklagte, -n, -n (ein Angeklagter)** accused, defendant
die **Angelegenheit, -en** matter
angeln to fish
angenagelt nailed to, fastened
angesehen werden* (als) to be regarded as, be considered
der **Angestellte, -n, -n (ein Angestellter)** employee
an·greifen* to attack
der **Angriff, -e** attack
die **Angst, ¨e (vor)** fear (of); **mir ist angst** I'm afraid
ängstlich anxious, uneasy; nervous, timid
an·halten* to stop (a vehicle)
der **Anhalter, -** hitchhiker; **per ~ fahren*** to hitchhike
der **Anhang, ¨e** appendix
an·hängen* to hang on, hitch to
der **Anhänger, -** follower
der **Anhängewagen, -** second car
an·heben* to lift
an·himmeln to adore
sich **etwas an·hören** to listen to
der **Anker, -** anchor
die **Anklage, -n** charges, accusation
an·klagen to accuse
an·kommen* to arrive; **~ auf** to depend upon
die **Ankunft, ¨e** arrival
die **Anlage, -n** gift, talent; complex machinery
der **Anlaß, ¨sse** cause; occasion
an·legen to anchor, arrive
an·melden to announce; make an appointment
anmutig charming
an·nehmen* to assume, suppose; accept
die **Annonce, -n** ad
annoncieren to advertise
die **Anordnung, -en** instruction
sich **an·passen** to adjust
an·reden to address, speak to
an·regen to stimulate
die **Anregung, -en** stimulation; move
an·richten to cause, do damage to
an·rufen to call, telephone
an·sagen to announce
der **Ansatz, ¨e** start, beginning
sich **etwas an·schauen** to look at s.th.
an·schreien* to scream at
das **Ansehen** prestige, reputation
sich **an·sehen*** to look at
die **Ansicht, -en** opinion; view
die **Ansichtskarte, -n** picture postcard
ansonsten otherwise
an·sprechen* to appeal to, address
anspruchsvoll demanding
an·stechen* to tap, puncture
an·stellen to do, cause (mischief)
an·stoßen* (auf + *acc.***)** to drink to (someone's health)
an·streben to strive for
sich **an·strengen** to try hard, exert o.s.
das **Antiquariat, -e** second-hand-bookshop
das **Antlitz, -e** face
das **Antonym, -e** antonym, opposite
antworten to answer
an·vertrauen to entrust
die **Anwendung, -en (von)** use (of)
die **Anwesenheit** presence
die **Anzahl** number
an·ziehen* to put on (clothes); **sich ~** to dress, get dressed
an·zünden to light, kindle
die **Apathie** apathy, indifference
apathisch apathetic, indifferent
der **Apfel, ¨** apple; **in den sauren ~ beißen** to swallow a bitter pill
das **Apfelmus** apple sauce
die **Apfelsine, -n** orange
die **Apotheke, -n** pharmacy
der **Apotheker, -** pharmacist
der **Appell, -e** appeal; roll call
der **Appetit** appetite; **Guten ~!** Enjoy your food!
der **Applaus** applause
der **Araber, -** Arabian (person)
arabisch Arabian
die **Arbeit, -en** work, job; exam
arbeiten to work
der **Arbeiter, -** worker, laborer
das **Arbeitsamt, ¨er** job agency
der **Arbeitsgeber, -** employer
arbeitslos out of work
der **Arbeitslose, -n, -n (ein Arbeitsloser)** person out of work
der **Arbeitsnehmer, -** employee
der **Archäologe, -n, -n** archeologist
die **Archäologie** archeology
der **Architekt, -en** architect
das **Archiv, -e** archives
arg (ä) bad; very
ärgerlich annoying
sich **ärgern (über +** *acc.***)** to be annoyed by, get mad about
das **Argument, -e** argument
aristokratisch aristocratic
arm (ä) poor; **Du Ärmste(r)!** Poor thing!
der **Arm, -e** arm; **jemand auf den ~ nehmen*** to pull a practical joke

der **Arme, -n, -n (ein Armer)** poor person, pauper
die **Armee, -n** army
der **Ärmel, -** sleeve
das **Arsenal, -e** arsenal
die **Art, -en** kind, sort, type, way; method; **eine ~** some kind of
der **Artikel, -** article
der **Arzt, ⸚e** doctor
die **Ärztin, -nen** doctor
ärztlich medical
die **Asche** ashes
der **Aschenbecher, -** ashtray
der **Asiat, -en, -en** Asian (person)
asiatisch Asian
(das) **Asien** Asia
assoziieren to associate
der **Ast, ⸚e** branch
der **Astrologe, -n, -n** astrologer
die **Astrologie** astrology
der **Astronom, -en, -en** astronomer
die **Astronomie** astronomy
der **Asylant, -en, -en** refugee
der **Atem** breath
atemberaubend breathtaking
atmen to breathe
die **Atmosphäre, -n** atmosphere
das **Atom, -e** atom
atomar atomic, nuclear
der **Atomkrieg, -e** atomic war
die **Attraktion, -en** attraction
attraktiv attractive
auf·bauen to build up
auf·bewahren to store, save
auf·blicken to look up
auf einmal suddenly; at once
der **Aufenthalt, -e** stop over, stay
auf·fallen* to be noticeable
die **Auffassung, -en** opinion
die **Aufforderung, -en** invitation, request; challenge
auf·führen to perform
die **Aufführung, -en** performance
die **Aufgabe, -n** task, assignment, duty
auf·geben* to give up, resign
aufgefordert werden* to be urged to do s.th.
aufgeschlossen open-minded, frank; extrovert
auf·halten* to hold back; **sich ~** to stay
auf·hören to stop (doing s.th.)
aufmerksam attentive; **~ machen (auf + *acc.*)** to draw attention (to)
die **Aufmerksamkeit** attention
auf·nehmen* to pick up, absorb
auf·passen to pay attention, watch out
auf·räumen to clean up
sich **auf·regen (über + *acc.*)** to get excited or nervous (about)
aufregend exciting
die **Aufregung, -en** excitement
aufrichtig sincere, honest
auf·rufen* zu to appeal for, call upon (a person) to
der **Aufsatz, ⸚e** composition, essay
der **Aufschnitt** cold cuts
auf·schreiben* to write down
der **Aufschwung, ⸚e** upswing; rise
der **Aufstand, ⸚e** rebellion, uprising
auf·stehen* to get up
auf·stellen to put up, set up
auf·stocken to pile up
der **Auftrag, ⸚e** order; task, mission
auf·treten* (ist) to appear
auf·wachen (ist) to wake up
auf·wachsen* (ist) to grow up
auf·wecken to wake s.o. up
das **Auge, -n** eye; **ein ~ zudrücken** to overlook s.th.
der **Augenblick, -e** moment; **im ~** at the moment
die **Ausbildung** instruction, training; education
aus·brechen* (ist) to break out, escape
der **Ausbruch, ⸚e** eruption; escape
der **Ausdruck, ⸚e** expression; **~ geben*** to express
aus·drücken to squeeze out; **sich ~** to express o.s.
auseinander·nehmen* to take apart
der **Ausflug, ⸚e** excursion
aus·füllen to fill out
der **Ausgang, ⸚e** exit
der **Ausgangspunkt, -e** point of departure
aus·geben* to spend (money)
aus·gehen* to go out (on a date)
ausgelassen wild, crazy, joyful, frolicsome
ausgestellt issued
der **Ausgestoßene, -n, -n (ein Ausgestoßener)** outcast
ausgezeichnet excellent
aus·gleichen* to balance out
aus·kommen* (mit) to get by (with), manage
die **Auskunft, ⸚e** information
das **Ausland** foreign country (countries); **im ~** abroad
der **Ausländer, -** foreigner
ausländisch foreign
aus·löschen to extinguish
aus·machen to agree on, settle; to turn off (light)
sich **aus·malen** to imagine, picture
die **Ausnahme, -n** exception
der **Auspuff** exhaust
das **Auspuffgas, -e** exhaust fume
die **Ausrede, -n** excuse
sich **aus·reden (aus + *acc.*)** to make excuses
aus·reichen to suffice
ausreichend sufficient
sich **aus·ruhen** to rest, relax
die **Aussage, -n** statement, declaration
aus·sagen to state
aus·scheiden* to be eliminated
aus·schließen* (aus + *acc.*) to exclude or expel (from); lock out
aus·schöpfen to exhaust, deal completely with
das **Aussehen** appearance, looks

außen outside
die **Außenpolitik** foreign policy
der **Außenstehende, -n, -n** outsider
äußer outside, outer
außerdem besides
außerhalb outside of
die **Äußerung, -en** remark
äußerst extremely, most
die **Aussprache, -n** pronunciation; talk
aus·sprechen* to pronounce
aus·statten mit to equip with
aus·stechen* to cut out
aus·steigen* to get off (a train . . .)
die **Ausstellung, -en** exhibit
aus·suchen to select, pick out
der **Austausch** exchange
die **Auswahl** selection, choice
aus·weichen* to avoid, evade; to yield
der **Ausweis, -e** I.D. card
sich **aus·wirken (auf +** *acc.***)** to influence, affect
aus·ziehen* to take off (a coat . . .); **sich ~** to get undressed
aus·ziehen* (ist) to move out
der **Auszug, ¨e** excerpt, extract
aus·zwacken to pull out
das **Auto, -s** car
die **Autobahn, -en** freeway
der **Autofriedhof, ¨e** auto junkyard
der **Automat, -en, -en** automatic machine
automatisch automatic
der **Autor, -en** author

das **Baby, -s** baby
der **Bach, ¨e** creek
das **Backblech, -e** baking sheet
backen (bäckt), buk (backte), gebacken to bake
der **Bäcker, -** baker
die **Bäckerei, -en** bakery
der **Backstein, -e** brick
das **Bad, ¨er** bath, bathroom
baden to have a swim, take a bath
die **Badewanne, -n** bathtub
das **Badezimmer, -** bathroom
die **Bahn, -en** path, track, orbit; train
der **Bahnhof, ¨e** train station
der **Bahnsteig, -e** platform (at train station)
bald soon
der **Balkon, -s** *(or* **-e***)* balcony
der **Ball, ¨e** ball; **am ~ sein*** to be on the ball
das **Ballett, -s** ballet
die **Banane, -n** banana
das **Band, ¨er** band, ribbon
das **Band, -e** bond, tie
bändigen to restrain
bang(e) afraid, scared
die **Bank, -en** bank
die **Bank, ¨e** bench
die **Bar, -s** bar
der **Bär, -en, -en** bear; **ein Brumm~** grump; **einen ~enhunger haben*** to be very hungry
barbarisch barbarian
das **Bargeld** cash
die **Barriere, -n** barrier
basieren auf *(+ acc.)* to be based on
die **Basis** base, foundation
basteln to do crafts, work at a hobby (with your hands)
der **Bau, -ten** building; structure
der **Bauch, ¨e** stomach; belly
bauen to build
der **Bauer, -n** farmer
der **Bauernhof, ¨e** farm
der **Baum, ¨e** tree
baumeln to dangle
der **Beamte, -n, -n (ein Beamter)** civil servant
das **Becken, -** basin; bowl
sich **bedanken** to thank, say thank you
bedauern to regret
bedecken to cover
bedenken* to consider
bedeuten to mean, signify
bedeutend important, significant
sich **bedienen** to use; to help o.s.
die **Bedienung** service
die **Bedingung, -en** condition
sich **beeilen** to hurry (up)
beeinflussen to influence
die **Beere, -n** berry
befallen* (hat) to befall, happen
sich **befassen mit** to deal with, occupy o.s. with
der **Befehl, -e** order, command; **auf ~** by command
befehlen, befahl, befohlen to order, command
sich **befinden*** to be (located)
befördern to promote
die **Beförderung, -en** promotion
befreien to free, liberate
befriedigend satisfactory
befriedigt satisfied, content
die **Befriedigung, -en** satisfaction
die **Befürchtung, -en** fear, apprehension
sich **begeben* unter** *(+ acc.)* to submit to
begegnen (ist) to meet, encounter; **es ist mir begegnet** it happened to me
die **Begegnung, en** meet(ing)
sich **begeistern für** to be excited about s.th.
begeistert (von) excited or enthused (about)
die **Begeisterung** enthusiasm, excitement
beginnen, begann, begonnen to begin
begleiten to accompany, escort
der **Begleiter, -** companion, escort
sich **begnügen mit** to be satisfied with
begraben* to bury
begreifen, begriff, begriffen to understand, comprehend
begreiflich comprehensible, conceivable
begrenzen to limit; **sich ~ auf** *(+ acc.)* to be limited, limit o.s. to
begrenzt limited
die **Begrenzung, -en** limit, limitation
der **Begriff, -e** term; idea, concept
begründen to justify, explain
die **Begründung, -en** justification, explanation
behaart hairy
behalten to keep

behandeln to treat
die **Behandlung, -en** treatment
behaupten to claim; **Wie kannst du das ~?** How can you say that?
beherrschen to govern; control
behindert handicapped
bei near; with
beieinander together, next to each other
bei·fügen to add (to)
das **Beil, -e** axe
das **Bein, -e** leg; bone; **auf den ~en sein*** to be on the go
beinah(e) almost
beisammen together
beiseite aside
das **Beispiel, -e** example; **zum ~ (z.B.)** for example (e.g.)
beispielsweise for instance
beißen, biß, gebissen to bite
bei·tragen* zu to contribute to, add to
bekannt known; **~ wie ein bunter Hund** known all over; **Das kommt mir ~ vor.** That sounds familiar.
der **Bekannte, -n, -n (ein Bekannter)** acquaintance
die **Bekanntschaft, -en** acquaintance
beklagen to lament, pity
beklagenswert regrettable, pitiful
beklommen full of anguish, oppressed
bekommen* (hat) to get, receive; **gut ~ (ist)** to agree with (stomach)
belächeln to smile at (over s.th.)
belasten to burden
die **Belastung** burden, stress
belegen to sign up for, reserve
beleuchten to illustrate; to light up
beliebt popular
belohnen to reward
bemalen to paint
bemerkbar noticeable
bemerken to notice
sich **bemühen** to try (hard), strive, endeavor
die **Bemühung, -en** attempt, effort
benachteiligt disadvantaged
die **Benachteiligung** detriment
benutzen to use
das **Benzin** gas(oline)
der **Benzinverbrauch** fuel consumption
beobachten to watch, observe
bequem convenient; comfortable
die **Bequemlichkeit, -en** convenience; comfort
beraten* to advise, counsel
der **Berater, -** advisor, counselor
berechtigen to justify, allow
bereden to discuss
der **Bereich, -e** area
bereichern to enrich
bereit ready; willing
bereits already
die **Bereitschaft** readiness; willingness, alertness
der **Berg, -e** mountain
bergab downhill
bergauf uphill
der **Bericht, -e** report
berichten to report
berieseln to irrigate, water, spray
der **Beruf, -e** profession
sich **berufen auf** *(+ acc.)* to refer to
beruflich professional
die **Berufsschule, -n** type of continuing education, grades 12–13, required of all students who attended the **Hauptschule,** providing theoretical training for a particular occupation, coupled with practical experience in the field
berufstätig working
der **Berufstätige, -n, -n (ein Berufstätiger)** person gainfully employed
beruhen auf *(+ acc.)* to be based on
sich **beruhigen** to calm down
berühmt famous
sich **berühren** to touch each other
die **Berührung** touch; **in ~ kommen* mit** to come into contact with
die **Besatzungszone, -n** occupied zone
beschädigt damaged
sich **beschäftigen (mit)** to be busy (with), deal with
die **Beschäftigung, -en** occupation; work, employment
beschämend shameful, disgraceful
bescheiden modest
beschließen* to decide, resolve
der **Beschluß, ¨sse** decision, resolution
beschmücken to decorate
beschränken (auf) to limit (to)
beschreiben* to describe
die **Beschreibung, -en** description
beschuldigen to accuse
die **Beschwerde, -n** complaint
die **Beseitigung, -en** elimination, removal
der **Besen, -** broom
besessen obsessed
besetzt occupied
der **Besitz** possession
besitzen* to own, possess
die **Besonderheit, -en** specialty, peculiarity, individuality
besonders especially
die **Besorgnis** worry
besprechen* to discuss
der **Bestand, ¨e** stock, supply, amount, assets
bestätigen to confirm, state
bestehen* to pass (an exam); **~ in (**or **aus)** to consist of; **~ auf** to insist on
bestehend existing
bestellen to order
bestimmen to determine, decide, ascertain
bestimmt certain(ly)
die **Bestimmung** determination; destination; destiny
die **Bestimmung, -en** regulation
bestrafen to punish

bestreichen* to brush; spread over
bestreuen to sprinkle
der **Besuch, -e** visit
besuchen to visit
betonen to stress
betrachten to consider, view, look at
betreiben* to pursue, do s.th.
betreten* to set foot on, enter
betreuen to take care of, tend to
der **Betrieb, -e** firm, company
die **Betriebswirtschaft** business education
sich **betrinken*** to get drunk
betroffen von affected by
betrübt sad, distressed
der **Betrug, ⸚e** fraud, cheating
betrügen, betrog, betrogen to cheat, swindle, deceive
der **Betrüger, -** swindler, cheat, imposter, deceiver
(be)trunken drunk
das **Bett, -en** bed
betteln to beg
der **Bettler, -** beggar
betupft spotted, dotted
die **Beute** booty
bevorzugen to prefer, favor
die **Bevölkerung** population; **Über~** overpopulation
bewachen to watch over, guard
sich **bewahrheiten** to come true
sich **bewegen** to move
die **Bewegung, -en** movement, motion; exercise
der **Beweis, -e** proof
sich **bewerben* (um)** to apply (for)
der **Bewerber, -** applicant
bewohnbar (in)habitable
bewundern to admire
bewußt aware of; knowingly, on purpose
bewußtlos unconscious
das **Bewußtsein** consciousness; awareness
bezahlen to pay (for); **bar ~** to pay cash
die **Bezahlung** pay
bezeichnen to label, describe
die **Bezeichnung, -en** marking; designation, name; specification
sich **beziehen* auf** *(+ acc.)* to refer to, relate to
die **Beziehung, -en** relation (ship), connection
der **Bezug, ⸚e** reference; **in ~ auf** *(+ acc.)* with regard to, concerning
die **Bezugsperson, -en** a person to relate to
die **Bibel, -n** bible
die **Bibliothek, -en** library
biegen, bog, gebogen to bend, turn
die **Biene, -n** bee; **fleißig wie eine ~** very industrious
das **Bier, -e** beer
der **Bierdeckel, -** coaster under beer glass
bieten, bot, geboten to offer
die **Bilanz, -en** review, outcome
das **Bild, -er** picture; **im ~e sein*** to be informed
bilden to form
bildlich figurative, metaphorical
die **Bildröhre, -n** TV screen, picture tube
der **Bildhauer, -** sculptor
die **Bildung** education, training; formation
billig inexpensive, cheap
bimmeln to ring the bell
die **Binde, -n** tie
binden, band, gebunden to tie, connect
der **Biologe, -n, -n** biologist
die **Biologie** biology
biologisch biological
die **Birne, -n** pear
der **Bischof, ⸚e** bishop
bisherig, - previous, existing
bißchen: ein ~ a little bit; **jedes ~** every little bit, everything; **Ach du liebes ~ !** My goodness! Wow!
bitte please; **~ schön!** You're welcome!
bitten, bat, gebeten (um) to ask, beg (for)
die **Bitternis** bitterness
blasen (bläst), blies, geblasen to blow
die **Blasmusik** brass music
blaß pale
das **Blatt, ⸚er** leaf; page; **ein ~ Papier** a piece of paper
blau blue
bleiben, blieb, ist geblieben to stay, remain
bleich pale
das **Bleigießen** pouring molten lead into cold water
der **Bleistift, -e** pencil
der **Blick, -e (auf +** *acc.***)** view; **im ~ behalten*** to keep in mind
blicken auf *(+ acc.)* to look or glance at
blind blind
der **Blinde, -n, -n (ein Blinder)** blind person
der **Blitz, -e** lightning; **~ableiter, -** lightning conductor
blitzen to be lightning
die **Blockade, -n** blockade
blockieren to block
blöd dumb, silly, stupid
blond blond
bloß only
die **Blume, -n** flower
der **Blumenkohl** cauliflower
das **Blut** blood; **Nur ruhig ~ !** Stay calm!
die **Blüte, -n** blossom; bloom
bluten to bleed
der **Blütentraum, ⸚e** sweet dream, fond hope
der **Bock, ⸚e** he-goat, buck; **stur wie ein ~** (really) stubborn, obstinate
der **Boden, ⸚** floor; ground, soil; attic
der **Bodensee** Lake Constance
der **Bogen, ⸚** bow; curve, bend
die **Bohne, -n** bean
bohren to drill
die **Bohrung, -en** drilling
die **Bombe, -n** bomb
borgen to borrow, lend
die **Börse, -n** purse; stock market, financial world
böse bad, mad; **bitter~** really mad
die **Bosheit** malice
der **Bote, -n, -n** messenger
die **Boutique, -n** boutique
die **Bowle, -n** alcoholic punch
boxen to box
der **Boxer, -** boxer
die **Branche, -n** branch (of a business)

braten (brät), briet, gebraten to fry, roast
der **Braten, -** roast
die **Bratkartoffel, -n** fried potato
die **Bratwurst, ¨e** fried sausage
der **Brauch, ¨e** custom
brauchen to need
braun brown
die **Braut, ¨e** bride, fianceé
der **Bräutigam, -s** bridegroom, fiancé
das **Brautkleid, -er** wedding dress
brechen (bricht), brach, gebrochen to break
breit broad, wide
die **Bremse, -n** brake
bremsen to brake, slow down
brennen, brannte, gebrannt to burn
das **Brett, -er** board
die **Brezel, -n** pretzel
der **Brief, -e** letter
die **Briefmarke, -n** stamp
die **Brille, -n** (eye)glasses
der **Brilliant, -en, -en** diamond
bringen, brachte, gebracht to bring
das **Brot, -e** bread
das **Brötchen, -** roll, bun
das **Brotfach, ¨er** bread box
der **Bruder, ¨** brother
die **Brühe, -n** bouillon
brummen to grumble
brünett brunette
die **Brust** chest
die **Brust, ¨e** breast
brutal brutal
die **Brutalität** brutality
das **Bruttoeinkommen** gross income
der **Bruttolohn, ¨e** gross salary
das **Buch, ¨er** book
die **Buchführung** bookkeeping; accounting
der **Buchhalter, -** bookkeeper; accountant
die **Buchhandlung, -en** bookstore
die **Büchse, -n** can
der **Büchsenöffner, -** can opener
der **Buchstabe, -n** (alphabet) letter
buchstabieren to spell
die **Bucht, -en** bay
die **Bude, -n** booth
bügeln to iron
die **Bühne, -n** stage; **auf der ~** on stage
der **Bummel** stroll, walk
bummeln (ist) to take a walk or a stroll; **herum·~ (hat)** to bum around, take it easy
der **Bund, ¨e** league
die **Bundesrepublik (BRD)** Federal Republic of Germany, West Germany
die **Bundeswehr** W. German Army
das **Bündnis, -se** pact
der **Bunker, -** bunker
bunt colorful, multicolored
die **Burg, -en** castle
der **Bürger, -** citizen
der **Bürgerkrieg, -e** civil war
der **Bürgermeister, -** mayor
der **Bürgersteig, -e** sidewalk
das **Bürgertum** middle class
das **Büro, -s** office
der **Bürokrat, -en, -en** bureaucrat
die **Bürokratie** bureaucracy
der **Bursche, -n, -n** boy, fellow
die **Burschenschaft, -en** fraternity
der **Bus, -se** bus
der **Busch, ¨e** bush
der **Busen, -** breast, bosom
die **Butter** butter

das **Café, -s** café
der **Camper, -** camper
die **Chance, -n** chance
das **Chaos** chaos
der **Charakter, -e** character; nature
charakterisieren to characterize
die **Charakteristik, -en** characteristic
charakteristisch characteristic
der **Charakterzug, ¨e** trait, characteristic
charmant charming
der **Charme** charm
der **Chauffeur, -e** chauffeur
der **Chef, -s** boss, employer
die **Chemie** chemistry
der **Chemiker, -** chemist
der **Chinese, -n, -n** Chinese (person)
die **Chinesin, -nen** Chinese (person)
der **Chiropraktiker, -** chiropractor
chirurgisch surgical
der **Chor, ¨e** choir
der **Clown, -s** clown
die **Cola, -s** cola
das **College, -s** college
der **Computer, -** computer
der **Cousin, -s** cousin
der **Cowboy, -s** cowboy
die **Creme, -n** cream

das **Dach, ¨er** roof
daheim at home
daher therefore
dahin·stellen: Das sei dahingestellt. Let it remain undecided.
damals then, at that time
die **Dame, -n** lady
dämmern to dawn
die **Dämmerung** dusk, twilight; dawn
danach after that, afterwards
dankbar thankful, grateful
danke thank you; **~ gleichfalls!** The same to you!
danken to thank
dann then
dar·stellen to portray, present, depict
darüber above it; **~ hinaus** beyond that
darum therefore; **~ geht's nicht.** That's not the issue.
das **Dasein** existence, life
die **Datenverarbeitung (DTV)** computer work, data processing
das **Datum, Daten** date
die **Dauer** duration; **auf die ~** in the long run
dauerhaft lasting, permanent
dauern to take time, last
davon·laufen* to run away
dazwischen in between
die **DDR (Deutsche Demokratische Republik)** GDR (German Democratic Republic), East Germany
die **Decke, -n** blanket, cover
der **Deckel, -** lid
definieren to define

die **Definition, -en** definition
der **Deich, -e** dike
die **Dekoration, -en** decoration
dekorieren to decorate
die **Demokratie, -n** democracy
demokratisch democratic
demonstrieren to demonstrate
denkbar conceivable, thinkable
denken, dachte, gedacht (an + *acc.***)** to think (of)
das **Denken** thinking
das **Denkmal, ¨er** monument
die **Denkungsart -en** way of thinking
dennoch yet, still, nevertheless
die **Deponie, -n** dump
die **Depression, -en** depression
depressiv depressive
deprimiert depressed
derweil meanwhile
deshalb therefore
deswegen therefore, because of that
deuten to interpret; **~ auf** *(+ acc.)* to point at
deutlich clear, distinct
deutsch German; **auf ~** in German; **(das) Deutsch** the German language
der **Deutsche, -n, -n (ein Deutscher)** German (person)
(das) **Deutschland** Germany
der **Dialekt, -e** dialect
die **Diät, -en** diet
dichten to write poetry
der **Dichter, -** poet
dick thick; fat
der **Dieb, -e** thief
der **Diebstahl, ¨e** theft
dienen (als) to serve (as)
der **Dienst** service; work; **es tut seinen ~** it serves its purpose
der **Dienstag** Tuesday
der **Diktator, -en** dictator
die **Diktatur, -en** dictatorship
diktieren to dictate
das **Ding, -e** thing
das **Dioxin** dioxide
das **Diplom, -e** diploma
der **Diplomat, -en, -en** diplomat
direkt direct
der **Direktor, -en** director; principal
der **Dirigent, -en, -en** (music) conductor
dirigieren to conduct
das **Dirndl, -** dirndl dress
die **Diskothek, -en (Disko, -s)** disco
diskriminieren to discriminate
die **Diskriminierung** discrimination
die **Diskussion, -en** discussion
diskutieren to discuss
diskutierfreudig loves to discuss things
disqualifizieren to disqualify
dissonant dissonant
die **Dissonanz, -en** dissonance
die **Distanz** distance
sich **distanzieren (von)** to keep one's distance
die **Disziplin** discipline
disziplinieren to discipline
Doch! Sure! Oh yes! Yes, indeed!
der **Doktor, -en** doctor
der **Doktorgrad, -e** Ph.D.
das **Dokument, -e** document
dolmetschen to interpret
der **Dolmetscher, -** interpreter
der **Dom, -e** cathedral
dominieren to dominate
dominierend dominating
der **Donner** thunder
donnern to thunder
der **Donnerstag** Thursday
doof stupid, silly
doppelt double
das **Dorf, ¨er** village
die **Dose, -n** can
der **Drache, -n, -n** dragon; kite
der **Drachenflieger, -** hang glider
das **Drama, Dramen** drama, play
dramatisch dramatic(al)
der **Drang (nach)** urge, desire (for)
draußen outside
der **Dreck** dirt, filth
sich **drehen (um)** to turn, hinge on; **sich ~ und wenden** to twist and turn
das **Dreieck, -e** triangle
drin(nen) inside
dringend urgent
das **Drittel, -** third
die **Droge, -n** drug
die **Drogerie, -n** drugstore
drohen to threaten
dröhnen to blast, roar
die **Drohung, -en** threat
drüben over there
drücken to squeeze, press
das **Duell, -e** duel
der **Duft, ¨e** smell, aroma
duften to smell sweet, be fragrant
dulden to tolerate
dumm (ü) dumb, stupid; **ein ~er Esel** fool, jackass; **eine ~e Gans** a silly girl
die **Düne, -n** dune
düngen to fertilize
der **Dünger, -** fertilizer
dunkel dark
dünken to seem, appear, look; **mich dünkt** it seems to me
durchaus absolutely
durcheinander·bringen* to confuse, mix up
durcheinander·geraten* (ist) to get mixed up
durch·fallen* to flunk, fail
durch·führen to carry out, follow through
durchqueren to cross
der **Durchschnitt** average; **im ~** on the average
durchschnittlich average, on an average
durch·setzen to enforce; **sich ~** to prevail
der **Durst** thirst; **~ haben*** to be thirsty
durstig thirsty
die **Dusche, -n** shower
düster dark
die **Dynamik** dynamics
dynamisch dynamic

die **Ebbe** low tide; **bei ~** at low tide
eben simply; just it, just now
die **Ebene, -n** plain
ebenso just as; **~ wie** just like
echt real, genuine
die **Ecke, -n** corner

die **EG = Europäische Gemeinschaft** European Community
egal equal; **~ wo** no matter where; **~ ob** whether or not; **Es ist mir ~.** I don't care; **Es ist ~.** It doesn't matter.
der **Egoist, -en, -en** egotist
egoistisch selfish, egotistical
ehe *(conj.)* before
die **Ehe, -n** marriage
die **Ehefrau, -en** wife, spouse
der **Ehemann, ¨er** husband, spouse
eher earlier, sooner; **~ (als)** rather (than)
die **Eheschließung, -en** (contraction of) marriage
die **Ehre, -n** honor
ehrlich honest
die **Ehrlichkeit** honesty
das **Ei, -er** egg; **ein gekochtes ~** boiled egg; **Rühr~** scrambled eggs; **Spiegel ~** fried egg; **Kümmere dich nicht um ungelegte Eier!** Don't count your chickens before they are hatched.
das **Eigelb** egg yolk
eigen- own
die **Eigenschaft, -en** attribute, feature, characteristic
das **Eigenschaftswort, ¨er** adjective
die **Eigensucht** selfishness
eigentlich actual(ly)
eigentümlich characteristic; peculiar
sich **eignen für** to be suited for
die **Eile** hurry; **in ~** in a hurry
eilen (ist) to hurry
eilig hurried, quickly; **es ~ haben*** to be in a hurry
der **Eimer, -** bucket
die **Einbahnstraße, -n** one-way street
ein·brechen* to break in, burglarize
der **Einbrecher, -** burglar
der **Einbruch, ¨e** burglary
eindeutig clear, unmistakable
der **Eindruck, ¨e** impression; **Ich habe den ~, daß . . .** It's my impression that . . .
einerseits on the one hand
einerzeit once
einfach simple
der **Einfluß, ¨sse** influence
ein·fügen to insert; **sich ~** to adapt o.s.
ein·führen to introduce
die **Einführung, -en** introduction
der **Eingang, ¨e** entrance; **~ finden*** to be introduced
eingebildet conceited, arrogant
eingeengt restricted, confined
ein·gehen* to enter into
ein·hämmern auf *(+ acc.)* to hammer on
der **Einheimische, -n, -n (ein Einheimischer)** native, local
die **Einheit, -en** unity; unit
die **Einheitssprache** commonly agreed-upon language
sich **einigen (auf +** *acc.***)** to agree (on)
einigermaßen somewhat, to some extent
einiges some (of it), (quite) a bit
der **Einkauf, ¨e** purchase
das **Einkaufen** shopping
ein·kaufen to shop
das **Einkommen, -** income
ein·laden* to invite
die **Einladung, -en** invitation
die **Einleitung, -en** introduction
ein·lösen to cash (a check . . .)
einmal once; **auf ~** suddenly; **nicht ~** not even
sich **ein·mischen** to interfere
ein paar a couple of
einsam lonely
die **Einsamkeit** loneliness
der **Einsatz, ¨e** effort; action
einsatzbereit ready for action
die **Einschätzung, -en** image, evaluation, assessment
ein·schlafen* (ist) to go to sleep
der **Einschnitt, -e** turning point, break
sich **ein·schreiben*** to sign up for
ein·sehen* to realize
einseitig onesided, partial, biased
ein·setzen to use, put into action
ein·sperren (in + *acc.***)** to lock up (in)
einst once
ein·stecken to pocket, put in
ein·stehen* für to answer for, be responsible for
ein·steigen* to get on (in)
die **Einstellung, -en** attitude
ein·strömen (auf + *acc.***)** to stream in; inundate
ein·tragen* (in + *acc.***)** to write down (into)
ein·treten* für (ist) to support, stand up for
der **Eintritt** entrance; **gegen ~** with an entrance fee
einverstanden agreed
ein·wandern (ist) to immigrate
der **Einwohner, -** inhabitants
der **Einzelgänger, -** loner, solitary person
das **Einzelkind, -er** only child
ein·ziehen to recruit, draft
ein·ziehen* (in + *acc.***) (ist)** to move in(to)
einzig sole, single, only
das **Eis** ice; ice cream
der **Eischnee** beaten egg white
die **Eisdiele, -n** ice cream parlor
eitel vain
die **Eitelkeit** vanity
das **Eiweiß** egg white
sich **ekeln vor** to be disgusted at
der **Elefant, -en, -en** elephant; **wie ein ~ im Porzellanladen** clumsy; **aus der Mücke einen ~en machen** to make a mountain out of a molehill
elegant elegant
der **Elektriker, -** electrician
elektrisch electrical
die **Elektrotechnik** electrical engineering

das **Element, -e** element
elend miserable, distressed
das **Elend** misery, distress
die **Elite, -n** elite
der **Ell(en)bogen, ⸚** elbow
elterlich parental
die **Eltern** *(pl.)* parents
sich **emanzipieren** to emancipate
empfangen* to receive
der **Empfänger, -** receiver
empfehlen (empfiehlt), empfahl, empfohlen to recommend
empfindlich sensitive, delicate
die **Empfindung, -en** perception, feeling
das **Ende** end; **am ~** in the end
enden to end
endlich finally, at last
endlos endless
die **Energie** energy
eng narrow
sich **engagieren** to get involved, take part
der **Engel, -** angel
(das) **England** England
der **Engländer, -** Englishman
englisch English; **auf ~** in English; **(das) Englisch** the English language
der **Enkel, -** grandson
die **Enkelin, -nen** granddaughter
enorm enormous
entdecken to discover
die **Ente, -n** duck; **lahme ~** s.o. very slow; **ein häßliches ~chen** an ugly duckling
entehren to disgrace, dishonor
sich **entfernen** to leave
entfernt away
entfliehen* to escape
entgegen·kommen* to meet half-way, to come toward
enthalten* to contain, hold
entheben* to relieve of, free from
entlang along
entmilitarisiert demilitarized
enträtseln to decipher
entrinnen* to escape
entsalzen to unsalt
sich **entscheiden*** to decide
entscheidend decisive
die **Entscheidung, -en** decision
sich **entschließen*** to decide
der **Entschluß, ⸚sse** decision; **die ~kraft** resolution
die **Entschuldigung, -en** excuse, apology
entsetzlich horrible, awful
sich **entspannen** to relax
die **Entspannung** relaxation
entsprechen* to correspond to, match, equal
entstammen (ist) to stem or come from
entstehen* (ist) to arise, originate
enttäuscht (über + *acc.***)** disappointed (about)
die **Enttäuschung, -en** disappointment
entweder . . . oder. . . either . . . or . . .
entwickeln to develop
die **Entwicklung, -en** development
entwerfen* to design
der **Entwurf, ⸚e** rough draft, design
entziehen* to withdraw, deprive of
entzückt delighted, enchanted
die **Enzyklopädie, -n** encyclopedia
erbeben (ist) to tremble, shake
sich **erbieten*** to offer (to do s.th.)
die **Erbse, -n** pea
das **Erdbeben, -** earthquake
die **Erdbeere, -n** strawberry
die **Erde** earth
das **Erdgas, -e** gas (used for cooking . . .)
das **Erdgeschoß, ⸚sse** ground (or first) floor; **im ~** on the first floor
die **Erdkunde** geography
die **Erdnuß, ⸚sse** peanut
das **Erdöl, -e** petroleum
das **Ereignis, -se** event, happening
ererben to inherit
erfahren* to experience, find out
die **Erfahrung, -en** experience
erfinden* to invent
der **Erfinder, -** inventor
erfinderisch inventive, ingenious
die **Erfindung, -en** invention
der **Erfolg, -e** success
erfolgen (ist) to result, follow, take place
erfolgreich successful
erforschen to explore
erfreulich delightful, gratifying
erfüllen to fulfill
die **Erfüllung, -en** fulfillment
ergänzen to supplement, add to
sich **ergeben*** to result in, evolve
sich **ergießen*** to gush, overflow
ergreifen* to seize, grasp, to take up
ergreifend moving
ergründen to explore
erhalten* to get, receive; to preserve, keep
die **Erhaltung** preservation
erheben* to lift
erhitzen to heat up
sich **erhoffen** to hope for, expect, anticipate
sich **erholen** to recuperate, recover, relax
die **Erholung** recuperation, relaxation, vacation, recreation
erinnern (an + *acc.***)** to remind of; **sich ~ (an +** *acc.***)** to remember
die **Erinnerung, -en** remembrance, memory; reminder
erkennen* to recognize, realize; **zu ~ geben*** to show, make known
die **Erkenntnis** realization, knowledg, understanding
erklären to explain, declare
die **Erklärung, -en** explanation
erlassen* to release, exempt
erlauben to allow, permit
die **Erlaubnis, -se** permission, permit
erleben to experience, live through

das **Erlebnis, -se** experience
erlernen to learn
die **Ermahnung, -en** reprimand; reminder
ermöglichen to make possible, allow
ermorden to murder
ernähren to feed, support
die **Ernährung** food; nutrition
ernst serious
der **Ernstfall, ⸚e** emergency; **im ~** in case of an emergency
ernsthaft serious
ernstlich serious
die **Ernte, -n** harvest
das **Erntedankfest** harvest thanksgiving
erobern to conquer
erotisch erotic
die **Erpressung, -en** extortion
erraten (errät), erriet, erraten to guess
die **Erregung, -en** upset, commotion, excitement
erreichen to reach, attain, achieve
der **Ersatz** substitute, replacement
erscheinen* (ist) to appear
die **Erscheinung, -en** appearance
erschießen* to kill (by shooting)
erschrecken to shock, frighten s.o.
erschrecken (erschrickt), erschrak, ist erschrocken to be shocked, frightened
ersetzen to replace, reimburse
erst (at) first, first of all; **~ wenn** only when
erstens first (of all)
erstaunen (ist) to be amazed
das **Erstaunen** amazement
ersticken (ist) to suffocate
ertrinken* (ist) to drown
der **Ertrunkene, -n, -n (ein Ertrunkener)** drowned person
erwachsen grown up, adult
der **Erwachsene, -n, -n (ein Erwachsener)** adult
erwähnen to mention
erwarten to await, expect
die **Erwartung, -en** expectation
erwecken zu to awaken, rouse
sich **erweisen* als** to prove or turn out to be
erwerben* to earn, gain, acquire
erwidern to reply
erwünscht desired, wanted
erzählen to tell
der **Erzähler, -** narrator
die **Erzählung, -en** narration; narrative, tale, story
erziehen* to raise, bring up, train, educate
der **Erzieher, -** educator
die **Erziehung** education, upbringing
der **Esel, -** ass, donkey; **ein dummer ~** fool, jackass
essen (ißt), aß, gegessen to eat
das **Essen** food
das **Eßzimmer, -** dining room
die **Etage, -n** floor (story) of a building
etwa about, approximately
etwas something; a little bit; **noch ~** s.th. else
der **Europäer, -** European (person)
europäisch European
(das) **Europa** Europe
die **EWG = Europäische Wirtschaftsgemeinschaft** European Common Market
ewig eternal
das **Examen, - (*pl.* also Examina)** exam; **ein ~ machen** to take an exam
die **Existenz** existence
existieren to exist
exmatrikulieren to leave the university, drop out
der **Experte, -n, -n** expert
explodieren to explode
die **Explosion, -en** explosion
der **Export, -e** export
exportieren to export
expressionistisch expressionist

die **Fabrik, -en** factory
das **Fach, ⸚er** subject; field; compartment
die **Fachhochschule, -n** specialized university
fachmäßig expert, specialist
die **Fachschule, -n** type of continuing education, grades 12–13, following the **Realschule**
das **Fachwerkhaus, ⸚er** half-timbered house
der **Faden, ⸚** thread; **den ~ verlieren** to lose track of the main idea
fähig able, capable (of)
die **Fähigkeit, -en** ability, capability
das **Fähnchen, -** banner
fahren (fährt), fuhr, ist gefahren (mit) to drive, ride or go (by), travel (by); **aus der Haut ~** to lose one's temper
der **Fahrer, -** driver
der **Fahrgast, ⸚e** passenger (in a train, car . . .)
die **Fahrkarte, -n** ticket (for a train . . .); **die Rück~** return ticket
fahrlässig negligent
der **Fahrplan, ⸚e** (train . . .) schedule
das **Fahrrad, ⸚er** bicycle
der **Fahrschein, -e** ticket; **einen ~ lösen** to buy a ticket
die **Fahrt, -en** drive, ride, trip
der **Faktor, -en** fact; agent
die **Fakultät, -en** faculty; subject area
der **Fall, ⸚e** fall, case; **im ~e** in case of
fallen (fällt), fiel, ist gefallen to fall
falls in case, if
falsch false, wrong; **~ wie eine Schlange** malicious; with a wicked tongue
die **Familie, -n** family
der **Fanatiker, -** fanatic
fanatisch fanatic(al)
fangen (fängt), fing, gefangen to catch
die **Farbe, -n** color
färben to color, dye
der **Farbstoff, -e** color, coloring agent
das **Faß, ⸚sser** barrel
fassen to grab
fast almost

die **Faszination** fascination
faszinierend fascinating
fasziniert fascinated
faul lazy, rotten; **ein ~er Hund** a lazy bum; **sich auf die ~e Haut legen** to be lazy, relax
faulenzen to be lazy
der **Faulenzer, -** lazy person
die **Faustkeil, -e** flint (weapon or tool), wedge
der **Federball, ⸚e** badminton (ball)
die **Fee, -n** fairy
fehlen to be missing; **~ an** *(+ acc.)* to lack, be lacking
der **Fehler, -** mistake, fault
der **Fehltritt, -e** false step; fault
die **Feier, -n** celebration
feierlich festive, solemn
feiern to celebrate
der **Feiertag, -e** holiday
feige cowardly
der **Feigenbaum, ⸚e** figtree
fein fine, polite, distinguished
der **Feind, -e** enemy
die **Feindschaft, -en** hostility
das **Feld, -er** field
das **Fell, -e** skin, fur; **ein dickes ~ haben*** to be thick-skinned
der **Felsen, -** cliff, rock
das **Felsenmeer** lots of cliffs
das **Fenster, -** window
die **Ferien** *(pl.)* vacation
fern far (away), remote
fern·sehen* to watch TV
das **Fernsehen** television
der **Fernseher, -** TV set
der **Fernunterricht** correspondence course
fertig ready, finished; **~ werden* mit** to manage or deal with
das **Fertiggericht, -e** TV-dinner
die **Fertigkeit, -en** skill
fest fixed; solid, strong, firm
das **Fest, -e** festival; celebration
fest·halten* to hold (on to)
fest·legen to document, establish
fest·nehmen* to arrest
fest·stellen to notice, find out; to state

fett fat; greasy
das **Fett** fat; grease
fetten to grease
feucht moist, wet
das **Feuchtgebiet, -e** wet land
feudal fancy, elegant
das **Feuer, -** fire
der **Feuerwehrmann, -leute** fireman
das **Feuerwerk, -e** firework
die **Fichte, -n** spruce
das **Fieber** fever
fies awful, repulsive
die **Figur, -en** figure
der **Film, -e** film, movie
filmen to film
der **Filter, -** filter
finanziell financial
finanzieren to finance
die **Finanzierung** financing
finanzschwach low-income
finden, fand, gefunden to find; think of; **Wie findest du . . .?** What do you think of . . .? How do you like . . .?; **Das finde ich auch.** I think so, too.
der **Finger, -** finger
der **Fink, -en** finch
finster dark, gloomy
die **Finsternis** darkness
die **Firma, Firmen** firm, company
der **Fisch, -e** fish; Pisces (sign of the zodiac); **ein kalter ~** cold person
fischen to fish
fit fit, in shape
flach flat, shallow; plain
die **Fläche, -n** plain surface, area
flackernd flickering
die **Flagge, -n** flag
die **Flamme, -n** flame
die **Flasche, -n** bottle; **eine ~** a bottle of
flattern to dangle, wave, flutter
der **Fleck, -en** spot
flehen to beg, beseech
das **Fleisch** meat
der **Fleischer, -** butcher
die **Fleischerei, -en** butcher shop
der **Fleiß** diligence
fleißig diligent, industrious; **~ wie eine Biene** very industrious
fleucht = fliegt flies

flexibel flexible
die **Flexibilität** flexibility
die **Fliege, -n** fly; **matt wie eine ~** totally exhausted
fliegen, flog, ist geflogen (mit) to fly (by)
fliehen, floh, ist geflohen to flee, escape
das **Fließband, ⸚er** assembly line
fließen, floß, ist geflossen to flow
fließend fluent; running (water)
die **Flitterwochen** *(pl.)* honeymoon
der **Floh, ⸚e** flea; **wie ein Sack voller Flöhe** restless, hyper
die **Flöte, -n** flute
flott fast
der **Fluch, ⸚e** curse
fluchen to curse
die **Flucht** escape
flüchten (ist) to escape
der **Flüchtling, -e** refugee
der **Flug, ⸚e** flight
der **Flughafen, ⸚** airport
das **Flugzeug, -e** airplane
der **Flur, -e** hallway, entry
der **Fluß, ⸚sse** river
flüstern to whisper
die **Flut** deep water, high tide; **bei ~** at high tide
die **Folge, -n** consequence, result
folgen (ist) to follow
fördern to promote, further
fordern to demand
die **Forderung, -en** demand
die **Form, -en** shape
die **Formalität, -en** formality
die **Formel, -n** formula, rule
formell formal
formen to shape
förmlich formal, ceremonious
formulieren to formulate
forschen (nach) to search (for); investigate
die **Forschung, -en** research; investigation
fort away; **in einem ~** continuously, on and on
fort·fahren* (ist) to continue; to drive away
fortgeschritten advanced
der **Fortschritt, -e** progress
fort·setzen to continue

das **Foto, -s** photo(graph)
der **Fotograph, -en, -en** photographer
fotographieren to take pictures
der **Frack, -s** tailcoat
die **Frage, -n** question; **eine ~ stellen** to ask a question
fragen nach to ask for
(das) **Frankreich** France
der **Franzose, -n, -n** Frenchman
die **Französin, -nen** French woman
französisch French; **auf ~** in French; **(das) Französisch** the French language
die **Frau, -en** woman; wife; Mrs., Ms.
das **Fräulein, -** young lady, Miss; waitress
frei free; available, vacant
die **Freiheit** freedom, liberty
frei·sprechen* to acquit
der **Freitag** Friday
freiwillig voluntary
der **Freiwillige, -n, -n (ein Freiwilliger)** volunteer
die **Freizeit** leisure time
fremd foreign; unaccustomed, strange
der **Fremde, -n, -n (ein Fremder)** stranger
der **Fremdkörper, -** foreign body
der **Freßsack, ⸚e** glutton
die **Freude, -n** joy
sich **freuen** to be happy; **sich ~ auf** *(+ acc.)* to look forward to; **sich ~ über** *(+ acc.)* to be glad about; **Es freut mich, daß . . .** I'm pleased that . . .
der **Freund, -e** friend
die **Freundin, -nen** girlfriend
freundlich friendly
die **Freunschaft, -en** friendship
der **Frieden** peace
friedlich peaceful
die **Frigidität** frigidity
frisch fresh
der **Frischhaltebeutel, -** plastic bag (for food)
der **Friseur, -e** hairdresser, barber
die **Friseuse, -n** hairdresser, beautician
froh glad, happy
fröhlich cheerful, merry
die **Fröhlichkeit** joyfulness, cheerfulness
der **Frosch, ⸚e** frog
der **Frost** frost
die **Frucht, ⸚e** fruit
früh early
früher former(ly); **wie ~** as before
das **Frühjahr, -e** spring
der **Frühling** spring; **im ~** in spring
das **Frühstück** breakfast
frühstücken to eat breakfast
der **Fuchs, ⸚e** fox; **ein schlauer ~** cunning, false or sly person
sich **fügen** to obey
fühlen to feel; **Ich fühle mich (nicht) wohl.** I (don't) feel well.
führen to lead
der **Führerschein, -e** driver's license
die **Fülle** affluence, plenty
füllen to fill
funken to transmit
die **Funktion, -en** function
funktionieren to function
die **Furcht** fear
furchtbar awful, terrible; **~ gern** loves to
fürchten to fear; **sich ~ vor** to be afraid of
fürchterlich awful, terrible
furchtsam fearful
der **Fürst, -en** prince
der **Fuß, ⸚e** foot; **zu ~ gehen*** to walk; **auf großem ~ leben** to live in grand style
der **Fußball, ⸚e** soccer; soccerball
der **Fußballer, -** soccer player; football player
der **Fußboden, ⸚** floor
der **Fußgänger, -** pedestrian
der **Fußgängerüberweg, -e** pedestrian crossing
der **Fußgängerweg, -e** sidewalk
die **Fußgängerzone, -n** pedestrian area
futsch gone
füttern to feed
die **Gabe, -n** gift; talent
die **Gabel, -n** fork
die **Galerie, -n** gallery
der **Gang, ⸚e** hallway; **in ~ kommen*** to get going
die **Gans, ⸚e** goose; **eine dumme ~** silly girl
ganz whole, entire
die **Garage, -n** garage
die **Garantie, -n** guaranty, warranty
garantieren to guarantee
garstig nasty; **ein ~er Besen** a bitch
der **Garten, ⸚** garden
der **Gärtner, -** gardener
das **Gas, -e** gas; **~ geben*** to speed up
der **Gast, ⸚e** guest
der **Gastarbeiter, -** foreign worker
das **Gebäude, -** building
geben (gibt), gab, gegeben to give; **es gibt** there is, there are; **Das gibt's doch nicht!** You don't say!
das **Gebiet, -e** area, region; field (of study)
gebildet educated, learned
das **Gebirge, -** mountain range, mountainous region
geboren (ist) born; **~ werden*** to be born
das **Gebot, -e** order, command; commandment
gebrannt burnt
gebrauchen to use
gebraucht used
gebunden tied down
die **Geburt, -en** birth
die **Geburtenkontrolle** birth control
die **Geburtenrate** birth rate
der **Geburtstag, -e** birthday
das **Gebüsch** bushes, underwood
das **Gedächtnis** memory
gedämpft muffled
der **Gedanke, -n** thought, idea
das **Gedicht, -e** poem
das **Gedröhn** roar
die **Geduld** patience
geduldig patient
die **Gefahr, -en** danger
gefährden to endanger
gefährlich dangerous
gefallen (gefällt), gefiel,

gefallen to like, be pleasing; **Es gefällt mir (nicht).** I (don't) like it.
das **Gefängnis, -se** prison
das **Gefrage und Gerede** chitchat
das **Gefühl, -e** feeling
gefühllos insensible, cold, heartless; numb
die **Gegend, -en** area, region
der **Gegensatz, ⸚e** contrast, opposite; **im ~ zu** in contrast to
die **Gegenseite, -n** opposite side, opposition
gegenseitig each other, mutual
die **Gegenseitigkeit** reciprocity; **Das beruht auf ~.** That's mutual.
das **Gegenteil, -e** opposite, contrary; **im ~** on the contrary
gegenüber across, towards
die **Gegenwart** present time or tense; presence
gegenwärtig present(ly), at the moment
das **Gehalt, ⸚er** income
gehäuft heaped
das **Gehege, -** enclosure; preserve
geheim secret
das **Geheimnis, -se** mystery, secret
geheimnisvoll mysterious
gehen, ging, ist gegangen to go; **Es geht mir gut.** I'm fine; **So geht's!** That's the way it goes; **Wie geht's weiter?** How does it go on? **es geht um . . .** it's a matter of
gehorchen to obey
gehören (zu) to belong to
die **Geige, -n** violin, fiddle; **die erste ~ spielen** to take the lead
der **Geist, -er** ghost
der **Geist** soul, mind, spirit
geistig mental, intellectual
der **Geiz** greed, avarice
geizig stingy, greedy
das **Gekrächze** croaking
das **Gelände, -** area
das **Geländer, -** railing, handrail
gelangweilt bored
gelb yellow
das **Geld** money; **in ~ schwimmen*** to be very rich
geldlich moneywise, financially
der **Geldschaden, ⸚** financial loss
die **Gelegenheit, -en** opportunity, chance
der **Gelehrte, -n, -n (ein Gelehrter)** scholar
geleiten to accompany
der **Geliebte, -n, -n (ein Geliebter)** lover
gelingen, gelang, ist gelungen to succeed
gelten (gilt), galt, ge- gegolten (als/für) to be meant (as/for), apply to, be valid
die **Geltung** validity, value, importance
gemahlen ground
das **Gemälde, -** painting
gemäß according to
gemein mean
gemeinsam together; (in) common
die **Gemeinschaft, -en** mutual participation in a group; club, community
der **Gemeinschaftsraum, ⸚e** community or recreation room
der **Gemeinsinn** public or common spirit, solidarity
das **Gemisch** mixture
gemischt mixed
das **Gemüse** vegetable(s)
das **Gemüt** mind, disposition
gemütlich cozy, comfortable
die **Gemütlichkeit** coziness, comfort
genau exact(ly), thorough; **genau(so) wie** just like; as . . . as
der **Gendarm, -e** policeman
die **Generation, -en** generation
generell general
generisch generic
generös generous
genial ingenious, gifted
genießen, genoß, genossen to enjoy
genug enough
genügen to suffice, be enough
die **Geographie** geography
geographisch geographical
der **Geologe, -n, -n** geologist
die **Geologie** geology
das **Gepäck** baggage, luggage
gerade straight; right now; **~ als** just when
geradeaus straight ahead
geraten, geriet, ist geraten to turn out
das **Geräusch, -e** noise, sound
gerecht just, fair; **jemand ~ werden*** to do justice to, satisfy
die **Gerechtigkeit** justice
das **Gerede** talk, chatting
das **Gericht, -e** course, meal; court (of justice)
gering little, small, scarce; **~er** less
gesamt total, entire, whole
die **Gesamtschule, -n** type of secondary school, grades 5–13, a mixture of **Hauptschule, Realschule** and **Gymnasium**
das **Geschäft, -e** store; business
der **Geschäftebummel** window shopping, browsing
die **Geschäftsfrau, -en** businesswoman
der **Geschäftsmann, -leute** businessman
geschehen (geschieht), geschah, ist geschehen to happen, occur
das **Geschenk, -e** present, gift
die **Geschichte** history
die **Geschichte, -n** story
geschieden divorced, separated
das **Geschirr** dishes
das **Geschlecht, -er** gender; sex; kind; generation
geschlossen closed
der **Geschmack, ⸚er** taste
geschmacklos tasteless
geschmackvoll tasteful, tasty
geschwind quickly, fast
die **Geschwindigkeit, -en** speed
die **Geschwister** *(pl.)* siblings, brother(s) and sister(s)
die **Geselligkeit** social life, sociability

die **Gesellschaft, -en** society; company, corporation
gesellschaftlich social
das **Gesetz, -e** law
gesetzlich legal
das **Gesicht, -er** face; **ein langes ~ machen** to look disappointed
die **Gesinnung, -en** attitude, disposition
das **Gespenst, -er** ghost
gespenstisch ghostly
das **Gespött** mockery
das **Gespräch, -e** conversation
die **Gestalt, -en** figure
gestalten to use, shape, arrange, design
die **Gestaltung** use of, shaping, formation
der **Gestank** stink, bad smell
gestatten to allow, permit
das **Gestein, -e** rocks
gestern yesterday
gestorben (ist) died
das **Gestricke = das Gestrickte** knit work
gesund (ü) healthy
die **Gesundheit** health
das **Getön** sound
das **Getränk, -e** beverage, drink
das **Getreide** corn, grain
getrennt separate
die **Gewalt, -en** power, force, violence
die **Gewaltherrschaft, -en** dictatorship, despotism
gewaltig mighty, enormous
gewaltsam by force
das **Gewehr, -e** rifle
der **Gewinn** gain
gewinnen to win, gain
gewiß certain, sure
das **Gewissen** conscience
das **Gewitter, -** thunderstorm
sich **gewöhnen an** *(+ acc.)* to get used to; **gewöhnt sein* an** to be used to
gewöhnlich usual(ly)
das **Gewürz, -e** spice
gezeugt conceived
geziert affected
das **Gift, -e** poison
giftig poisonous, venomous
der **Gigant, -en, -en** giant
gigantisch gigantic
die **Gitarre, -n** guitar
der **Gladiator, -en** gladiator
der **Glanz** splendor, glamour, distinction
glänzend shiny
das **Glas, ¨er** glass; **ein ~** a glass of
glasiert glazed
glatt slick, slippery; smooth, even
die **Glätte** slipperiness
der **Glaube, -n, -n** belief, faith
glauben (an + *acc.*) to believe (in); think; **Ich glaube schon.** I think so.
gleich equal, the same; right away
gleichberechtigt with equal rights
die **Gleichberechtigung** having equal rights, equal status
gleichen, glich, geglichen to resemble, be like
gleichermaßen likewise, equally
das **Gleichgewicht** equilibrium, balance
gleichgültig indifferent, unconcerned
die **Gleichgültigkeit** indifference, unconcern
die **Gleichheit** equality
das **Gleis, -e** track
glitzern to glitter, sparkle
die **Glocke, -n** bell
das **Glück** luck, fortune, happiness; **~ haben*** to be lucky; **zum ~** luckily
glücklich happy
der **Glückspilz, -e** lucky person
glühen to glow, shine
der **Glühwein** mulled wine
sich **gönnen** to give, allow (o.s.), grant
der **Gott (, ¨er)** God; **~ sei Dank!** Thank God!
das **Grab, ¨er** grave
graben (gräbt), grub, gegraben to dig
der **Grad, -e** degree
die **Grammatik** grammar
grammatisch grammatical
die **Grapefruit, -s** grapefruit
der **Graphiker, -** commercial artist, illustrator
der **Graphologe, -n, -n** handwriting expert
die **Graphologie** study of handwriting
das **Gras** grass
das **Gras, ¨er** blade of grass
grasen to graze
gratulieren to congratulate
greifen, griff, gegriffen (zu) to grasp, reach for
die **Grenze, -n** border, frontier; limit
der **Grieche, -n, -n** Greek (person)
(das) **Griechenland** Greece
griechisch Greek; **auf ~** in Greek; **(das) Griechisch** the Greek language
die **Grille, -n** cricket; **~n im Kopf haben*** to be full of (crazy) ideas
grillen to grill
grimmig grim, fierce
der **Grips** brain, intelligence
groß (ö) big, large
die **Größe** size
die **Großmutter, ¨** grandmother
großzügig generous
der **Großvater, ¨** grandfather
grün green
der **Grund, ¨e** reason; **auf ~ von** on the basis of; **im ~e** basically; **aus dem ~e** that's why
gründen to form, found, establish
das **Grundgesetz, -e** basic law
die **Grundlage, -n** basis
gründlich thorough(ly)
der **Grundsatz, ¨e** principle, guideline
grundsätzlich principal, basic
die **Grundschule, -n** primary school, grades 1–4
die **Grundstimmung** basic mood
die **Gründung, -en** founding
die **Gruppe, -n** group
gucken to look, peek
gültig valid
die **Gurke, -n** cucumber
der **Guß, ¨sse** downpour
gut (besser, am besten) good; well; **Schon ~!** OK!; **Das ist alles ganz**

schön und ~. That's all fine and dandy.
die **Güter** *(pl.)* goods
das **Gutachten, -** expert opinion
die **Güte** goodness
gutmütig good-natured
der **Gutschein, -e** coupon
das **Gymnasium, -ien** one type of secondary school with strong academic orientation, grades 5–13, leading to university
die **Gymnastik** gymnastics

das **Haar, -e** hair
haben (hat), hatte, gehabt to have
hacken to pick
das **Hackfleisch** ground beef
der **Hafen, ¨** port
die **Haferflocken** *(pl.)* oatmeal
der **Hagel** hail
hageln to hail
der **Hahn, ¨e** cock, rooster; **beim ersten ~enschrei** very early in the morning
die **Halbinsel, -n** peninsula
die **Hälfte, -n** half (of)
der **Halm, -e** stalk, stem
das **Hals, ¨e** neck; **sich etwas vom ~e halten*** to avoid s.th.
halsbrecherisch neck-breaking, dangerous, perilous
der **Halt** support
halten (hält), hielt, gehalten to hold, keep; **~ von** to think of
die **Haltestelle, -n** (bus . . .) stop
die **Hammelherde, -n** herd of sheep, i.e. a crowd
die **Hand, ¨e** hand; **von der ~ in den Mund leben** to live on a shoestring; **in die Hände arbeiten** to help
die **Handarbeit** needlework
der **Händedruck** handshake
der **Handel** trade; dealing
handeln (von) to deal, act; **sich ~ um** to deal with, be a matter of
der **Händler, -** merchant; dealer
die **Handschrift, -en** handwriting
die **Handtasche, -n** handbag, purse
das **Handwerk** handicraft, trade
hängen to hang (up)
hängen, hing, gehangen to hang, be hanging
die **Harmonie** harmony
harmonisch harmonious
hart (ä) hard, tough
die **Haselnuß, ¨sse** hazelnut
der **Haß** hatred
hassen to hate; **sich ~** to hate each other
häßlich ugly; **ein ~es Entchen** ugly duckling
die **Haube, -n** bonnet, hood; **unter die ~ kommen*** to get married
der **Haufen, -** pile; **über den ~ werfen*** to discard, turn upside down
häufen to pile up
häufig frequent(ly), often
das **Haupt, ¨er** head
das **Hauptfach, ¨er** main subject; major
das **Hauptgericht, -e** main course of a meal
die **Hauptsache, -n** main thing
hauptsächlich mainly
die **Hauptschule, -n** one type of secondary school, grades 5–9 (or 10), leading to the **Berufsschule**
die **Hauptstadt, ¨e** capital
das **Hauptwort, ¨er** noun
das **Haus, ¨er** house; **nach ~e** (toward) home; **zu ~e** at home
die **Hausaufgabe, -n** homework
der **Hausdrache, -n, -n** shrew
die **Hausfrau, -en** housewife
der **Haushalt, -e** household
der **Hausmann, ¨er** houseman
der **Hausplan, ¨** floorplan
das **Haustier, -e** pet
die **Haut, ¨e** skin; **aus der ~ fahren*** to get mad; **sich auf die faule ~ legen** to be lazy, relax; **mit ~ und Haaren** totally
heben, hob, gehoben to lift, raise
das **Heft, -e** booklet, notebook
heftig fierce, vigorous, intense
die **Heide** heath
das **Heidekraut** heather
die **Heidelbeere, -n** huckleberry, blueberry
heidnisch pagan
heilbar curable
heilen to heal
heilig holy
der **Heiligabend** Christmas Eve
das **Heilmittel, -** remedy
das **Heim, -e** home; institution
die **Heimat** home(land), native country
heimlich secretly
das **Heimweh** homesickness; **~ haben*** to be homesick
die **Heirat, -en** marriage
heiraten to marry, get married to
das **Heiratsvermittlungsbüro, -s** marriage agency
heiser hoarse
heiß hot
heißen, hieß, geheißen to be called or named; **das heißt (d.h.)** that is (to say); **es heißt** they say
heizen to heat
die **Heizung, -en** heating (system)
der **Hektar (ha)** hectare (= 2.471 acres; 1 sq. mile = 259 ha)
die **Hektik** hectic state
hektisch hectic
der **Held, -en** hero
helfen, half, geholfen to help
hell light, bright
der **Hellseher, -** clairvoyant
hellsichtig clairvoyant
das **Hemd, -en** shirt
die **Hemisphäre** hemisphere
der **Henkel, -** handle
herab down
herauf·beschwören to bring on, conjure up
heraus·finden* to find out
der **Herbst** autumn, fall; **im ~** in fall

der **Herd, -e** stove
die **Herde, -n** herd
der **Hering, -e** herring
die **Herkunft, ¨e** origin
der **Herr, -n, -en** gentleman, Mr.; master, boss
herrlich beautiful, gorgeous, wonderful
herrschen to rule; to exist
der **Herrscher, -** ruler
herrschsüchtig power-mad; tyrannical
her·stellen to manufacture
sich **herüber·neigen** to lean over
herum·bummeln to bum around, waste time
herum·chauffieren to chauffeur around
herum·liegen* to lie around
herum·schmeißen* to throw around
herum·stehen* to stand around
sich **herum·treiben*** to bum around, loiter
das **Herz, -en** heart; **sich ein ~ fassen** to take heart, dare, get courageous
herzlich hearty, best; cordial
hetzen to rush
heulen to howl, roar, cry
heute today
heutig- today's; present, of today
die **Hexe, -n** witch
die **Hexerei** witchcraft
hier here
hierzu for that
die **Hilfe** help, aid
hilfreich helpful
hilfsbereit helpful, cooperative
der **Himmel** sky, heaven; **Um ~s willen!** For heaven's sake!
hinauf up
hinauf·stürzen (ist) to rush up
hinaus·fliegen* to get fired
hinaus·treten* (ist) step out into
hindern to hinder
das **Hindernis, -se** hindrance, hurdle

hinein·tauchen to dip into
hinfort henceforth, from now on
hin·nehmen* to accept
hinten in the back or rear; **von ~ her** from behind
der **Hintergrund, ¨e** background
hinterlassen* to leave (behind)
hin und her back and forth
hinunter·rinnen* to run down
hinweg away; **über . . . ~** over . . .
der **Hinweis, -e** hint, explanation, indication
hin·weisen* auf (+ *acc.***)** to show, point to
hinzu in addition
hinzu·fügen (zu) to add (to)
der **Hirsch, -e** stag, (red) deer
historisch historic(al)
die **Hitze** heat
das **Hobby, -s** hobby
hoch (hoh-), (höher, höchst-) high
hochachtungsvoll most respectfully yours
das **Hochhaus, ¨er** highrise building
die **Hochschule, -n** technical, business or teachers' university
die **Hochschulreife** final diploma from the **Gymnasium** (see **Abitur)**
die **Hochzeit, -en** wedding
hocken to squat, crouch, sit
der **Hof, ¨e** court, courtyard; farm
hoffen to hope
hoffentlich hopefully
die **Hoffnung, -en** hope
hoffnungslos hopeless
höflich polite
die **Höflichkeit** politeness
die **Höhe, -n** height, elevation, top; amount (of money)
der **Höhenweg, -e** ridgetop trail
der **Hohn** scorn, disdain
höhnisch sarcastic, insulting

holen to get, go for
die **Hölle** hell
höllisch hellish
das **Holz** wood
hölzern wooden
der **Holzschnitzer, -** woodcarver
der **Honig** honey
das **Hormon, -e** hormone
das **Horn, ¨er** horn
das **Horoskop, -e** horoscope
der **Hörsaal, -säle** lecture room
der **Hort, -e** retreat, refuge
die **Hose, -n** pants, slacks, trousers
das **Hotel, -s** hotel
hübsch pretty
das **Hufeisen, -** horseshoe
der **Hügel, -** hill
hügelig hilly
das **Huhn, ¨er** chicken
das **Hühnchen, -** chicken
die **Hühnerbrühe, -n** chicken broth
der **Humor** sense of humor
der **Hund, -e** dog; **bekannt wie ein bunter ~** known all over; **ein fauler ~** lazy bum
der **Hunger** hunger; **~ haben*** to be hungry
hungern to hunger, be hungry; to fast, starve
die **Hungersnot, ¨e** famine
hungrig hungry
hupen to sound the horn
hüpfen (ist) to hop, jump
der **Hut, ¨e** hat; **unter einen ~ bringen*** to combine, reconcile
sich **hüten** to shun, take care not to do s.th.
der **Hüttenkäse** cottage cheese
die **Hygiene** hygiene
die **Hypothek, -en** mortgage

ideal ideal
das **Ideal, -e** ideal
die **Idee, -n** idea
die **Identität, en** identity
ideologisch ideological
immer always; **~hin** nevertheless
der **Immigrant, -en, -en** immigrant
imperialistisch imperial
der **Import, -e** import

importieren to import
die **Impression, -en** impression
impressionistisch impressionist
improvisieren to improvise
der **Inder, -** Indian (person)
der **Indianer, -** (Red) Indian (person)
individuell individual
das **Individuum, Individuen** individual
die **Industrie** industry
die **Informatik** computer science
die **Information, -en** information
informieren to inform; **sich ~** to get informed
der **Ingenieur, -e** engineer
der **Inhalt** content
injizieren to inject
das **Inland** inland, interior; native country, home
inne·halten* to stop (doing s.th.), pause, hold
innen inside
der **Innenarchitekt, -en, -en** interior designer
inner- inner
innerhalb within
das **Innerste** core
innig intimate
der **Insasse, -n, -n** passenger
insbesondere especially
das **Insekt, -en** insect
die **Insel, -n** island; **Halb~** peninsula
die **Institution, -en** institution
der **Insulaner, -** islander
inszenieren to produce
die **Integration** integration
integrieren to integrate
intelligent intelligent
die **Intelligenz, -en** intelligence, intelligent person
interessant interesting
das **Interesse, -n** interest
sich **interessieren (für)** to be interested (in)
interessiert sein* (an + *dat.***)** to be interested (in)
interpretieren to interpret
das **Interview, -s** interview
interviewen to interview
inwiefern in what way? to what extent?

irgendein(e) any
irgendwie somehow
irgendwo somewhere
irr(e) insane, confused; **~!** Super! Awesome! Crazy!
sich **irren** to err; **Da irrst du dich!** There you're wrong.
irrational irrational
isolieren to isolate
(das) **Italien** Italy
der **Italiener, -** Italian (person)
italienisch Italian

jagen to hunt, chase; **dahin·~(ist)** to race
der **Jäger, -** hunter
das **Jahr, -e** year
jahrein jahraus year after year
jahrelang for years
die **Jahreszeit, -en** season
das **Jahrhundert, -e** century
jährlich yearly, each year
das **Jahrtausend, -e** millennium
das **Jahrzehnt, -e** decade
jammern (über + *acc.***)** to complain (about)
(das) **Japan** Japan
der **Japaner, -** Japanese (person)
Japanisch Japanese; **auf ~** in Japanese; **(das) Japanisch** the Japanese language
jawohl yes, indeed
je each; **~. . . desto** the . . . the; **O ~ ! O ~mine!** Oh no! Good gracious!
jedenfalls in any case
jedoch however, nevertheless
je(mals) ever
jemand someone, anyone, somebody, anybody
jetzig present, now existing, modern
jetzt now
jeweils in each case, respectively
der **Job, -s** job
joggen to jog
der **Joghurt** yogurt
der **Journalist, -en, en** journalist

der **Jubel** cheer(s), jubilation
jüdisch Jewish
die **Jugend** youth
die **Jugendherberge, -n** youth hostel
jugendlich adolescent
der **Jugendliche, -n, -n (ein Jugendlicher)** young person
jung (ü) young
der **Junge, -n, -n** boy
die **Jungfer, -n** maiden; spinster
die **Jungfrau, -en** virgin; Virgo (sign of the zodiac)
der **Junggeselle, -n, -n** bachelor
die **Junggesellin, -nen** unmarried woman
der **Jüngling, -e** young man
(das) **Jura** law; **~ studieren** to study law
der **Jurist, -en, -en** lawyer
juristisch legal
der **Juwelier, -e** jeweler

das **Kabarett, -s** cabaret
das **Kabel, -** cable
die **Kabine, -n** cabin (in a ship or plane)
der **Kaffee, -s** coffee
der **Kakao, -s** hot chocolate, cocoa
der **Kalender, -** calendar
kalt (ä) cold; **ein ~er Fisch** a cold person
die **Kälte** cold
die **Kamera, -s** camera
der **Kamin, -e** fireplace
der **Kampf, ⸚e** fight, struggle, battle; match; **zum ~ an·treten* (ist)** compete (sports)
kämpfen to fight
der **Kanadier, -** Canadian (person)
kanadisch Canadian
der **Kanal, ⸚e** canal, channel
der **Kandidat, -en, -en** candidate
das **Kaninchen, -** rabbit
der **Kanzler, -** chancellor
die **Kapelle, -n** band; chapel
der **Kapitän, -e** captain
die **Kappe, -n** cap
kaputt broken; **zum Kaputtlachen** I'll crack up (laughing)
karg meager, poor

die **Karriere, -n** career
der **Karpfen, -** carp
die **Karte, -n** card; map
die **Kartoffel, -n** potato
der **Kartoffelbrei** mashed potatoes
die **Kartoffelkrokette, -n** hushpuppy, potato fritter
der **Kartoffelpuffer, -** potato pancake
der **Kartoffelsalat** potato salad
das **Karussell, -s** carousel
der **Käse** cheese
die **Kasse, -n** cashier's desk; fund; box office
die **Kassette, -n** cassette
die **Katastrophe, -n** catastrophe
die **Kategorie, -n** category
der **Kater, -** tom cat; **einen ~ haben*** to have a hangover
katholisch Catholic
die **Katze, -n** (female) cat; **die ~ im Sack kaufen** to buy a pig in a poke, to buy s.th. without having seen it
kaufen to buy
der **Käufer, -** shopper
das **Kaufhaus, ¨er** department store
der **Kaufmann, -leute** merchant; businessman
kaum hardly
die **Kegelbahn, -en** bowling alley
kegeln to bowl
die **Kehle, -n** throat
kehren to sweep
keinerlei no
der **Keller, -** basement, cellar
der **Kellner, -** waiter
die **Kellnerin, -nen** waitress
kennen, kannte, gekannt to know (be acquainted with)
kennen·lernen to get to know; meet
die **Kenntnis, -se** knowledge
kennzeichnen to mark, characterize
der **Kerl, -e** guy, fellow
die **Kerze, -n** candle
der **Kessel, -** kettle
die **Kiefer, -n** Scots pine
das **Kind, -er** child
der **Kindergarten, ¨** kindergarten
kinderlieb fond of children
das **Kindermädchen, -** nanny
die **Kindheit** childhood
das **Kinn, -e** chin
das **Kino, -s** movie theater
die **Kirche, -n** church
die **Kirchweih** fair
die **Kirsche, -n** cherry
kitschig inartistic, tacky
kitzeln to tickle
klagen (über + *acc.***)** to complain (about)
der **Kläger, -** accuser, plaintiff
die **Klappe, -n** trap
klar clear; **~!** Sure! Certainly; **Ich bin mir (nicht) im Klaren.** I'm (not) sure; **Es ist mir (nicht ganz) ~.** I'm (not quite) sure.
die **Klarinette, -n** clarinet
klar·stellen to clarify
die **Klasse, -n** class; **~!** First class! Super! Fantastic!
klassisch classical
klatschen to clap, applause
das **Klavier, -e** piano
das **Kleeblatt, ¨er** cloverleaf
das **Kleid, -er** dress
die **Kleidung** clothing
klein little, small
das **Kleingeld** small change
der **Klempner, -** plumber
klettern (ist) to climb
das **Klima** climate
die **Klimaanlage** air conditioning
klingeln to ring the bell
klingen, klang, geklungen to sound, ring
das **Klischee, -s** cliché
klopfen to knock, tap
der **Kloß, ¨e** dumpling
der **Klub, -s** club
klug (ü) smart, intelligent
der **Knabe, -n, -n** boy
der **Knall, -e** explosion
knapp barely, scarcely; close
die **Kneipe, -n** tavern, pub
kneten to knead
das **Knie, -** knee
knirschen to gnash, grind
der **Knochen, -** bone
der **Knödel, -** dumpling
knurren to growl, grumble
der **Koch, ¨e** cook, chef
kochen to cook, boil
die **Köchin, -nen** cook *(fem.)*
der **Kochtopf, ¨e** cooking-pot, saucepan
der **Koffer, -** suitcase
die **Kohle** coal
der **Kollege, -n, -n** colleague
die **Kollegin, -nen** colleague *(fem.)*
die **Kombination, -en** combination
kombinieren to combine
der **Komfort** comfort
kommen, kam, ist gekommen to come; **Wie kommst du darauf?** How do you get that idea? What makes you think so?
der **Kommentar, -e** commentary
der **Kommilitone, -n, -n** fellow student
die **Kommission, -en** commission
die **Kommode, -n** chest of drawers
die **Kommune, -n** commune
der **Kommunist, -en, en** communist
kommunistisch communist
die **Komödie, -n** comedy
die **Komplikation, -en** complication
kompliziert complicated
komponieren to compose
der **Komponist, -en, -en** composer
das **Kompott, -e** stewed fruit
der **Konferenzsaal, -säle** conference room
die **Konfirmation, -en** confirmation *(Prot.)*
der **Konflikt, -e** conflict
die **Konfrontation, -en** confrontation
konfrontieren to confront
der **König, -e** king
die **Königin, -nen** queen
können can, to be able to; **Ich kann nichts dafür.** I can't help it. It's not my fault.
das **Können** know-how, skill
die **Konsequenz, -en** consequence
konservieren to preserve, keep
die **Konservierungsmittel** *(pl.)* preservatives

konstitutionell constitutional
der **Konsum** consumption
der **Konsument, -en, -en** consumer
der **Kontakt, -e** contact
kontaktarm withdrawn, introvert
kontaktfreudig extrovert, outgoing
der **Kontinent, -e** continent
das **Konto, Konten** (bank) account
der **Kontrast, -e** contrast
die **Kontrolle, -n** control
kontrollieren to control, check
konventionell conventional
die **Konzentration** concentration
sich **konzentrieren (auf)** to concentrate (on)
das **Konzert, -e** concert
koordinieren to coordinate
der **Kopf, ⸚e** head; **Grillen im ~ haben*** to be full of (crazy) ideas
der **Kopfhörer, -** headphone
der **Korb, ⸚e** basket
der **Korbball, ⸚e** basketball
der **Körper, -** body
korrigieren to correct
kostbar valuable
die **Kosten** *(pl.)* cost(s), charges
kostenlos free (of charge)
kostspielig expensive
das **Kostüm, -e** costume
der **Krach** noise; fight
der **Kracher, -** firecracker
krächzen to crow
die **Kraft, ⸚e** power, strength, force
das **Kraftwerk, -e** power station
der **Kragen, -** collar
krank (ä) sick; **tod ~** deadly sick
der **Kranke, -n, -n (ein Kranker)** sick person
das **Krankenhaus, ⸚er** hospital
der **Krankenpfleger, -** male nurse
die **Krankenschwester, -n** nurse
die **Krankenversicherung, -en** health insurance
die **Krankheit, -en** sickness
kratzen to scratch
der **Krebs** cancer
der **Krebs, -e** crab; Cancer (sign of the zodiac)
der **Kredit, -e** credit
die **Kreditkarte, -n** credit card
der **Kreis, -e** circle
kreucht = kriecht crawls, creeps
kreuzen to cross
die **Kreuzung, -en** intersection, crossing
kriechen, kroch, ist gekrochen to crawl, creep
der **Krieg, -e** war
der **Krimi, -s** detective story
kriminell criminal
die **Krippe, -n** manger
die **Krise, -n** crisis
die **Kristallkugel, -n** crystal ball
die **Kritik, -en** criticism
der **Kritiker, -** critic
kritisch critical
kritisieren to criticize
die **Krone, -n** crown
krumm crooked
sich **krümmen** to bend, wind; twist
kubisch cubic, cubical
die **Küche, -n** kitchen
der **Kuchen, -** cake
das **Küchenkrepp** paper towel
der **Kuckuck, -s** cuckoo
die **Kugel, -n** ball; bullet
die **Kuh, ⸚e** cow; **eine dumme ~** silly girl
kühl cool
die **Kühle** coolness
der **Kühlschrank, ⸚e** refrigerator
kühn daring, bold
kultiviert well-mannered, refined, knowledgeable
die **Kultur** culture
kulturell cultural
sich **kümmern um** to take care of; **Kümmere dich nicht um ungelegte Eier!** Don't count your chickens before they are hatched.
die **Kunst, ⸚e** art
der **Kunstfehler, -** technical error
der **Künstler, -** artist
künstlerisch artistic(ally)
künstlich artificial
das **Kupfer** copper
die **Kur, -en** cure; treatment at a spa
der **Kurs, -e** course
kurz (ü) short, brief; **~um** in brief
kürzen to shorten
die **Kusine, -n** cousin
der **Kuß, ⸚sse** kiss
die **Küste, -n** coast
die **Kutsche, -n** carriage
der **Kutscher, -** coachman

das **Labor, -s** (or **e**) laboratory
lächeln to smile
lachen to laugh
lächerlich ridiculous
laden (lädt), lud, geladen to load
der **Laden, ⸚** store
die **Lage, -n** location; situation
das **Lager, -** camp
lahm lame; slow; **eine ~e Ente** s.o. very slow
lallen to babble, stammer
die **Lampe, -n** lamp
das **Land, ⸚er** land, country, state; **auf dem ~e** in the country(side)
die **Landebahn, -en** runway, landing strip
landen (ist) to land
die **Landkarte, -n** map
die **Landschaft, -en** landscape, scenery
die **Landung, -en** landing
der **Landwirt, -e** farmer
die **Landwirtschaft** agriculture
landwirtschaftlich agricultural
lang (ä) long
lange long (time); **wie ~?** how long? **schon ~** for a long time; **so ~** as long as
die **Länge, -n** length, duration
langen nach to reach for
die **Langeweile** boredom
langsam slow
längst nicht mehr no longer
sich **langweilen** to be bored
langweilig boring, tedious
der **Lärm** noise
lassen (läßt), ließ, gelassen to let, allow

die **Last, -en** load, burden
lasten (auf + *dat.*) to weigh (on)
das **Laster, -** viciousness, wickedness
das **Latein** the Latin language
lateinisch Latin; **auf ~** in Latin
die **Laterne, -n** lantern
das **Laub** foliage, leaves
lauern to be on the lookout, lie in wait for
laufen (läuft), lief, ist gelaufen to run; walk
der **Läufer, -** runner
die **Laune, -n** mood; **schlechte ~ haben*** to be in a bad mood
laut loud; according to
lauten to sound; to be; to say
lauter mere, nothing but
die **Lawine, -n** avalanche
leben to live
das **Leben** life
lebendig alive
die **Lebensmittel** *(pl.)* food; groceries
der **Lebensstandard** standard of living
der **Lebensstil, -e** life style
die **Lebensweise, -n** way of living
lebenswert worth living
die **Leber** liver
lebhaft lively
der **Lebkuchen** gingerbread
die **Lederhose, -n** leather pants
ledig single; free, exempt from
leer empty
leeren to empty
legen to put, place
legitim legitimate
die **Lehne, -n** arm or back (of a chair)
sich **lehnen an** to lean (on)
die **Lehre, -n** lesson; apprenticeship
lehren to teach
der **Lehrer, -** teacher
der **Leib, -er** body
leicht easy, light
die **Leichtathletik** athletics
die **Leichtigkeit** ease
leichtsinnig negligent, careless
das **Leid, -en** suffering; **jemand etwas zu~e tun** to hurt s.o.
leid: Das tut mir (aber) ~. I'm (really) sorry; **etwas ~ sein*** to be sick and tired of s.th.
leiden, litt, gelitten to suffer
die **Leidenschaft, -en** passion
leider unfortunately
leihen, lieh, geliehen to borrow, lend, loan
das **Leihhaus, ¨er** pawnshop
leise quietly, softly
sich **leisten** to afford s.th.; to achieve
die **Leistung, -en** achievement, performance
leiten to guide, lead; **sich ~ lassen* (von)** to be guided (by)
die **Leitung, -en** cable, circuit; **eine lange ~ haben*** to be slow in understanding
lenken to steer, direct, manipulate
lernen to learn, study
lesen (liest), las, gelesen to read
letzt- last
leuchten to burn; to shine, lighten
der **Leuchtturm, ¨e** lighthouse
die **Leute** *(pl.)* people
das **Lexikon, -s** dictionary; encyclopaedia
das **Licht, -er** light
lieb dear; **kinder~** fond of children; **tier~** fond of animals
die **Liebe** love
lieben to love; **sich ~** to love each other
liebenswert worth loving
liebenswürdig kind, charming, pleasant, amiable
lieber rather
der **Liebeskummer** lovesickness, lover's grief
die **Liebkosung, -en** embrace, hug
der **Liebling, -e** darling; favorite
das **Lieblingsfach, ¨er** favorite subject
das **Lied, -er** song
die **Liedwendung, -en** variation, modulation
liefern to supply
liegen, lag, gelegen to lie, be (located); **Das liegt daran, daß . . .** That's because . . .
der **Likör, -e** brandy
lila purple
die **Limonade, -n** lemonade
die **Linie, -n** line; **in erster ~** first of all
die **Lippe, -n** lip
die **List** trick(ery), cunning, pretense
die **Liste, -n** list
literarisch literary
die **Literatur** literature
loben to praise
das **Loch, ¨er** hole
locken to lure
locker loose, lax
sich **lockern** to loosen up, relax
der **Löffel, -** spoon; **ein ~** a spoon of; **Eß~** tablespoon; **Tee~** teaspoon
die **Logik** logic
logisch logical
sich **lohnen** to be worthwhile
lokal local
die **Lokomotive, -n** locomotive
der **Lokomotivführer, -** locomotive engineer
lösen to loosen up, separate; solve
los·gehen* to start
los·lassen* to let go (of)
los sein*: Was ist los? What's the matter?
los werden* to get rid of
die **Lösung, -en** solution
die **Lotterie, -n** lottery
der **Löwe, -n** lion; Leo (sign of the zodiac)
die **Luft, ¨e** air; **~ holen** to breathe
die **Luftbrücke, -n** airlift
die **Luftwaffe** airforce
die **Lüge, -n** lie; **die Not~** made up excuse
lügen to lie
lukrativ lucrative
der **Lump, -en** rascal, scoundrel
die **Lust** urge, desire; **~ haben*, etwas zu tun** to feel like doing s.th.

lustig funny, cheerful; **ein ~er Vogel** fun person; **sich ~ machen über** *(+ acc.)* to make fun of
der **Luxus** luxury

machen to make, do; **Das macht nichts.** That doesn't matter; **Was macht das (schon)?** What does that matter?
die **Macht, ¨e** power, force, might
die **Machtgier** lust for power
mächtig powerful, mighty, immense
das **Mädchen, -** girl
der **Magen, ¨** stomach
mager meager
magisch magic(al)
der **Magistergrad, -e** M.A.
mähen to mow, cut
die **Mahlzeit, -en** meal
der **Mais** corn
die **Majestät, -en** majesty
der **Makler, -** real estate agent
das **Mal, -e** time; **das erste ~** the first time; **das letzte ~** the last time
malen to paint, draw
der **Maler, -** painter
die **Malerei** painting
der **Manager, -** manager
manchmal sometimes
die **Mandel, -n** almond
der **Mangel, ¨ (an +** *dat.***)** lack (of)
mangelhaft lacking
mangeln (an + *acc.***)** to lack
der **Mann, ¨er** man; husband; **~ o ~!** Oh man! Oh boy!
männlich male, masculine
die **Mannschaft, -en** team
der **Mantel, ¨** coat
das **Märchen, -** fairytale
die **Margarine** margarine
die **Marine** marine
die **Mark (DM)** (German) mark
die **Markierung, -en** marking
der **Markt, ¨e** market
die **Marmelade, -n** marmelade, jam
marschieren (ist) to march

die **Maschine, -n** machine
der **Maschinenbau** mechanical engineering
das **Maschinenschreiben** typing
die **Maske, -n** mask
der **Maskenball, ¨e** masquerade ball
das **Maß, -e** measure; degree, extent
die **Masse, -n** mass; crowd
massenweise en masse, in large numbers
die **Maßnahme, -n** measure
der **Masten, -** pole
der **Materialismus** materialism
materialistisch materialistic
die **Mathematik** mathematics
der **Mathematiker, -** mathematician
mathematisch mathematical
matrikulieren to matriculate, to register (at the university)
matt dim, weak, exhausted; **~ wie eine Fliege** totally exhausted
die **Mauer, -n** wall
der **Maurer, -** bricklayer
die **Maus, ¨e** mouse
die **Mechanik** mechanics
der **Mechaniker, -** mechanic
der **Mechanismus, Mechanismen** mechanism
die **Medaille, -n** medal
die **Medien** *(pl.)* media
das **Medikament, -e** medicine, medication
die **Medizin** medicine
medizinisch medical
das **Meer, -e** ocean, sea
das **Mehl** flour
mehrmals several times, more than once
die **Mehrzahl** majority
meiden, mied, gemieden to shun, flee from
meinen to mean, think, say; **Wie meinst du das?** What do you mean?
die **Meinung, -en** opinion; **meiner ~ nach** in my opinion; **Da bin ich ganz deiner ~.** There I agree; **Da bin ich ganz anderer ~.** There I don't agree.
meistens mostly
der **Meister, -** master, chief, leader
die **Melodie, -n** melody
melodisch melodious
die **Melone, -n** melon
die **Menge, -n** crowd; amount, quantity
der **Mensch, -en, -en** human being, person; people; **kein ~** nobody; **~!** Oh boy!
die **Menschheit** mankind, humanity, human race
menschlich human; humane
die **Menschlichkeit** human nature, humaneness
die **Mensur, -en** student duel
die **Mentalität, -en** mentality
das **Menü, -s** complete meal
merken to notice
das **Messer, -** knife
die **Methode, -n** method
die **Miete, -n** rent
mieten to rent
der **Mieter, -** renter, lessee
die **Mikrobe, -n** microbe
die **Milch** milk
mildern to soften, reduce, ease
das **Militär** military, armed forces
der **Militärdienst** active duty; **~ leisten** to be on active duty
militärisch military
die **Milliarde, -n** milliard (*Am.* billion)
mindestens at least
der **Minister, -** minister (in the government)
der **Ministerrat, ¨e** cabinet council
die **Minorität, -en** minority
die **Minute, -n** minute
mischen to mix
die **Mischung, -en** mixture
mißbrauchen to misuse
mißfallen* (hat) to displease
der **Mißstand, ¨e** abuse, bad condition
mißtrauen to mistrust
der **Mist** trash; nonsense; **So ein ~!** Fiddle! What nonsense!

der **Misthaufen, -** dungheap
miteinander with each other
mit·fühlen to sympathize
das **Mitglied, -er** member
mit·kommen* to come along
das **Mitleid** pity, compassion; sympathy
mit·machen to participate
der **Mitmensch, -en, en** fellow man, neighbor
mit·nehmen* to take along
der **Mittag** noon; **zu ~** at noon; for lunch
das **Mittagessen** noon meal; lunch, early dinner
mittags at noon
der **Mittagsschlaf** nap
die **Mitte** middle, center
das **Mittel, -** means; thing
mittel- medium, average
mittelalterlich medieval
mittelmäßig mediocre
die **Mittelmäßigkeit** mediocrity
das **Mittelmeer** Mediterranean Sea
der **Mittelpunkt** center
die **Mittelschicht** middle class
mitten in *(+ dat.)* in the middle of
die **Mitternacht** midnight
mittler- middle
der **Mittwoch** Wednesday
die **Möbel** *(pl.)* furniture
mobilisieren to mobilize
die **Mobilität** mobility
möbliert furnished
die **Mode, -n** fashion
das **Modell, -e** model
modern modern
der **Modeschöpfer, -** fashion designer
modisch fashionable
möglich possible; **alles ~e** all sorts of things
die **Möglichkeit, -en** possibility; **nach ~** if at all possible
die **Möhre, -n** carrot
das **Molekül, -e** molecule
der **Moment, -e** moment; **in diesem ~** at this moment; **jeden ~** any moment; **~ mal!** Just a minute!

momentan right now, at the moment
der **Monat, -e** month
monatelang for months
monatlich monthly, each month
der **Monatswechsel** monthly allowance, check
der **Mond, -e** moon
der **Montag** Monday
das **Moor, -e** peat bog
die **Moral** moral, lesson; morals, ethics
moralisch moral; ethical
der **Mord, -e** murder
der **Mörder, -** murderer
der **Morgen** morning
morgens in the morning
das **Motiv, -e** motive
der **Motor, -en** motor
das **Motorrad, ¨er** motorbike
die **Mücke, -n** mosquito
müde tired; **tod~** dead-tired
die **Mühe, -n** trouble; **ohne ~** easily
die **Mühle, -n** mill
der **Müll** garbage, waste
der **Mülleimer, -** garbage can
der **Mund, ¨er** mouth
die **Mundart, -en** dialect
mündlich oral
munter lively, wide-awake
die **Münze, -n** coin
das **Museum, Museen** museum
die **Musik** music
musikalisch musical
der **Musiker, -** musician
musizieren to make music
der **Muskel, -n** muscle
der **Muskelkater** sore muscles
das **Muster, -** sample, model, pattern
der **Mut** courage; **danach zumute sein*** to feel like it
die **Mutter, ¨** mother
die **Muttersprache** native tongue
die **Mutti, -s** Mom
die **Mütze, -n** cap

Na! Well!; **~ also!** What did I tell you! **~ gut!** All right; **~ ja!** Oh well; **~ so was!** I'll be darned!
der **Nachbar, -n, -n** neighbor

nachbarlich neighborly
die **Nachbarschaft, -en** neighborhood
nachdem *(conj.)* after
nach·denken* to think, contemplate
der **Nachfolger, -** follower, disciple
die **Nachfrage, -n** demand, request
nach·geben* to give in
nach·gehen* to pursue, follow
nach·holen to make up (for)
die **Nachricht, -en** news, information
nach·schauen to look after, check
nächst- next, nearest
die **Nacht, ¨e** night
der **Nachteil, -e** disadvantage
der **Nachtisch** dessert
nachts at night
der **Nachttisch, -e** nightstand
der **Nacken, -** neck
die **Nadel, -n** needle
nah (ä) near, close
die **Nähe** proximity, nearness; **in der ~ (von)** near(by)
nahen (ist) to come close, approach
nähen to sew
nahezu almost
der **Nährboden, ¨** fertile soil or ground; culture medium
die **Nahrung** food
der **Name, -ns, -n** name
nämlich namely
die **Nase, -n** nose; **Man muß ihm die Würmer aus der ~ ziehen*.** One has to worm secrets out of him.
naß (ä) wet
die **Nation, -en** nation
national national
die **Nationalhymne, -n** national anthem
der **Nationalist, -en, -en** nationalist
der **Nationalsinn** nationalism
die **Natur** nature
natürlich natural(ly); of course
die **Naturwissenschaft, -en** natural science(s)

der **Nebel** fog
neben beside, next to
nebenan next door, close by
nebeneinander next to each other
das **Nebenfach, ¨er** minor subject; minor
neblig foggy
nebst = neben beside, next to
der **Neffe, -n, -n** nephew
nehmen (nimmt), nahm, genommen to take; **in Anspruch ~** to make demands, keep s.o. busy
neigen nach to tend to, be inclined to
die **Neigung, -en** interest, inclination, tendency
nennen, nannte, genannt to name, call
der **Nerv, -en** nerve
nervös nervous
nett nice
das **Nettoeinkommen** net income
der **Nettolohn, ¨e** net salary
das **Netz, -e** net
neu new
der **Neubau, -ten** new building
die **Neugier** curiosity
neugierig curious
die **Neurose, -n** neurosis
neurotisch neurotic
die **Nichte, -n** niece
nicht not; **gar ~ /überhaupt ~** not at all
nichts nothing; **gar ~** nothing at all; **~ wie** nothing but
nicken to nod
nie never
sich **nieder·lassen*** to sit or settle down
sich **nieder·legen** to lie down
niedrig low
niemals never
niemand nobody, no one
noch still
der **Norden** the north; **im ~** in the north
die **Nordsee** North Sea
die **Norm, -en** norm, standard
sich **normalisieren** to return to normal
die **Normalisierung** normalization
die **Not, ¨e** need; misery, trouble
die **Note, -n** grade; (music) note
der **Notfall, ¨e** emergency
nötig necessary, needed
die **Notwehr** self-defense
die **Nudel, -n** noodle
die **Null, -en** zero
der **Numerus clausus** limited admission, quota
die **Nummer, -n** number
nun now; **von ~ an** from now on
nur only
die **Nuß, ¨sse** nut
der **Nußknacker, -** nutcracker
nutzen to make use of

oben above; upstairs, up there
der **Ober, -** waiter
der **Oberbürgermeister, -** mayor
oberflächlich superficial, on the surface
das **Oberhaupt, ¨er** head of (a family . . .)
die **Oberschule, -n** high school (see **Gymnasium**)
die **Oberstufe, -n** upper level
obig- above
das **Obst** fruit
der **Obstgarten, ¨** orchard
obwohl although
der **Ochse, -n** ox
der **Ofen, ¨** oven; furnace
offen open
offenbar obvious
öffentlich public
offiziell official
der **Offizier, -e** (military) officer
öffnen to open
oft often
das **Ohr, -en** ear
ökologisch ecologic(al)
ökonomisch economic(al)
das **Öl, ¨e** oil
die **Olympiade, -en** Olympics
die **Oma, -s** grandma
das **Omelett, -s** omelette
der **Onkel, -** uncle
der **Opa, -s** grandpa
die **Oper, -** opera
die **Operation, -en** operation
operieren to operate
die **Operette, -n** operetta
das **Opfer, -** sacrifice; victim
opfern to sacrifice
der **Optiker, -** optician
der **Optimist, -en, -en** optimist
optimistisch optimistic
die **Orange, -n** orange
das **Orchester, -** orchestra
ordentlich neat, orderly
ordnen to arrange, put in order
die **Ordnung** order; **in ~** all right, Ok.
das **Organ, -e** organ
die **Organisation, -en** organization
orientiert oriented
die **Orientierungsstufe, -n** probation period during grades 5–6 of all secondary schools
das **Original, -e** original
der **Ort, -e** place; village
orthopädisch orthopedic
der **Osten** the east; **im ~** in the east
der **Osterhase, -n** Easter bunny
Ostern Easter; **Frohe ~!** Happy Easter!
(das) **Österreich** Austria
der **Österreicher, -** Austrian (person)
österreichisch Austrian
die **Ostsee** Baltic Sea
der **Ozean, -e** ocean; **Atlantische ~** Atlantic; **Stille ~** Pacific

das **Paar, -e** couple; **ein paar** a couple of
das **Päckchen, -** packet; package
die **Pädagogik** education
der **Paddler, -** canoer
der **Pakt, ¨e** pact, treaty
das **Panorama** panorama
der **Pantoffel, -n** houseshoe
der **Pantoffelheld, -en, -en** henpecked husband
der **Panzer, -** tank
das **Papier** paper; **die Papiere** *(pl.)* important papers
der **Papierkrieg** red tape
das **Paradies** paradise
paradiesisch heavenly
die **Parallele, -n** parallel
der **Park, -s** park

parken to park
die **Parkgarage, -n** parking garage
der **Parkplatz, ¨-e** parking lot
die **Partei, -en** (political) party
das **Parterre** ground (or first floor); **im ~** on the first floor
der **Partner, -** partner
die **Party, -s** party
der **Pass, ¨-e** passport
der **Passagier, -e** passenger, traveller
passen to fit, suit s.o.
passieren (ist) to happen
patriotisch patriotic
patzen to misbehave, make a fuss
pauken to cram, study hard
die **Paukerei** cramming
die **Pause, -n** pause; break, intermission
das **Pech** misfortune, bad luck; **~ haben*** to be unlucky
der **Pechvogel, ¨** unlucky person
pedantisch pedantic
peinlich embarrassing
die **Pension, -en** small hotel; pension, retirement
pensioniert retired
perfekt perfect
die **Periode -n** period
die **Perle, -n** pearl
die **Person, -en** person
persönlich personal
die **Persönlichkeit, -en** personality
der **Pessimist, -en, en** pessimist
pessimistisch pesssimistic
der **Pfahlbau, -ten** lake dwellings
die **Pfanne, -n** pan
der **Pfarrer, -** Protestant minister
der **Pfau, -en** peacock; **stolz wie ein ~** very proud
der **Pfeffer** pepper
die **Pfeife, -n** pipe
pfeifen, pfiff, gepfiffen to whistle, hiss
das **Pferd, -e** horse; **arbeiten wie ein ~** to work very hard
der **Pfirsich, -e** peach
die **Pflanze, -n** plant
pflanzen to plant
die **Pflaume, -n** plum; prune
die **Pflege** nurture, care
pflegen to take care of; **~ zu (+ *inf.*)** to be used to (do)
die **Pflicht, -en** duty
das **Pflichtfach, ¨-er** required subject
pflücken to pick (flowers)
die **Pflugschar, -en** ploughshare
die **Phantasie, -n** fantasy, imagination
phantasielos unimaginative
phantasievoll imaginative
phantastisch fantastic
der **Philosoph, -en, -en** philosopher
die **Philosophie, -n** philosophy
philosophisch philosophical
der **Photograph, -en, -en** photographer
photographieren to photograph, take pictures
die **Physik** physics
der **Physiker, -** physicist
die **Pille, -n** pill
der **Pilot, -en, -en** pilot
der **Pilz, -e** mushroom
die **Pistole, -n** pistol, gun
der **Plan, ¨-e** plan
planen to plan
der **Planet, -en** planet
die **Planung** planning
das **Pläsier** pleasure
die **Platte, -n** record; platter
der **Plattfuß, ¨-e** flat foot
der **Platz, ¨-e** space; place, seat; square
das **Plätzchen, -** cookie; little place
plaudern to chat
plötzlich suddenly
plündern to plunder
das **Podest, -e** pedestal
der **Poet, -en, -en** poet
die **Politik** politics
der **Politiker, -** politician
politisch political
die **Polizei** police (force)
der **Polizist, -en, -en** policeman
polternd rumbling
die **Pommes frites** *(pl.)* French fries
der **Pool, -s** pool
der **Popo, -s** bottom, behind
populär popular
die **Position, -en** position
die **Post** post office; mail
der **Postbote, -n, -n** mailman
der **Posten, -** post
die **Postkarte, -n** postcard
das **Prachtstück, -e** beauty, beautiful piece
prägen to shape, influence
das **Praktikum** apprenticeship, practical experience
praktisch practical
praktizieren to practice
das **Präservierungsmittel, -** preservative
der **Präsident, -en, -en** president
die **Praxis** practice, application
predigen to preach
der **Preis, -e** price; prize
die **Preiselbeere, -n** cranberry
preisen, pries, gepriesen to praise
das **Prestige** prestige
der **Priester, -** priest
prima great, wonderful, terrific
primitiv primitive
der **Prinz, -en, -en** prince
die **Prinzessin, -nen** princess
das **Prinzip, -ien** principle
privat private
pro per
die **Probe, -n** sample, test; probation
das **Problem, -e** problem; **Das ~ liegt darin . . .** The problem is . . .
das **Produkt, -e** product
die **Produktion** production
produktiv productive
produzieren to produce
der **Professor, -en** professor
profitieren to profit
die **Prognose, -n** prognosis
das **Programm, -e** program
der **Programmierer, -** programmer
das **Projekt, -e** project
proklamieren to proclaim
die **Promenade, -n** promenade

das **Pronomen, -** pronoun
der **Prophet, -en, -en** prophet
prophezeien to prophesize
Pros(i)t! To your health! **~ Neujahr!** Cheers to the New Year!
protestantisch Protestant
protestieren to protest
protzen to brag
provozieren to provoke
die **Prozedur, -en** procedure
das **Prozent, -e** percent, percentage
prüfen to test
die **Prüfung, -en** test, exam
der **Psychiater, -** psychiatrist
der **Psychologe, -n, -n** psychologist
die **Psychologie** psychology
psychologisch psychological
das **Publikum** public; audience; readers
der **Pudding, -s** pudding
der **Pudel, -** poodle; **Wie ein begossener ~** perplexed, aghast
der **Puder, -** powder
der **Puls, -e** pulse
das **Pulver, -** powder
der **Punkt, -e** point
pünktlich punctual, on time
putzen to clean, brush, polish

die **Qual, -en** pain, suffering
quälen to torture, torment
die **Qualifikation, -en** qualification
qualifizieren to qualify
die **Qualität, -en** quality
die **Quantität, -en** quantity
das **Quartal, -e** quarter (of a year)
der **Quatsch** nonsense, rubbish; **So ein ~!** Nonsense! Baloney!
quer durch all across, right through
die **Querflöte, -n** flute
quietschen to squeak, screech

der **Rabe, -n, -n** raven
die **Rache** revenge
sich **rächen** to take revenge
der **Radfahrer, -** bicyclist
radikal radical
das **Radio, -s** radio
radioaktiv radioactive
die **Rakete, -n** rocket
der **Rand, ⸚er** edge, margin; **am ~e** at the edge of
rasch fast, quick
rasen (ist) to race; to rage
der **Rasen** lawn
rasend raging
rasseln to rattle, clatter
die **Rast** rest, break
die **Rate, -n** rate; **in ~n zahlen** to pay by installments
raten (rät), riet, geraten to guess; **~ zu** to advise
das **Rätsel, -** puzzle
rätselhaft puzzling, mysterious, obscure
die **Ratte, -n** rat; **eine Lese~** bookworm
der **Raub(überfall, ⸚e)** robbery
rauben to rob, steal
der **Räuber, -** robber
der **Rauch** smoke
rauchen to smoke
der **Raucher, -** smoker
das **Räuchermännchen, -** smoking man
rauh rough
der **Raum** space
der **Raum, ⸚e** room
räumen to clear, make room
der **Raumfahrer, -** astronaut
die **Raumfahrt, -en** exploration into space
die **Raumstation, -en** space station
der **Rausch** drunkenness, intoxication; delirium, ecstacy
rauschen to rustle, murmur; to roar, thunder
das **Rauschgift, -e** narcotic (drug)
'raus·schmeißen* to kick out
reagieren (auf + *acc.***)** to react (to)
die **Reaktion, -en** reaction
der **Realist, -en, -n** realist
realistisch realistic
die **Realität, -en** reality
die **Realschule, -n** one type of secondary school, grades 5–10, leading to various special professional schools
rechnen to count; **~ zu** to rank amongst
die **Rechnung, -en** bill
das **Recht, -e** right; **mit ~** rightfully so; **recht haben*** to be right
rechtfertigen to justify
der **Rechtsanwalt, ⸚e** lawyer, attorney
die **Rechtsanwältin, -nen** lawyer, attorney *(fem.)*
die **Rechtschreibung** spelling
der **Redakteur, -e** editor
die **Rede, -n** speech, talk
reden to talk, chat, speak
die **Redensart, -en** saying, figure of speech, phrase
die **Redewendung, -en** idiom
die **Reduktion, -en** reduction
reduzieren to reduce
die **Reform, -en** reform
das **Reformhaus, ⸚er** health-food store
das **Regal, -e** shelf
die **Regel, -n** rule; **in der ~** as a rule, in general
regelmäßig regular
der **Regen** rain
regieren to govern, rule
die **Regierung, -en** government
die **Region, -en** region, area
der **Regisseur, -e** stage manager, producer
regnen to rain
regnerisch rainy
regulieren to regulate
die **Regung, -en** movement; inclination
regungslos motionless, quietly
reiben, rieb, gerieben to grate
reich rich
das **Reich, -e** empire
reichlich plenty of
der **Reichtum, ⸚er** riches, wealth, abundance
die **Reichweite, -n** range, reach
die **Reife** maturity; **die mittlere ~** final diploma at end of **Realschule** or 6 years at the **Gymnasium**

die **Reihe, -n** row (of), line, series; **der ~ nach** one after the other; **Du bist an der ~.** It's your turn.
rein pure
der **Reis** rice
die **Reise, -n** trip, travel
reisen (ist) to travel
reißen, riß, gerissen to tear, pull
reiten, ritten, ist geritten to ride (on horseback)
reizen to arouse, irritate; attract
reizend charming, nice
die **Reklame** advertisement
der **Rekrut, -en** recruit
der **Rektor, -en** principal
die **Religion, -en** religion
religiös religious
das **Rendezvous, -** date
rennen, rannte, ist gerannt to run; **hinterher·~** to run after
das **Rennen, -** race
renovieren to renovate
der **Rentner, -** retired person
die **Reparatur, -en** repair
reparieren to repair
der **Repräsentant, -en, -en** representative
die **Republik, -en** republic
die **Reserve, -n** reserve
reservieren to reserve
reserviert reserved, withdrawn
die **Residenz, -en** residence (of a prince . . .)
der **Respekt** respect
respektieren to respect
respektlos disrespectful, irreverent
respektvoll respectful
der **Rest, -e** rest
das **Restaurant, -s** restaurant
das **Resultat, -e** result
retten to rescue, save
die **Rettung** rescue, salvation
reuig penitent, repentent
die **Rezension, -en** recession
das **Rezept, -e** recipe; prescription
der **Rhythmus, Rhythmen** rhythm
richten to judge; **~ an** (+ *acc.*) to address; **~ auf** (+ *acc.*) to gear toward
der **Richter, -** judge
richtig correct, right
die **Richtlinie, -n** guideline
die **Richtung, -en** direction
riechen, roch, gerochen to smell
die **Riesenportion, -en** huge portion
rigoros rigorous
die **Rindsroulade, -n** stuffed beef roll
ringen, rang, gerungen to wrestle
rings um all around
rinnen, rann, ist geronnen to flow, drip, run
das **Risiko, Risiken** risk
riskieren to risk
der **Ritter, -** knight
die **Rivalität, -en** rivalry
der **Roboter, -** robot
roh raw; rough
das **Rohr, -e** pipe(line), tube
die **Rolle, -n** roll; role; **Es spielt keine ~.** It doesn't matter.
rollen to roll s.th.; **~ (ist)** to roll, be rolling
der **Rollschuh, -e** rollerskate; **~·laufen*** to rollerskate
die **Rollschuhbahn, -en** skating rink
der **Roman, -e** novel
die **Romantik** romanticism
romantisch romantic
der **Rosenmontagszug** parade on Monday before Lent **(Fastenzeit)**
die **Rosine, -n** raisin
das **Roß, ¨sser** horse; **auf dem hohen ~ sitzen** to be arrogant
rot (ö) red
das **Rote Kreuz** Red Cross
rothaarig red-haired
der **Rotkohl** red cabbage
das **Rotkraut** red cabbage
der **Rücken, -** back
der **Rückblick, ¨e** glance back, retrospect; review
rücksichtslos ruthless, reckless, inconsiderate
die **Rücksichtslosigkeit** ruthlessness, recklessness, carelessness
die **Rücksichtsnahme** consideration, respect, regard
rücksichtsvoll considerate, thoughtful
rückstandig backward, behind the times
rückwärts backwards, back towards
rufen, rief, gerufen to call
die **Ruhe** peace and quiet; **Laß mich in ~!** Leave me alone; **Immer mit der ~!** Calm down! Take it easy!
ruhen to rest
ruhig quiet, calm
rühren to mix, stir
ruinieren to ruin
der **Rummel** hullabaloo
die **Rumpelkammer, -n** junk room
das **Rumpsteak, -s** sirloin or porterhouse steak
rund round; **~ um** all around
die **Runde, -n** round; **über die ~n kommen*** to manage (financially)
rupfen to pluck, pull, pick
der **Russe, -n, -n** Russian (person)
russisch Russian; **auf ~** in Russian; **(das) Russisch** the Russian language
(das) **Rußland** Russia
rüsten to mobilize, prepare for war
rüstig vigorous, brisk; fit
die **Rüstung, -en** armaments; mobilization
rutschen to slide

der **Saal, Säle** large room
die **Sache, -n** thing; matter, issue; **zurück zur ~** back to the issue
der **Sack, ¨e** sack; **die Katze im ~ kaufen** to buy s.th. without having seen it
der **Saft, ¨e** juice
saftig juicy; tough
sagen to say, tell; **Wie soll ich ~?** How shall I say?; **Darf ich (auch) kurz 'was ~?**
sagenhaft fabulous
die **Sahne** cream
der **Salat** lettuce
der **Salat, -e** salad

das **Salz** salt
sammeln to collect
der **Sammler, -** collector
der **Samstag** Saturday
der **Sand** sand
sanft gentle, mild
der **Sänger, -** singer
sanieren to restore
der **Satellit, -en** satellite
satt sein* to be full; **~ machen** to be filling; **etwas ~ haben*** to be fed up with, tired of
der **Satz, ⸚e** sentence
sauber clean
sauer sour; disgusted, mad; **Ich bin ~.** I'm fed up (with it).
das **Sauerkraut** sauerkraut
der **Sauerstoff** oxygen
säzieren to dissect
das **Schach** chess
schade too bad
schaden to be harmful
der **Schaden, ⸚** damage; **~ an·richten** to do damage
schädigen to damage
schädlich harmful
das **Schaf, -e** sheep; **das schwarze ~** the blacksheep (of a family . . .)
schaffen, schuf, geschaffen to create, make, work hard
der **Schaffner, -** conductor
die **Schale, -n** peel
schälen to peel
der **Schalter, -** (ticket) counter
scharf (ä) sharp; spicy
der **Schatten, -** shadow
der **Schatz, ⸚e** treasure; sweetheart
schätzen to value, respect
der **Schauder** horror, shuddering, fright
schauerlich horrible, dreadful, gruesome
das **Schaufenster, -** display window
schaumig frothy
das **Schauspiel, -e** play
der **Schauspieler, -** actor
der **Scheck, -e** check
das **Scheckbuch, ⸚er** checkbook
der **Scheich, -e** sheik
scheiden, schied, ist geschieden to part, separate; **sich ~ lassen*** to get divorced
die **Scheidung, -en** divorce
der **Schein** shine; appearance, makebelieve
der **Schein, -e** piece of paper; document
scheinbar apparently, seemingly
scheinen, schien, geschienen to seem, appear to be; to shine
schelten (schilt), schalt, gescholten to scold, holler, call (names)
schenken to give (as a present)
die **Scherbe, -n** broken glass
scherzen to joke
scheu shy
scheuen to dread, be reluctant
scheußlich awful, disgusting, gross, hideous
die **Schicht, -en** layer
schicken to send
das **Schicksal, -e** fate, destiny, lot
schieben, schob, geschoben to push, shove
die **Schiebetür, -en** sliding door
der **Schiedsrichter, -** umpire, referee
schief crooked
schießen, schoß, geschossen to shoot
das **Schiff, -e** ship
das **Schild, -er** sign
schildern to portray, describe
schimpfen to scold, grumble
der **Schinken, -** ham
der **Schirm, -e** umbrella
der **Schlaf** sleep; **das Mittagesschläfchen, -** nap (after lunch), siesta
die **Schläfe, -n** temple
schlafen (schläft), schlief, geschlafen to sleep
der **Schlafwagen, -** sleeper (on a train)
das **Schlafzimmer, -** bedroom
schlagen (schlägt), schlug, geschlagen to beat, hit; **sich ~** to duel
der **Schlager, -** song, hit
der **Schläger, -** racket
die **Schlagsahne, -n** whipped cream
das **Schlagzeug, -e** drums
schlampig sloppy, messy
die **Schlange, -n** snake; **falsch wie eine ~** malicious, with a wicked tongue
schlängelig winding
sich **schlängeln (durch)** to wind or wiggle through
schlank slender, slim
schlau smart, wise, clever, cunning, sly; **ein ~er Fuchs** sly person; smart cookie
schlecht bad; **es wird mir ~** I get sick
schleichen, schlich, ist geschlichen to sneak, creep
schleifen, schliff, geschliffen to drag; to file
schließen, schloß, geschlossen to close
schließlich finally; actually, after all
schlimm bad; **~er** worse
schlingen, schlang, geschlungen to wind, sling
der **Schlitten, -** sleigh; old jalopy
der **Schlittschuh, -e** ice skate; **~·laufen*** to iceskate
das **Schloß, ⸚sser** palace; lock
der **Schlosser, -** locksmith
der **Schluck** sip, gulp
schlucken to swallow; guzzle
schlürfen to eat or drink noisily, slurp
der **Schluß, ⸚sse** end, conclusion; **am ~** in the end
der **Schlüssel, -** key; **~wort** key word
schmal narrow, thin
schmarotzen to parasite
der **Schmarotzer, -** parasite
schmecken to taste
schmeißen, schmiß, geschmissen to throw
der **Schmerz, -en** ache, pain
schmerzhaft painful
schmerzlich painful

der **Schmetterling, -e** butterfly
der **Schmiß, -sse** (dueling) scar
der **Schmuck** decoration; jewelry
schmücken to decorate
der **Schmutz** dirt
schmutzig dirty
der **Schnabel, ⸚** beak
schnaufen to pant, breathe heavily
die **Schnecke, -n** snail
der **Schnee** snow
schneiden, schnitt, geschnitten to cut
schneien to snow
schnell quick, fast; **~ wie ein Wiesel** very fast
das **Schnitzel, -** cutlet
die **Schokolade** chocolate
schon already
schön nice, beautiful
die **Schönheit** beauty
der **Schöpfer, -** creator, artist
der **Schornstein, -e** chimney
der **Schornsteinfeger, -** chimney sweep
der **Schotte, -n, -n** Scotchman
die **Schottin, -nen** Scottish woman
schottisch Scottish
der **Schrank, ⸚e** cabinet; cupboard
die **Schranke, -n** barrier
die **Schraubmarter, -n** thumbscrew torture
der **Schreck(en)** shock, horror; **Ach du Schreck!** Oh no!
schrecklich awful, terrible
der **Schrei, -e** scream, yell
schreiben, schrieb, geschrieben to write
der **Schreibtisch, -e** desk
schreien, schrie, geschrien to scream, yell
schriftlich written, in writing
der **Schriftsteller, -** author, writer
der **Schritt, -e** step; **~ für ~** step by step
der **Schuh, -e** shoe
die **Schuld** fault, guilt
die **Schuld, -en** debt
schulden to owe
schuldig guilty
die **Schule, -n** school
der **Schüler, -** student, pupil
die **Schulter, -n** shoulder

der **Schuppen, -** shed
der **Schuß, ⸚sse** shot; dash of
die **Schüssel, -n** bowl
der **Schuster, -** shoemaker
der **Schutt** rubble, debris
schütteln to shake
schütten to pour, spill
der **Schutz** protection
der **Schütze, -n** sharpshooter, rifleman, archer; Sagittarius (sign of the zodiac)
schützen to protect
das **Schüzenfest, -e** shooting match; fair
schwach (ä) weak
die **Schwäche, -n** weakness
schwachsinnig imbecile, idiotic
der **Schwager, ⸚** brother-in-law
die **Schwägerin, -nen** sister-in-law
schwanger pregnant
die **Schwangerschaft, -en** pregnancy
der **Schwanz, ⸚e** tail
schwänzen to cut class
der **Schwarm** idol, flame; crowd
schwärmen to rave, be enthusiastic; to have a crush on s.o.
der **Schwede, -n, -n** Swede (person)
die **Schwedin, -nen** Swede (person)
schwedisch Swedish
der **Schweif, -e** tail
schweigen, schwieg, geschwiegen to be silent
das **Schwein, -e** pig; filthy or mean person; **~ haben*** to be lucky; **Das kann kein ~ lesen.** That's illegible
das **Schweinerippchen, -** pork chop
die **Schweiz** Switzerland
der **Schweizer, -** Swiss (person)
schweizerisch (or **Schweizer**) Swiss
schwer heavy; difficult
schwerhörig hard of hearing
das **Schwert, -er** sword
die **Schwester, -n** sister
die **Schwiegereltern** *(pl.)* parents-in-law
schwierig difficult, hard
die **Schwierigkeit, -en** difficulty

die **Schwiegermutter, ⸚** mother-in-law
die **Schwiegertochter, ⸚** daughter-in-law
der **Schwiegervater, ⸚** father-in-law
schwimmen, schwamm, ist geschwommen to swim
das **Schwimmbad, ⸚er** swimming pool
der **Schwindel** fraud, trickery
schwindeln to swindle, cheat
der **Schwindler, -** fraud, humbug
schwingen, schwang, geschwungen to swing
schwören, schwor, geschworen to swear
der **Schwung** energy, drive
der **See, -n** lake
die **See** sea, ocean
die **Seele, -n** soul; **mit Leib und ~** totally
seelenruhig quietly
seelisch mental, spiritual, emotional
segelfliegen gehen* to go gliding
segeln (ist) to sail; **~ gehen*** to go sailing
der **Segen** blessing(s)
sehen (sieht), sah, gesehen to see; **Mal ~!** Let's (wait and) see!
die **Sehnsucht** longing, desire
die **Sehenswürdigkeit, -en** attraction
das **Seil, -e** rope
sein (ist), war, ist gewesen to be
seitdem since then, ever since (then)
die **Seite, -n** side; **zur ~ stehen*** to assist, help; **zur ~ stellen** to put aside, disregard
die **Sekretärin, -nen** secretary
der **Sekt** champagne
selb- same
selbst even; myself (yourself . . .); **~ wenn** even if
die **Selbstbedienung** self-service
die **Selbstbeherrschung** self-control, self-discipline
selbstlos unselfish
der **Selbstmord, -e** suicide

der **Selbstschutz** self-protection
selbstunischer insecure
selbstverständlich of course, naturally; **für ~ nehmen*** to take for granted
die **Selbstverwirklichung** self-realization
der **Sellerie** celery
selten seldom, rare
das **Semester, -** semester
das **Seminar, -e** seminar
der **Senator, -en** senator
senden, sandt, gesandt (auch: sendete, gesendet) to send
sich **senken** to sink s.th.
senkrecht vertical
die **Sensation, -en** sensation
sensibel sensitive
sentimental sentimental
die **Sentimentalität** sentimentality
die **Serviette, -n** napkin
der **Sessel, -** armchair
setzen to set, place, put; **sich ~** to sit down
seufzen to sigh
sexistisch biased, discriminating between the sexes
die **Sichel, -n** sickle
sicher safe, secure; sure, certain
die **Sicherheit** safety; security; **mit ~** for sure
sicherlich probably
sichern to secure, guarantee
sicher·stellen to make sure
die **Sicherung** security; securing
die **Sicht** view, opinion
sichtbar visible
der **Sieg, -e** victory
das **Signal, -e** signal
die **Silbe, -n** syllable
der **Silvester(abend)** New Years Eve
die **Sinfonie, -n** symphony
singen, sang, gesungen to sing
sinken, sank, ist gesunken to sink, be sinking
der **Sinn** purpose, meaning, sense; **im ~e** in the sense of, in mind; **~ haben*** to make sense; **in den ~ kommen*** to come to mind; **ureignen ~** own original thinking
sinnvoll meaningful, sensible, ingenious
die **Sirene, -n** siren
sittlich moral, ethical
die **Sittlichkeit** morality, ethics
die **Situation, -en** situation
der **Sitz, -e** seat
sitzen, saß, gesessen to sit, be sitting
sitzen·bleiben* to remain seated; not to advance to next grade
der **Ski, -er** ski; **~·laufen*** to ski
das **Skilaufen** skiing; **~ gehen*** to go skiing
der **Skorpion, -e** scorpion; Scorpion (sign of the zodiac)
die **Skulptur, -en** sculpture
der **Smog** smog
sobald as soon as
das **Sofa, -s** sofa, couch
sofort right away, immediately
sogar even
sogenannt so-called
sogleich right away, immediately
der **Sohn, ⸚e** son
der **Soldat, -en** soldier
der **Soloist, -en, -en** soloist
der **Sommer, -** summer; **im ~** in summer
die **Sonate, -n** sonata
das **Sonderangebot, -e** special, special offer
die **Sondererlaubnis, -se** special permit
der **Sonderfall, ⸚e** special case
sondern but (on the contrary)
der **Sonnabend** Saturday
die **Sonne, -n** sun
die **Sonnenwende** solstice
sonnig sunny
der **Sonntag** Sunday
das **Sonnwendfeuer, -** summer equinox fire
sonst otherwise, else; **~ ein(e)** any other; **~ noch etwas?** anything else? **was auch ~** whatever
die **Sorge, -n** worry, concern, care
sich **sorgen um** to worry about, be concerned; **für etwas ~** to see to it, make sure
sorglos carefree, unconcerned
die **Sorglosigkeit** light-heartedness, carelessness, unconcern
die **Sorte, -n** kind
sortieren to sort
die **Soße, -n** gravy; sauce
souverän sovereign
so . . . wie as . . . as; **sowieso** anyhow, anyway
sowjetisch Soviet
die **Sowjetunion** Soviet Union
sowohl . . . als auch not only . . . but also
sozial social
der **Sozialismus** socialism
der **Sozialist, -en, -en** socialist
sozialistisch socialist
die **Sozialkunde** social science
der **Soziologe, -n, -n** sociologist
die **Soziologie** sociology
soziologisch sociological
spalten to split, crack
(das) **Spanien** Spain
der **Spanier, -** Spanish (person)
spanisch Spanish; **auf ~** in Spanish; **(das) Spanisch** the Spanish language
spannend exciting, thrilling, suspenseful
die **Spannung** excitement, thrill, suspense
das **Sparbuch, ⸚er** savings account
sparen to save, economize
das **Sparschwein, -e** piggy bank
der **Spargel** asparagus
sparsam thrifty, economical
der **Spaß, ⸚e** fun; **~ machen** to be fun
spät late
spätestens at the latest
der **Spaziergang, ⸚e** walk
der **Spaziergänger, -** stroller
spazieren·gehen* to go on a walk
die **Speisekammer, -n** pantry

die **Speisekarte, -n** menu
der **Speisesaal, -säle** dining room
der **Speisewagen, -** diner (in a train)
die **Spekulation, -en** speculation
spekulieren to speculate
die **Spende, -n** donation
spenden to donate
sperren to block
speziell special; especially
spezifisch specific
der **Spiegel, -** mirror
spiegeln to reflect
das **Spiel, -e** game; **aufs ~ setzen** to risk
spielen to play
der **Spieler, -** player
die **Spielsache, -n** toy
der **Spieß, -e** spear, lance; spit
der **Spinat** spinach
spinnen, spann, gesponnen to spin; be crazy
die **Spirale, -n** spiral
spitz pointed
der **Spitz, -e** type of dog
die **Spitze, -n** head, tip, top; **~!** Super! Top notch!
spontan spontaneous
der **Sport** sport(s); **~ treiben*** to do sports
der **Sportler, -** sportsman, athlete
sportlich sporty, athletic
die **Sprache, -n** language
die **Sprachformel, -n** language expression
sprechen (spricht), sprach, gesprochen to speak
das **Sprichwort, ¨er** proverb
springen, sprang, ist gesprungen to jump
die **Springflut, -en** flood, spring tide
der **Sprößling, -e** offspring
spülen to flush
der **Spuk, -s** spook
spuken to spook, haunt (a place)
die **Spülmaschine, -n** dishwasher
die **Spur, -en** trace; **auf die ~ kommen*** to find out, trace
spürbar noticeable
spüren to notice, feel
spurlos without a trace
der **Staat, -en** state, nation
der **Staatenbund, ¨e** confederation (of states)
staatlich (by the) state, public
der **Staatsanwalt, ¨e** public prosecutor
die **Staatswissenschaft, -en** political science
das **Stadion, -s (-en)** stadium
das **Stadium, Stadien** state, level, stage (of development)
die **Stadt, ¨e** town, city
der **Städter, -** city dweller
der **Stall, ¨e** stable
der **Stamm, ¨e** stem; tribe
stammen von to stem or come from, originate
stämmig hefty, strong, sturdy
der **Stammkunde, -n** regular customer
die **Standardisierung** standardization
das **Standesamt, ¨er** office of civil marriage (by registrar)
ständig continuous, permanent
der **Star, -s** (movie) star
stark (ä) strong
die **Stärke, -n** strength
starr stubborn, unbending
starren to stare, gaze
starten to start
die **Station, -en** stop
statt instead
stattdessen instead (of it)
statt·finden* to take place
die **Statue, -n** statue
der **Staub** dust; **~ wischen*** to dust
staubig dusty
staubsaugen to vacuum
stechen (sticht), stach, gestochen to pierce; to bite, sting (insect)
stehen, stand, gestanden to stand
stehlen (stiehlt), stahl, gestohlen to steal
steif stiff
steigen, stieg, ist gestiegen to rise, climb, increase
steil steep; **~ empor** high up
der **Stein, -e** stone
steinalt very old, ancient
der **Steinblock, ¨e** stoneblock, boulder
der **Steinbock, ¨e** ibex; Capricorn (sign of the zodiac)
steinern made of stone
die **Stelle, -n** place, spot; position, job
stellen to put, place, stand; **eine Frage ~** to ask a question
die **Stellung, -en** position; **~ nehmen*** to comment
stempeln to stamp
die **Stenographie** shorthand
sterben (stirbt), starb, ist gestorben to die
der **Sterbende, -n, -n** dying person
die **Sterberate** death rate
die **Sterblichkeit** mortality
die **Stereoanlage, -n** stereoset
der **Stern, -e** star
das **Sternbild, -er** constellation; sign of the zodiac
stets always
das **Steuer** (steering) wheel, starboard; **am ~** behind the wheel
die **Steuer, -n** tax
steuern to steer, direct, gear
der **Steward, -s** steward
die **Stewardeß, -ssen** stewardess
sticken to embroider
der **Stiefel, -** boot
die **Stiege, -n** stair(way)
der **Stier, -e** bull; Taurus (sign of the zodiac); **den ~ bei den Hörnern packen** to take the bull by the horns, take the initiative
der **Stil, -e** style
stilistisch stylistic
still quiet, silent
die **Stille** peace and quiet, silence
die **Stimme, -n** voice
stimmen to be correct or true
die **Stimmung, -en** mood; atmosphere
stimulieren to stimulate
stinken, stank, gestunken to stink
das **Stipendium, -en** stipend, scholarship

die **Stirn, -en** forehead, front
der **Stock, ⸚e** stick, rod, pole
der **Stock, -werke** floor level: **im Erdgeschoß** on the first floor; **im ersten ~** on the second floor; **im zweiten ~** on the third floor
der **Stoff, -e** material, fabric, matter
das **Stofftier, -e** stuffed animal
stöhnen to moan, groan
stolpern (ist) to stumble
stolz proud; **~ wie ein Pfau** very proud
der **Stolz** pride
stoppen to stop
der **Storch, ⸚e** stork
stören to bother, disturb, disrupt
die **Störung, -en** disturbance
stoßen (stößt), stieß, gestoßen to push; **sich ~ an (+** *acc.***)** to take offense
stottern to stutter, stammer
strafbar punishable
die **Strafe, -n** punishment, penalty
der **Strafzettel, -** traffic ticket
der **Strahl, -en** beam, ray
strahlend bright
die **Strahlung, -en** radiation
der **Strand, ⸚e** beach
der **Strandkorb, ⸚e** beach chair
die **Straße, -n** street
die **Straßenbahn, -en** streetcar, trolley
der **Straßenkreuzer, -** big car, „flagship"
streben nach to strive for
die **Strecke, -n** stretch, distance, route
der **Streich, -e** practical joke, prank; **einen ~ verüben** to play a (nasty) trick
streichen, strich, gestrichen to cut or cross out; to paint (house)
sich **streiten, stritt, gestritten** to quarrel, argue, fight
die **Streitfrage, -n** dispute, controversy
streng strict, severe
die **Strenge** strictness
der **Streß** stress

stricken to knit
strikt strict
das **Stroh** straw
strohbedeckt thatched (roof)
der **Strom, ⸚e** stream, current
die **Strömung, -en** current; tendency
das **Stück, -e** piece; play; **ein ~** a piece of
der **Student, -en, -en** (university) student
das **Studentenheim, -e** dorm(itory)
das **Studiengeld, -er** tuition
studieren to study (at the university; a particular field)
das **Studium, Studien** studies
die **Stufe, -n** step
der **Stuhl, ⸚e** chair
stumm dumb, silent, speechless
die **Stunde, -n** hour; class
stundenlang for hours
der **Stundenplan, ⸚e** schedule (of classes)
stur stubborn
der **Sturm, ⸚e** storm
stürmen to be stormy
stürmisch stormy
der **Sturz, ⸚e** fall, plunge
sich **stürzen (ist)** to fall; **sich ~ (auf +** *acc.***)(hat)** to throw o.s. on
der **Sturzhelm, -e** helmet
die **Subvention, -en** subsidy
subventionieren to subsidize
die **Suche** search
suchen (nach) to seek, look for
die **Sucht, ⸚e** mania, craze; disease
süchtig addicted to
der **Süden** the south; **im ~** in the south
südlich (von) south of; southern
die **Südsee** southern Pacific Ocean
sühnen to atone for
die **Summe, -n** sum
summieren to sum or add up
die **Suppe, -n** soup
surfen to surf
süß sweet
die **Süßigkeiten** *(pl.)* sweets
das **Symbol, -e** symbol

symbolisieren to symbolize
die **Sympathie** understanding; congeniality, fondness
sympatisch congenial, likeable
das **System, -e** system
die **Szene, -n** scene

der **Tabak** tobacco
der **Tadel, -** blame
tadeln to blame
die **Tafel, -n** blackboard
das **Tag, -e** day; **eines ~es** one day
das **Tagebuch, ⸚er** diary
tagelang day after day, for days
täglich daily, each day
tagsüber during the day
das **Tal, ⸚er** valley
das **Talent, -e** talent
talentiert talented
der **Tanker, -** tanker
die **Tanne, -n** fir tree
die **Tante, -n** aunt
der **Tanz, ⸚e** dance
tanzen to dance
der **Tänzer, -** dancer
tarifmäßig normed
die **Tasche, -n** bag; pocket
das **Taschengeld** pocket money, allowance
das **Taschentuch, ⸚er** handkerchief
die **Tasse, -n** cup; **eine ~** a cup of
tasten to fumble
die **Tat, -en** deed, act
der **Tatbestand, ⸚e** evidence
der **Täter, -** wrongdoer
die **Tätigkeit, -en** activity, action
die **Tatsache, -n** fact
tatsächlich in fact, actually, indeed
taub deaf
tauchen (ist) to dive
taugen (zu) to be suited (for); **zu etwas ~ wie der Ochse zum Seiltanzen** to not be suited for s.th.
taumeln (ist) to stagger, be giddy
der **Tausch** exchange
täuschen to deceive, mislead
das **Taxi, -s** taxi
die **Technik** technology

die **Technik, -en** technique
der **Techniker, -** technician
technisch technical
der **Tee** tea; **abwarten und ~ trinken** to wait patiently
der **Teekessel, -** teapot
der **Teenager, -** teenager
der **Teig** dough
der **Teil, -e** part; share
teilen to divide, separate, split up, share
die **Teilnahme** participation
teilnahmslos apathetic, indifferent
teil·nehmen* (an + *acc.*) to participate (in)
die **Teilung** division, separation
teilweise partly
teilzeitig part-time
die **Teilzeitstelle, -n** part-time work
das **Telefon, -e** telephone
telefonieren to call, talk on the telephone
die **Telepathie** telepathy
der **Teller, -** plate; **ein ~ Suppe** a bowl of soup
das **Temperament** temperament, vivacity
temperamentvoll lively, vivacious
die **Temperatur, -en** temperature
das **Tempo, -s** speed
die **Tendenz, -en** tendency
der **Teppich, -e** carpet, rug
der **Termin, -e** appointment, special date
die **Terrasse, -n** terrace
teuer expensive
der **Teufel, -** devil
der **Text, -e** text
das **Theater, -** theater
das **Thema, Themen** topic
thematisch topical
der **Theologe, -n, -n** theologian
die **Theologie** theology
die **Therapie, -n** therapy
theoretisch theoretical
die **Theorie, -n** theory
tief low, deep
die **Tiefe** depth
die **Tiefebene, -n** lowland(s)
die **Tiefgarage, -n** underground garage
das **Tier, -e** animal
der **Tierarzt, ¨e** veterinary
tierlieb fond of animals
der **Tip, -s** hint
der **Tisch, -e** table: **~ decken** to set the table; **~ ab·decken** to clear the table
der **Tischler, -** carpenter
der **Tischtennisball, ¨e** table tennis ball
das **Tischtuch, ¨er** tablecloth
der **Titel, -** title
Tja. Well.
toben to roar, rage, be wild
die **Tochter, ¨** daughter
der **Tod** death
die **Todesstrafe** death penalty
die **Toleranz** tolerance
tolerieren to tolerate
toll (really) great, outstanding, super
die **Tomate, -n** tomato
der **Ton** tone, manners, emphasis
der **Ton, ¨e** sound, tone (music)
das **Tonband, ¨er** tape
tönen to sound
die **Tonne, -n** ton
der **Topf, ¨e** pot
das **Tor, -e** gate; goal (soccer)
die **Torheit, -en** folly
torkeln (ist) stagger
die **Torte, -n** fancy cake
tot dead
der **Tote, -n, -n (ein Toter)** dead person, casualty
töten to kill
der **Totenkopf, ¨e** skull
die **Tour, -en** tour
der **Tourist, -en, -en** tourist
die **Tracht, -en** (traditional) costume
die **Tradition, -en** tradition
traditionell traditional
traditionellerweise traditionally
tragen (trägt), trug, getragen to carry; to wear
die **Trägheit** laziness
das **Training** training
trampen to hitchhike
die **Traube, -n** grape
die **Trauer** sadness, mourning
der **Traum, ¨e** dream
träumen to dream
traurig sad
treffen (trifft), traf, getroffen to meet; to hit
das **Treffen, -** meeting
der **Treffpunkt, -e** gathering place
treiben, trieb, getrieben to drive, be engaged in, do
trennen separate
die **Trennung, -en** separation
die **Treppe, -n** stair(s)
treten (tritt), trat, getreten (auf + *acc.*)(ist) to step (on)
treu faithful, loyal
die **Treue** faithfulness, loyalty
trinken, trank, getrunken to drink
der **Tritt, -e** footstep; **auf Schritt und ~ folgen (ist)** to follow a person everywhere
triumphieren to triumph
trocken dry
trocknen to dry
der **Trockner, -** dryer
der **Trog, ¨e** trough
die **Trompete, -n** trumpet
tropfen to drip, drop
tropisch tropical
der **Trost** consolation
trösten to console
trotzdem in spite of it; even though, nevertheless
trotzig defiant, stubborn
trüb dark, dim
trüben to tarnish, dim, cloud
der **Truthahn, ¨e** turkey
tüchtig efficient; able, qualified; industrious
die **Tücke, -n** mischievousness, malice
tun, tat, getan to do; **zu ~ haben* mit** to have to do with
tünchen to whitewash
der **Tunichtgut, -e** good-for-nothing
die **Tür, -en** door
der **Turm, ¨e** tower
turnen to do gymnastics
die **Turnhalle, -n** gymnasium
die **Tüte, -n** paper-bag
der **Typ, -en** type
typisch typical
der **Tyrann, -en** tyrant
die **Tyrannei** tyranny

die **U-Bahn, -en** subway
übel bad

üben to practice
überall everywhere
das **Überbleibsel, -** leftover
der **Überblick, -e** survey
überdecken to cover up
überein·stimmen (mit) to agree (with)
die **Übereinstimmung, -en** agreement
überfahren* to run over s.o. or s.th., run through (a light)
überfallen* to attack
überfordert overextended
überfragt; Da bin ich ~. That's beyond me. I'm afraid I don't know.
der **Übergang, ⸚e** transition, change
übergeben* to hand over
überhaupt nicht not at all, by no means
überholen to pass (a vehicle)
überlaufen overcrowded
überleben to survive
überlegen superior
sich **überlegen** to think about
die **Überlegenheit** superiority
die **Überlegung, -en** thinking
die **Überlieferung, -en** tradition
übermorgen the day after tomorrow
die **Übermüdung** exhaustion
der **Übermut** high spirits; arrogance
übernachten to spend the night, stay over night
die **Übernachtung, -en** overnight stay
übernehmen* to take over
die **Übernutzung** overuse
überprüfen to inspect, check
überqueren to cross over
überraschen to surprise
die **Überraschung, -en** surprise
überschatten to overshadow
überschwemmen to flood
die **Überschwemmung, -en** flooding
übersehen* to overlook
übersetzen to translate
der **Übersetzer, -** translator
die **Übersetzung, -en** translation
die **Übersicht, -en** survey, review
überspannen to bridge
übersteigen* (hat) to exceed
die **Überstunde, -n** overtime
übertreiben* to exaggerate
über·wechseln to change to
überweisen* to transfer (money . . .)
überwinden* to overcome
die **Überwindung** overcoming
überwölben to overshadow
überzeugen to convince
übrig left over, remaining; **Ich habe nichts dafür ~.** I don't care for it; **im ~en** for the rest
übrig·bleiben* to remain
übrigens by the way
die **Übung, -en** practice
das **Ufer, -** riverbank, shore
die **Uhr, -en** watch; clock; o'clock
die **Ulme, -n** elm tree
um·bringen* to kill, murder
umfangen* to surround, embrace
die **Umfrage, -n** survey
umgeben von surrounded by
umgeben* (ist) to surround
die **Umgebung** surrounding(s)
um·gehen* mit to deal with
umgekehrt vice versa
um·kehren (ist) to turn around
um·kippen (ist) to tip over, lose one's balance
umkreisen to circle
um·schmeißen* to throw over
um·schmieden to recast
umsonst in vain
der **Umstand, ⸚e** circumstance, case, fact; fuss
um·steigen* to change (trains, buses . . .)
um·wechseln to exchange
die **Umwelt** world around us, environment; milieu
um·ziehen* (ist) to move (to another place)
um . . . zu in order to
der **Umzug, ⸚e** move; parade, procession
umzugslustig love to move
unablässig continuous, continual
unbedingt absolutely; necessarily
unbegreiflich incredible, incomprehensible
unberechtigt unjustified
unbeweglich fixed, motionless
unehrenhaft dishonorable
unendlich endless
unerschöpflich inexhaustible
unerträglich unbearable, intolerable
unerwartet unexpected
der **Unfall, ⸚e** accident; **einen ~ bauen** to create an accident
der **Ungar, -n** Hungarian (person)
ungarisch Hungarian; **auf ~** in Hungarian
(das) **Ungarn** Hungary
ungebärdig wild, ill-mannered
die **Ungeduld** impatience
das **Ungeheuer, -** monster
ungeheuer extremely, very
ungehindert unhindered, freely
ungeraten misfit, spoiled, bad
ungerecht unfair, unjust
die **Ungerechtigkeit** unfairness, injustice
unglaublich unbelievable, incredible
ungleich uneven; unequal
das **Unglück, -e** misfortune; accident
ungefähr about, approximately
ungenügend insufficient, unsatisfactory
unheilbar terminal, incurable
unheimlich dismal, gloomy, tremendous; **~ gern** really loves to
die **Uniform, -en** uniform
die **Universität, -en (Uni, -s)** universiy
das **Universum** universe

unkoordiniert uncoordinated
das **Unkraut, ¨er** weed
unrecht haben* to be wrong
unregelmäßig irregular
die **Unruhe, -n** unrest, restlessness
unruhig restless
die **Unschuld** innocence
unschuldig innocent
unselig wretched
unsichtbar invisible
der **Unsinn** nonsense; **~ treiben*** to fool around; **So ein ~!** Nonsense! Baloney!
unten downstairs
unter under; among
unterbinden* to stop, forestall
unterbrechen* to interrupt, stop
unterdessen meanwhile
unterdrücken to suppress, oppress
untereinander among each other, mutually
das **Unterfutter** lining
der **Untergang** ruin, destruction
unter·gehen* to sink, perish
sich **unterhalten*** to converse, talk; to amuse or entertain o.s.
die **Unterhaltung, -en** entertainment, conversation
unterirdisch underground
unterlegen inferior
untermenschlich subhuman
unternehmen* to undertake, venture, do
der **Unternehmer, -** entrepreneur, employer
unternehmungslustig enterprising
der **Unterricht** instruction, lesson, teaching
unterrichten to teach, instruct
unterschätzen to underestimate
unterscheiden* to differentiate; **sich ~ von** to differ from
der **Unterschied, -e** difference, distinction
unterschreiben* to sign
die **Unterschrift, -en** signature
unterstreichen* to underline
unterstützen to support
die **Unterstützung** support
untersuchen to examine, inspect
die **Untersuchung, -en** analysis, inspection
die **Untertasse, -n** saucer; **eine fliegende ~** a flying saucer
unterwegs on the way; on the go, on the road
untüchtig incapable, incompetent; good-for-nothing
unvergeßlich unforgettable
unverschämt shameless, impudent, disgusting
unverständlich incomprehensible, unintelligible
unvorsichtig careless, negligent
das **Unwetter** stormy weather
der **Urlaub** (paid) vacation; leave of absence
die **Ursache, -n** cause, reason
ursprünglich original
das **Urteil, -e** sentence, verdict; view, opinion
der **Urwald, ¨er** jungle
usw. (und so weiter) etc.
utopisch utopian

der **Vater, ¨** father
der **Vati, -s** Dad
verängstigt intimidated
die **Veranlagung, -en** talent; tendency, nature
die **Veranstaltung, -en** performance; event
verantworten to be responsible for
verantwortlich responsible
die **Verantwortung, -en** responsibility
verarbeiten to recycle
das **Verb, -en** verb
verbannen to ban, exile
verbessern to improve, correct
die **Verbesserung, -en** improvement
verbieten, verbot, verboten to forbid, prohibit
verbinden* to connect, link, combine, unite; to bandage
die **Verbindung, -en** connection; fraternity or sorority
verblendet blinded
verborgen hidden
das **Verbot, -e** prohibition
verbrauchen to use up, consume
das **Verbrechen, -** crime; **ein ~ begehen*** to commit a crime
der **Verbrecher, -** criminal
verbreitet widespread, common
die **Verbreitung** spread
verbrennen* to burn up
verbringen* to spend (time)
verdanken to owe, be obliged to
die **Verdauung** digestion
verdecken to cover up
verderben (verdirbt), verdarb, verdorben to spoil
verdienen to deserve; to earn (money)
der **Verdienst, -e** earning
verdrängen to suppress, push aside
verdunkeln to darken
verdüstern to darken
verehren to adore, admire; **hochverehrt** honorable
der **Verein, -e** club
vereinigt united
die **Vereinigten Staaten** *(pl.)* **(die USA)** United States
die **Vereinten Nationen** *(pl.)* **(die UNO)** United Nations
die **Vereinigung** unification
vereint unified
die **Vereinzelung** detachment
vereist icy
vererben to be hereditary, transmit
die **Vererbung** heredity
das **Verfahren, -** procedure, method
die **Verfassung, -en** constitution
verfehlen to miss, fail
die **Verflachung** becoming superficial

Verflixt (noch mal)! Darn it!
die **Verfolgung, -en** persecution
die **Verfolgungsjagd** hunt
die **Vergangenheit** past tense or time
vergessen (vergißt), vergaß, vergessen to forget
vergeßlich forgetful
vergewaltigen to rape
die **Vergewaltigung, -en** rape
vergiften to poison
der **Vergleich, -e** comparison
vergleichbar comparable
vergleichen* to compare
das **Vergnügen** fun; **zum ~** for fun
vergnügt happy, delighted, joyous
vergraben* to bury
verhaften to arrest
das **Verhalten** behavior, attitude
sich **verhalten*** to behave, act
das **Verhältnis, -se** relationship; *(pl.)* conditions
verhandeln to negotiate, confer
die **Verhandlung, -en** negotiation, conference
verheiratet married
verhetzen to incite, irritate
verhindern to prevent, hinder, avoid
die **Verhinderung, -en** prevention, hindrance
verhungern (ist) to die of hunger, starve
verhüten to prevent
die **Verhütung** prevention
die **Verirrung, -en** error, mistake
verkaufen to sell
der **Verkäufer, -** salesman
der **Verkehr** traffic
das **Verkehrsmittel, -** means of transportation
der **Verkehrsweg, -e** crossroad
verklagen to sue
verklatscht gossipy
verkommen* to degenerate
verkümmern (ist) to shrivel up, perish
verkürzen to shorten
der **Verlag, -e** publishing firm
verlangen nach to ask for, demand
das **Verlangen** desire, urge
verlängern to lengthen, prolong
verlassen* to leave (behind)
sich **verlassen* auf (+** *acc.***)** to depend on, rely on
der **Verlaß** reliance
verlegen to publish
der **Verleger, -** publisher
der **Verleih** rental
verleihen to lend, grant
verletzen to hurt, injure, wound
der **Verletzte, -n, -n (ein Verletzter)** wounded person
die **Verletzung, -en** injury
sich **verlieben (in +** *acc.***)** to fall in love (with)
verliebt sein* to be in love
der **Verliebte, -n, -n (ein Verliebter)** s.o. in love
die **Verliebte, -n, -n** s.o. in love *(fem.)*
verlieren, verlor, verloren to lose; **sich ~** to lose o.s.
sich **verloben (mit)** to get engaged to
der **Verlobte, -n, -n (ein Verlobter)** fiancé
die **Verlobte, -n, -n** fiancée
die **Verlobung, -en** engagement
der **Verlust, -e** loss
sich **vermehren** to multiply, propagate
die **Vermehrung** increase; propagation
vermeiden* to avoid
vermieten to rent out
der **Vermieter, -** landlord, lessor
das **Vermögen** wealth
vermuten to suppose, assume
vernichten to annihilate, destroy
die **Vernichtung, -en** destruction, annihilation
die **Vernunft** reason, good sense
vernünftig reasonable, rational; sensible, wise
verordnen to order, prescribe
verpassen to miss (by delay)
verpesten to pollute, contaminate, poison
die **Verpestung** pollution, contamination, poisoning
verpflanzen to transplant
die **Verpflanzung, -en** transplant
die **Verpflichtung, -en** obligation, duty
verreisen (ist) to travel, go on a trip
verrückt crazy, idiotic
verrühren to stir together
versagen to fail
versäumen to miss, let slip
verschenken to give away
verschieben* to postpone
verschieden different, various
verschlafen* to sleep too long, sleep away
verschlagen werden* to get stranded
sich **verschlechtern** to get worse
verschleiert veiled, hazy
verschleudern to squander, throw away
verschmutzen pollute, make dirty
die **Verschmutzung, -en** pollution
verschneit snowy
verschönern beautify
verschreiben* to prescribe
verschulden to cause, be guilty of
verschütten to spill, pour
verschwenden to waste
verschwenderisch wasteful
verschwiegen secretive
verschwinden, verschwand, ist verschwunden to disappear
versehen* mit to equip with
sich **versehen*** to make a mistake; **ehe man sich's versieht** before you know it
sich **versetzen in** to put o.s. in . . .
versichern to insure

die **Versicherung, -en** insurance; assurance
der **Versicherungsagent, -en** insurance agent
die **Versklavung** enslavement
verspätet late, delayed
versprechen* to promise
das **Versprechen, -** promise; **ein ~ halten*** to keep a promise
der **Verstand** mind, intellect, (common) sense
sich **verständigen** to communicate
die **Verständigung** communication
verständlich understandable
das **Verständnis** understanding, comprehension; compassion
verständnisvoll understanding; compassionate
verstecken to hide
verstehen, verstand, verstanden to understand, comprehend
versteuern to pay a tax on
verstockt stubborn, impenitent
verstopft clogged up
verstummen (ist) to become silent
der **Versuch, -e** try, attempt
versuchen (zu) to try, attempt (to)
verteidigen to defend
der **Verteidiger, -** defender, counsel for the defense
die **Verteidigung** defense
verteilen to distribute, assign
der **Vertrag, ⸚e** agreement, contract, treaty
vertragen* to stand, bear
vertrauen to trust, confide in; **sich vertraut machen (mit)** to get acquainted (with)
das **Vertrauen** trust, confidence
vertrauensvoll trusting
vertreiben* to chase away, disperse
vertreten* to represent
der **Vertreter, -** representative
die **Vertretung, -en** representation

verunglücken (ist) to have a fatal accident, be killed
verursachen to cause
verurteilen to convict, sentence
die **Verurteilung** conviction
vervollständigen to complete
die **Verwahrlosung** demoralization, neglect
verwalten to administer, supervise
die **Verwaltung** administration, supervision
verwandeln (in + *acc.***)** to change (into)
der **Verwandte, -n, -n (ein Verwandter)** relative
die **Verwandte, -n, -n** relative
verweigern to refuse, deny, reject
die **Verweigerung, -en** refusal, denial
verweisen* auf (+ *acc.***)** to refer to
verwirken to forfeit, lose
verwirklichen to make s.th. come true
die **Verwirrung** confusion
verwischt vague, blurred
verwöhnen to spoil
verzärteln to pamper
verzeihen, verzieh, verziehen to forgive, pardon
verzichten (auf + *acc.***)** to give up, renounce
verzweifelt desperate
die **Verzweiflung** despair
viel (mehr, am meisten) much
die **Vielfalt** variety, diversity
vielleicht perhaps
vielmehr rather, instead
vielseitig varied, versatile
vierreihig four-lane
das **Viertel, -** quarter, one fourth
die **Visage, -n** face
die **Vision, -en** vision
vital vital
der **Vogel, ⸚** bird; **ein Spaß~** fun person; **einen ~ haben*** to be crazy, nuts
das **Vokabular** vocabulary; **das Grund~** basic vocabulary

das **Volk, ⸚er** people, nation
die **Volksarmee** GDR army
das **Volksfest, -e** fair
die **Volkswirtschaft** economics
voll full
vollbringen* to do, fulfill
vollenden to finish
vollends totally
völlig total, complete
vollzeitig full-time
von from; **~ mir aus** as far as I'm concerned
die **Vorahnung, -en** premonition
voraus ahead (of)
voraus·sagen to predict, forecast
die **Voraussetzung, -en** condition, prerequisite
vorbei over
sich **vor·bereiten (auf +** *acc.***)** to prepare (for)
die **Vorbereitung, -en** preparation
das **Vorbild, -er** model; ideal
vorder- front . . .
die **Vorfahrt** right of way; **die ~ beachten** to yield
die **Vorfahrtsstraße, -n** street with the right of way
vor·haben* to plan, intend to, have in mind
die **Vorhaltung, -en** reproach, rebuke
vorhanden sein* to be there, exist
der **Vorhang, ⸚e** curtain
vorher previously; before(hand), ahead of time
vorhin just now, a little while ago
vor·kommen* to happen; **Es kommt mir vor, als ob . . .** It appears to me as if . . . It looks like . . .
vorlaut big-mouthed, fresh
vor·lesen* to read aloud
die **Vorlesung, -en** lecture
vorn in front; at the beginning
der **Vorrat, ⸚e** reserve, supply, stock
der **Vorsatz, ⸚e** intention, plan
der **Vorschlag, ⸚e** suggestion, proposal, proposition
vor·schlagen* to suggest, propose

die **Vorsicht** caution; **~!** Careful! Watch out!
vorsichtig careful, cautious
der **Vorsitzende, -n, -n (ein Vorsitzender)** chairman, president
die **Vorstadt, ⸚e** suburb
die **Vorstandssitzung, -en** board meeting
vor·stellen to introduce; **sich etwas ~** to imagine s.th.
die **Vorstellung, -en** introduction; imagination, performance, show
der **Vorteil, -e** advantage
das **Vorurteil, -e** prejudice, bias
vorwärts ahead
vorwärts·kommen* to advance, get ahead
vor·werfen* to reproach
der **Vorwurf, ⸚e** reproach, blame
vor·ziehen* to prefer
der **Vorzug, ⸚e** preference
der **Vulkan, -e** volcano

die **Waage, -n** scale; Libra (sign of the zodiac)
wach awake
wachsen to wax
wachsen (wächst), wuchs, ist gewachsen to grow
die **Waffe, -n** weapon
die **Waffenkammer, -n** armory
wagen to dare, risk, venture
der **Wagen, -** car
die **Wahl, -en** choice, selection; election
wählen to choose, select; elect
das **Wahlfach, ⸚er** elective (subject)
der **Wahn** illusion; delusion; madness
der **Wahnsinn** insanity
wahnsinnig insane, mad, crazy
wahr true, real; **nicht ~?** isn't it?
die **Wahrheit, -en** truth
die **Wahrung** maintenance, protection
die **Währung, -en** currency
die **Währungsreform, -en** currency reform
der **Wald, ⸚er** forest
die **Walnuß, ⸚sse** walnut
walten to manage
der **Walzer, -** waltz
die **Wand, ⸚e** wall
wandeln (ist) walk, wander
der **Wanderer, -** hiker
wandern (ist) to hike, roam
die **Wanderung, -en** hike, excursion
die **Wandlung, -en** change, transformation
wann? when?
sich **wappnen mit** to arm o.s. with
warm (ä) warm
die **Wärme** warmth
warnen to warn
die **Warnung, -en** warning
warten (auf + *acc.***)** to wait (for)
die **Wäsche** laundry
waschen (wäscht), wusch, gewaschen to wash
die **Waschküche, -n** laundry room
die **Waschmaschine, -n** washing machine
was für (ein)? what kind of (a)
das **Wasser** water
der **Wassermann, ⸚er** Neptune; Aquarius (sign of the zodiac)
wässern to water
die **Wasserratte, -n** s.o. who loves to be in the water, enthusiastic swimmer
der **Wasserspiegel, -** water level; reflection of the water
die **Watte** absorbent cotton
das **Watt(enmeer)** shallows
der **Wechsel, -** change
wechseln to change, take turns
weg (von) away (from)
der **Weg, -e** way
wegen *(+ gen.)* because of
weg·fallen* to be dropped, omitted
weg·nehmen* to take away
weg·rennen* to run away
weg·werfen* to throw away
das **Weh** ache, pain, misery
weh sore, aching; **O ~!** Oh dear!
sich **wehren** to resist, fight back
die **Wehrpflicht** draft
weh·tun* to hurt, be painful
das **Weib, -er** woman; wife
weiblich feminine
die **Weiblichkeit** femininity
weichen, wich, ist gewichen to recede
die **Weide, -n** pasture
(das) **Weihnachten, -** Christmas
der **Weihnachtsmann** Santa Claus
die **Weile** while
der **Wein, -e** wine
der **Weinberg, -e** vineyard
weinen to cry
die **Weinstube, -n** wine restaurant
die **Weintraube, -n** grape
die **Weise, -n** way, manner; **auf diese ~** in this way
weisen, wies, gewiesen (auf + *acc.***)** to point out (to), show
weiß white
weit far; **~ weg** far away; **~ voneinander ab** far apart; **Das geht zu ~!** That's going too far!
weiter farther; **nichts ~ als** nothing but
sich **weiter·bilden** to continue one's education
weiter·entwickeln to develop further
weiter·fahren* to drive on, continue driving
weiterhin still; furthermore
weiter·machen to continue doing s.th.
weiter·schreiben* to continue to write
weitgehend largely, extensive
weithin to a large extent
die **Welle, -n** wave
die **Welt, -en** world
das **Weltall** universe

weltanschaulich ideological
die **Weltanschauung, -en** ideology, philosophy of life
weltlich worldly, profane
der **Weltraum** space, universe
weltweit worldwide
die **Wende** turn, change
wenden, wandte (wendete), gewandt (gewendet) (an + *acc.***)** to turn around; **sich ~ an** to address
weniger less
wenigstens at least
werben (wirbt), warb, geworben to woo, court; to advertise
die **Werbung, -en** advertising
werden (wird), wurde, ist geworden to become, get
werfen (wirft), warf, geworfen to throw
das **Werken** crafts(work)
wert worth
der **Wert, -e** worth, value
werten to value, appreciate
die **Wertung, -en** evaluation
wertvoll valuable
das **Wesen, -** being; nature, character
wesentlich important, essential; **im ~en** mainly, largely
der **Westen** the west; **im ~** in the west
wetten to bet
das **Wetter** weather
der **Wettkampf, ⸚e** competition; match
der **Wettlauf, ⸚e** race
wichtig important
wickeln in (+ *acc.***)** to wrap into
der **Widder, -** ram; Aries (sign of the zodiac)
widerlich disgusting, gross
wider·schimmern to reflect
widerspruchslos without opposition
der **Widerstand** resistance
widerstehen* to resist
widmen to dedicate; **sich einer Sache ~** to devote o.s. to, have time for
wie how; as, like; **~ wär's mit . . .?** how about some . . .? **~ lange** how long
wieder again; **immer ~** again and again
wiederher·stellen to restore, repair
weiderholen to repeat, review
wiegen to cradle
wiegen, wog, gewogen to weigh
die **Wiese, -n** meadow
das **Wiesel, -** weasel; **schnell wie ein ~** very fast
wieso? why? how come?
das **Wildschwein, -e** wild boar
die **Wildwasserabfahrt, -en** white water canoeing
willen sake; **ihrer selbst ~** for their (her) own sake; **Um Himmels ~!** For heaven's sake!
willkommen welcome
wimmern to whimper
der **Wind, -e** wind
die **Winde, -n** morning glory
winden, wand, gewunden to wind
windig windy
winken to wave
der **Winter** winter; **im ~** in winter
der **Winzer, -** vine-grower
der **Wirbelwind** whirlwind
wirken als to appear as
wirklich real
die **Wirklichkeit** reality
wirksam effective
die **Wirtschaft** economy
wirtschaften to economize; manage
wirtschaftlich economical(ly)
die **Wirtschaftshilfe** economic aid
das **Wirtshaus, ⸚er** tavern, pub
wischen to wipe, rub
wissen (weiß), wußte, gewußt to know (a fact)
das **Wissen** knowledge, knowhow
die **Wissenschaft, -en** science
der **Wissenschaftler, -** scientist
wissenschaftlich scientific(ally)
die **Witwe, -n** widow
der **Witz, -e** joke
wo? where?
die **Woche, -n** week
das **Wochenendhäuschen, -** weekend cabin
wochenlang for weeks
wohin? where(to)?
das **Wohlergehen** well-being
die **Wohlfahrt** welfare
der **Wohlstand** well-being, affluence
wohnen live, reside
die **Wohnung, -en** apartment
das **Wohnzimmer, -** living room
die **Wolke, -n** cloud
womöglich possibly
das **Wort, -e** word; **mit andern ~n.** in other words
das **Wort, ⸚er** word
das **Wörterverzeichnis, -se** dictionary
der **Wortschatz, ⸚e** vocabulary
die **Wortzusammensetzung, -en** word compound
die **Wunde, -n** wound; **eine ~ schlagen*** to cause damage, hurt
das **Wunder, -** wonder, miracle; **Kein ~!** No wonder!
wunderbar wonderful
wunderlich strange
sich **wundern (über +** *acc.***)** to be surprised (about), wonder
wunderschön very beautiful
der **Wunsch, ⸚e** wish, desire
sich **wünschen** to wish (for)
die **Würde** dignity
die **Würdigkeit** merit, worth
der **Wurm, ⸚er** worm; **Man muß ihm die Würmer aus der Nase ziehen.** One has to worm secrets out of him.
die **Wurst, ⸚e** sausage
die **Wurzel, -n** root
würzen to spice
die **Wüste, -n** desert
die **Wut** anger, rage
wüten (über + *acc.***)** to be angry, rage (about)
wütend angry, furious

die **Zahl, -en** number
zahlen to pay
zählen to count
zahllos countless, innumerable
zahlreich numerous
der **Zahn, ¨e** tooth; **falsche Zähne** dentures
der **Zahnarzt, ¨e** dentist
die **Zahnärztin, -nen** dentist
sich **zanken** to quarrel, fight
zärtlich affectionate, tender, loving
die **Zauberei** magic
der **Zauberer, -** magician
zaubern to practice magic
der **Zaun, ¨e** fence
das **Zeichen, -** signal, sign
die **Zeichensetzung** punctuation
zeichnen to draw
zeigen to show
die **Zeile, -n** line; **~ für ~** line after line
die **Zeit, -en** time; **zur ~** right now
der **Zeitabschnitt, -e** time period
zeitgebunden transient, passing
zeitlos timeless
die **Zeitlosigkeit** timelessness
der **Zeitpunkt, -e** specific time
der **Zeitraum, ¨e** time period
die **Zeitschrift, -en** magazine
die **Zeitung, -en** newspaper
das **Zelt, -e** tent
zensieren to grade; censor
die **Zensur** censorship
die **Zensur, -en** grade
zentral central
die **Zentralheizung** central heat
das **Zentrum, Zentren** center
zerbombt bombed out
zerbrechen* (ist) to break (apart)
der **Zerfall** decay
sich **zerfleischen** to tear to pieces, slash
zerknittert wrinkled
zerlegen to take apart
zerren to pull, drag
zerrinnen, zerrann, zerronnen (ist) to dissolve
zerstören to destroy
der **Zettel, -** piece of paper
der **Zeuge, -n** witness
das **Zeugnis, -se** report card
ziehen, zog, ist gezogen nach to move to
das **Ziel, -e** goal
die **Zielscheibe, -n** target
die **Zielsetzung** goal setting
zielstrebig resolute
die **Zielstrebigkeit** resoluteness
ziemlich rather, quite
die **Zier** decoration; grace
zierlich delicate, graceful
die **Ziffer, -n** number
die **Zigarette, -n** cigaret
die **Zigarre, -n** cigar
das **Zimmer, -** room
der **Zimt** cinnamon
die **Zinsen** *(pl.)* interest
zinslos interest free
der **Zinssatz, ¨e** interest rate
der **Zirkus** circus
zitieren to cite
zittern to tremble, shake
zittrig shaky
die **Zitrone, -n** lemon
der **Zivildienst** civil service
zögern to hesitate
zögernd hesitantly
der **Zoll, ¨e** toll; customs
die **Zone, -n** zone
der **Zorn** anger
zornig angry, furious
züchten to breed
der **Züchter, -** breeder
das **Zuchthaus, ¨er** penitentiary
zucken to jerk
der **Zucker** sugar
zu·decken to cover
zuerst first (of all)
der **Zufall, ¨e** coincidence
zufällig by chance
zufrieden content, satisfied
der **Zug, ¨e** train; **zum ~e kommen*** to have a chance
der **Zugang, ¨e** entry; access
zugleich also, at the same time
zuhören to listen to
die **Zukunft** future
zu·lassen* to allow, permit; **zugelassen werden*** to be admitted, accepted
die **Zulassung** admittance, acceptance
sich **zu·legen** to acquire
zuletzt at the end, finally
zumeist mostly
zunächst first (of all), to begin with
die **Zunahme, -n** increase
zu·nehmen* to increase, gain
die **Zunge, -n** tongue
der **Zungenbrecher, -** tongue twister
zunichte machen to annihilate, destroy
zurecht·zimmern to build, construct
zurück·drehen to turn back, rewind
zurück·kehren (ist) to return
zurück·kommen* to return
zurück·senden* to send back
zurück·treten* (ist) to step back; resign
zurück·zahlen to pay back
sich **zurück·ziehen*** to withdraw
zusammen together; **Das macht ~ . . .** That comes to . . .
die **Zusammenarbeit** cooperation
zusammen·brechen* (ist) to collapse
der **Zusammenbruch** collapse
zusammen·fassen to summarize
zusammengekniffen pinched
der **Zusammenhang, ¨e** connection; coherence
die **Zusammenhangslosigkeit** incoherence, inconsistency
zusammen·klingen* to be in harmony
zusammen·leben to live together
sich **zusammen·nehmen*** to pull o.s. together
der **Zusammenstoß, ¨e** collision
zusammen·stoßen* (ist) to collide
zuschauen to watch
der **Zuschauer, -** spectator, bystander
der **Zuschuß, ¨sse** subsidy

zu·sehen* to watch
der **Zustand, ¨e** condition
zuständig appropriate, authorized, responsible
zu·steigen* to get in (on), come in
die **Zustimmung, -en** agreement
sich **zu·tragen*** to happen
zuverlässig reliable
zuweilen sometimes, once in a while
zwar although
der **Zweck, -e** purpose
zweierlei two different
zweifeln an (+ *acc.*) to doubt
der **Zweig, -e** branch
zweitens secondly
zwicken to pinch
die **Zwiebel, -n** onion
der **Zwilling, -e** twin; Gemini (sign of the zodiac)
der **Zwischenfall, ¨e** incident
zwischenstaatlich interstate
die **Zypresse, -n** cypress tree

Acknowledgments

PHOTO CREDITS

Special thanks are due to Inter Nationes and the German Information Center for all photographs in this book with the following exceptions: pp. 17 top left, 56 center right, 73: Uta Hoffmann; pp. 17 top center and right, 33 bottom, 37 top, 62, 93, 176: Dieter Sevin; p. 84 top right: Ingrid Sevin; p. 104: Tony Freeman; p. 114 left: Miller, Monkmeyer; p. 123: Schnapp/schuss; p. 137: Camera Press, Photo Trends; p. 139 top: Culver.

Cartoons and drawings appear through the courtesy of the following: pp. 2 bottom, 60 bottom, 83, 119, 168, 212, 254: Jugendscala; p. 26 top right: Copyright © Pit/Flick; pp. 66, 68: Copyright © Hildesheimer Allgemeine Zeitung; p. 20: New Yorker Staatszeitung und Herold; p. 128: Deutsche Welle

TEXT CREDITS

1. Erich Kästner, "Straßenbahnlinie 177," in *Emil und die Detektive* (Zürich: Atrium).
2. Ernst Heimeran, "Die Freuden des Landlebens," in *Es hat alles sein Gutes* (München: Paul List, 1961), pp. 90–94.
3. Ingrid Hofer, "Wo werden wir einkaufen?" in *Westermanns Monatshefte,* Nr. 4 (April 1964), pp. 15–19.
4. Kurt Blauhorn, "Wo bleibt das Familienleben?" in *Westermanns Monatshefte,* Nr. 5, (May 1965), pp. 33–40.
5. Ernst Heimeran, "Die Eltern," in *Es hat alles sein Gutes* (München: Paul List, 1961), pp. 8–9.
6. Gotthold Ephraim Lessing, "Auf sich selbst," in *Lessing Werke* (Wiesbaden: Vollmer).
7. Thomas Mann, "Gegen das Abiturientenexamen," in *Reden und Aufsätze,* II (Frankfurt/M.: S. Fischer, 1965), pp. 708–709.
8. "Wozu denn Noten?" nach "Das System," in *Jugendscala.*
9. Karl Rau, "Gehört dere Liebesheirat die Zukunft?" in *Hildesheimer Allgemeine Zeitung,* Nr. 13 (September 14, 1969).
10. Bertolt Brecht, "Wenn Herr K. einen Menschen liebte," aus "Geschichten vom Herrn Keuner," in *Gesammelte Werke* (Frankfurt/M.: Suhrkamp, 1967).
11. Michael Neumann, "Zum Standesamt vor dem Examen," in *Westermanns Monatshefte,* Nr. 5 (May 1965), pp. 33–34.
12. Kurt Tucholsky, "Was soll er denn einmal werden?" (gekürzt) in *Gesammelte Werke,* II (Reinbek bei Hamburg: Rowohlt, 1960), p. 1171.
13. Benno Saal, "Die zweite Stimme," in *Westermanns Monatshefte,* Nr. 8 (August 1968), pp. 23—28.
14. Bettina Wegener, "Ach, wenn ich doch als Mann auf die Welt gekommen wär!" in *Wenn meine Lieder nicht mehr stimmen,* rororo 4399 (Reinbek bei Hamburg: Rowohlt, 1979).
15. Wiebke Fey, "Die Frau," in *Scala,* Nr. 6 (1985), pp. 18–19.
16. Christian Morgenstern, "Der Ziffer Rache," in *Egon und Emilie* (München: R. Piper, 1950).

17. Erich von Däniken, "Unerschöpfliches Thema: Osterinseln," in *Zurück zu den Sternen. Argumente für das Unmögliche* (Düsseldorf/Wien: Econ, 1969).

18. Jin Yougen, "Laßt Tiere sprechen," in *Jugendscala.*

19. "Die deutsche Sprache ist sexistisch," nach Dieter E. Zimmer, "Der, das, die," in *Die Zeit,* Nr. 17, (April 27, 1984), p. 19.

20. "Goethe über die Rechtschreibung," in *Neue Heimat,* Nr. 1 (January 1976), p. 9.

21. H. H. Stuckenschmidt, "Musikalische Fortschritte," in *Neue Musik der Gegenwart.*

22. Ekkehart Pfannenstiel, "Der Schlager," in *Westermanns Monatshefte,* Nr. 1 (January 1964), pp. 49.

22a. "Franz Marc," in *Jugendscala*

23. Fritz Nemitz, "Deutsche Malerei der Gegenwart," in *Deutsche Malerei der Gegenwart* (München: R. Piper, 1948).

24. Nach Hans Schwab-Felisch, "Die Deutschen—theaterbessen?" in *Kultur Chronik,* 3 (Inter Nationes, 1985), pp. 44–46.

25. Kurt Tucholsky, "An das Publikum," in *Gesammelte Werke,* III (Reinbek bei Hamburg: Rowohlt, 1960), pp. 889–890.

26. "Das unsichtbare Theater," nach "Open Ohr Festival," in *Jugendscala* (Sept./Oct. 1985), p. 5.

27. "Der neue deutsche Film," nach Robert Fischer und Joe Hembus, "Um sich das Altern zu ersparen, nennt sich der Junge Deutsche Film seit der Zeit seiner Reife der Neue Deutsche Film," in *Der Neue Deutsche Film, 1960–1980* (München: Goldmann, 1981), p. 10.

28. Günther Freudmann und Walter Tiburtius, "Zum Thema Rauchen," in *Der Spiegel,* Nr. 7/Nr. 24 (February 12, 1964/June 10, 1968), pp. 7–8/16–17.

29. Stephan Pollack, "Kampf gegen 'China-Heroin'," in *Rheinischer Merkur,* Nr. 31 (August 1969), p. 24.

30. Werner Pfeiffer, "Hasch oder Schnaps," in *Christ und Welt,* Nr. 46 (November 14, 1969), p. 32.

31. Kommentar: "Gibt es drogen- und alkoholabhängige Jugendliche?" in *Jugend der DDR heute* (Berlin: Auslandspresseagentur, 1984), pp. 71.

32. Wilhelm Busch, "Hans Huckebein, der Unglücksrabe" in *Wilhelm Busch Album* (Wiesbaden: Falk, 1975).

33. Theo Löbsack, "Die wachsende Menschenlawine," in *Westermanns Monatshefte,* Nr. 3 (March 1969), pp. 38–39.

34. Fritz Baade, "Wie werden wir uns ernähren?" in *Wie leben wir morgen?* (Stuttgart: Kröner, 1957).

35. "Warum ist Abtreibung in der DDR erlaubt?" in *Jugend der DDR heute* (Berlin: Auslandspresseagentur, 1984), p. 73.

36 Erich Kästner, "Die Entwicklung der Menschheit," in *Bei Durchsicht meiner Bücher* (Zürich: Atrium).

37. Chief Seattle, "Wir sind ein Teil der Erde," vor dem amerikanischen Präsidenten (1855).

38. Jochen Bölsche, "Werdet smart," in *Der Spiegel,* Nr. 26 (June 24, 1985), p. 46, 51.

39. "Rettet die Nationalparks!" nach "Geschenke Gottes in Gefahr," in *New Yorker Staatszeitung und Herold* (July 6, 1985), p. A5.

40. "Es war einmal . . . ein Wald," nach *Jugendscala.*

41. "Impressionen aus der Welt von morgen," nach Peter Bauer, "Wenn ich vierzig bin," in *Jugendscala.*

42. Edmund Lorbeck, "Denkmalschutz: z.B. Graz," in *Westermanns Monatshefte,* Nr. 4 (April 1975), pp. 41–51.

43. Jacob und Wilhelm Grimm, "Der alte Großvater und der Enkel," in *Die schönsten Märchen* (München: Südwest, 1975), p. 224.

44. Jochen Trüby, "Niemand wird vergessen," in *Scala,* Nr. 3 (1976), pp. 12–14.

45. "Typisch deutsch," nach Heinrich Pfeiffer, "Das Deutschlandbild der ausländischen Stipendiaten," in *Politik,* Nr. 3 (March 1965), pp. 77–84.

46. Carl Zuckmayer, "Amerika ist anders," in *Der Monat,* Sonderheft Nr. 34 (Berlin 1952).

47. Arthur Schnitzler, "Der Sohn," in *Gesammelte Werke: Die erzählenden Schriften,* Band I (Frankfurt/M.: S. Fischer, 1961).

48. Bertolt Brecht, "Maßnahmen gegen die Gewalt," aus "Geschichten vom Herrn Keuner," in *Gesammelte Werke* (Frankfurt/M.: Suhrkamp, 1967).

49. Willi Stoph, "Deutschland aus der Sicht der DDR," in *Auszüge aus der Grundsatzerklärung des DDR-Ministerpräsidenten* (Erfurt: March 19, 1970).

50. Willy Brandt, "Deutschland aus der Sicht der BRD," in *Auszüge aus der Grundsatzerklärung des Bundeskanzlers der BRD* (Erfurt: March 19, 1970).

51. Michael Schwelien, "Nuklearer Winter: Leise rieselt der Schnee," in *Die Zeit,* Nr. 3 (January 18, 1985), p. 7.

52. Stefan Heym, *Ahasver* (München: Bertelsmann, 1981), p. 211, 280.

53. Irmtraud Morgner, *Amanda* (Berlin/Weimar: Aufbau, 1983), p. 634.

54. "Kriegs oder Friedensdienst?" in *Jugendscala,* Nr. 4 (July 1978), pp. 3–4.

55. "Die Schweiz hat keine Armee, sie ist eine Armee," in *New Yorker Staatszeitung und Herold* (June 1, 1985), p. A2.

56. Erich Kästner, "Das Eisenbahngleichnis," in *Doktor Erich Kästners lyrische Hausapotheke* (Zürich: Atrium).

57. Johann Wolfgang v. Goethe, "Erinnerung," in *Goethes Werke* (Hamburg: Christian Wegner, 1962).

58. Hermann Hesse, "Flötentraum," in *Märchen* (Frankfurt/M.: Suhrkamp, 1955).

59. "Sagt mir, wo die Blumen sind," aus *Die großen Erfolge der 60er Jahre,* Electrola Nr. 148–30036 37 (Köln: Gerig).

60. "Lieder," in *Bruder Singer* (Kassel: Bärenreiter); in *Mein Heimatland* (Mainz: B. Schott's Söhne).